日常認知の心理学

井上　毅
佐藤浩一

編著

北大路書房

【編集部注記】
ここ数年において，「被験者」(subject) という呼称は，実験を行なう者と実験をされる者とが対等でない等の誤解を招くことから，「実験参加者」(participant) へと変更する流れになってきている。本書もそれに準じ変更すべきところであるが，執筆当時の表記のままとしている。文中に出現する「被験者」は「実験参加者」と読み替えていただきたい。

はじめに

　1978年にNeisserが記憶研究における生態学的妥当性の重要性を指摘して以来，日常認知を扱った研究は非常に盛んになり，現在の認知心理学では，実験室的研究と相互補完的な性格を持つものとして，日常認知研究は重要な1つの分野となっている。

　日本においても，日常認知の研究は，この十数年の間に，かなり活発に研究がなされるようになり，さまざまな研究データが蓄積されてきている。そのため，そろそろ日本語での専門書がまとめられてもよい時期になっていると思われる。しかしながら，現在までのところ，日本では日常認知研究についてまとめられた専門書は見あたらない。翻訳書として，サイエンス社から出版されたコーエン著『日常記憶の心理学』(1992)が唯一の本格的な本であったが，この本も品切れとなってしまって重版の予定はなく，今日では入手困難である。認知心理学の関連書を見ても，日常認知に関しては1つの章が割り当てられている程度にすぎないことから，日常認知の全体像を理解するのは非常にむずかしいというのが現状である。

　そこで，今回，日常認知をメインテーマにした1冊のまとまった専門書を企画したのが本書である。本書では，人間の認知機能が日常生活の中でどのように働いているのかという視点に立って，認知心理学における日常認知の研究の現状を，最新の成果までを含めて系統的に紹介するよう心がけた。その際に，日本における研究や著者自身の研究の成果も積極的に含めるという方針をとった。幸いにも，現在それぞれの領域の第一線で活発に研究に取り組んでいる方々が，本書の趣旨に賛同して，執筆を快く引き受けてくださった。おそらく現時点での日本において望まれる最良の執筆者陣にめぐまれたことは，編者としてはこの上もない喜びである。本書によって，読者は日常認知という広大なフィールドの最先端までを，的確に，そして身近に，知ることができるのではないかと考えている。この本がきっかけになって，日常認知研究に参加してくださる方が増えることを念願して止まない。

　さて，本書の内容であるが，大きく6部に分かれている。

　「Ⅰ 序論」と「Ⅵ 結び」では，日常認知が盛んに研究されるに至った歴史的背景と現状，そして真に生態学的妥当性を備えた研究を行うためには何が求められるかが論じられる。「心理学の過去は長いが，歴史は短い」と語ったのはEbbinghaus

(1908, p.9)だった。しかしそれは「心理学者の記憶が短いせいかもしれない」(Vehave & van Hoorn, 1987, p.101)。過去は現在や未来に生かされてこそ，その意義を有する。現在から過去を振り返り，そこから未来を展望する示唆を得ていただきたい。

　第Ⅱ部から第Ⅴ部では，日常認知のさまざまな領域の知見が系統的に論じられている。われわれの日常生活と照らし合わせながら，各領域の内容を以下に簡単に紹介する。

　予定を立てるということと無縁な生活を送っている人はいないだろう。社会生活を営むためには，他者と約束を交わし，タイミング良くそのことを思い出さなければならない。しかし多忙な生活の中で，約束を忘れることもあるだろう。その他にも，ちょっとした言い間違いやど忘れ，ぼんやりミスなどのエラーを犯すのは人の常である。「今朝自宅の鍵をかけただろうか？」と不安になったことなどは，だれしも一度や二度は経験しているだろう。第Ⅱ部ではこうした意図や行為の認知，あるいはその失敗が検討される。

　人は毎日さまざまな経験を重ねて，それを記憶にとどめていく。こうした記憶の蓄積は，有形無形にその人の自己形成に寄与し，その後の生活に影響を与える。第Ⅲ部で検討されるのは，人が生活の中で経験したさまざまな出来事に関する記憶である。「目撃証言」や「偽りの記憶」というテーマは，本書の中でもとりわけ応用的な色彩が濃いと感じられるかもしれない。しかし，これらもやはり日常場面のなかでの認知機能の現れである。読者は，従来の認知研究と日常認知研究，基礎研究と応用研究の実り豊かな相互作用の実例を見出すであろう。

　実験室と日常生活は，いくつかの重要な側面で異なっている。その1つが他者の存在という点であろう。日常生活は他者との相互作用によって豊かに彩られている。相手の顔と名前を覚えること，あるいは反対に顔と名前を覚えてもらうこと，人と会話を交わすこと，他者の行為や意図について判断を下すこと，こうした事柄が生活の中でいかに多くの割合を占めていることであろうか。自分の日常から他者の存在を除いたときに何が残るか考えれば，そのことは明らかであろう。第Ⅳ部では，こうした対

人相互作用における認知機能が論じられる。

　人の認知活動は真空状態に閉じられたものではない。空間を認識しその中で移動することは，生物が生存するために不可欠な機能である。また日常認知研究が扱うのは外的環境だけではない。その人の内的な環境，特に感情状態と認知との相互作用は，日常認知研究の初期から盛んに検討されてきたテーマである。そして人は，周囲の状況や自分自身の状態に目を配りつつ，自分の認知活動をコントロールしていかなければならない。第V部では，内外の状況に対する認知，さらに認知活動そのものをモニターするメタ認知の働きが検討される。

　以上が，本書がカバーする領域の概略である。

　本書が出版されることになったきっかけは，北大路書房の石黒憲一氏から編者の一人の井上に，1999年の日本教育心理学会と日本心理学会の折りに，専門書の企画を強く勧められたことに始まっている。ちょうどその頃，本書のような内容の専門書の必要性を感じていたことから，佐藤が相談に加わり，本書の企画ができあがった次第である。石黒氏には，本書のような専門書の必要性を認めていただき，出版に向けて強く推進していただいたことを，厚く感謝したい。また，同社の田中美由紀氏には，編集作業において多大なご苦労をいただいた。ここに記して，感謝の意を表したい。

2002年2月

編者　井上　毅，佐藤浩一

文　献／

Ebbinghaus, H. 1908 *Abriss der Psychologie.* Leipzig: Verlag von Veir & Comp.

Vehave, T. & van Hoorn, W. 1987 The winds of doctrine: Ebbinghaus and his reputation in America. In D. S. Gorfein & R. R. Hoffman (Eds.), *Memory and learning: The Ebbinghaus centennial conference.* Hillsdale, NJ: LEA. Pp.89-102.

もくじ

はじめに　i

I部　序論

1章　日常認知研究の意義と方法　（井上　毅・佐藤浩一）……………2
1. 日常認知研究の歴史的背景と意義　2
   - （1）日常認知研究の歴史と現状　（2）日常認知研究の意義
2. 日常認知研究の方法　7
   - （1）日常認知研究の方法論的特徴　（2）自然主義的実験　（3）自己報告
   - （4）日常認知研究の倫理
3. 日常認知研究の妥当性　13
   - （1）内的妥当性と外的妥当性　（2）生態学的妥当性を高めるために

II部　意図，行動の認知

2章　展望的記憶（梅田　聡）……………………………18
1. はじめに　18
2. 展望的記憶とは何か　18
   - （1）展望的記憶に関連するさまざまな要因　（2）展望的記憶とメタ認知
3. 存在想起と内容想起　22
4. 実験室における展望的記憶　23
   - （1）日常埋め込み型の実験室的研究　（2）純粋な実験室的研究
   - （3）時間ベースの展望的記憶
5. 展望的記憶の獲得　30
6. 今後の展望的記憶研究　31
   - （1）手がかりの役割　（2）符号化と保持段階の処理の影響
   - （3）展望的記憶と作動記憶　（4）展望的記憶とプライミング効果
   - （5）展望的記憶を調べるための新しい実験デザイン　（6）展望的記憶研究の応用

3章　ヒューマンエラーとアクションスリップ（井上　毅）……………36
1. はじめに　36

2. ヒューマンエラーの特徴　36
    (1) ヒューマンエラーの定義　(2) 意図と行動とエラー　(3) 非意図的行動とエラー
    (4) 意図的行動とエラー　(5) 認知のメカニズムとエラー
3. アクションスリップの研究　42
    (1) 自然的状況における研究　(2) 質問紙による研究　(3) 実験による研究
4. アクションスリップの理論的検討　48
5. おわりに　50

4 章　行為の記憶（藤田哲也） ……51

1. はじめに　51
    (1) 日常認知における行為の記憶の役割　(2) 記憶の分類
2. SPTs（被験者実演課題）のパラダイム　53
    (1) SPTsとは　(2) 本章で扱う行為の記憶はエピソード記憶　(3) SPTsの特徴
    (4) SPTsと言語材料の間にあるもの
3. 理論的な背景　62
    (1) 初期の理論　(2) 最近の理論：エピソード的統合説
4. 今後の課題　67

III部　　出来事の認知

5 章　自伝的記憶（佐藤浩一） ……70

1. はじめに　70
2. 自伝的記憶の構造　71
    (1) 自伝的記憶の分布　(2) 自伝的記憶の体制化
3. 自伝的記憶の機能　77
    (1) 対人機能　(2) 個人内機能　(3) 高齢者と回想
4. 自伝的記憶の再構成　80
    (1) 態度や動機に基づく選択的想起と選択的忘却　(2) 潜在理論に基づく再構成
    (3) 語り手と聞き手　(4) 記憶の正しさを判断する
5. 自伝的記憶の個人差　83
    (1) 同一性と自伝的記憶　(2) 動機と自伝的記憶
6. おわりに　86

6 章　目撃証言と記憶（伊東裕司） ……88

1. はじめに　88
2. 推定変数とシステム変数　89

3. 目撃証言の信頼性の評価の例　91
   (1) 事件の概要と研究の背景　(2) フィールド実験　(3) 結果の概要
   (4) 推定変数による人物同定判断の信頼性の推定
4. 確信度と目撃証言の正確さ　96
   (1) 実証的研究の例　(2) 確信度―正確さの関連の強さを左右する要因
5. 目撃証言の信頼性の向上　99
   (1) 認知的インタビュー法　(2) 人物同定判断と言語記述
6. まとめ　106

7章　偽りの記憶と協同想起 (高橋雅延) ……………………107
1. はじめに　107
   (1) 抑圧された記憶　(2) 回復された記憶・偽りの記憶をめぐる論争
   (3) 記憶の変容性と社会性
2. 偽りの記憶　110
   (1) 偽りの記憶の形成実験　(2) 偽りの記憶の出現に影響する要因
   (3) 偽りの記憶が形成される3段階のプロセス
3. 協同想起　118
   (1) 個人想起と協同想起のパフォーマンスの比較　(2) 協同想起のプロセスの分析
4. おわりに　124

IV部　人物の認知

8章　顔と名前の認知 (吉川左紀子) ……………………128
1. はじめに　128
2. 顔の認識　129
   (1) 日常のなかでの人物認識エラー　(2) 認知実験および脳損傷事例と顔認識モデル
   (3) 新しい展開
3. 顔の記憶に影響する要因　133
   (1) 示差性　(2) 既知性の影響　(3) 認識の水準　(4) 加　齢　(5) 顔の記憶方略
4. 日常場面での顔の記憶　139
   (1) 長期にわたる顔の記憶　(2) 日常文脈のなかでの記憶
   (3) 目撃者の記憶：想起条件への注目
5. 名前の認識　142
   (1) 想起の失敗：日誌記録研究　(2) 想起困難とその解消
   (3) なぜ名前の想起はむずかしいのか？
6. おわりに　145

9章 対話行動の認知 (仲　真紀子) ……………………………147
1. はじめに　147
2. 発話の情報処理　148
   (1) 語用論と発話行為　(2) 実証的な研究　(3) 今後の課題
3. 対話によって何を学ぶか　154
   (1) 会話のフォーマット　(2) 会話と語彙の習得　(3) 過去を語る　(4) 今後の課題
4. 対話によって過去の出来事を聞き出す　160
   (1) 報告を歪める要因　(2) 面接法　(3) 今後の課題
5. おわりに　165

10章 日常世界の対人認知 (池上知子) ……………………………168
1. はじめに　168
2. 対人認知研究と日常的妥当性　168
   (1) 伝統的対人認知研究における日常的妥当性　(2) 日常的妥当性をめぐる最近の動向
3. 対人認知の日常モデル　171
4. ステレオタイプと対人認知　175
   (1) 能力評価と適性判断　(2) 罪と罰の裁定　(3) 情報の共有化と対人判断
5. 対人認知における動機論的観点　182
   (1) 利害関係と対人認知　(2) 自尊欲求と対人認知　(3) 集団間関係と対人認知
6. おわりに　189

V部　環境，文脈と認知

11章 自己の状況とメタ認知 (清水寛之) ……………………………192
1. はじめに　192
2. 日常生活における行為の遂行と自己の状況の認知　192
   (1) 習慣化された行為と意図的な行為　(2) 行為遂行に及ぼす状況認知の影響
3. 自己の状況の認知とその限界　194
   (1) 行為に関する認知と自己言及問題　(2) 自己言及問題へのアプローチ
   (3) 内観および言語報告データの有効性・信頼性　(4) 意識の階層性と自己意識
4. メタ認知とメタ記憶　200
   (1) メタ認知の定義と構成　(2) メタ認知的知識とメタ認知質問紙
   (3) メタ記憶のモデル　(4) 学習容易性判断と学習時間の配分
   (5) 既学習判断と記銘方略の有効性　(6) 既知感の正確さと生起メカニズム
5. 今後の展開：メタ認知研究のひろがり　207

12 章 感情と認知 （谷口高士） ……………………………209
1. はじめに　209
2. 感情をどうとらえるか　210
    (1) 心理学研究のなかでの感情研究　(2) 感情研究の進展　(3) 基本感情への疑念
    (4) 感情の臨床　(5) 結局，感情とは何なのか
3. 認知と感情の関わり　215
    (1) 認知―感情研究ではどんな感情を扱っているのか　(2) 気分状態依存効果
    (3) 気分一致効果　(4) PNA現象
4. 日常認知における感情研究の意義　221
    (1) 再び，心理学研究のなかでの感情研究　(2) 認知―感情研究の本質はどこにあるのか
    (3) 統合的な認知と感情の研究

13 章 空間認知 （松井孝雄） ……………………………225
1. はじめに　225
2. 空間認知の古典的研究　226
    (1) 認知地図　(2) メンタルマップ　(3) 空間認知の発達
3. 認知地図の性質　229
    (1) 認知地図の「歪み」と情報の欠如　(2) 異方性
4. 近年の研究　232
    (1) 個人差への着目　(2) 日常的な空間を用いた研究　(3) 静的な認知地図からの脱却
5. 方法論的問題　236
    (1) 学習経験の違い　(2) 空間の規模　(3) 課題・測度　(4) 継時的研究の必要性
6. おわりに　241

Ⅵ部　結　び

14 章 日常認知研究の現状と今後の課題 （森　敏昭） ……………244
1. 日常認知研究は認知心理学に何をもたらしたのか　245
    (1) 脱・機械論　(2) 脱・言語（＝ロゴス）中心主義　(3) 脱・要素分析主義
    (4) 脱・閉鎖系
2. 日常認知研究がめざすべきもの　251
    (1) 日常認知研究の生態学的妥当性　(2) 認知心理学者は何を研究するべきか
    (3) 役に立つ認知心理学をめざして

引用文献　259
人名索引　296
事項索引　305

I部

序論

1章 日常認知研究の意義と方法

井上　毅・佐藤浩一

　日常認知（everyday cognition）研究とは，日常場面における認知過程の解明に焦点をあてて，おもに，実験室の中ではなくて，自然な状況のもとにおける調査・観察・実験により収集されたデータに基づく認知研究である，と考えられている。このような種類の認知研究が活発に行われるようになってから20数年が経過し，Cohen（1996）やWoll（2002）などの専門書も出版されてきている。日常認知研究が生まれた背景として，従来の伝統的な実験室研究に対する，生態学的妥当性（ecological validity，研究の結果とらえられる心理過程と日常世界において実際になされている心理過程との対応の程度をさす）の観点からの強い批判があったわけだが，その後の論争を経て，日常認知研究と伝統的な実験室研究は相互に補完しあうものとして，共存，協力の関係に入ってきている。本章では，日常認知研究の歴史をふり返りながらその意義を考え，さらに，研究方法について検討を行う。

1. 日常認知研究の歴史的背景と意義

（1）日常認知研究の歴史と現状
①歴史的背景
　科学としての心理学が成立して約120年が経過したといわれる。認知の分野においても，その間に，Ebbinghaus（1885）をはじめとして非常に多数の研究が行われてきているが，それらの研究の多くは，科学性，客観性を重視した実験室研究である。
　当初は，James（1890）に代表されるような思索的研究もみられたが，1900年代の前半になって，内観（introspection）に頼るのではなく客観的にとらえられる行動そのものを観察・測定すべきであるという行動主義（behaviorism）の考え方が広まる

につれて，客観性の高い実験的方法が研究方法の中心となった。それは，認知に関わる現象から，関連があると思われる少数の要因を取り出して，それら以外の条件が厳密に統制（control）された実験室において，それらの要因を厳密に統制し操作して，被験者の種々の遂行成績を調べるというものである。

このような方法は，認知の特定の過程に関わる要因をつきとめたり，その要因の性質を明らかにしたり，あるいはメカニズムそのものを検討したりする場合には，とても有力な手段となるものである。そして，得られた結果の信頼性や一般性という点からも，十分な評価が得られる方法である。しかしながら，一方では，条件統制を非常に厳密に行うあまり，日常生活のうえで認知の過程にさまざまな影響を与えている可能性のある多くの要因を除外してしまっているという問題点もある。

行動主義の時代における認知の分野の研究は，言語学習（verbal learning）に関するものが大部分であって，そこでの実験では行動データのみが取り扱われていた。それが，1960年代後半からしだいに台頭してきた認知心理学（cognitive psychology）においては，研究対象が認知の過程全般に広がり，情報処理の考え方に基づいて，内的なプロセスにまで思索の対象として踏み込むようになった。それとともに，イメージや意識も研究の対象として取り上げられ，また，研究方法の面でも，行動データとともに，補助的な性格は強いものの被験者のプロトコル（protocol）や内観がある程度用いられるようになってきている（Ericsson & Simon, 1993など）。それでも，やはり研究方法の中心は，厳密な統制を伴う実験室研究であり，この30数年間に行われた膨大な数の実験室研究の結果より，多くの認知のメカニズムや過程が明らかにされてきたのである。

② Neisser（1978）の宣言

実験室での研究を中心に進められてきた認知研究に対して，重要な問題提起を行ったのが，Neisser（1978）である。Neisserは，1976年に開催された「第1回記憶の実際的側面（Practical Aspects of Memory）に関する会議」において，「記憶：何が重要な問題か？」というタイトルで講演を行った（講演内容の出版は1978年）。その講演において，Neisserは，過去100年間に行われてきた記憶の研究では，そのほとんどが日常世界における実際的問題や自然な状況には注意を向けていなかったことを指摘し，それらの研究の結果明らかになった実証的一般法則も，その多くは10歳の子どもが知っているような明白なものだと批判した。そして，人々が知りたがっていることは，現在や未来に対処するのに自分の過去の経験をどのように用いるのかということであり，それが自然な条件の下でどのように生じるのか，つまり，それが生じる状況やそれが取る形態，それが依存する変数，過去の使用における個人差，などを理

解したいのだと主張した。すなわち，記憶研究における「生態学的妥当性」の重要性を強く訴えたのである。

　もちろん，このNeisserの講演以前にも，自然な文脈における記憶を調べた研究は皆無ではない。例えば，Bartlett (1932) による物語の記憶の研究などは，日常場面での記憶を調べるという点で，日常認知研究の先駆といえるものである。しかしながら，Neisserのこの講演以降，急速に日常認知研究の気運が高まり，数多くの研究が進められるようになった。そして，Neisser (1982) やNeisser and Winograd (1988) など，日常認知研究の専門書が出版されるようになり，日常認知の研究は認知心理学における1つの分野を形成するまでになったのである。

③ 90年代初頭の論争

　1976年のNeisserの講演 (Neisser, 1978) は，従来の伝統的な実験室研究をかなり強く批判したものであり，その後に行われた日常認知研究においても，基本的にこの立場が踏襲されていたため，逆に，従来の実験室研究を中心とする研究者からの強い反発が生じてきた。

　Banaji and Crowder (1989) は，「日常記憶の破綻」というタイトルの論文において，日常記憶 (everyday memory) の研究の多くは生態学的妥当性は高いけれども逆に一般化可能性が低いと批判し，日常記憶研究者との間に論争を引き起こした。彼らは，自然な状況における記憶の研究では，符号化と貯蔵の段階での条件の統制ができないために，符号化時にどのように情報が作用するのか，貯蔵時にどのような経験が作用しているのかがわからず，したがって，1つの状況から得られた結果が他の状況に一般化できないと論じている。そして，彼らは，生態学的妥当性は低くなっても，統制を維持して一般化可能性を保証するほうがよいと主張している。

　これに対して，日常記憶研究者からは，Loftus (1991)，Conway (1991)，Neisser (1991) などにみられるように，活発な反論がなされている。その反論のポイントを，Cohen (1996) は次の5点にまとめている。①記憶のある側面は自然状況でしか研究できないことがある。②実験室実験で生じる現象が，現実生活において必ず再現されるわけではない。③高齢者や脳損傷者といった特殊なグループを用いた研究がなされ得ること。④実験室におけるもっとも厳密な方法論が，結果の興味深さや実験パラダイムを超えた一般化ということを保証しているわけではないこと。⑤日常記憶研究の重要な1つの機能として，後に実験室において，より注意深く追跡研究がなされ得るような現象を確認することがある。

　これらの反論は，Banaji and Crowder (1989) による一般化可能性への批判に対して必ずしも直接に答えているわけではないが，ともかく，日常認知研究者は，実験

室研究が実験室から日常世界への一般化に失敗していると信じ，一方，実験室アプローチの研究者は，日常認知研究が統制されない要因の自由な振る舞いのために結果の一般化に失敗していると主張することから（Cohen, 1996），この論争は，2つのアプローチの違いとそれぞれの意義を考える1つのきっかけになったのではないかと思われる。

④現状：対立から協力へ

90年代初頭の論争を経て，認知研究の2つのアプローチ，すなわち実験室研究と日常認知研究の2つのアプローチは，対立の関係から，しだいに共存の関係，そして協力の関係へと移行してきた。

その第1の理由は，伝統的な実験室研究でとらえることのできる認知の側面と，日常認知研究でとらえられる認知の側面には，かなりの違いがあることが認識され，認知の全貌を明らかにするためには，両者の協力がむしろ必要であると考えられるようになってきたためである。認知の基礎的メカニズムを調べるためには，厳密な条件統制のもとに行われる実験室研究が不可欠であり，一方，実際の日常場面における認知の機能を調べるには，自然的状況での日常認知研究が必要となる。すなわち，この2つのアプローチは，互いに相補性を持ったものとして考えられるようになったのである。

第2の理由は，この2つのアプローチ間の垣根が低くなってきたことによる。すなわち，実験室研究においても，生態学的妥当性を考慮する必要性が高まり，実験室においての実験であっても，その結果が日常場面での認知活動とどう関わるのかが問われる傾向が強くなってきている。一方，日常認知研究においても，条件の統制や結果の一般化可能性の重要性に対して以前よりも注意が払われるようになってきており，自然状態における実験として遂行される場合もみられる。このような状況においては，もはや2つのアプローチを対立させる必然性はないのである。

最近では，両方の研究方法が必要なものと考えられ，両方のアプローチの研究を手がける研究者もしだいに増えてきている。そして，どちらか一方のアプローチによって得られた成果や理論が，他方のアプローチによってさらなる検討が進められるという，ハイブリッド方法論（hybrid methodology）とよばれるやり方も一般的になりつつあるといわれている（Cohen, 1996）。

(2) 日常認知研究の意義

伝統的な実験室研究アプローチと日常認知研究アプローチとの間の垣根が低くなり，また両者が協力の関係に入ってきている現在において，日常認知研究を進める意

味はどのような点にあると考えられるだろうか。伝統的実験室研究が生態学的妥当性を強く意識するようになり，日常場面での認知過程の検討に直接つながるような実験が数多く実験室で行われるようになった今，日常認知研究の持つ独自の意義について検討しておく必要がある。

その意義の第1として，日常認知研究は，実験室で得られた知見がどれほどの一般化可能性を有しているのかを検証するデータを与えてくれる。実験室と日常生活はさまざまな側面で異なっている（Payne et al., 1997；Woll, 2002）。それにもかかわらず，実験室で得られた知見が日常場面にも適合したなら，その知見はそれだけ頑健で信頼性の高いものであるといえるだろう。Landauer（1989）は，その一例として，学習の分散効果（spacing effect）をあげている。また，日常場面で得られたデータが，伝統的な実験室で得られた知見からは予測できないものであった場合には，そこから新たな研究が広がる可能性がある。例えば長期保持における忘却曲線（Bahrick, 1984b；Conway et al., 1991）は，必ずしもEbbinghaus（1885）の結果と同じパターンを示すわけではないことが知られている。

第2に，現実世界での問題やフィールド研究から，実験室研究では生まれにくい発想が得られることがある。例えば，顔の記憶に関していえば，実験室と違って日常場面では，そもそも人はどういう人物に注意を向けるのだろうか。また，ポップアウトとよばれる現象があるが，いったい何が手がかりとなって，予定や人名や過去の出来事が突然想起されるのだろうか。こうした問題意識は，実験室からはなかなか生まれにくい。また近年の記憶研究で重視される記憶の社会性という考え方，記憶が他者との語りを通じて構成されるという発想（7章，9章）は，まさに現実世界での問題やフィールドでの観察から生まれてきたものといえる。

第3に，日常認知研究は，応用的な価値を有している。また，それだけではなく，応用研究で得られた知見や発想あるいは研究方法を，日常認知研究に還元することで，日常認知研究はさらに豊かに広がる可能性がある（Herrmann & Gruneberg, 1993；Kihlstrom, 1996a；Payne et al., 1997；Pressley, 1996）。

以上のような点は，実験室研究の場合とは異なる，日常認知研究の意義と考えられる。このような意義をふまえたうえで，さらに，日常場面における認知過程の本質に迫る研究を進めていくことが重要であろうと思われる。

2. 日常認知研究の方法

(1) 日常認知研究の方法論的特徴

「歴史的背景」で述べたように,「認知」研究は実験室を中心として発展してきた。それでは「日常認知」研究は,いかなる方法を用いているのであろうか。この点に関してPoon et al. (1993) は研究論文の分析を行っている。いささか古いデータであるが日常認知研究の方法論的特徴をよく示していると思われるので紹介しよう。分析の対象となったのは1987-1988年に刊行された"Journal of Experimental Psychology : Learning, Memory and Cognition"から抽出された32編,同年に刊行された"Applied Cognitive Psychology"から抽出された30編,1988年に刊行された"Practical aspects of memory : Current research and issues, vol.1"(Gruneberg et al., 1988) から抽出された30編の論文である。JEPは伝統的な学習・認知研究の専門誌,あとの2つは日常認知研究を代表する専門誌ならびに学会の会報(proceedings) である。いずれもレビュー論文と病理学的なサンプルのものは除き,成人を対象とした経験的な研究からランダムにサンプリングされた。さまざまな観点から3種類の掲載誌が比較されたが,本節と関連するのは次の3点である。

①研究目的:新たな方法の開発・検討にあるのか(方法),複数の理論や仮説を対比検討したり,新たに得られたデータを理論に当てはめることにあるのか(理論),それともある現象を検討してはいるが,仮説や理論やモデルの検証は行っていないのか(現象)。

②研究計画:独立変数を操作した要因計画実験か,変数間の相関関係を記述した相関研究か,調査・日誌法・自然な場面での観察等,研究者による変数操作を含まない調査・観察研究か。

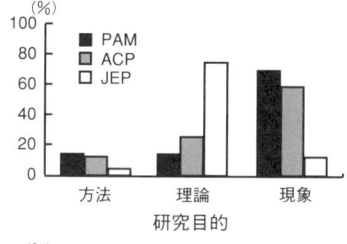

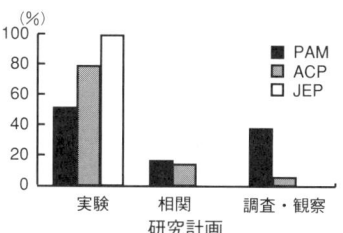

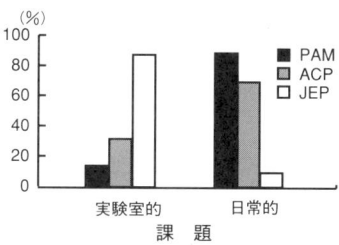

PAM : Practical Aspects of Memory
ACP : Applied Cognitive Psychology
JEP : Journal of Experimental Psychology

▲図1-1 日常認知研究の方法論的特徴 (Poon et al., 1993を一部改変)

③課題：ストループ課題や心的回転など日常生活ではめったに遭遇せず，実験的コントロールが容易な課題を用いているか（実験室的），手紙の投函や出来事の記憶など日常生活で遭遇し得る課題を用いているか（日常的）。

分析の結果を図1-1に示す。この図から日常認知研究の特徴として，日常的な刺激や課題を多用し，現象の記述を目的とした研究が多いといえる。ただし研究計画については，JEPに比較すると相関研究や調査・観察研究が多いというものの，主流は要因計画実験である。

Poon et al. (1993)の分析から10年が経過した現在，日常認知研究はいかなる特徴を備えているのであろうか。2章以降を読んでいただければ明らかになるが，領域によっては理論的な検討が盛んに行われるようになったことを指摘しておきたい。理論的な検討がなければ，日常認知研究は単におもしろそうな（場合によってはあたりまえの）現象の集積で終わってしまう危険性をはらんでいる。また実験室的方法論をベースにしつつも，日常的な課題を取り入れ，要因計画以外の研究方法も利用するという特徴は，より鮮明になってきている。藤永(1999)は心理学における実証主義の発展に触れ，それが大きな進歩をもたらした反面，実験的手法になじまない対象が切り捨てられたことを指摘している。「今日の心理学は，方法のために内容を犠牲にするのではなく，研究目標を達成するための豊かな方法を生み育てるという課題に直面している」（藤永・柏木，1999, p.228）という指摘は，日常認知研究にとっても重い意味を持っている。研究テーマや対象にあわせて多様な手法を取り入れていかなければ，日常認知に接近することは困難なのである（Bahrick, 1996；Winograd, 1993）。

それでは次に，日常認知に特徴的な研究方法を検討しよう。上で述べたように，従来の認知研究と比較したときの日常認知研究の1つの特徴は，われわれが日常生活で経験するような課題を用いたり，あるいは実験室から離れて研究の場を日常場面（フィールド）に求めるということである。そしてもう1つの特徴は，被験者自身の自己報告（self reports）をデータとして用いるということである。

(2) 自然主義的実験

心理学実験において「統制」は，因果関係を解き明かすための必要不可欠な条件と考えられてきた。条件統制の整った研究を行うには実験室が適していることはいうまでもない。そこで，基本的には実験室実験のパラダイムに則りつつ，より日常生活に近い課題や素材を組み込むことで生態学的妥当性を高めようとする研究が行われるようになった。具体的な研究は本書の随所に出てくるが，例えば記憶の実験であれば無意味綴りや単語リストではなく，自分自身の経験（5章，7章）や事件（6章），顔と

名前（8章）や会話（9章）の記憶などが問われたりする。「言語学習」の時代には想像できなかった予定（2章）や行為（4章）の記憶も，日常場面での認知機能の1つとして欠かすことができない。日常生活に近いということはまた，そこで扱われる課題や材料が無味乾燥なものではなく，なんらかの感情（12章）や欲求（10章）と絡まったものであるということも意味している。さらに個々人の方略を用いて課題に取り組める自由度が高いということも（11章），日常認知の1つの特徴といえよう。

しかし人間の認知機能のなかには，実験室で研究することが困難なものも少なくない（Winograd, 1993）。この困難さにはいくつかの理由が考えられる。実験室では時間的・空間的な制約が強い。例えば外国語の習得のように学習そのものに長い時間がかかるものを，統制された実験室内で検討することは困難である。また日常生活でのアクションスリップ（3章），人物認識の失敗やポップアウト現象（8章）などは，いつどこで生起するのか予測がつかず，それが起きるのを24時間実験室で待っているわけにはいかない。巨大空間での空間認知（13章）は文字通り，実験室に収まりきらないテーマである。倫理的な理由から検討がむずかしいケースもある。例えば目撃証言の実験では，実際の事件と同様の強い感情を喚起させるわけにはいかない。そのため現実の目撃証言は実験室研究から予想される以上に正確ではないかという指摘もある（Gruneberg et al., 1996）。

そこで日常認知研究の日常性・現実性・生態学的妥当性をさらに高めるために実験室を離れて，認知機能が働いている現場（フィールド）へと踏み出すことも必要になってくる（Baddeley, 1989）。例えば，目撃証言の研究として3か月前に日常業務のなかで応対した客の顔写真の選択を求めたり（6章），長期記憶の研究として数十年前に学習したスペイン語の知識を問うたりするのである（Bahrick, 1984b）。

これら自然主義的実験（naturalistic experiments）はきわめて魅力的だが，その反面，そこには統制面での困難さがつきまとっている。例えば日常記憶の研究では，符号化や貯蔵段階の被験者の行動を統制することは不可能である。また用いる材料や課題が日常的なものになると，被験者がいわゆる「素朴心理学（folk psychology）」を働かせ，実験の目的や仮説を意識することが増えるだろう。このように日常認知研究は，研究者が統制できない変数が混入しやすい運命を背負っているのである。

日常認知の意義と引き換えに統制を放棄してしまうことは，決して好ましい選択ではなかろう。統制の重要性は日常認知研究においても過小評価されるべきではない（Klatzky, 1991；Roediger, 1991）。まず，統制が困難であるという制約のなかで，何が検討できるか整理することも必要であろう。Wright（1997）は日常記憶を例にとり，被験者の記憶の正確さが評価できない状況で得られたデータについて，どのよ

▼表1-1 記憶の正確さを検証できない状況で何が検討できるか
(Wright, 1997を一部改変)

研究の特性		何が検討できるか
出来事の正確な記録が残っているか	YES →	想起の正確さを検討できる
NO ↓		
被験者はその出来事について複数回の再生を求められたか	YES →	想起の信頼性を評価できる
NO ↓		
複数の被験者がそれぞれ異なる時点で質問されたか	YES →	時間経過に伴う系統的なバイアスを測定できる
その回想は一度だけ記録されたものか	YES →	想起と被験者のさまざまな特性との関連を観察できる

うな検討が可能かを整理している（表1-1）。日常認知の多様性を分析に持ち込み，多変量解析を利用することを主張する研究者もいる（Petrinovich, 1989）。例えば，Bahrick（1984b, 1989）は，大学で学習したスペイン語の超長期記憶の保持関数の分析に重回帰分析を用いている。また，Conwayはフラッシュバルブ記憶（flashbulb memory）が形成される条件を探る目的で，共分散構造分析を用いて成果を上げている（Conway et al., 1994）。ただしこの場合でも，独立変数となるデータ（Bahrickの研究ではラジオやテレビでスペイン語に接した頻度など，Conwayの研究では事件の記憶のリハーサル頻度など）の正確な評価がどの程度可能かという問題は無視できない（Hintzman, 1993）。

(3) 自己報告

日常認知研究では，被験者自身の報告がデータとして扱われることが多い。例えば日常場面での認知遂行を検討するための自己評価質問紙（self assessment questionnaire, 3章も参照）では，認知遂行の失敗の頻度が問われたり（Broadbent et al., 1982），記憶力についての自己評価が求められたりする（Chaffin & Herrmann, 1983）。また日誌（diary）を被験者に携帯してもらい，スリップやし忘れ（3章），固有名詞や単語の想起困難（8章）を記録してもらうという手法も用いられる。日誌にはまた，自分自身が経験した出来事を記録に残しておき，あとで自伝的記憶の正確さを評定する基準として用いるという利用方法もある（Linton, 1986；Wagenaar, 1986）。

こうした自己報告は貴重なデータであるが，これを扱う際には妥当性（validity）

の問題や種々のバイアスに注意しなければならない。

①日誌法の問題

日誌法では被験者にかかる時間的・心理的負担が，通常の認知研究よりもかなり重くなる。そのため実験に参加するのは，こうした問題に対してもともと強い関心を持つ被験者や，意欲的な被験者にかたよる可能性が高い。例えばスリップの日誌研究に協力しようという被験者は，もともとこうしたエラーを犯す率が高く，結果的にかたよったデータになる危険性がある（仁平，1999）。とくにこうした傾向の強い被験者でなくとも，日誌を携帯することにより日常の行動にふだん以上の注意が向き，エラーを犯しにくくなるという可能性もある。

またエラーを犯す段階ではなく，被験者が記録する段階でバイアスが働く危険性もある。例えば何をエラーとして記録するかという基準が変化し，被験者になっていなければエラーとして認知しないようなものまでも，エラーとして記録されるかもしれない。あるいは社会的望ましさ（social desirability）を考えて，大きなエラーの報告を躊躇することもあり得る。

②調査研究に学ぶ自己報告のバイアス

調査研究（survey research）は日常認知研究が盛んになる以前から，言語報告を利用してきた。この分野では，言語報告の歪みや利用上の留意点に関連して，日常認知研究にとっても有益な知見が蓄積されている（Schwarz, 1999；Schwarz & Sudman, 1994；Stone et al., 2000）。Schwarz（1999）によると，自己の態度や行動について問われた人は，質問文中にあるさまざまな手がかりを利用して質問の真意や，標準的な答がどのあたりにあるかを探り，そして種々のヒューリスティックス（heuristics）を用いて回答するという。そのため質問の表現や選択肢の作り方を変えることで，回答が変化することがある。例えば「あなたは毎日どのくらいの時間テレビを見ていますか」という質問に対して2通りの選択肢を設け，差異が検討された（表1-2）。低頻度選択肢は相対的に短い視聴時間を強調しており，逆に高頻度選択肢は長い視聴時間のほうにバイアスがかかっている。「2.5時間以上」に収まる回答者の比率をみると，低頻度選択肢では16.2％にすぎないが，高頻度選択肢条件では37.5％にもなっていた。問われている行動について記憶が

▼表1-2　2通りの選択肢と視聴時間
(Schwarz et al., 1985)

低頻度選択肢		高頻度選択肢	
0.5時間以内	7.4	2.5時間以内	62.5
0.5〜1時間	17.7	2.5〜3時間	23.4
1〜1.5時間	26.5	3〜3.5時間	7.8
1.5〜2時間	14.7	3.5〜4時間	4.7
2〜2.5時間	17.7	4〜4.5時間	1.6
2.5時間以上	16.2	4.5時間以上	0.0

数値は回答者の％を示す。$N=68$（低頻度），64（高頻度）

曖昧であったり，質問そのものが曖昧なときには，選択肢が準拠枠となって回答を方向づけることが示唆される。また，質問の順序によって結果が変化することもある（Schwarz, 1999）。例えば「あなたは結婚に満足していますか」という問いに続けて「あなたは現在の生活に満足していますか」と問われた場合，2つの満足度は $r=.67$ という高い相関を示したのに対し，逆の順序（人生→結婚）で問われたときには相関は $r=.32$ と低くなった。さらに2つの質問に先立って「2つの質問をします。1つは結婚生活，1つは生活全般に関する満足度です」という教示を与えて，2つの質問が別個のものであることを強調すると，有意な相関は消えたのである（$r=.12$）。結婚について最初に問われた場合には，結婚生活に対する意識的な気づきが一時的に高まり，それが生活全体に対する評価に持ち込まれたのであろう。

　自己評価質問紙への回答にも Schwarz（1999）が指摘したバイアスがかかっている可能性は高い。さらに回答に社会的望ましさが影響したり，質問が肯定文であるために（例：「歩いていて人とぶつかる」）肯定的な回答を引き出しやすい（affirmation bias）という指摘もされている（Morris, 1984）。自己報告は本人しか知らない多くの情報を与えてくれるが（Baldwin, 2000），それが何を測定しているのかという点に関しては，慎重な検討が必要であろう（Rabbitt et al., 1995）。

　Wright et al.（1997）は調査研究の知見を参考に，フラッシュバルブ記憶に関する質問の順序が回答に及ぼす影響を検討した。Wright et al. はサッチャー首相の辞任にまつわるフラッシュバルブ記憶を取り上げ，その鮮明さ，事件の重要度，ニュースを知ったときの感情強度を問うた。その際に質問順序を操作して6通りの質問紙を作成した。その結果，質問順序は回答に有意な影響を及ぼすものの，その効果は小さく，研究の結論が疑問視されるほどではないと報告している。

　このように，調査研究は日常認知研究にとって有益な知見を提供しているが（Jobe et al., 1993；Wright & Loftus, 1998），両者の関係は一方向的なものではない。調査研究者たちが回答の歪みを検討するときには認知心理の理論的枠組みを援用しているし，また，よりよい質問紙を作成するために発話思考（thinking aloud）を取り入れた試みも行われている（Jobe & Mingay, 1991；Willis et al., 1991）。「他者からの質問に答えるときの認知過程」は，いずれ日常認知の1つの大きなテーマになるであろう。

(4) 日常認知研究の倫理

　いかなる心理学的研究においても倫理基準（American Psychological Association, 1992；日本発達心理学会, 2000）に照らし合わせた計画が立てられなければならな

い。日常認知研究は従来の認知研究以上に，倫理上の問題に慎重に対応する必要のある分野である。日常認知研究では自伝的記憶の想起を求めたり，日常生活でのエラーを日誌に記録させるなど，被験者のプライバシーに関わる内容を扱うものが少なくない。質問紙の一部にこうした内容が含まれることもある（Bersoff & Bersoff, 2000）。データの収集に先立って可能な限りの説明を行うとともに，収集されたデータの取り扱いは慎重に行わなければならない。

また日常認知研究の課題には文字通り，日常生活で遭遇する問題に類似したものが多い。するとその課題での経験は被験者に必要以上に深刻な問題として受け止められる危険性がある。結果のフィードバックや説明に際しては，被験者が自分自身の遂行をどう受け止めているかという点も配慮すべきであろう。

3. 日常認知研究の妥当性

(1) 内的妥当性と外的妥当性

「妥当性」という用語は通常，テストが測定しようとしている対象をどの程度測定できているかを示す概念として用いられる。しかしここで検討する研究の妥当性はこれとは異なり，Campbellによって導入された概念である。Campbellは内的妥当性（internal validity）と外的妥当性（external validity）を区分した（Campbell, 1957；Campbell & Stanley, 1963）。実験的な処置が有意な効果を及ぼし，この効果が剰余変数（extraneous variable）では説明できないときに，研究は内的妥当性を有しているという。したがって変数間の因果関係について確かな推論を下すためには，内的妥当性が備わっていなければならない。内的妥当性は条件統制の問題と密接に関連している。他方，外的妥当性とは，その研究で得られた結果をどのような集団や場面や条件にまで一般化できるかという問題である。日常認知研究が強調する生態学的妥当性は，外的妥当性の一種であるといえよう。Campbellによるとこれら2つの妥当性の両立は困難なことが多く，内的妥当性を高めるための統制がしばしば外的妥当性を損なうという。内的妥当性を高めるために種々の条件を統制するということは，そこで得られた結果は統制された条件下でしか再現されないということになるからである。そしていずれか一方を選ぶなら内的妥当性のほうが重要であると述べている。この問題に関連して日常認知研究ではいかなる議論が展開されているのであろうか。

「90年代初頭の論争」で述べたようにBanaji and Crowder（1994）は統制の重要性を強調しており，その点ではCampbell（1957）と類似している。しかし彼らは，

内的妥当性を高めることで外的妥当性が低下するという考えには強く反対している。彼らによると，統制外の変数が影響したために研究結果から確かな結論を引き出すことができない（内的妥当性が低下した）状況では，得られた結論を一般化できるかという問題そのものが無意味になる。すなわち内的妥当性は外的妥当性の必要条件なのである。Banaji and Crowderは，実験社会心理学の人工性に疑問を感じた学生が，実際の会社をフィールドとして研究した例を紹介している。この学生の研究ではさまざまな要因が交絡して，結局解釈不可能な結果になってしまった。また対象とした会社の特殊性ゆえに，同じ会社の他の支社にさえ一般化できるかどうか不明だったという。実は実験社会心理学の分野では，Banaji and Crowder（1989）に端を発する「日常記憶の破綻」とよく似た論争が，それより10年前にすでにかわされていた。社会心理学の実験の多くは生態学的妥当性に欠け，現実世界における人間行動の理解に寄与しないと批判されたのである。これに対してBerkowitz and Donnerstein（1982）は，実験の目的は因果関係に関する仮説を検証することであり，実験場面が日常的な場面と類似しているか否かは問題ではないと反論している。

　Banaji and Crowder（1994）とは反対にRubin（1989）は，統制よりも結果の恒常性（regularity）を重視した議論を展開している。Rubinによると研究には理論がいまだに発展していない段階と，理論が発展し対立仮説間の検証が求められる段階があるという。そして日常認知研究（Rubinは日常記憶に限定しているが）は残念ながら前者の段階にあり，まず頑健な現象を見出すこと，結果の恒常性を確立することが主要な目的であるという。後者の段階に至って，厳密な統制のもとに仮説検証型の研究を行うことが目的になるのである。Rubinは恒常性を見出すための指針を3つあげている。第1は，被験者の学習経験やテストの文脈をあまり統制しないということである。それで恒常性の高い結果が得られたら，その結果は広範な場面に一般化できることになる。第2は，データの中に潜んでいる恒常性を掘り起こすために，さまざまな測度を用いて分析を行ってみるということである。そして第3は，検討を開始した時点では特定の理論や仮説にあまり強く依拠せず，結果を説明できるさまざまな理論を考えてみるということである（Greenwald et al., 1986も参照）。Rubinはこうした指針を適用した成功例として，「のどまで出かかっている（tip of the tongue）」現象，散文の超長期記憶，自伝的記憶のバンプ（bump）現象などをあげている。たしかに日常認知の研究テーマのなかには統制が困難なものが少なくない。しかしRubinも研究遂行上の統制をまったく不要のものと考えているわけではない。あくまで「記憶研究における現在の理論的発展の状況を考えると，求められるのは恒常性に他ならない。結果がくり返し得られるために必要な水準を超えた統制は望ましくない」（Rubin,

1989, p.86) のであり，決して結果の信頼性を損ないかねないような，ずさんな研究計画を推奨しているわけではない。さらに「日常認知研究の方法論的特徴」でも指摘したが (p.8)，日常認知のなかにはすでに理論的な検討の段階に至っているテーマも少なくない。そうした研究においては厳密な統制が有益な知見をもたらしてくれることはいうまでもない。

(2) 生態学的妥当性を高めるために

　認知心理学で生態学的妥当性が問題になる場合にはしばしば，実験室で得られた知見が日常場面にまで一般化できるか，と問われることが多い。しかし日常的な課題を用いたから即，生態学的妥当性が保証されるというものではない。実験室実験で見出された知見は，異なる材料や被験者のもとでも再現可能かどうか検討されなければならない。それと同様に日常認知の知見もまた，異なる場面や課題や被験者のもとで再現可能かどうかが問われなければならない。そして再現されなかった場合には，そこに重要な要因が潜んでいるのか，あるいはそもそも信頼性に欠けるデータだったのかという検討が必要になる。

　実験室と日常場面が多くの側面で異なっているように，「日常 (everyday)」や「現実世界 (real world)」が意味するものも，時代により文化により人によって異なっている (Woll, 2002)。この点との関連で無視できないのが被験者のサンプリングの問題である (Willis & Schaie, 1993)。日常認知研究においても他の領域同様に，もっとも頻繁に被験者になっているのは大学生である。加齢に伴う認知機能の変化はこれまでも指摘されているが (Poon et al., 1989；West & Sinnott, 1992)，決して加齢に伴って認知機能が低下するという知見ばかりではない。種々の自己評価質問紙の結果を若年群と高齢群で比較すると，それぞれが特有の失敗をすることが示されている。例えば同じ「記憶の失敗」であっても，高齢者では人名や電話番号の忘却が大きな問題として認識されているが，約束を忘れることは少なくなる (Chaffin & Herrmann, 1983；Martin, 1986)。あるいは「認知の失敗」では高齢者よりも若年者のほうが，「人にぶつかる」「言葉の意味を正しく使っていたか心配になる」といった問題を多く指摘している (Martin, 1986)。こうした違いは加齢に伴って認知機能が変化すると同時に，生活環境が変化し，日々の生活のなかで直面する課題が変わってくることによると解釈できる。まさに「日常」や「現実世界」の意味は世代によって異なるのである。

　日常認知研究で問題になるのは被験者のサンプリングだけではない。出来事の記憶を問う研究（例えばフラッシュバルブ記憶研究）を考えてみよう。この場合，どの出

来事について記憶を問うかが結果に大きく影響することがある。これは他の研究では，課題によって結果が異なるという事態に対応する。こうした結果の違いが測定の信頼性の低さを反映しているのか，それとも選択された事件に特有の条件を反映しているのか，あるいは研究者が気づいていない変数が影響を及ぼしているのか，といった点が検討されなければならない。そのためには，複数の出来事の記憶を比較検討するという方法が考えられる（Wright, 1997；Wright & Gaskell, 1995）。初期のBrown and Kulik（1977）の研究は9つの公的事件と1つの個人的な出来事を用いることにより，事件と人種によってフラッシュバルブ記憶の鮮明度が異なることを示していた。Brownたちの研究は方法論的に興味深いものであるが，その後，複数の事件をいっしょに扱ったフラッシュバルブ記憶研究はほとんど行われていない。例外的にWright et al.（1998）はサッチャー首相の辞任とヒルスボロー・フットボール場での大事故を取り上げ，サッチャー辞任の記憶は社会的階層の高い人ほど鮮明であるとか，フットボール場での事故の記憶は男性のほうが鮮明であるといったことを明らかにした。またいずれの事件についても，事件そのものの記憶が曖昧な人が少なくないことを指摘した（サッチャー辞任で22.9%，フットボール場の事故で35.1%）。これらの結果はフラッシュバルブ記憶の研究において，被験者についても出来事についても慎重なサンプリングが必要なことを示唆している。

　真に信頼性・（生態学的）妥当性の高い日常認知研究を行うには，検討したい問題に適した手法を模索すると同時に，ここに述べたような方法論的配慮をして，手法の有効性を高めることが必要である。この努力を怠った研究は，日常認知の解明に寄与することもないままに忘れ去られてしまうであろう。

Ⅱ部

意図, 行動の認知

2章 展望的記憶

梅田　聡

1. はじめに

　われわれが日常生活を円滑に営むためには，どのような記憶が必要とされるのであろうか。過去に起こった出来事や，過去に覚えた知識を思い出せることが必要であることはいうまでもない。しかしながら，実際の日常生活をふり返ると，このような過去の記憶だけでなく，未来の記憶，すなわち今後しなければならないことをタイミングよく思い出すことも同時に重要であることに気づく。記憶研究の領域では，このような記憶のことを"展望的記憶（prospective memory）"とよび，過去に起こった出来事の記憶である"回想的記憶（retrospective memory）"と区別されている（Brandimonte et al., 1996）。展望的記憶は他者とのコミュニケーションにも深く関連した記憶であり，展望的記憶をうまく機能させることができなければ，社会生活を円滑に営むことはできない（Munsat, 1966）。

　本章では，展望的記憶を深く理解するために，現在までの研究を方法論や理論的枠組みとともに示し，展望的記憶の本質的特徴について詳しく考える。

2. 展望的記憶とは何か

　まずはじめに，「なぜ展望的記憶は回想的記憶と区別されるのか」「回想的記憶にはみられない展望的記憶の特性とは何か」ということから述べたい。"未来の記憶"であれば，そのすべてが展望的記憶の対象とされてきたわけではない。未来の記憶のなかでも，以下にあげる3つの条件を同時に満たす場合に「展望的記憶」となり，特別

に他の記憶と区別して研究されてきたのである。その3つの条件とは，①記憶の対象が未来に行うことを意図した"行為"であること，②行為を意図してからそれを実行に移すまでの間に，ある程度の遅延期間があること，③そ

▼表2-1 展望的記憶であることの必要条件

1. 未来に行うことを意図した行為であること
2. その行為を意図してから実行に移すまでの間に，ある程度の遅延期間があること
3. その行為を実行しようとする意図が一度意識からなくなり，再度それをタイミングよく自発的に想起する必要があること

の行為を実行しようとする意図が一度意識からなくなり，再度それをタイミングよく自発的に想起する必要があること，である（表2-1参照）。

したがって，従来から行われているような伝統的な記憶実験で，被験者が「あとで思い出してもらいます」と実験者に教示されてたくさんの単語を覚える場合などは，展望的記憶を扱っていることにはならない。その第1の理由は，覚える対象が単語であり，行為ではないからであり，第2の理由は，覚えた単語を再生するという行為を被験者が常に意識し続けられるからである。アクションスリップとよばれる行為のし間違い現象があるが（Norman, 1981），この現象は基本的に，意図してすぐに実行に移した場合のし間違いをさしており，常に意識し続けられる状況におけるし間違いであることから，展望的記憶の失敗とは質的に異なった現象ととらえるべきであろう。

展望的記憶の最大の特徴は，意図した行為をタイミングよく自発的に想起することである。例えば，23時30分発の終電に乗らなければならない場合に，23時31分にそのことを思い出したのでは手遅れであり，電車の発車前に自発的にそのことを想起することが必要とされる。このように，未来の行為の記憶では，タイミングよく自発的に意図を想起することが必要とされることが多い。そのため，展望的記憶の想起（以下，展望的想起，prospective remembering）は，"手がかりなしの想起（uncued remembering）"（Levy & Loftus, 1984），"自己手がかり想起（self-cued remembering）"（Wilkins & Baddeley, 1978），あるいは"自己開始的想起（self-initiated remembering）"（Mäntylä, 1996）などとよばれ，通常の記憶の想起とは異なる処理過程が想定されてきた。

以上のように，未来の行為の記憶のなかには，通常の記憶とは異なる特徴がいくつかみられる。そのために"展望的記憶"として別個に扱われ，新たな研究分野として注目されるようになったのである。

（1）展望的記憶に関連するさまざまな要因

このように，展望的記憶は記憶研究の一分野として位置づけられ，研究も盛んに行われるようになったが，初期に行われた研究の目的は，もっぱら，複雑に絡み合った

諸要因を解析し，ばらばらに解きほぐすことにあった。それらの研究で扱われた要因はさまざまであるが，いずれも，①多数の要因を包括的に取り上げ，各要因が展望的記憶に影響を及ぼす程度の違いを調べる方法か，②1つあるいは少数の要因を取り上げ，その効果について個別に調べるか，のどちらかに分類することができる。

第1の方法である包括的研究では，被験者に常に手帳を携帯させて日常記憶活動を調査する日誌法や自由記述法などが用いられる（小谷津ら，1992；高橋，1990）。この方法は展望的記憶の全体像を理解するうえで優れた方法といえるが，①被験者の一部の記憶処理のみが対象となってしまう点，②記憶処理をリアルタイムにとらえることができない点，③メタ認知の効果について十分に把握できない点，などの理由から，展望的記憶の深い意味での理解には至っていない。

第2の方法である，1つあるいは少数の要因を取り上げて調べる研究では，①感情や動機などの情緒的要因，②対人関係のような社会的要因，③記憶補助の利用法などのメタ認知的要因などの効果について実験的に検討されている。

まず，情緒的要因に関しては，比較的初期に，葉書の投函課題を用いた研究が報告された。この課題では，実験者は被験者にあらかじめ葉書を渡しておき，ある期間経過したらそれらを投函させて，その遂行について分析する。その結果，展望的想起には投函までの期間（2～36日）の違いによる影響はないが（Wilkins, 1976：Sinnott, 1989より引用），現金報酬による動機づけの効果があることなどが示された（Orne, 1970）。さらに，行為の重要度，行為の達成に伴う満足度，行為の達成に対する不安度などが展望的想起に大きな影響を及ぼすことも示されている（Harris & Menzies, 1999；Lovibond & Lovibond, 1995；Meacham & Kushner, 1980）。

これに対してLevy and Loftus（1984）は社会的要因に注目し，それまでに行われた人工的な展望的記憶課題を用いた実験において，課題が正確に遂行されたのは，被験者が単に実験者に協力的であったためであり，教示に従うことと自発的に想起することとは別であるという見解を示した。またHarris（1980）は，展望的想起と行為者の社会的地位に関連があるという結果を報告した。しかし，展望的記憶における他者の役割について検討した研究からは，他者が意図の想起や実行に影響を与えるとは限らないことも示されている（小林・丸野，1994）。展望的記憶に及ぼす社会的要因の効果に関しては，決定的な見解が得られていないのが現状である。

記憶補助の利用法をはじめとするメタ認知的要因に関しては，加齢との関連性を考慮に入れた枠組みのもとで，多くの研究が発表されている。次節では，それらの研究について詳しく述べる。

(2) 展望的記憶とメタ認知

　われわれはふだん、し忘れを防ぐために手帳やカレンダーなどの記憶補助を用いている。予定を確実に実行するために、人々がどのように記憶補助を用いているのかということに関しては、メタ認知的側面から数多くの研究がなされてきた（Harris, 1980；Intons-Peterson & Fournier, 1986；Lovelace & Twohig, 1990；Marsh, Hicks, & Bink, 1998；Meacham & Leiman, 1982；Moscovitch, 1982；Walbaum, 1997）。

　展望的記憶をメタ認知的側面から分析するうえで注意すべき点は、意図の想起にはモニタリングが重要な役割を果たしているということである。モニタリングとは、自らが現在の状況をどのように認知し、現在から未来に向けてどのように行動を展開させていくかを計画し、それが適切であるかどうかを監視する働きを持つメタ認知機能である。人々は日常生活を通して、自らの記憶能力の限界をある程度正確に知っており、そのことがモニタリングの頻度を高め、適切な時点で意図を想起する確率を高めていると考えられる（Ceci & Bronfenbrenner, 1985；森田, 1998；Umeda & Koyazu, 2002）。

　モニタリングのような、記憶補助を用いないメタ認知に限界があるのはいうまでもないが、記憶補助を用いたメタ認知にも限界はある。すなわち、手帳のような記憶補助を参照すること自体は、そこに書かれている意図の自発的想起を可能にさせる力を持つわけではないということである（Wilkins & Baddeley, 1978；Levy & Loftus, 1984）。意図の発生時にその内容を記憶補助に記録しておくことで、その後に発生する意図による逆向干渉を最小限にとどめることができるという意味では、記憶補助の利用は効果的である（Intons-Peterson, 1996）。しかしながら、記憶補助の参照は実行すべき行為の内容の事前確認にすぎず、意図の想起を促す直接の要因にはならない。携帯しているタイマーをある時刻になったら鳴らすようなことをしない限り、想起のタイミングを補うことにはならないということに、あらためて注意が必要である。

　展望的記憶とメタ認知の関係を考える際には、以下の点にも再認識が必要である。すなわち、われわれは通常、"あとで思い出したいため"に記憶補助を用いるが、意図が発生した直後の時点では、"早く安心したいため"、"早く忘れたいため"に手帳やカレンダーに書き込むことがあるということである。"意図を伴う行為の想起が伴わない行為の想起よりも早い"という意図優位性効果（intention-superiority effect, Goschke & Kuhl, 1996）は、アラームやメモのような外的記憶補助を利用することで消失するという結果も示されている（森田, 2000）。これは、被験者が外的補助に書き込んだことである種の安心感を得て、それが意図の特異性を隠す結果につながっ

たものと解釈できる。記憶補助を用いることで"意図を保持している"という緊張感を軽減させてしまうだけでは，記憶補助が効果的に機能しているとはいえない。そうした緊張感の軽減が起こることを自らが知り，それをも含めたメタ認知的対策を施すことが，記憶補助を効果的に利用するうえで肝要である。

3. 存在想起と内容想起

　展望的記憶に以上であげたような要因が関わることは明らかである。しかし，このように要因の効果や影響を調べるだけでは，果たして展望的記憶が他の記憶と本質的に異なるものなのかどうかについては，不明のままである。本質的に異なるとは，すなわち認知処理のレベルでも異なるということである。展望的記憶研究の重要性を主張するためには，それが日常場面において重要であり，特有の要因が関与するということを示すだけでは不十分であろう。展望的記憶には認知処理のレベルで特別な処理が必要とされるということが証明されてはじめて，その概念の有用性が認められるものであり，事実，これまでの研究成果はそれを証明するものとなっている。

　日常生活におけるさまざまな意図の想起場面をあらためてふり返ると，展望的想起には，"何か行うべきことがある"ということの想起，すなわち意図の存在の想起と，"その内容が何であったか"という意図の内容の想起という2つの要素が含まれていることがわかる（梅田，1999；梅田・小谷津，1998）。後者の内容想起は存在想起を手がかりとする想起であるのに対し，前者の存在想起は記憶補助に依存できない自発的想起であり，想起のタイミングが問題となる。内容想起は過去の出来事の想起能力に依存するという特徴を持つ，すなわち回想的記憶の想起においても共通して必要な能力であるのに対し，存在想起は自発性やタイミングといった展望的記憶の想起においてのみ必要とされる能力であるという点で，両者は決定的に異なる。言い換えれば，展望的記憶研究において注目されるべきなのは，もっぱら存在想起の認知メカニズムであるといえる。

　そこで，あらためてこれまでに行われた研究を，存在想起と内容想起という視点から見直し，展望的記憶における存在想起の働きの意味を明らかにしたい（図2-1参照）。
　最初に展望的記憶を視野に入れた研究を行ったのは，Loftus（1971）である。この研究は，意図の記憶を実験的に取り上げた初期のものであり，その後の展望的記憶研究に大きな影響を及ぼした。この研究では，名前や単語などの一般的記憶課題を施行すると同時に，あらかじめ被験者に，調査終了後，自分が生まれた州の名前を報告す

るよう頼んでおいた。その結果からLoftusは、意図の忘却と名前や単語などの忘却は、同じメカニズムで説明できると述べた。つまり、展望的記憶と回想的記憶の認知メカニズムは同じであると結

```
意図の想起 ┬ 存在想起："何かやるべきことがあった"
          │  ・想起の自発性とタイミングが要求される
          │  ・スキル化した認知スタイルが手がかりとなる
          │  ・記憶補助は間接的な手がかりにしかならない
          └ 内容想起："それが何であった"
             ・存在想起が手がかりとなる
             ・記憶補助が直接的な手がかりとなる
```

▲図2-1　存在想起と内容想起の特徴

論づけたのである。ただし、この解釈には難点がある。なぜなら、調査終了後に生まれた州の名前を報告させる課題では、存在想起と内容想起の失敗が混同されているからである。いいかえれば、この実験デザインでは、調査終了後に「何かやるべきことがあったのは覚えているが内容は思い出せない」という被験者と、「何かやるべきことがあったということすら思い出せない」被験者を区別することができない。したがって、この研究結果から、ただちに名前や単語などの忘却と意図の忘却を同じメカニズムで説明できると断定することはできないであろう。

　Hitch and Ferguson（1991）も、映画クラブのメンバーを被験者として、近いうちに見ようとしている映画の題名と最近見た映画の題名を想起させる課題を行い、その結果から、未来の記憶と過去の記憶は区別できないことを主張している。現在に近いほうがよく再生できるという新近効果が、未来と過去について同様にみられたことからそのような主張をしたのであるが、この解釈にもやはり難点がある。すなわち、この研究で対象となっているのは内容想起だけであり、存在想起についてはまったく扱われていないため、展望的記憶を扱っているとはいえない。さきにも述べたとおり、展望的記憶を扱ううえで重要なのは、存在想起に求められる想起の自発性とタイミングである。

　次節では、展望的記憶の研究方法について述べたうえで、近年、多くの研究で用いられている実験室的アプローチとは何かを示し、存在想起と内容想起という分類の重要性に注目しながら、研究の流れを概観する。

4. 実験室における展望的記憶

　認知心理学をベースとする記憶研究には、伝統的な実験室的アプローチと、Neisser（1978）の提言以来盛んに行われるようになった日常的アプローチがある。

展望的記憶にもこの2つのアプローチによる研究があるが，実験を行う場所と用いる課題によって，計4つの方法に細分されている（Kvavilashvili, 1992, 図2-2参照）。

第1の方法は，日常場面で自然な課題を用いる方法である。被験者に手帳を携帯させ，し忘れなどを随時記入させる日誌法や，質問紙を用い

	課題	
	自然な課題	人工的な課題
日常場面	日誌法 質問紙法	葉書の返送課題
実験室場面	課題として気づかれないように埋め込む方法	アインシュタイン型パラダイム

▲図2-2　展望的記憶の実験心理学的研究法
（Kvavilashvili, 1992より作成）

て被験者の記憶活動を調べる方法などがこれにあたる。第2の方法は，日常場面で人工的な課題を用いる方法である。葉書の返送課題などがこれにあたる。これらの方法は生態学的妥当性が高い反面，記銘方略や保持期間中のリハーサル量など，統制できない多くの要因が交絡している点がしばしば問題とされる（Cohen, 1993）。

1980年代後半に入り，この点を回避するための第3，第4の方法である実験室的アプローチが新たに開発された。まず第3の方法は，実験室で自然な課題を用いる方法である。この方法では，実験者は，被験者にある実験についてだけ教示しておき，その実験中に一見実験とは関係のない課題として展望的記憶課題を埋め込む。一方，第4の方法は，実験室で人工的な課題を用いる方法である。これはEinstein and McDaniel（1990）によって考案された方法であり，通常の短期記憶課題のなかに展望的記憶課題を埋め込む方法をとる。次節からは，第3と第4の方法を用いた研究を紹介し，その優れた点と問題点について述べる。

(1) 日常埋め込み型の実験室的研究

第3の方法である日常埋め込み型実験の代表的研究の1つに，2つの実験室を使ったユニークな研究がある（Kvavilashvili, 1987）。この実験では，まず実験者Aが被験者にある課題を行わせたあと，次の実験のためにその被験者を隣の実験室に行かせる。その際，被験者に，ある人の名前を告げて，その人のデータを隣の実験室にいる実験者Bからもらって戻ってくるように要求する。被験者はすぐに隣の実験室に移動するが，そこにいる実験者Bはすぐにその要求に答えずに，その部屋での課題が終わったらもう一度要求してほしいと被験者に伝える。そして，最後に被験者が再びその要求を想起することができるかどうかを調べた。手続きは複雑だが，ある人のデータをもらって戻ってくるという課題がここではごく自然に導入されているため，被験者には実験として認識されにくいという点がこの方法の優れた点である。

(2) 純粋な実験室的研究
①事象ベースの展望的記憶

　一方，第4の方法である純粋な実験室的アプローチによる研究は，1990年以降現在に至るまで数多く行われている。このアプローチを最初に用いたのはEinstein and McDaniel（1990）である。彼らの用いた展望的記憶課題とは，単語の短期記憶課題（以下，背景課題）のなかで，ある特定単語（例えば，「熊手」）が現れたら，ある行為を行う（キーボードのファンクションキーを押す）というものである（以下，このような課題をアインシュタイン型パラダイムと略す）。これを彼らは事象ベースの展望的記憶課題とよび，この課題の成績には年齢差がないことを示し，注目を集めた。つまり，加齢に伴って記憶の成績が低下するという通常の記憶課題の効果がみられなかったのである。また，このアプローチは，意図の想起とは関連の少ない要因の混入を極力避け，制御された条件下で展望的記憶を調べられる点も優れている。以下では，このアプローチを用いた研究について概観する。

　まず，アインシュタイン型パラダイムにおける加齢以外の要因の効果に関しては，特定単語の特徴に注目した研究から，①特定単語が見慣れないものや特殊なもののほうが想起されやすいこと（Brandimonte & Passolunghi, 1994；Ellis & Milne, 1996；Mäntylä, 1994；McDaniel & Einstein, 1993），②特定単語が意味的に特殊なものよりも知覚的に特殊なもののほうが想起されやすいこと（Brandimonte & Passolunghi, 1994）などが示された。特定単語の呈示から課題遂行までの遅延時間については，①15分と30分では課題の成績が変化しないこと（Einstein et al., 1992），②①に対する反論として，3分の遅延時間をおいただけで課題の成績が低下すること（Brandimonte & Passolunghi, 1994）が示された。近年，Hicks et al.（2000）は，この問題をあらためて詳しく取り上げ，意図の形成からその遂行までの遅延時間が2.5分，5分，15分と長くなるにつれて，展望的記憶課題の成績は徐々に高まるという予想外の結果を報告した。この結果についてHicks et al. は，「遅延時間が長くなるとその意図へ注意を向ける頻度が多くなり，結果として意図の気づきに関する認知処理が増え，意図が想起される確率が高まる」（p.1167）と解釈した。これらの研究から，特定単語の質や遅延時間の違いによって，展望的記憶課題の成績が変化することが明らかになった。

　アインシュタイン型パラダイムにおける加齢の要因の効果に関しては，以下のような研究が行われている。Einstein et al.（1992）は，事象ベース課題の成績に年齢差がないという結果を詳しく調べるために，特定単語を1つから4つに増やし，そのうちのどれか1つが現れたらキーボードのファンクションキーを押すという複雑な課題

を若者と高齢者に対して行った。その結果，成績には年齢差が生じ，若者のほうが優れていた。このことから，高齢者の課題成績が低下するのは，展望的記憶構成要素（何かの行為を行うことの記憶）と回想的記憶構成要素（その内容の記憶）のうち，後者の困難度が増すためであると解釈した。ただし，これに対する反証となる結果も報告されている（Park et al., 1997）。

　事象ベース課題と背景課題における年齢差を比較した研究からは，以下に示すような議論が行われている。Maylor（1996）は，事象ベース課題と，それと比較的独立した背景課題である名前の想起課題の成績を比較した結果，両者にはまったく関連がないことを示した。さらに彼女は，Einstein and McDaniel（1990）の研究で年齢差がみられなかったのは，その課題が事象ベース課題であったからではなく，事象ベース課題と背景課題を実行するために必要な処理資源が重なり合っていたためであると説明した（課題適切処理説）。これを受けてEinstein et al.（1997）は，事象ベース課題における年齢差が，符号化時よりも検索時の背景課題の困難度と強く関連するという結果を示し，事象ベース課題の検索は作動記憶の処理資源の限界と関連があると主張した。一方，背景課題の負荷の違いによって年齢差が生じるのは背景課題の成績だけであり，事象ベース課題の成績には年齢差がみられないという結果も示されている（Otani et al., 1997）。この研究では，事象ベース課題に年齢差が生じない理由は，この課題が意識的処理ではなく自動的処理に依存しているからであると解釈し，加齢に伴って意識的処理の能力は低下するが自動的処理の能力は低下しない（Hasher & Zacks, 1979）という説の正当性を主張した。さらにその後の研究で，加齢に伴って関係のない情報を抑制する処理能力が低下するという仮説が立てられたが（Hasher & Zacks, 1988），このことを検証した実験からは支持する結果は得られていない（Einstein & McDaniel, 1997）。

　以上のように，事象ベース課題の年齢差については，処理資源の限界などの量的側面からの解釈と，処理の自動性や意識性などの質的側面からの解釈がある。いずれの解釈が妥当であるかに関する確定的見解は現在までには得られていない。そのおもな理由は，事象ベース課題自体に以下のような問題点が含まれているからであると考えられる。

②事象ベース課題の問題点と解決案

　アインシュタイン型パラダイムの事象ベース課題では，特定単語が現れたら被験者にある行為を行わせるが，この手続きでは存在想起と内容想起を区別することは困難である。なぜならば，このパラダイムでは，①展望的記憶課題自体を忘れてしまった被験者，②背景課題の他に要求された課題があったことは覚えていた（存在想起のみ

可能な）被験者，③特定単語が何であったかを忘れてしまった（内容想起の一部が可能な）被験者，④特定単語が現れた時に何をすべきかを忘れてしまった（内容想起の一部が可能な）被験者をそれぞれ区別できないからである。この問題を回避するためには，存在想起や内容想起がなされているかを知るための質問を挿入するなどの，手続きの改変が必要とされよう。また，反応がない場合を即座に"し忘れ"もしくは"エラー"と一義的にとらえるのではなく，想起された部分的情報を知るために手がかりを徐々に与え，どの手がかりを呈示した時点で課題全体を想起できるかを調べるなどの改良も必要である。

さらにWinograd（1993）が指摘しているように，事象ベース課題では，被験者が展望的記憶課題に常に注意を向けることが可能であり，冒頭で示した展望的記憶を扱う際の必要条件（表2-1参照）を満たしていない可能性がある。この点についても実験デザインの再検討が必要とされる。

(3) 時間ベースの展望的記憶

アインシュタイン型パラダイムのもう1つの側面は，"ある時間が経過したらある行為を行う"という時間ベースの展望的記憶である。"ある事象が生起したらある行為を行う"という事象ベース課題と比べて，時間ベースの展望的記憶は，自発的想起の要素をより多く含んでおり，想起の確実性を増すための手がかりの生成が困難な点が，その特徴としてあげられる。

Einstein et al.（1995）は，若者と高齢者の被験者に対し，時間ベース課題として，5分あるいは10分ごとにキーボードのファンクションキーを押させる課題を行った。その結果，時間間隔（5分，10分）に関係なく，時間ベース課題の成績は若者のほうが優れていた。この結果については，他の研究でも同様の結果が得られている（Park et al., 1997）。これらの結果から，時間ベース課題は，事象ベース課題と比べて加齢の影響を受けやすいという結論が導き出されている。この原因については，2つの説が提案されている。1つは，時間ベース課題の遂行に必要なモニタリングには自発性が要求されるが，加齢に伴って記憶の自発的処理能力が低下するために（Craik, 1986），モニタリングの頻度が減少し，それが時間ベース課題の成績に年齢差を生じさせるという説である。もう1つは，加齢が時間知覚にネガティブな影響を及ぼすという説である（Craik & Hay, 1999）。この説については，Einstein and McDaniel（1996）が，以下のような実験的検討を行っている。彼らは被験者に数学の問題を解かせ，15，30，60分経過後に主観的な経過時間をたずねる課題を行った。その結果，若者はそれぞれ18.5，28.0，48.5分とほぼ正確に答えたのに対し，壮年は

36.8, 60.0, 86.8分と実際よりも長く答えた。これは壮年の主観的時間経過が実際よりも速いことを示唆している。これらの結果から，壮年においては，時間知覚が時間ベース課題になんらかのネガティブな影響を及ぼすことは明らかである。しかしながら実際には，時間評価能力と自発的処理能力の両者の低下が年齢差の原因になっていると考えるのが妥当であろう。

①時間ベース課題の問題点と解決案

事象ベース課題と同様，時間ベース課題においても，存在想起と内容想起を区別することは，課題の性質上，困難である。この問題を回避するためには，事象ベース課題と同様，存在想起や内容想起がなされているかを知るための質問を挿入するなどの，手続きの改変が必要とされよう。

時間ベース課題のさらなる問題点は，"時間ベース"の展望的記憶のなかでも，いわば"経過時間ベース"の展望的記憶に限って検討されていることにある。われわれの日常生活では，"何分経ったら○○を行う"というような経過時間に依存した意図の遂行場面よりも，"何時になったら○○を行う"というような"時刻ベース"の意図の遂行場面のほうがむしろ頻繁であろう。現在までの研究からは，"時間ベース課題の成績は若者のほうが優れている"という結果が得られているが，"時刻ベース"の意図の遂行についても，そのようなことがいえるのであろうか。

②時刻ベースの展望的記憶

この点について詳しく調べるため，筆者はミニデー課題という新しいタイプの課題を考案した（梅田，2001）。この課題では，"午前8時に売店で雑誌を買う""午後7時に駅で友人と会う"というような日常的行為を複数用意し，若者（大学生・大学院生）と壮年（現在の仕事に就いてから5年以上経過している社会人）の被験者にそれらの行為を覚えさせた。その後，1時間を6秒で高速回転するコンピュータ画面のアナログ時計上で，「何かを行うべき時刻になったらキーボードのスペースキーを押して時計の動きを止め，その時刻に行う内容を時刻とともに報告する」ように被験者に教示した。この方法を用いることにより，被験者が「何か行うべき行為があったことは覚えているが，その内容は覚えていない」というような情報の部分的想起について知ることができる。

実験の結果，想起のタイミングが必要とされるクロックの停止回数，すなわち時刻の想起成績には年齢群による差がみられなかったのに対し（図2-3），行為の内容の想起成績は若者のほうが優れていることが示された（図2-4）。

では，なぜ時刻の想起に関しては，年齢群による成績の違いがみられなかったのだろうか。

壮年や高齢者，とくに比較的忙しい日常生活を送っている"生活熟練者"は，「ある時刻になったらある行為を行う」という"時刻ベース"の展望的記憶を一種のスキルとして身につけていると考えられる。実際の調査からも日常生活におけるし忘れの頻度は，若者よりも壮年のほうが少ないという結果が得られており，この推察を裏づけている（Umeda & Koyazu, 2001）。壮年や高齢者は長い年月にわたる経験を通して"日常的な時間経過に対する敏感さ"を習得しており，それがし忘れを最小限に防ぐ役割を果たしているようである。では，具体的にこの敏感さとはどのようなもので，どのように役立てられているのだろうか。

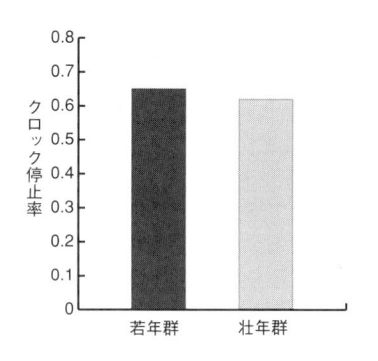

▲図2-3　正しくクロックを停止できた比率（梅田，2001）

　われわれの記憶を補ってくれる補助的手段にはさまざまなものがあるが，一般的によく使われるのは手帳やカレンダーなどの外的記憶補助である。しかし，このような記憶補助を用いれば，必ずし忘れが防げるわけではない。例として「3時に友人に電話をかける」という予定について，手帳やカレンダーなどの記憶補助がどの程度有効なのかを考えてみよう。いうまでもなく，手帳やカレンダーは，3時直前になって

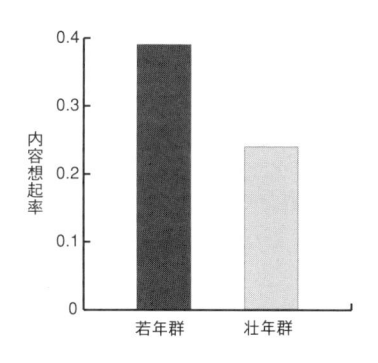

▲図2-4　正しい内容を想起できた比率（梅田，2001）

も予定があることを知らせてはくれない。つまり，一般的に記憶補助というものは，その予定を持つ人の"内容想起の援助"として効果的なのである。たとえ記憶補助にその予定がしっかりと書き込まれていたとしても，存在想起ができなければ，その予定をタイミングよく実行することはできない。最近，携帯電話などに装備されている"アラーム機能"は，存在想起の手がかりになり得るが，実際の生活においては，特別な予定を除いて，1つひとつの予定を実行するために毎回アラームをセットするということはほとんどあり得ない。では，存在想起を促す手がかりとなるものは，どんなものなのだろうか。われわれの日常生活において存在想起の手がかりとなるのは，アラームや手帳のような"物"あるいは"装置"ではなく，長年の学習効果として培われる"認知スタイル"，より具体的にいえば"日常的な時間経過に対する敏感さ"

である。壮年や高齢者は，このような"認知スタイル"を身につけているために，予定を行うべき時刻が近づくと，徐々に精神的緊張が高まり，存在想起を促すきっかけを得られると考えられる。存在想起さえ成功すれば，その内容に関しては記憶補助を用いて確認することができ，結果的に予定をタイミングよくスムーズに実行することができる。これが日常生活における"時刻ベース"の展望的記憶の本質であると考えられる。

5. 展望的記憶の獲得

　これまでに述べてきた発達的視点からの研究は，若者，壮年，高齢者を対象とした成人の加齢に焦点を当てたものであった。しかしながら，展望的記憶に関連するさまざまな機能の発達を調べるためには，子どもを対象とした認知発達的視点からの研究が不可欠である。

　展望的記憶の獲得に焦点を当てた初期の研究としては，日常場面で2～4歳の子どもに対し，例えば「お店でミルクを買うことを思い出させてね」と母親が伝え，子どもがそれを思い出すことができるかどうかを調べた研究がある（Somerville et al., 1984）。その結果，子どもたちにとって興味があり，遅延期間が短い行為の想起が優れていたことを明らかにした。また，意図を遂行する文脈の違いに注目した研究では，子どもに対して，焼き上がる前にケーキをオーブンから取り出させる課題と，バッテリーを30分間充電させる課題を実験室と自宅で行わせた（Ceci & Bronfenbrenner, 1985）。その結果，意図の形成時から実行時の保持期間中に時計を見る頻度の時間的推移が，実験室と自宅とで異なることが示された。この結果は，意図の想起を遂行させる文脈や環境の違いによって，子どもの展望的想起の質的変化が認められることを示唆している。子どもの記憶における文脈の効果に関しては，実験室場面での"記憶テスト"よりも，日常場面での"遊び"においてより高い成績を示すことが報告されている（Istomina, 1975）。子どもを対象とした実験を行う場合には，どのような枠組みを設定するかが重要な要因となる。

　ここで，子どもにおける展望的記憶の獲得の意味について考えてみたい。発達の機能的側面から考えて，意図の想起能力は発達の初期に発現するとされている（Meacham 1977；Winograd, 1988）。なぜならば，子どもたちはある行為を行うことを想起すると，その後たいてい報酬が与えられ，正しく意図を想起することが欲求達成の手段になるためである。しかしながら，子どもたちが，未来に行うことを予測

してある行為を覚えられるようになり，それがきっかけになって徐々に記憶の発達が進むのか，記憶の全般的発達に伴って意図の記憶も処理できるようになるのかについては，明白な解答が得られていない。

この点に関する実験的検討を行った研究では，3歳と5歳の子どもに対して，アインシュタイン型の事象ベース課題，日常埋め込み型の展望的記憶課題，通常の再生課題（回想的記憶課題）を行い，それらの発達的変化について調べた（Guajardo & Best, 2000）。その結果，3歳よりも5歳の子どもの成績が全般に高く，展望的記憶と回想的記憶の間に顕著な成績の違いはないことが示された。この結果を見る限り，「記憶の全般的発達に伴って意図の記憶も処理できるようになる」という仮説のほうが優勢であるといえよう。

展望的記憶の獲得に関するデータの蓄積はまだまだ少なく，一貫した見解が得られてはいないのが現状である。また，すでに述べたように，子どもを対象とした研究においても，存在想起と内容想起の能力が区別してとらえられていないことも，データの蓄積を困難にしている原因の1つと考えられる。展望的記憶を広い視点から理解するためにも，今後，子どもを対象とした展望的記憶研究が多く行われることが強く望まれる。

6. 今後の展望的記憶研究

本節では，展望的記憶の理解をさらに深めるために必要な視点を示し，今後の研究の方向性と可能性について検討したい。

(1) 手がかりの役割

まず，手がかりの有効性について取り上げる。意図を想起する場面では，なんらかの手がかりがあれば，必ずそれが有効に働くというわけではない。重要なのは，人がその手がかりからどのような情報を受け取るかである。Einstein et al. (1998) は，ある実験で被験者に各3分のさまざまな課題を何試行か行わせ，各試行中に一度ファンクションキーを押させる課題を行った。その際，手がかりあり条件では「キーを押すことを思い出せ」と書かれたメモを，見える位置にテープで貼っておいた。しかし，手がかりあり条件と手がかりなし条件の課題成績には違いがなく，手がかりがあること自体は意図の想起に影響を及ぼさないことが明らかにされた。McDaniel et al. (1998) によれば，展望的記憶の処理は概念駆動型処理であり，知覚駆動型処理では

ない。すなわち，手がかりがあれば必ず意図の想起が促進されるわけではなく，人がその手がかりからどのような情報を受け取るかが，手がかりとしてうまく作用するか否かを左右しているのである。

では，手がかりと意図の想起の関連性を検討するうえで，手がかりのどのような側面に注目すればよいのであろうか。West and Craik（1999）は，手がかりへの関わりを"手がかりへのアクセス能力"と"手がかりへの敏感さ"に分類して，実験的にこの分類の妥当性を検討した。そして，加齢に伴って手がかりへのアクセス能力は低下するが，手がかりへの敏感さは低下しないという結果を示した。この見解は，「壮年は日常的な時間経過に敏感である」とする筆者の主張と類似している。今後は，より日常的状況を想定した実験を行うことで，手がかりの性質について詳しく検討することが必要であろう。

(2) 符号化と保持段階の処理の影響

本章では，存在想起と内容想起という分類を通して展望的記憶の認知処理の特殊性，とくに展望的記憶における"想起"の重要性を強調してきたが，符号化時や保持期間中の処理の違いが，後の意図の想起に影響を及ぼしている可能性も十分考えられる。では意図の想起は，符号化あるいは保持期間中のどのような処理と関連があるのだろうか。

処理過程における符号化の重要性に着目した研究からは，意図の符号化が，内的でシンボリックな動作を伴った視覚的イメージ形式で，あとで直接行為に変換しやすい形式になっていることが示されている（Koriat et al., 1990）。意図の想起にツァイガルニーク効果（未完成の課題のほうが完成された課題よりも再生されやすい）が現れることを再検討した研究からも，符号化時の処理が後の想起に強い影響を及ぼすことが示されている（Mäntylä & Sgaramella, 1997）。

符号化の深さが逆に展望的記憶のパフォーマンスを低下させることもある。Schaefer et al.（1998）は，被験者にある行為を30分後に実行するよう求める課題を用いた実験を行った。用意された条件は，符号化時にその行為を口頭で教示する条件と教示して実行させる条件である。その結果，予想に反し，符号化が深いはずの実行条件の想起成績のほうが低かった。Schaefer et al. はこれに対する解釈として，実行条件の被験者は符号化時に課題を一度実行するため，あとですでに実行したものと誤判断してしまうこと，すなわち出力モニタリングの正確さの低下が原因であると述べた。ある意図を実行する際には，その行為がまだ実行されていないことが前提とされることはいうまでもない。同じ行為を2度以上行ってしまうことの原因は，過去にそ

の行為を実行したという認識に欠けていることにある。展望的記憶に関しては，符号化時の操作が肯定的影響と否定的影響を及ぼし得るということについて，十分に注意を払う必要があろう。

　意図の保持期間中の処理の問題を扱った研究では，意図優位性効果に着目し，保持段階における意図の処理の特異性について明らかにしている。Goschke and Kuhl（1996）は被験者に3分間，心に浮かんだ目標を書き出すように教示した。それらを自発的な意図と他発的な意図（義務）と望みに分けて分析したところ，自発的および他発的な意図は望みよりも早く想起されるという結果が得られた。この結果は，意図や義務のような現実的な実行プランを伴う行為が，後の想起を容易にすることを示唆している。このように他と比べて意図が想起されやすいことを"意図優位性効果"という（Goschke & Kuhl, 1993）。では，なぜそのような効果が現れるのであろうか。意図優位性効果の背景にある理論は，"貯蔵された意図の表象は，他の記憶表象と性質が異なる"というものである（Goschke & Kuhl, 1993）。この理論を検証することを目的としたいくつかの研究からは，意図を持つことでそれ以外の情報の活性化が抑制されるという結果が得られている（Marsh, Hicks, & Landau, 1998；Marsh et al., 1999）。いいかえれば，意図優位性効果とは，意図の表象の活性化の度合いが保持期間中に相対的に高められる効果であるということができる。

（3）展望的記憶と作動記憶

　近年の作動記憶の研究の進歩にはめざましいものがあり，心理学的アプローチや神経科学的アプローチによって，注意と記憶に関するさまざまな事実が明らかにされている（Miyake & Shah, 1999）。すでに述べたとおり，展望的記憶においては，一定期間経過後にあらためて意図を想起する処理過程が重要であるため，作動記憶で対象とするような比較的短期間における処理と展望的記憶の処理の間には直接的な関連性はないと考えられていた。しかしながら，実際にはそうではなく，展望的記憶における作動記憶の役割については，近年，重要な事実が明らかにされている。

　展望的記憶と作動記憶との関係に焦点を当てた実験的研究では，その多くがアインシュタイン型の課題を用いた検討を行っている。Marsh and Hicks（1998）は，事象ベースの課題を用いて，背景課題の困難度を操作した実験を行い，作動記憶における実行制御やモニタリングに必要とされる要素が，事象ベースの課題の遂行にも必要とされることを示した。この見解は，加齢の影響を考慮に入れた別の研究からも支持されている。（Cherry & LeCompte, 1999；McDaniel et al., 1998）。

　さらに，Kidder et al.（1997）も類似した実験デザインを用いて，作動記憶と展望

的記憶の関係を加齢の観点から検討している。彼らは，被験者に言語的作動記憶課題を行わせながら，展望的記憶課題（特別な背景パターンが現れたらある行為を行う）を実行させた。そして，作動記憶課題および展望的記憶課題の負荷が高い場合には若年群の成績が高かったのに対し，作動記憶の負荷が低い場合には，そのような年齢差は消滅したことを明らかにした。この結果は，作動記憶の負荷の高さが展望的記憶課題の成績に年齢差を生み出している可能性を示唆している。

このように，アインシュタイン型の事象ベース課題のような状況下では，意図の想起と作動記憶の間に密接な関係があることがわかる。しかしながら，前述のように，事象ベース課題では存在想起と内容想起の区別が困難である（p.26）。よって想起のどのような側面において作動記憶が関連するのかについては不明のままである。この点については，記憶障害患者や前頭葉損傷患者を対象とした神経心理学的研究（梅田ら，2000）や脳機能画像研究（Burgess et al., 2001；Okuda et al., 1998）からも今後，有益な示唆が得られよう。

(4) 展望的記憶とプライミング効果

意図の想起の意識性に注目し，展望的記憶とプライミング効果の関連性を調べた研究からは，以下のような事実が明らかにされている。McDaniel and Einstein (1993) は，アインシュタイン型の展望的記憶課題の成績が，顕在記憶の指標である再生テストや再認テストの成績とは相関がないのに対し，潜在記憶の指標である単語完成課題の成績と相関があるという結果を示した。彼らはこの結果について，「展望的記憶の処理には，潜在記憶を調べる課題と顕在記憶を調べる課題に含まれる処理が包含されているからである」(p.23) と説明した。存在想起と内容想起という観点からみると，たしかに存在想起に関しては，潜在記憶との関連が強い可能性も十分にあり得る。しかしながら，現段階では展望的記憶と潜在記憶の関係についてのデータはまだ少なく，深い考察ができる段階にはない。

(5) 展望的記憶を調べるための新しい実験デザイン

近年，アインシュタイン型の展望的記憶課題以外にもいくつかの方法論が開発され，従来とは異なった側面からさまざまな事実が明らかにされている。本節では，それらの新しい実験デザインについていくつか紹介する。

渡邉と川口 (2000) は，未来のプランに関する短期間の記憶パフォーマンスについて調べ，翌日1日のうちで早い時間帯と遅い時間帯のプランの再生率が，中間の時間帯に比べて想起されやすいという結果を報告した。この結果は，本章で述べた"認知

スタイル"(p.29)の存在を別の視点から検証したものとも位置づけられる。

さらに、Rendell and Thomson (1999) は、まったく同じ被験者に対して、実験室での実験と日常場面での実験を施行した研究を行った。この研究で用いられた課題は、あらかじめ指定した時刻に電子手帳のタイムスタンプキーを押して、その時刻を記録させるというものであった。その結果、実験室場面においては若者の成績が高齢者の成績を上回っていたのに対し、日常場面においては若者よりもむしろ高齢者の成績のほうが優れていた。この結果からRendell and Thomsonは、高齢者が日常的活動における一貫したパターンを持っており、組織化された日常的パターンが展望的記憶活動を促進させている可能性があることを指摘した。この見解は、壮年や高齢者が日常的な時間経過に敏感であるという筆者の見解と類似したものであり、日常場面における展望的記憶の遂行には、実験室では包括できない要因がからんでいることを示唆するものである。

(6) 展望的記憶研究の応用

展望的記憶研究の成果は応用場面でも役立っている。産業場面における研究としては、航空管制官の意図の想起（Vortac et al., 1993, 1995, 1996）や、宇宙飛行士の宇宙空間での意図の想起（Sauer, 2000；Sauer et al., 1999）などが、シミュレーションを用いた研究によって詳しく調べられている。航空管制官や宇宙飛行士は、一瞬の迷いや余裕も許されない状況において、次から次へと発生する問題に対処するために、タイミングよい意図の想起が当然のこととして要求される。航空管制場面や宇宙飛行場面は特殊な場面ではあるが、展望的記憶の"超熟達者"のパフォーマンスの研究は、通常の場面での展望的記憶の解明に多くの示唆を与えてくれることは間違いない。さらに別の研究では、日常生活で正しい時間に正しい量の薬を飲むことについての実験的検討がなされている。一刻でも早く患者の症状を改善させるためにも、このような研究はきわめて重要な意味を持っている（Park & Kidder, 1996；Park & Mayhorn, 1996）。

今後は、基礎研究と応用研究が密接に結びつき、それぞれの方法論的利点を十分に活かした研究を行う必要があろう。

3章 ヒューマンエラーとアクションスリップ

井上 毅

1. はじめに

われわれは，日常生活を過ごしているときに，時どきエラーを生じさせてしまうことがある。例えば，ちょっとした思い違いでパソコンの操作を誤って必要なファイルを消去してしまったり，お風呂のお湯をバスタブに張っていることを忘れてしまいお湯をあふれさせてしまったり，部屋の電灯のスイッチを切るのを忘れて明かりがついたまま外出してしまったりというようなことは，多くの人に経験があるだろう。このようなエラーの結果として生じる事態は，実にさまざまであり，かなり大きなエラーなのにほとんど影響を及ぼさない場合もあれば，些細なエラーなのに重大な事故が引き起こされてしまう場合もある。こうした人間が生じさせるエラーの原因には，認知の過程における不適切な情報処理の影響が関わっていると考えられる。本章では，まずこのようなヒューマンエラーの特徴について，認知過程との関連という視点から考えてみることにする。そして，次に，そうしたエラーのなかからアクションスリップを取り上げて，さらに詳しい検討を行ってみたい。

2. ヒューマンエラーの特徴

(1) ヒューマンエラーの定義

ヒューマンエラーとは，人間の失敗現象を意味する一般的な語であるが，とくに人間が原因に関わって生じるエラーのことを意味していると考えられる場合も多く，心理学，人間工学，安全工学などさまざまな分野で用いられる用語である。その定義も，

用いられる分野によって少しずつニュアンスが異なってくると思われるが，心理学に近い立場からのものとして，Reason（1990）は次のような定義を述べている。「計画された一連の心的あるいは身体的活動が，意図した結果をもたらすのに失敗し，しかもその失敗が何か他の偶然の作用の結果とは考えられないような場合のすべてを包括する，一般的な用語である」(Reason, 1990, p.9)。このような定義を行う前提として，Reasonは，意図とエラーの概念を分けて考えることができない点を指摘し，意図的行動の種類の検討を行っている。

(2) 意図と行動とエラー

人間が行動を行う際には，いったいどのような過程が含まれているのだろうか。この点に関して，Norman（1988）は，行動の7段階理論を提案している。この理論では，行動が実行される過程を，目標（goal）の形成，実行（execution）の過程，評価（evaluation）の過程の3つからなると考えている。目標は達成されるべき状態のことであり，まずこれに関するなんらかの考えを持つこと，すなわち，目標の形成が必要である。次に，実行の過程では，初めに意図（目標の達成のためになすべき特定の行動を表す）の形成を，そして次に，その意図に基づいてなすべき行動の詳細化を行い，それに基づいて行動の実行がなされていく。さらに，評価過程では，まず行動の実行がなされたあとの外界の状況を知覚し，それに基づいて外界の状況を解釈し，さらに結果の評価を行う。以上の過程をまとめると，目標形成（1段階），実行過程（3段階），評価過程（3段階）の計7つの段階からなるモデルということになる。

さて，Reason（1990）は，行動に関する3つの「はい－いいえ」回答疑問文によって，意図的行動の間の区別を行うことのできるフローチャートを示している（図3-1）。その3つの疑問文は，

① 「行動するのに前もって意図があったか？」
② 「その行動は計画したとおりに進行したか？」
③ 「その行動は望みどおりの目的を達成したか？」

である。

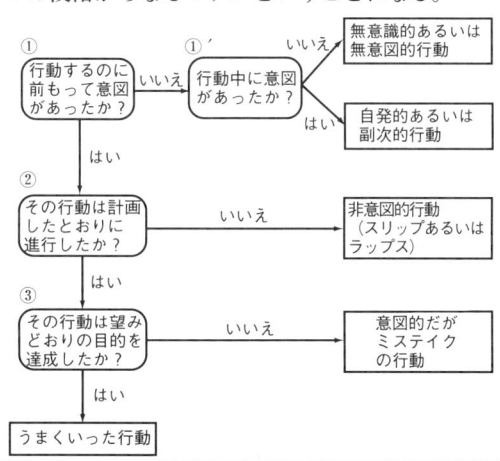

▲図3-1　意図的行動を区分するためのアルゴリズム
（Reason, 1990を一部改変）

もし①の質問の答えが「いいえ」であれば、さらに①′「行動中に意図があったかどうか？」を尋ね、それも「いいえ」であれば無意識的（involuntary）あるいは無意図的（nonintentional）行動となる。一方、行動中の意図がある場合には、自発的（spontaneous）あるいは副次的（subsidiary）行動となる。

①の答えが「はい」であれば、次に②の質問に進み、その答えが「いいえ」であれば、非意図的（unintentional）行動（スリップ：slip，あるいはラップス：lapse）となる。②の答えが「はい」であれば、次に③の質問に進み、その答えが「いいえ」であれば、意図的だがミステイク（intentional but mistaken）の行動となる。③の答えが「はい」であれば、うまくいった（successful）行動となる。

このような区分は、意図と行動とエラーの関係をうまく整理したものである。前もっての意図と行動中の意図との間の重要な区別を指摘したのはSearle（1980）であり、①および①′の質問はこれに準拠している。ただ、いずれにしても、前もっての意図がない場合においては、無意識的・無意図的行動、自発的・副次的行動のどちらであっても、それらはエラーとして扱われることはない。エラーという用語は前もっての意図がある行動に対してのみ適用されるものであり、エラーを考えるうえでは、むしろ、非意図的行動と意図的行動の間の区分に関して考察することが必要なのである（Reason, 1990）。

(3) 非意図的行動とエラー

前述の区分に従うと、前もっての意図はあったが思いどおりの行動ができず、非意図的行動がなされてしまった場合に生じるエラーが、スリップとラップスである。

スリップとは、人が意図していない行動を行った時に生じるエラーのことであり（Norman, 1981）、意図は正しいけれども行動がうまくいかなくて失敗する場合をさしていて、実行する能力がないために生じる失敗は含まない（川口, 1999）。例えば、ハサミを取りに2階の自室に行ったのに、机の上に広げたままになっていた読みかけの本を目にしたとたん、その本だけを手に持って、そのまま階下の居間に戻ってきてしまった、というようなものはスリップの例である。

ラップスとは、ある行動を、実行すべき時点で思い出すことができず、実行できなかったときに生じるエラーのことであり、実行すべき行動の内容は覚えているが、実行のタイミングを誤った失敗の場合をさしている（川口, 1999）。「し忘れ」という語を用いる場合もある。例えば、夕方に帰り道でポストに投函しようと思って、カバンに手紙を入れて出かけて、帰りにポストに入れるのを忘れてそのまま帰宅した、というようなものはラップスの例である。

Norman（1981）のように，スリップとラップスを区別しない考え方もあるが，Reason（1990）は，スリップは計画されていない行動が外在化されたものとして潜在的に観察可能なものであるが，ラップスは記憶の失敗を含むものであって，必ずしも実行行動において明白ではなく，経験した本人にのみ明らかとなるだろうと述べ，この両者を区別して考えている。

(4) 意図的行動とエラー

　行動は計画どおりに進行したが，望みどおりの目的は達成されなかった場合に生ずるエラーがミステイクである。例えば，いつものように30分で駅まで行けると思ってバスに乗ったが，その日は渋滞に巻き込まれてしまって駅まで1時間かかり，乗る予定の電車に乗り遅れてしまった，というようなものはミステイクの例である。ミステイクは，目標の選択や目標を達成するための手段の明確化に関与する，判断や推論の過程における不完全性や失敗と考えられており（Reason, 1990），その際の行動そのものは意図的になされたものである。このことから明らかなように，ミステイクは，スリップやラップスと比べて，認知のより高次なレベルにおいて生ずる失敗であり，プランニングの失敗として扱われる場合もある。その場合，スリップやラップスは実行の失敗として扱われる。

　海保と田辺（1996）は，ミステイクの生じる原因として，判断や推論を行う際の問題空間に着目して，①客観的状況以外をモデル化してしまったために起こる場合，②客観的状況の一部のみをモデル化してしまったために起こる場合，の2点を指摘している。①は，状況からの情報の不足，あるいは状況に関する独断的・偏見的見方のために，問題空間が十分に構築されていない場合であり，②は，状況からの情報の一部のみが取得されたときや注意（attention）の制御が十分に機能しないために，問題空間と状況全体との関係が欠けている場合である（海保・田辺, 1996）。

(5) 認知のメカニズムとエラー

　意図や行動は，認知の過程と密接に関係している。意図に基づき計画を立てることや，その計画に基づいた行動をすることは，認知のプロセスのなかで進行していくことなのである。したがって，エラーを考える際にも，認知のプロセスのなかに位置づけて考えることが重要になってくる。

　Reason（1990）は，そうした観点から，スリップ，ラップス，ミステイクを，認知過程と対応づけている（表3-1）。ミステイクは，プランニングの段階で間違っていたために生じるエラーである。ラップスは，なすべきことを覚えておくという貯蔵の

段階がうまくいかないために，適切な時点で実行されずに生じるエラーである。スリップは，行動の実行の段階で生じるエラーである。このように考えていくと，認知のメカニズム，とくに認知の制御のメカニズムとエラーとの関連を検討しなければならないことが明確になってくる。

▼表3-1　認知過程とエラーの種類
（Reason, 1990）

認知過程	おもなエラーの種類
プランニング	ミステイク
貯蔵	ラップス（し忘れ）
実行	スリップ

認知の制御の過程には，注意が重要な役割を果たしている。人間が情報処理を行う際には一般に注意資源（attentional resources）が必要とされるが，何度もくり返し実行した，十分に熟知した課題の処理過程の場合には，注意をまったく必要としない自動的処理（automatic processing）が行われることがある。それに対して，注意を必要とする処理過程のことは，コントロール処理（controlled processing）とよばれる（Shiffrin & Schneider, 1977）。非意図的行動に伴うエラー（スリップとラップス）は，コントロール処理のもとでは生じにくく，むしろ自動的処理のもとで生起しやすいと思われるが，このような2つの処理様式を取り入れた認知の制御過程のモデルとともに考えていく必要があるだろう。

図3-2は，NormanとShalliceら（Norman & Shallice, 1986；Shallice & Burgess, 1993）による注意のモデルである。このモデルでは，種々の認知や行動に関するスキーマが仮定されており，それらのスキーマが活性化されることによって認知活動や行動がなされると考えている。さまざまなスキーマに関する情報は，スキーマ制御ユニットに貯蔵され，環境中から知覚系を通じて入力された情報により，データベースの起動部分の働きによって活性化される。また，それらのスキーマは，意図によっても活性化される。さらに，スキーマをコントロールするメカニズムとして，注意監視システムが考えられている。このモデルにおいてみられる，外界からの情報に基づいて自動的に処理されるスキーマの活性化とともに，注意監視システムを通じて意図的なスキーマの活性化の制御がなされているとする考え方は，エラー発生に関するモデルを考えるうえでも示唆に富むものだといえよう。

また図3-3は，Reason（1990）による2つの認知的コントロールモードを示し

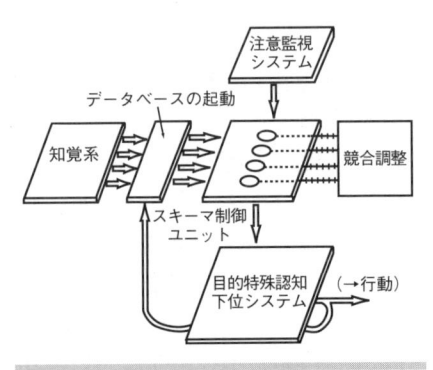

▲図3-2　Shallice and Burgess（1993）による注意のモデル
（川口, 1995を一部改変）

たものである。Reasonは，認知的処理を，①コントロール処理・意識的処理（conscious processing）と②自動的処理・無意識的処理（unconscious processing）に区分し，前者の処理を行うモードを注意モード，後者の処理を行うモードをスキーマモードとよんでいる。また，認知構造において，意識的作業空間（the conscious workspace）である作動記憶（working memory）と知識ベース（knowledge base）を区分し，前者は注意的コントロールモードに，後者はスキーマコントロールモードに対応して機能する。そして，注意モードでは，限定された作業空間と注意資源のもとに処理がなされるのに対して，スキーマモードでは，適切なスキーマが自動的に起動されて処理がなされると考えている。さらに，Reasonは，スキーマの活性化という考え方を強調し，スキーマが作動するためにはそのスキーマの活性化レベルがある閾値を超えることが必要であり，また，その活性化をもたらすものを，特殊活性子（specific activator, 意図のように，ある特定の時点においてスキーマを活性化させるもの）と一般的活性子（general activator, その時点の意図などとは無関係にスキーマを活性化させているもので，使用頻度などが該当する）に区別している（図3-4）。以上のようなReason（1990）の考え方も，エラーの生起に関するモデルを考える際には，十分に考慮していく必要があるだろう。

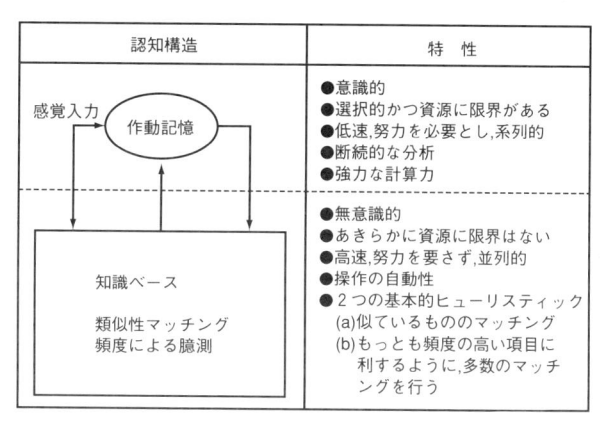

▲図3-3 Reason（1990）による2つの認知的コントロールモード。作動記憶（意識的作業空間）とともに働く注意モードと知識ベース（長期記憶）によるスキーマモードを考えている（川口, 1993）

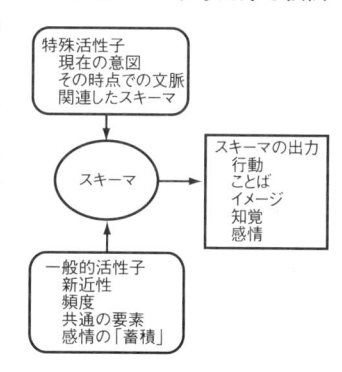

認知構造	特性
感覚入力→作動記憶	●意識的 ●選択的かつ資源に限界がある ●低速，努力を必要とし，系列的 ●断続的な分析 ●強力な計算力
知識ベース 類似性マッチング 頻度による臆測	●無意識的 ●あきらかに資源に限界はない ●高速，努力を要さず，並列的 ●操作の自動性 ●2つの基本的ヒューリスティック 　(a)似ているもののマッチング 　(b)もっとも頻度の高い項目に利するように，多数のマッチングを行う

▲図3-4 Reason（1990）による特殊活性子と一般的活性子とによるスキーマの活性化

（川口, 1993を一部改変）

3. アクションスリップの研究

前節でみたように，ヒューマンエラーのなかで，スリップはとくに注意の制御過程や自動的処理との関連が深いと考えられている。本節では，行動のスリップであるアクションスリップ (action slip) に焦点を絞り，研究の方法や現状について検討を行う。

(1) 自然的状況における研究

日常生活を過ごすなかで，どの程度アクションスリップが生じるのか，また，どのような種類のアクションスリップが生じるのかを明らかにするために，日誌法を用いた研究がなされている。これは，調査期間中に被験者が自分の行動を常にモニターしておき，アクションスリップが生じたならば，すぐにその内容やそのときの状況を記録しておく，という研究方法であり，自然な状況のなかでのデータが収集できるのが特徴である。ただし，被験者が，自分に生じたアクションスリップでそれと気がつかない場合や，また気がついても記録し損ねる場合がある可能性は否定できない。したがって，この方法にもそのような意味で限界があることに留意しておく必要がある。

日誌法によってアクションスリップを調査した研究において，代表的なものはReason (1979) が行ったものである。Reasonは，35名の被験者（年齢は15歳から46歳まで，平均年齢29歳）を対象に，連続2週間の期間中に自分に生じたアクションスリップを日誌に記録させた。その際に，被験者は，スリップの生じた日時，何をしようと意図していたのか，実際に何をしたのか，スリップの生じたときに支配的なまわりの状況，を記録するように求められた。調査の結果，2週間に全部で433個のスリップが記録された。1人あたりでみれば，0個から36個で，平均は12個であった。男女差や年齢差には，有意差は認められなかった。スリップの発生頻度を時間帯別にみると，8:00～12:00, 16:00～18:00の間に頻度が高くなり，また20:00～22:00の間にも小さなピークがみられた。

さらに，Reason (1979) は，収集されたスリップを5種類のエラーに分類し，分析を行っている。その結果は，次のとおりである。

①弁別の失敗 (discrimination failures)　入力が誤って分類された場合に生じたもので，通常は刺激対象の知覚的属性，機能的属性，空間的属性，または時間的属性に基づいて生じる混同による。全体の11％を占めていた。

②プログラムの組み立ての失敗 (program assembly failures)　同一のプログラムの要素間の交換，2つの同時に活性化されたプログラム間の要素の交換，進行

中と貯蔵中のプログラムの要素間の交換の結果生じるエラーである。全体の5％を占めていた。
③検証の失敗（test failures）　行動系列の進行を重要なチェックポイントで確認するのに失敗したために生じるエラーである。そのため，進行中のプログラムで特定化された目標以外のところをめざして行動が進んでしまうのである。全体の20％を占めていた。
④サブルーチンの失敗（sub-routine failures）　サブルーチンの構成要素となっている行動のレベルで，脱落，順序が誤る，不適切な行動の挿入，などが原因となって生じるエラーである。全体の18％を占めていた。
⑤貯蔵の失敗（storage failures）　プランや行動を忘れたり誤って再生したために生じたエラーのことである。全体の40％を占めていた。

このような結果を受けて，Reason（1979）は，以下の3つの点がアクションスリップの生起を考えるうえで重要であると指摘している。まず第1に，コントロールの様式である。Shiffrin and Schneider（1977）のいう自動的過程（automatic process）と注意的過程（attentional process）の区分に関して，Reasonは前者をオープンループシステム（open loop system），後者をクローズドループシステム（closed loop system）とよんでいるが，熟知された行動においてはこの両方の過程の頻繁な切り替えが含まれている。熟知された行動でこの切り替えがうまくいかず，注意的過程がうまく作用しなかった場合にエラーが生じる。第2に，意図した結果を得るために注意的過程を必要とするような重要な決定点がある。これが複数の行動に共通のものであって，そこでの判断によってあとの行動が分岐する場合があり，この分岐点での判断に誤りがあれば，エラーが生じる。第3に，行動プログラムには強いものと弱いものがあって，しばしば使われるものは強力であるので，もし2つのプログラムが共通する要素を持っていれば，弱いほうのプログラムの行動が途中から強いほうのプログラムの行動に変化してしまって，エラーとなってしまうことがある。

さて，日本においても日誌法を用いたアクションスリップの研究は行われている。ここでは，日本人の大学生を調査対象者にした井上（1999）の研究を紹介する。この研究では，心理学専攻の大学3，4回生で認知心理学の専門科目を受講している学生30名を被験者（年齢は20〜23歳，平均21.5歳）とした。調査開始の直前の認知心理学の授業でアクションスリップについての学習をすませたあと，2週間にわたって，自分に生じたアクションスリップを記録させた。記録したのは，発生の日時と場所と生じた内容についてである。

結果をみると，得られたアクションスリップの総数は197個であり，1人あたりの

平均個数は6.57個となった。ところでCohen（1989, 1996）は，アクションスリップを，①反復エラー（repetition errors），②目標の切り替え（goal switches），③脱落と転換（omissions and reversals），④混同／混合（confusions/blends），の4種類に分類している。このCohenの分類とReason（1979）の分類を対応させると，①の反復エラーは「貯蔵の失敗」，②の目標の切り替えは「検証の失敗」，③の脱落と転換は「サブルーチンの失敗」，④の混同／混合は「弁別の失敗」と「プログラムの組み立ての失敗」となる。調査で記録されたアクションスリップの各事例を，このCohenの分類に従って区分し，全体に占める割合を計算すると，次の結果になった（図3-5）。

①反復エラー：14.2％（例：「自宅で，さっき歯を磨いたところなのに，もう一度磨こうとしていた」）

②目標の切り替え：28.9％（例：「駅で，5番線のホームの電車に乗るつもりだったのに，毎日乗っている3番線のホームへ降りようとした」）

③脱落と転換：39.6％（例：「自宅で，炊飯器をセットしようとして，コンセントを差し込んだだけでスイッチを入れるのを忘れてしまった」）

④混同／混合：17.3％（例：「自宅で，タオルを持ってお風呂に入ろうとして，ハサミを持って入ってしまった」）

この結果をReason（1979）の結果と比較してみると，かなり異なった傾向がみられることがわかる。すなわち，Reasonでは，反復エラーが40％で一番多く，脱落と転換は18％であったのに対して，井上（1999）では，反復エラーは14.2％であり，脱落と転換が39.6％で一番多くなっていた。このような違いをもたらすものが何なのかは明確ではなく，国民性や文化の違いの影響も可能性として考えられるが，さらなる検討が必要であろうと思われる。

次に，時間帯別の発生数をみると，就寝中の場合が多い0時～6時ではスリップは非常に少なくなっている。その他の時間帯は，いずれでもかなりの数のスリップが生じているが，日中に比べて夜間のほうがやや数が少ない傾向が見受けられる（図3-6）。

さらに，アクションスリップの種類別に，時間帯ごとの生起数を，6時から24時の間で調べてみると，次のようなことがわかる（図3-7）。反復エラーは，午前中が一番多く，午後，夜間としだいに減少する。目標の切り替えは，時間帯によってあまり変化がみられない。脱落と転換は，午後が一番多く生じ，夜間には少なくなる。混同／混合は，午前中が少ない。

このような結果は，時間帯の違いによる活動内容の差異やあわただしさの程度の差異が，生じるアクションスリップの種類に影響を及ぼしてる可能性を示したものと考えられる。

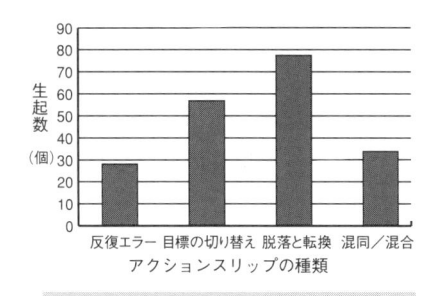

▲図3-5　アクションスリップの生起数
（井上, 1999）

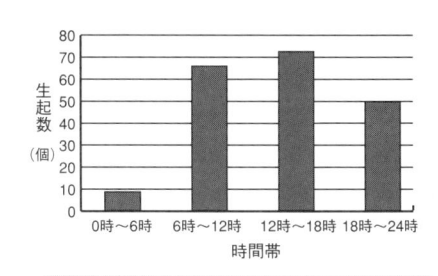

▲図3-6　時間帯別のアクションスリップの生起数　（井上, 1999）

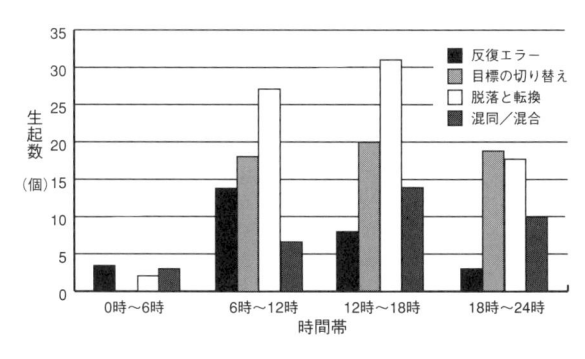

▲図3-7　時間帯ごとにみたアクションスリップの種類別生起数　（井上, 1999）

(2) 質問紙による研究

各個人がアクションスリップをどの程度起こしやすいのかを測定する質問紙を作成し，それに基づいて，アクションスリップの生起しやすさと認知能力のどのような側面とが関連しているのか，また，個人の性格特性や内的状態との関連などを調べる研究が行われている。

Broadbent et al.（1982）は，記憶や知覚の失敗，アクションスリップの起こしやすさを測定するために，認知的失敗質問紙（cognitive failures questionnaire：CFQ）を作成した。これは，25項目からなる認知的失敗の例について，回答者が過去6か月間にどの程度の頻度で経験したのかを，「まったくない」から「非常にしばしば」までの5段階で評定するものである（具体的な項目の例は，表3-2の項目の一部を参照）。Broadbent et al. は，CFQの得点が直後記憶や遅延記憶の成績とは関連がないことを示している。また，Martin and Jones（1984）は，CFQの得点が，2つの課題を同時に行う能力と有意な相関があること，および，数字の順唱範囲（forward digit span）とも有意な相関があること，さらには不安の高低とも関連があることを見出している。

日本においては，山田（1999）が失敗傾向質問紙の作成を行っている。山田は，Broadbent et al.（1982）のCFQの25項目の日本語訳に，新たに作成した20項目を加えて，合計45項目からなる広範囲な失敗傾向をとらえる質問紙を作成し，大学生

▼表3-2 失敗傾向質問紙の因子別の全項目 （山田，1999）

因子	項目番号	項目
アクションスリップ	17	手に持っていたものをなにげなくそこに置き，後になってどこに置いたか思い出せなくなる
	2	何か用事があってその部屋に行ったのに，何をするためだったのか思い出せない
	22	何かを思い出そうとしていて，喉まで出かかっているのに，どうしても出てこない
	23	何を買いにその店に来たかが，とっさに思い出せない
	20	人の名前を思い出せない
	24	物をなくしてしまう
	13	スーパーマーケットに行って，ほしい品物が目の前にあるのにしばらく見つけられない
	19	何かを聞いていなければならない時にぼんやり他のことを空想してしまう
	1	本や新聞を読みながらぼんやりしてしまい，内容を理解するためにもう1度読み直す
	21	何か1つのことをしている時に，つい他のことがしたくなってしまう
	4	左と右をまちがえる
	11	大事な手紙に何日も返事を書かないで置いておく
	3	道路に出ている看板や標識に気がつかない
	9	何かに熱中している時に人から話しかけられると，聞き逃してしまう
	5	歩いていて人とぶつかる
	12	久しぶりにある場所に行こうとした時に，どこで曲がればいいのか思い出せない
認知の狭小化	36	早く決めるように急がされると，よく考えずに決めてしまい後で後悔する
	28	早く決めるように急がされると，かえって迷って決められなくなってしまう
	35	責任の重い仕事を任されると，緊張してふだんの力が出せない
	38	細かいことにこだわりすぎて，物事の全体的な局面を見過ごしてしまう
	44	ささいなことが気になって，かんじんなことを考えるのに集中できない
	15	決心するまでに，あれこれ迷ってしまう
	30	テストや面接の時にあがってしまい，落ち着いていたらもっとうまくできたのにと思う
	43	状況が変わっているのに，自分の考えや態度を柔軟に変えられない
	39	ある考えが頭に浮かぶと，それ以外の可能性について考えられなくなる
	45	単純な作業を繰り返して慣れてくると，気を抜いてしまってかえってミスをする
	27	テストなどで，いろいろ考えすぎて時間が足りなくなってしまう
	26	期限までに間に合わせようとして急いだために，仕事が雑になってしまう
	10	かんしゃくを起こして後悔する
衝動的失敗	40	その日の予定が空いているかどうか，確かめないで約束してしまう
	42	残りのお金のことはよく考えないで，買い物する
	32	駅のホームに駆け上がり，行き先を確かめずにちょうど来た電車に飛び乗ってしまう
	33	買い物に行ってどれを買おうか迷ってしまい，結局いいかげんに決めてしまう
	37	もう少し待てば増えるとわかっていても，つい目先の利益を選んで損をする
	31	コンピュータやワープロが突然動かなくなり，原因を確かめる前に慌てて電源を切る
	16	人との約束を忘れてしまう
	41	頭に浮かんだことを，そのまま言ったり，したりしてしまう
	18	次々にピーナッツやチョコを食べているうちに，うっかり殻や包装の代わりに中身を捨てる

注）項目番号を□で囲んだものは，Broadbent et al.（1982）のCFQオリジナル項目の日本語訳

622名を被験者にして，各項目の行動がふだんの自分にどのくらいよく起こるのかを「非常によくある」から「まったくない」までの5段階で評定させた。その結果に対して因子分析を行い，38項目に絞り込んだあと再度因子分析を行って，3因子解を得て質問紙の項目を確定している（表3-2）。第1因子は「アクションスリップ」因子と

解釈され，これと大きな負荷量を持つ16項目はすべてCFQのオリジナルの項目であった。第2因子は「認知の狭小化」因子と解釈され，ストレスに影響されやすく状況に適した行動が取りにくいことや，認知が狭く硬直化していることを表す9項目が高い負荷を示した。第3因子は「衝動的失敗」因子と解釈され，非機能的衝動性を表す6項目が高い負荷を示している。

そして，山田（1999）は，この作成された38項目からなる失敗傾向質問紙と，注意に関する尺度（TAIS日本版）および短期記憶課題の遂行との関係を，短大生73名を被験者にして調べている。その結果，「アクションスリップ」因子に関する項目は，内外の刺激に注意がとらわれて進行中の行動から注意がそれやすい傾向と関連があり，また数字の逆唱範囲との間にも正の相関がみられた。「認知の狭小化」因子に関する項目は，注意のそれやすさだけでなく，情報の多さに対処しきれず混乱してしまう傾向と関連があった。「衝動的失敗」因子に関する項目は，行動のコントロールが弱いこととの間に関連がみられた。このような結果から，山田は，アクションスリップの生起に関して，注意の妨害されやすさだけではなくて，能動的にいろいろな対象に注意を向けやすい傾向が関連している可能性を指摘している。

(3) 実験による研究

実験としての課題を遂行する際に生じるアクションスリップに焦点を当てて，その性質を検討するという，実験的アプローチによる研究も存在している。例えば，Baars（1992）には，発話と行動に関する実験状況でのスリップ研究の論文が集められている。実験に基づく研究というのは，アクションスリップが生じるメカニズムの検討を行うためには有効な研究方法であろうと思われるが，実験で取り扱えるスリップというのは非常に限られた種類のものに限定されるため，すべてのスリップの場合のメカニズムの検討がその方法で可能かどうかは明らかではない。

ここでは，このようなアプローチを取った研究の例として，仁平（1991）の研究を紹介する。仁平（1991）は，急速反復書字という実験操作によって書字スリップが生じるメカニズムを検討している。急速反復書字とは，同じ文字をくり返してできるだけ速く書き続けることで，このようにすると，書こうとしていた文字とは異なる文字を書いてしまうというエラーが誘発されるのであり（例えば，仁平，1984），仁平（1991）には，「九」という文字をくり返して速く書き続ければ，「れ」という文字が現れる例などが示されている。この研究において，反復書字では，書字速度はスリップを促進する要因ではあるが，それは必要条件ではないことと，むしろ反復することのほうが重要な要因となっていて，反復が，不適切な運動記憶の活性化の加重と，自

動化による選択機構の機能低下をもたらし，それらの複合によってスリップが生じている可能性が指摘されている。

4. アクションスリップの理論的検討

　アクションスリップを説明するモデルには，おもなものとして，Norman（1981），Reason（1984, 1990），Heckhausen and Beckman（1990）などがある。このうち，前二者のモデルは，行動スキーマ（action schema）の概念を考えている点で共通しており，後者のモデルは，意図の役割を重視した考え方である（Cohen, 1996）。

　Norman（1981）のモデルは，行動スキーマの階層的構造化を考えているが，アクションスリップの生起する原因として，意図全体の不完全な明確化，スキーマの不完全な活性化，スキーマの不完全なトリガリング（起動），の3つをあげている。そして，この3つのそれぞれにおける問題の違いによって，違った種類のスリップが生じることを説明している（図3-8）。

　Reason（1984）のモデルでは，行動スキーマによって自動的処理がなされるスキーマレベル，意図システムによって目標を生成し，その目標達成のために適切なスキーマを活性化する意図システムのレベル，注意資源の配分を制御して特定のスキーマの活性化のレベルを調整する注意コントロールシステムのレベル，という3段階でのコントロールが考えられている。そして，アクションスリップは注意資源の誤った展開の結果として生じると説明されている。また，Reason（1990）では，スリップやラップスと，ミステイクの生成を統一的に説明できる，一般エラーモデルシステム（generic error modelling system: GEMS）

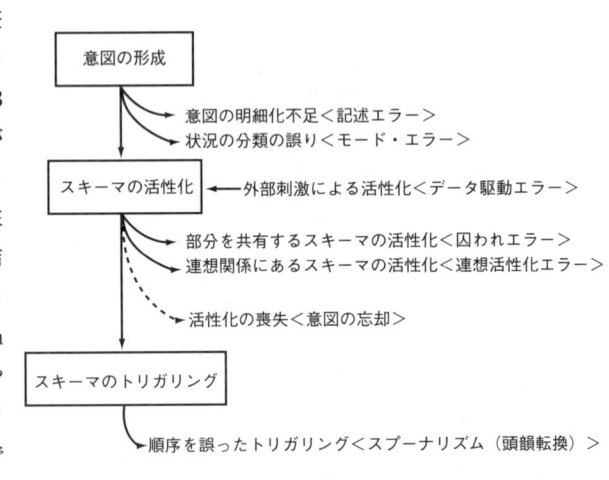

▲図3-8　Norman（1981）のATS（activation-trigger-schema）システムによる行動の段階とおもなスリップの分類（仁平, 1990）

が提案されており（図3-9），行動の進行に対する注意のチェックが十分にできていない場合にスリップが生じることを示している。

Heckhausen and Beckman（1990）のモデルでは，行動は心的に表象された意図によって導かれること，目標としての意図と手段としての意図が区別されること，の2点が提起されている。さらに，コントロールの2つのモードとして，広範囲目標モード（wide goal span mode）と狭範囲目標モード（narrow goal span mode）とを区別している（前者は自動的処理と類似しており，後者はコントロール処理と類似している（Berry, 1993））。そして，ほとんどのスリップはwide goal spanモードで生じること，本筋からそれる（sidetracking）という条件が行動の開始時のエラーを，共通点がある（overlapping）という条件が行動の終了時のエラーを，改変（interpolation）という条件が改変前の行動の早まった起動というエラーをもたらすこと，などを示している。

Berry（1993）はこの3種のモデルを比較しているが，アクションスリップはある意味では「自動化（automatisation）」の犠牲であるという考え方がそれらに共通していると指摘している。モデルを考えていくうえでは，自動的処理とコントロール処理の区分，意図との関係，注意の役割などに留意し，認知の制御過程全般のモデルとの整合性も考慮に入れながら検討を進めることが重要であろうと思われる。

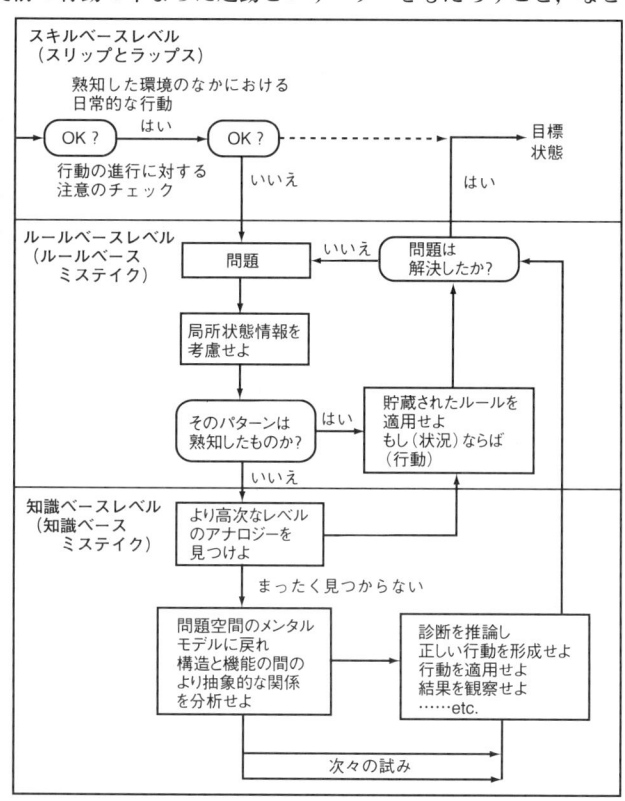

▲図3-9 generic error-modelling system(GEMS)の概要
(Reason, 1990)

5. おわりに

　本章では，認知心理学的観点から，まずヒューマンエラーの特徴を取り上げ，認知のメカニズムとの関連を検討した。そして次に，ヒューマンエラーのなかからとくにアクションスリップに焦点を絞り，その研究方法や研究例，これまでにわかってきたおもな知見などを紹介し，さらにアクションスリップに関する理論的な検討についても考察を行った。それらの結果から明らかになったことは，ヒューマンエラーが意図や注意の制御過程，自動的処理，あるいは意識と密接に関連していて，人間の認知のシステムのなかでトータルにとらえていかねばならないということである。ただ，認知心理学の研究において，注意や意識や自動的処理といった問題が本格的に実験的に扱われるようになったのはこの20数年間程度であり，それらの問題にはまだまだ未知の点が多く残されている。したがって，エラーのメカニズムの解明をめざす際にも，基本となる認知のメカニズムの全貌が明らかにはなっていないのであるから，困難な点がいろいろと存在しているだろうと思われる。しかしながら，一方で，エラーの研究がそれらの問題に関して，逆に示唆を与えられる可能性も十分に考えられる。エラーの研究が単なる応用研究だけではなくて，認知の基礎メカニズムに関しても貢献できる可能性が存在しているといえるだろう。

　アクションスリップに関しては，異なった研究法から得られた知見をいかにうまく対応づけて統合できるかが重要な課題であろうと思われる。自然的状況において，日誌法で収集された事例を分類整理して分析していくやり方は，スリップのタイプ別にどのような原因でエラーが生じるのか，どのようなパターンのエラーが生じやすいのかなどを，ある程度明らかにしていくことはできる。しかしながら，このようなやり方は，いわばマクロな見方での検討であり，アクションスリップが実際にどのようなメカニズムで生じるのかを詳細に調べることは，かなり困難である。一方，実験的に生じさせたスリップの場合には，ミクロな見方での検討が可能で，スリップが生起するメカニズムを細かく調べることが可能である。そのかわり，実験的に生じさせることが可能なスリップは種類が限られており，すべての種類のスリップの場合の生起メカニズムを実験的手法を用いて調べるのは事実上不可能である。したがって，実験的手法で明らかになるある種のスリップの生起メカニズムがどこまで一般性があるのかを，認知の過程全般との関わりを考慮するなかで，自然的状況における研究方法によって検討を進めていく必要があるだろう。

4章 行為の記憶

藤田哲也

1. はじめに

（1）日常認知における行為の記憶の役割

　「記憶」あるいは「記憶力」という言葉を聞くと，多くの人は学校での勉強やテストを連想したり，人の顔と名前が一致しないというような失敗の経験などを思い出したりするだろう。たしかにそれらも「記憶」の重要な働きにほかならないが，テストされたり，思い出せないで失敗したときにだけ記憶の働きが意識されているわけではなく，日常的な認知活動において，実にさまざまな形で「記憶」は作用している。本章では，とくに「行為の記憶」に焦点を当て，どのような実験的検討がなされ，理論化がされているのかを紹介していく。人の名前や歴史的年号など，言語的な情報だけでなく，非言語的な情報も記憶研究の対象として取り上げられていて，積極的に実験されているのである。

　さてその前に，日常的な活動において，行為の記憶がどのような役割を果たしているのか，考えてみよう。ここでいう「行為の記憶」とは，おもに「日常的に行っているようなありふれた行為を，特定の場所・時間に行ったかどうか」の記憶である。詳しくは後述するが，新しいダンスの振り付けや，スポーツの技能の獲得の話とは異なるので注意されたい。例えば，「ドアに鍵をかける」という行為は，おそらくだれでもしたことがある行為であろう。そればかりか，ほとんど毎日，しかも1日のうちに何度も行う行為であるといえる。しかし，「今朝，自宅の玄関の鍵をかけたか？」ということになると，「鍵をかけることができるかどうか」という技能の獲得レベルの話ではなく，特定の時間と場所，すなわち「今朝，自宅の」鍵をかけたかどうかの記憶があるかどうかということになる。この場合，「昨日」鍵をかけたことを思い出せ

ても意味がないし，今日の出来事であっても，自宅ではなく，研究室などの別の場所の鍵をかけたことを思い出しても仕方がない。つまり，ありふれた動作を含む行為であっても，「特定の時間と場所」という情報を含んだ「行為の記憶」がなければ，自分が適切な場面で適切な行動を行っているかどうかをふり返ることもできないし，失敗した場合などはその原因を検討することもできなくなってしまう。では，こうした「行為の記憶」は，どのような性質を持った記憶であると分類できるのであろうか。まずは，心理学において「記憶」がどのように分類されて研究されているかを説明し，その後に，具体的な「行為の記憶」の研究の枠組みを紹介し，その記憶がどのように分類され得るのかをみてみよう。

(2) 記憶の分類

人間の記憶の分類の仕方には，さまざまな考え方があるのだが，ここでは，最大公約数的な合意を得ているものの1つとして，Squire（1987）の分類を紹介する（図4-1）。ただし，本章では，この分類はあくまでも記憶の再現の仕方に基づいたものであり，必ずしも脳内の特定の部位との関連づけや，記憶システムの仮定を前提としないものとして扱っていることをつけ加えておく。さて，それぞれの記憶について簡単に説明すると，宣言的記憶（declarative memory）とは，言語的に記述することが可能な記憶をさす（命題的記憶，propositional memoryとよぶこともある）。宣言的記憶は，さらにエピソード記憶（episodic memory）と意味記憶（semantic memory）に分類できる。エピソード記憶とは，例えば「昨日の夕食は何であったか」のような，特定の時と場所の情報を伴う，出来事（エピソード）に関する記憶である。意味記憶というのは，特定の時間的・空間的文脈からは独立の，例えば「平安京遷都は794年」のような一般的な知識のことである（詳しくは，Tulving, 1983：太田訳, 1985などを参照）。

宣言的記憶に対し，手続き記憶（procedural memory）とは，言語的に再現しにくく，むしろ認知的・行動的レベルでの，一連の手続きとして再現される記憶である（太田，1992，表4-1)。宣言的記憶に比べ，手続き記憶は，その記憶が利用されているときに意識的気づき（awareness）

▲図4-1　記憶の分類（Squire, 1987を一部改変）

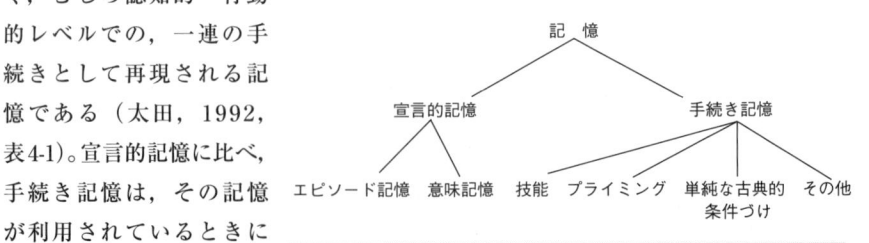

▼表4-1 手続き記憶の分類（太田，1988）

種　類	内　容	例
認知レベルI	感覚・知覚過程における情報処理に関するもの	lとrの発音の聞き分け 単語の読み
認知レベルII	記憶・思考過程における情報処理に関するもの	記憶術・俳句の作り方 算数問題の解決法
行動レベルI	動作・運動過程における情報処理に関するもの	ワープロの操作 自転車の乗り方
行動レベルII	日常生活行動過程における情報処理に関するもの	結婚式の進め方 会議での議論の仕方

注）表中の「レベル」は，レベルIよりレベルIIのほうが情報処理の単位が大きく，また複雑なものと考えられている。この分類は便宜的なものであり，1つの行動に，同時にいくつものレベルでの手続き記憶が関与している場合も考えられる（太田，1992）。

を伴わないことが多い。例えば，自転車の乗り方は技能（skill）の一種に分類できるであろうが，自転車に乗っているときに，乗り方について意識している必要はない。ほぼ自動的に利用されている記憶である。プライミング（priming）とは，先行経験の存在によって，後続の類似した処理が促進される現象をさす。古典的条件づけ（classical conditioning）も，学習によって，本来，当該の行動を起こさないであろう条件刺激（例：ベルの音）と条件反射（例：唾液の分泌）との連合が形成されているという意味で，記憶のカテゴリーに含まれるであろうし，その記憶の再現は，意識的検索の結果ではなく，また言語的に記述することが困難であるという点で，手続き記憶である。

　ここで注意しておきたいことは，記憶の分類の仕方は図4-1のタイプに限られるわけではないということである。展望的記憶や自伝的記憶というカテゴリーもあるし，図4-1に分類されている記憶は，その再現意識によって，潜在記憶と顕在記憶とに大別することも可能である。しかし，本章では，あくまでも記憶が再現されるときの特徴に従った図4-1の分類に則って，以下の議論を進めることとする。

2. SPTs（被験者実演課題）のパラダイム

（1）SPTsとは

　1980年代までの記憶研究の多くは，言語材料（単語，文）を用いた実験によって検討されることがほとんどであった。記憶は言語的な情報に制限されるわけではない

にもかかわらず，非言語的な情報，例えば行為の記憶が検討されてこなかった原因の1つは，Nilsson and Bäckman (1989) も指摘しているとおり，言語材料以外を用いたパラダイム（研究の枠組み）が一般化していなかったことだろう。

1980年代に入り，事態は一変し，行為事象（action event）の記憶に関する一連の研究（Cohen, 1981など）が広く行われるようになった。ここでおもに用いられている記銘材料は，SPTs（subject-performed tasks, 被験者実演課題）とよばれるもので，被験者に教示文（例：「指を組め」「ドアを指させ」）どおりの行為を実演させるという課題である。このSPTs（行為事象）の記憶と，単語や実演なしの教示文（言語事象）の記憶とを比較した研究によって，SPTsの再生パターンは単語や教示文の再生パターンと著しく異なることが報告されている（レビューとして，Cohen, 1985, 1989a; Engelkamp & Cohen, 1991; Nilsson, 2000; Nilsson & Bäckman, 1989）。この点については後述する。

(2) 本章で扱う行為の記憶はエピソード記憶

もちろん，SPTs以外にも，運動（motor）の構成要素を含む事象の記憶に関する研究はなされている。例えば対象物（objects）の記憶表象に，その対象物と相互作用する手の運動パターンが含まれていることを示す研究がある（Klatzky et al., 1989など）。それに対して，より運動そのものの記憶，例えば握ったバーを一定距離動かすといったような課題における正確さの獲得に関する研究がある（レビューとして，Laabs & Simmons, 1981）。また，テニスをするとか，ボールを投げるとかいった，運動技能学習に関する研究もある（Schmidt, 1975など）。これらは課題の遂行の仕方の学習に焦点づけられたものであり，学習の目的は運動パターンの再現効率を上げることである。いわば手続き記憶（太田，1992; Tulving, 1983: 太田訳，1985など）研究として位置づけられるだろう。それに対してSPTsパラダイムで検討しているのは，符号化された行為事象の記憶であり，記憶の表出は言語的な再生による場合が多い。つまり，エピソード記憶における，符号化変数の1つとしての行為の効果を検討しているのである。また，記銘材料も，「指を組め」といった，ありふれた行為であり，実験中に新たに獲得されたものではなく，後に記憶テストされる際にも「その行為を再現できるかどうか」が問われるのではなく，特定の時間と場所（この場合は，実験の学習セッション）においてその行為を行ったというエピソードを思い出せるかどうかが問われている。そういった意味で，SPTsに関する研究と手続き記憶に関する研究は区別することができるのである。

(3) SPTsの特徴

　SPTs（被験者実演課題）とは前述のとおり，被験者に簡単な行為を実演させる課題である。SPTsには「マッチを折れ」というような，検索時には実験環境にない対象物（この場合はマッチ）を用いるものと，「ドアを指させ」のような恒常的に実験環境に存在する対象物を用いるもの，また「立ち上がれ」のような身体部分だけを用いるものがある（Cohen, 1981など）。被験者には教示文呈示と同時に必要な対象物も呈示され，被験者は教示文の内容に従って実演をする。対象物は当該のSPTs終了後に取り除かれる。このようにしてSPTsを何試行かくり返したあと，教示文の自由再生が求められる。被験者の反応は言語モードでなされ，再生時には実演を要求しない。統制条件として，教示文を実演なしで記銘する，あるいは教示文に含まれる名詞・動詞などの単語を記銘する言語的課題（verbal tasks：VTsと表現することが多いが，本章では煩雑さを避けるため「文条件」とよぶ）の自由再生が比較される。つまり，SPTs条件と文条件の違いは符号化状況にあり，検索時にはどちらも通常の自由再生手続きが取られるのである。このパラダイムによって，SPTsの再生のパターンが，通常の言語材料の再生による記憶法則に従っているか否かを直接比較検討できるのである。そして，SPTsの再生と言語材料の再生を比較すると，一般的に再生レベルはSPTsのほうが言語材料より高くなり，このことをSPT効果という。しかし，それ以外にも興味深い結果が得られる。SPTs再生にみられる特徴を以下で詳しく紹介する。

①符号化変数の効果

　言語材料の再生に大きな影響を及ぼす符号化変数が，SPTsの再生にはわずかしか影響しない，あるいは効果を持たないという報告が数多くある。例えばCohen（1981）は符号化時の処理水準の操作がSPTsに影響しないことを報告している。同様に，Nilsson and Craik（1990）は文の再生よりSPTsの再生で処理水準効果が小さいことを示した（ほかに，Zimmer & Engelkamp, 1999）。

　また，Lichty et al.（1988）とNilsson and Cohen（1988）は言語材料では生成効果が認められる一方で，SPTsに生成効果が認められないことを報告している。ここで，Nilsson and Cohen（1988）の実験1について，少し詳しく紹介しよう。彼らは，40人の被験者を10人ずつの4群に割り振った。その4群とは，表4-2のとおりであり，実験デザインは，記銘材料（SPTs，文）×生成の有無（生成，非生成）の被験者間2要因計画であった。学習時，各被験者は6秒間隔で20項目を呈示された。どの条件でも項目を覚えるように教示された（意図学習）。学習後，10分間で自由再生を行った。再生反応のうち，各学習項目の名詞と動詞が含まれているものを正再生反応と見

▼表4-2　Nilsson and Cohen（1988，実験1）の4つの実験群

群	呈示されるもの	被験者が行うこと
SPTs―生成	対象物 例：電池	与えられた対象物でできる行為を自分で生成し，それを言語的に表現し，実演する 例：「電池を持ち上げる」と声に出し，実際に電池を持ち上げる行為を実演する
SPTs―非生成	対象物と行為内容の教示 例：電池と「電池を持ち上げろ」という教示	実験者からの，どのような行為をするべきかの指示どおりに実演する 例：実験者から「電池を持ち上げろ」と指示され，実際に電池を持ち上げる行為を実演する
文―生成	対象物の名称が書かれたカード 例：「電池」と書かれたカード	与えられたカードに書かれた対象物でできる行為を自分で生成し，言語的に表現する 例：「電池を持ち上げる」と声に出すが，実演はしない
文―非生成	行為文が書かれたカード 例：「電池を持ち上げろ」という指示が書かれたカード	与えられたカードに書かれた行為文を読み上げる 例：「電池を持ち上げろ」と読み上げるが，実演はしない

なした再生率の平均が，表4-3である。文条件においては，生成は再生率を増加させたが，SPTs条件においては生成効果がみられなかった。また，別の見方をすると，文条件における生成という認知的操作は，実演と同等の記憶術的効果を生み出すともいえる。

▼表4-3　Nilsson and Cohen（1988, 実験1）の実験結果（平均再生率）

記銘材料			
SPTs		文	
生成	非生成	生成	非生成
.55	.54	.50	.33

さらに，ある項目は重要なので記銘すべきだと指示する，記銘の重要性の操作は，SPTsより言語材料で大きかった（Cohen, 1983）。Lichty et al.（1988）は項目の奇異性（bizarreness）はSPTsの再生にとってむしろ有害であることを報告している（ただし再認において奇異文と通常文に差がないことを報告している研究もある：Engelkamp et al., 1994）。Arar et al.（1993）とLichty et al.（1986）は学習の意図性（意図学習 vs. 偶発学習）が効果を持たないことを示している。Cohen（1985）は項目間呈示間隔を1秒，5秒，10秒の3通りに操作して，間隔が長くなるにつれ単語の再生は向上するにもかかわらず，SPTs再生のレベルが変わらないことを報告している。

単語の場合，単純な文中に埋め込まれているよりも複雑な文中に埋め込まれているほうが再生されやすく（Craik & Tulving, 1975），これは精緻化の効果として知ら

れているが，SPTsでは逆に，単純な課題（例：「マッチを折れ」）のほうが複雑な課題（例：「マッチを折ってそのかけらをあなたの前に積み上げろ」）より再生されやすかった（Nilsson & Cohen, 1988）。しかし，Helstrup（1987）は，単純なSPTsと複雑なSPTsの再生に差がないことを報告している。この不一致の原因は，Nilsson and Cohen（1988）は複雑さを教示文と行為内容の運動パターンの両方で操作していたのに対し，Helstrup（1987）は行為内容だけで操作している点（「マッチに火をつけろ」という教示に対し，単純なSPTsでは被験者にマッチが1本とマッチ箱が渡され，複雑なSPTsでは被験者は与えられたマッチ箱からマッチを取り出し，箱を閉めてから火をつけなくてはならない）にあるのかもしれない（Cohen, 1989a）。そこでこれらの結果の不整合を解決するために，Nilsson et al.（1995）は，基本文（「マッチを折れ」）に，付加的な運動（「かけらを積み上げる」）を追加するのではなく，行為の実演の仕方を特定することで，複雑性を操作した。例えば，「手を振れ」という単純な基本文に対し，複雑な精緻文では「指揮者のように手を振れ」と教示した。後者の条件では，記憶負荷による負の効果を避けるため，「どのように実演するべきか」は覚えなくてもよく，行為文に含まれる名詞と動詞を覚えるように，と教示された。実験デザインは記銘材料（SPTs，文）×行為文の複雑性（単純，複雑）の被験者間2要因計画であった。各被験者は24項目の学習後，7分間の挿入課題を行ったのち，5分間の自由再生と，続けて4分間の手がかり再生を行った。手がかり再生では，各文の動詞を手がかりにして，名詞を思い出すように教示された（例：「○○を振れ」）。その結果は表4-4のとおりであった。自由再生では，記銘材料の主効果のみが有意（SPTs＞文）であった。手がかり再生では記銘材料の主効果と交互作用が有意で，単純なSPTsのほうが，複雑なSPTsよりも成績がよかった。文条件では有意差がなかった。

Nilsson et al.（1995）は，これらの結果を総合し，SPTs条件においては，少なくとも，複雑文の優位という精緻化の正の効果はみられず，複雑文よりも単純文のほうが優位という傾向は一貫しているのに対し，文条件では，有意ではないものの，複雑文のほうが数値上は優れ，またその傾向は先行研究（Craik & Tulving, 1975など）とも一致しており，SPTs条件と文条件とでは，

▼表4-4　Nilsson et al.（1995）の実験結果

記銘材料	行為文の種類	
	単純	複雑
自由再生		
SPTs	.57	.54
文	.35	.39
手がかり再生		
SPTs	.88	.73
文	.45	.50

精緻化の効果が異なると結論づけている。

②母集団の違いによる影響

言語材料の記憶では差がある被験者群間でも，SPTs再生では成績に差が認められない場合がある。Cohen and Stewart（1982）や藤田（1995）は9，11，13歳児の記憶成績を比較している。例えば藤田（1995）の実験では，9，11，13歳児のそれぞれ15人ずつを，25の行為文を実演しながら覚えてもらうSPTs条件と，実演せずに言語的に覚えてもらう文条件とに割り振って，自由再生成績を比較している。その

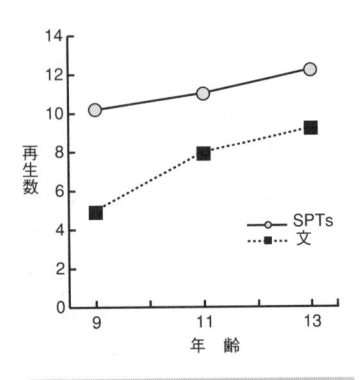

▲図4-2　藤田（1995）の実験の自由再生の結果

結果が，図4-2である。文条件における再生に対する，SPTsの再生の全般的な優位がみられるだけでなく，文条件では年齢とともに再生成績が向上する一方で，SPTs再生には年齢群間に有意な差が認められないことも報告されている。

さらに，Bäckman and Nilsson（1984）は青年から高齢者にかけて言語材料の記憶成績が低下するのに対し，SPTsでは低下しないことを見出した（同様に，Bäckman, 1985；Bäckman & Nilsson, 1985）。Cohen and Bean（1983）は，軽度な知的障害者は健常者との比較において，言語材料の再生では困難を示すにもかかわらず，SPTs再生では有意な差を示さないことを報告している。

SPTs再生における年齢差に関しては注意が必要である。上記の研究とは異なり，SPTs再生にも年齢差（加齢）の効果があるという報告もある（Lichty et al., 1986；Saltz & Dixon, 1982など）。このように結果が食い違っている原因としてCohen（1989a）は学習リストの長さの違いをあげている。つまり，リストが短い場合にはSPTs再生で年齢差がみられず，長い場合には年齢差がみられるというのである。Engelkamp and Cohen（1991）はこの考えをさらに一般化し，SPTsの遂行が比較的困難な場合に，再生成績に年齢差がみられると論じている。

③メタ記憶における差異

被験者は符号化中に，後に再生できる単語と再生できない単語を，ある程度予示することができる。これは被験者が自分の記憶過程や記憶した情報に関するメタ記憶（metamemory）を持っているからだと解釈できる。しかし，SPTsの再生可能性に関しての予示能力，すなわちメタ記憶能力は低い（Cohen, 1983, 1988；Cohen et al., 1991；ただしCohen & Bryant, 1991も参照のこと）。すなわち，被験者は行為の記憶システムについてより，言語記憶システムの機能について，より多くの知識を

持っていることが示唆される (Engelkamp & Cohen, 1991)。

④ SPTsのその他の特徴

　SPTsの自由再生の系列位置曲線から興味深い観察がなされている。SPTs再生では典型的には初頭 (primacy) 効果がみられないが，新近 (recency) 効果は言語材料と同程度に得られることが報告されている (Cohen, 1981, 実験1)。このSPTsの自由再生における新近効果が，言語的な材料のものと同質かどうかについて，Cohen (1981, 実験2) は学習リストの最終4項目の構音的類似性を操作して検討している。被験者は12項目からなるリストを8つ学習した。半分の4つのリストは，最終4項目の構音的類似性が高くなるよう構成されていた (例：rate my weight, state the date, create an eight, rotate the plate)。残りの4リストでは，最終4項目の構音的類似性は最小限になるようにされていた。自由再生の結果，文条件においては，類似リストの項目は非類似リストに比べ，新近部の再生率が低くなり新近効果が減少した。それに対し，SPTs再生では類似性による違いはみられなかったことから，SPTsの直後自由再生での新近効果が，単に記銘項目に含まれる言語的構成要素へのアクセス可能性に依存しているわけではないことが示唆された。ただし，呈示時の項目間間隔が長い (5秒以上) とSPTs再生にも初頭効果が現れる (Cohen, 1989a) ことも報告されている。

　保持期間に関しても，SPTsと文の再生の差は2分後，24時間後，1週間後でも変わらないことが報告されている (Nilsson et al., 1989)。また，直後自由再生から最終自由再生へかけての再生率は，SPTsより，名詞・文のほうが大きく減少している (Nyberg et al., 1992)。

　Svensson and Nilsson (1989) は再生可能な単語の再認失敗現象 (Tulving & Thomson, 1973など) のパラダイムを用いて，SPTsの記憶と言語材料 (文) の記憶の基礎について検討した。結果は，文条件での再認と手がかり再生は従属関係を示し，SPTs条件では，両者は独立関係であることを示すものであった。すなわち，文条件では行為文に含まれる名詞の再認ができる場合には，行為文に含まれる動詞を手がかりにして名詞を再生できる可能性が高く，名詞が再認できなければ，手がかり再生もできないという関連性が認められたのに対し，SPTs条件では，名詞の再認ができた項目とできない項目とで，手がかり再生できる確率に違いはないということが確認された。

　単語の再生に影響する，項目自体の変数として，熟知度 (familiarity) や鮮明度 (vividness) があげられるが，Cohen et al. (1987) はSPTsの再生可能性とこれらの変数の間に明確な関係を見出せなかった (同様に，藤田, 2000)。また，SPTsの教

示文には名詞と動詞とが含まれているが，再生可能性を決定するのはおもに動詞（行為の構成要素）のほうであることがわかった（Cohen et al., 1987）。

(4) SPTsと言語材料の間にあるもの

　SPTsの再生と言語材料の再生の違いを論じるうえで，1つの重要な疑問が生じる。すなわち，「SPTsの効果は，本当に被験者自身の実演の効果なのだろうか？」という疑問である。前述のとおり，確かに言語材料とSPTsの再生パターンには明確な違いが現れている。しかし，言語材料（単語，教示文）とSPTsの間には，被験者の実演の有無以外にも質的・量的な差異が多く含まれている。例えばSPTsでは実際に対象物が呈示される場合があるが，言語条件ではそのようなことはない。また，行為の実演のプランニング過程で生じているイメージがSPTs効果の決定因かもしれない。さらに，運動パターンの存在そのものが重要であって，実演が被験者自身によるものでなく，例えば実験者による実演を観察しただけでもSPTsと同様の効果が得られるかもしれない。以下ではこれらの可能性について検討した研究を紹介する。

①対象物に関して

　Bäckman (1985) は，Bäckman and Nilsson (1984) がSPTsで有意な年齢差が見出せなかったのは，実演の効果というよりも対象物の存在のせいかもしれないと考え，実演はないが対象物は呈示される文条件とSPTsとを比較した。その結果，対象物付きの文条件では依然として年齢差が認められた。また，SPTsには対象物を含むものと含まないものとがある。再生における，言語材料に対するSPTs優位が対象物の存在に依存するとしたら，対象物を含むSPTsのほうが含まないSPTsより再生されやすくなるはずだが，実際にはその逆である（Cohen, 1988；Cohen et al., 1987；Nyberg et al., 1991）。Cohen (1988；Cohen et al., 1987) はこの結果を，検索時の手がかりの利用可能性によって説明している。すなわちSPTsの環境外対象物（例：「マッチを折れ」の「マッチ」）は検索時には呈示されないため，直接的な検索手がかりとして機能しないが，環境外対象物を用いないSPTs（例：「ドアを指させ」「指を組め」）では，実験環境に検索手がかりとして機能するものが存在する。したがって環境外対象物を用いないSPTsのほうが再生がよくなるというのである。

②行為のイメージ化

　Bäckman and Nilsson (1985) は，Bäckman and Nilsson (1984) のSPTsでの年齢差がみられなかったことが行為の実演そのものよりも行為イメージに依存するという可能性を検討したが，行為をイメージ化した文の再生ではいぜんとして年齢差が認められた。また，Engelkamp (1986) は自由再生において，視覚的イメージによる符

号化より運動による符号化のほうが優位であることを示している。さらに Engelkamp（1990）は，運動符号化はイメージ的二次課題より運動的二次課題から選択的に干渉を受けるがイメージ符号化にはそのような選択的干渉がない（Saltz & Donnenwerth-Nolan, 1981；Zimmer & Engelkamp, 1985など）ことから運動過程とイメージ過程を区別すべきであることと，さらに他者の実演のイメージと自己実演イメージが異なる効果を持つ（Engelkamp et al., 1989）ことから，視覚的イメージと運動的イメージも区別すべきであることを主張している。

③EPTs（実験者実演課題）

被験者自身が行為を実演するのではなく，実験者が実演するところを被験者が観察する課題をEPTs（experimenter-performed tasks，実験者実演課題）とよぶ（Cohen, 1981など）。EPTsとSPTsの質的・量的な違いについては，現状では明確な結論がくだせていない。SPTsとEPTsの再生レベルについて，有意な差がないという研究（Cohen, 1981, 1983；Cohen & Bean, 1983；Cohen et al., 1987など）と，SPTs優位を報告している研究（Arar et al., 1993；Engelkamp, 1990；Mohr et al., 1989；Zimmer & Engelkamp, 1989など）とが混在している。この結果の食い違いの1つの原因は，SPTsとEPTsが同等だという結論を出している研究ではSPTsとEPTsに対象物を含めているが，SPTs優位を報告している研究では対象物を用いていないという，手続き上の差異であろう（Engelkamp & Cohen, 1991など）。

また，Cohen（1981など）はSPTsとEPTsの再生レベルは同等であるが，例えばEPTs再生には初頭効果がみられることから，SPTsに比べると方略使用の程度が多いことや，SPTs再生には処理水準効果がみられないのに対してEPTs再生ではみられる，ということを示している。他にも，金敷（2000）は，記銘材料となる行為文に，その行為を行う理由という付加情報の有無を操作し，EPTs条件では，付加情報が実験者によって与えられても，被験者自身が生成しても，一貫して記憶成績を改善したのに対して，SPTs条件では情報の付加の効果がないことを報告している。しかし，Cohen（1983, 1989b）はSPTsとEPTsの記憶術的類似性を強調し，両者の違いはおもに量的なものであると示唆している。一方で，Engelkampら（Engelkamp, 1990など）はあくまでもSPTsとEPTsの質的な差異を主張している。その根拠は次の理論的説明で述べる。

3. 理論的な背景

(1) 初期の理論

これまでみてきたように，SPTs再生に関する数多くのさまざまなデータが報告されている。ここではそれらのデータを解釈するおもな理論を紹介するとともに，その理論の問題点・不明点にも触れていく。

①非方略説

Cohen (1981, 1983, 1984, 1985；Cohen & Bean, 1983；Cohen & Stewart, 1982など) は，SPTsの再生に，精緻化 (elaboration) の効果がないことや初頭効果がないこと，異なる母集団間に差がないこと，さらに被験者の内観によると被験者が符号化時に意図的にリハーサルなどの記銘方略を使用していないことなどから，SPTsの符号化は非方略的 (nonstrategic) に，自動的に行われるのだと主張した。また，SPTsと単語は方略使用あるいは符号化の自動性の次元を表す連続体の両端に位置し，EPTsと文はその間にくると仮定している (Cohen, 1983)。

しかし，ある条件下ではSPTs再生にも初頭効果がみられる (Helstrup, 1986) ことや，SPTsが文よりよく体制化される (Bäckman & Nilsson, 1984, 1985；Bäckman et al., 1986；藤田, 1995) ことから，符号化方略が言語材料の場合と同程度，あるいはそれ以上にSPTsの記憶に影響することが示された。

さらに符号化時の二次課題によって注意を分割すると，SPTsの自由再生 (Bäckman et al., 1986) と手がかり再生 (Bäckman & Nilsson, 1991) の両方が損なわれる場合があることが知られている。つまり，SPTsの符号化には注意や心的努力を必要とする過程が含まれているのである (ただし，藤田, 1994のように符号化時に記憶負荷をかけてもSPTsの再生成績が減損しないこともある)。

これらのことから，SPTsの構成要素すべてが非方略的に符号化されるという考えは，正しいとはいえないだろう。

②複数モダリティ符号化説

前述のとおり，Bäckman and Nilsson (1984, 1985, 1991)，Bäckman et al. (1986) はSPTsが必ずしも自動的に，注意を必要としないで符号化されるわけではないことから，SPTsの構成要素を，教示文の言語的構成要素と運動行為による構成要素に二分することを提案している。つまり，運動行為によって符号化される構成要素は注意分割などの操作に影響されないが，SPTsには教示文の言語情報も含まれており (これは再生が言語モードでなされることからも必然となる)，この言語的構成要素には

方略が適用可能であり，注意分割にも影響を受けると論じているのである。これはCohenの非方略説の拡張ともいえる。

　Bäckman，Nilssonたちはさらに，SPTs再生が言語材料の再生より優位なのは，SPTsが複数モダリティ的（multi-modal）で，なおかつ豊富な特徴を持っているためだと主張している（Arar et al., 1993；Bäckman & Nilsson, 1984, 1985, 1991；Bäckman et al., 1986, 1991, 1993；Nilsson & Bäckman, 1989, 1991；Nyberg et al., 1991, 1992など）。つまり，言語材料は通常視覚呈示か聴覚呈示されるのに対し，SPTsの遂行では視覚・聴覚だけでなく，触覚や場合によっては嗅覚や味覚のモダリティも活性化される。また，呈示される言語材料に含まれる特徴は情報の意味的，音韻的，正書法（語の正しい書き表し方）的なものだが，SPTsでは言語的特徴に加え，対象物のさまざまな物理的特徴（色，重さ，きめ，形，感触など）が符号化され得る（Bäckman et al., 1993）。したがって，SPTsのほうが複数のモダリティで豊富に符号化されるために，単一（あるいはせいぜい2つの）モダリティで呈示され情報も貧困な言語材料よりも再生で有利だと説明している。文よりSPTsのほうが体制化方略が導入されやすいのも複数モダリティ的で豊富な特徴によると主張している。それに加えて，子どもや高齢者がSPTs再生では青年に劣らないことの理由も，SPTsのこの特性により体制化という適切で効果的な方略が自発的に導入されるためだとも述べている。同様に，アルツハイマー病患者にとっての，検索時の意味的カテゴリー手がかりの利用可能性にもSPTsが有効であることを示している（Herlitz et al., 1991；Karlsson et al., 1989）。

　SPTsは言語的情報と対象物の物理的情報の2種類の情報について符号化されるという，この二重概念（dual conception）説を根拠づけるために，Bäckman et al.（1991, 1993）は注意分割によってSPTsの言語的情報の符号化は妨げられるが，対象物の物理的特徴（色，重さ）の符号化は影響を受けないことを示した。さらに，Nilsson and Bäckman（1991）はPI（proactive interference，順向干渉）からの解除のパラダイムを用いて，SPTsのいくつかの物理的特徴が符号化時に利用可能なだけでなく，行為事象の記憶表象の一部を構成していることを報告している。

　二重概念説にもいくつかの問題点がある。SPTsの再生での優位の基礎を対象物の多面的な符号化に求めているが，それだと対象物を用いないSPTsとEPTsの比較におけるSPTs優位を説明できない（Arar et al., 1993；Engelkamp & Cohen, 1991）。また，Nyberg et al.（1991）は被験者に対象物を呈示すると文の再生もよくなることを二重概念説の根拠としたが，彼らの実験では対象物を呈示するとSPTsと文の再生の差がみられなくなっている。SPTsでは対象物を見ただけでなく触って運動もして

いるのだから、文を符号化する場合より使用されているモダリティも多いのでSPTs優位は残らなくてはおかしい（Engelkamp & Cohen, 1991）。さらに、二重概念説からは対象物を含むSPTsのほうが含まないSPTsより再生されやすいと予測できるが、実際には上述のとおり、逆の傾向がみられる。

　この説の問題点はすべての記憶属性を等しく機能するものと見なしている点にあるだろう（Saltz, 1988；Saltz & Dixon, 1982参照）。つまり、SPTsに含まれる「運動」の構成要素を過小評価しているのである。二重概念説では実演の利点は対象物の呈示と、対象物に触れたときの触覚モダリティによる符号化に限定しているといえる。

③項目特定処理説

　前述の2つの説とは異なり、Zimmer, Engelkampたち（Zimmer & Engelkamp, 1985, 1989；Engelkamp, 1986, 1988, 1990；Engelkamp et al., 1989, 1991；Mohr et al., 1989）は運動の構成要素をとりわけ重要視している。モダリティ特定的な符号化過程に焦点を当て、感覚モダリティとは独立な運動モダリティを追加すべきだと主張している（Engelkamp, 1990）。その根拠として、前述（p.61）の選択的干渉課題（Zimmer & Engelkamp, 1985など）の存在があげられる。

　また、彼らは項目特定（item-specific）処理と関係（relational）処理という区分（レビューとして高橋, 1997b）によってSPTsの効果を説明している。実演によってSPTsの項目特定的符号化が促進されるためにSPTsの再生が言語材料の再生よりよくなるのだと見なしている。その根拠としては、名詞と動詞の対連合学習において、実演するように教示する場合（SPTs教示）と実演をイメージするように教示する場合（イメージ教示）、他者の実演を観察するよう教示した場合（EPTs教示）とで、手がかり再生と自由再生の成績の差が違うことをあげている。イメージ教示やEPTs教示では手がかり再生のほうが自由再生より成績がよく、項目対間の関係処理がなされていると考えられるが、SPTs教示では手がかり再生より自由再生のほうがよく、項目特定処理はなされているが関係処理が妨げられていると解釈している（詳しくはEngelkamp, 1990）。

　この説の問題点は、対象物を用いるSPTsとEPTsの再生レベルが同等であることと、実演のイメージによってさえSPTsと同等の再生成績を残す場合があることを説明できないことである（Helstrup, 1987；Saltz & Donnenwerth-Nolan, 1981）。さらに、Cohen and Heath（1988）やHelstrup（1987）が示した、SPTsに含まれる運動パターンより運動の目標が再生の決定因であるという結果と矛盾する。Cohen and Heath（1988）は、同じ運動パターン（例えば「手を回す運動」）に異なる行為文（「円を描け」と「窓をふけ」）を組み合わせる場合と、同じ行為文（例えば「帽子を

かぶれ」）に，異なる運動パターン（「野球帽をかぶる」と「ボンネット（ひもをあごの下で結ぶ帽子）のひもを結ぶ」）を組み合わせる場合とを比較し，運動パターンが異なっても行為文が同じほうが，2つの行為の再生の相関が強いことを示している。また，前述のとおり，Helstrup（1987）は，行為文（「マッチに火をつけろ」）が同じなら，複雑な運動パターンが必要な条件と単純な運動パターンで可能な条件とで，再生成績に違いがないことを報告しているのである。Engelkampらの理論は，動詞や名詞の対連合学習や，対象物を用いない象徴（symbolic）実演などに依存しており，一般的なSPTsパラダイムとはやや異なっている。より広範な条件下での仮説の検討が望まれる。

④ここまでのまとめ

ここまで，SPT効果を説明する3つのおもな理論を紹介したが，いずれもすべての現象を説明するには不十分である。ただし，共通する点としては，いずれの理論ともSPTsが多かれ少なかれ「自動的に」符号化されると考えている点がある（Engelkamp & Cohen, 1991）。

（2）最近の理論：エピソード的統合説

前述の3つの立場とは根本的に異なる，Kormi-Nouri（Kormi-Nouri & Nilsson, 1998など）による，行為事象の符号化は完全に方略的であるというエピソード的統合説が提唱されているので，それを紹介しよう。

この説では，SPT効果は，符号化時の実演により，自己包含（self-involvement）の程度が増加することによって生起すると仮定している。したがって，運動プログラム，運動モダリティ等を仮定していない。SPTs条件において，行為内容を実演することで，被験者の自己意識が高まり，実演無しの符号化よりも，エピソード的（episodic）な想起にとって，より最適な符号化がなされると考えられている。

Kormi-Nouri（Kormi-Nouri & Nilsson, 1998など）は，SPT効果を説明するために，次の2種類の統合（integration）について言及している。まず，SPTs実験で使われる種類の行為文における動詞と名詞間の関係についての，実験以前に獲得された一般的知識による統合を，意味的統合（semantic integration）とよんでいる。例えば，Kormi-Nouri, Nyberg, and Nilsson（1994，実験2）は「read the book（本を読め）」や「write with the pen（ペンで書け）」のような，動詞と名詞が概念的によく結びついており，十分に統合された（well-integrated）行為文と，「lift the paper（紙を持ち上げろ）」や「scratch with the button（ボタンでひっかけ）」のように，乏しく統合された（poorly-integrated）行為文とを用いて，意味的統合の操作を行っ

ている。この意味的統合は、SPTsの記憶と文の記憶の両方にパラレルに影響すると仮定している。つまり、十分に統合された行為文のほうが、よく覚えられるというわけである。さらに、Kormi-Nouriはエピソード的統合（episodic integration）を仮定している。行為文に含まれる動詞と名詞は、学習時の実演によって高度に統合され、行為動詞と対象物の名詞とを単一の記憶ユニットに統合し、実演をしないで符号化する条件に比べ、より特定的な情報を産み出し、結果としてエピソード記憶として検索しやすくなると考えているのである。

これらの仮定について、Kormi-Nouri, Nyberg, and Nilsson（1994，実験2）は、次のような実験で検討している。実験計画は、符号化の種類（SPTs，文）×検索の種類（言語的，実演）×項目の種類（高意味的統合，低意味的統合）の3要因で、検索の種類のみ、被験者間要因であった。用いた記憶課題は、動詞を手がかりにして名詞を思い出すという手がかり再生であり、検索の種類の要因の2つの条件は、手がかり再生時に、呈示された動詞に従って実演をしながら名詞を再生する条件（実演）と、通常の手続き同様、テスト時には実演をしない条件（言語的）であった。記銘材料は、前述のような、意味的に十分に統合された項目と、意味的に乏しく統合された項目であった。この実験結果は表4-5のとおりであった。符号化時の実演の効果は有意（SPTs＞文）だったが、検索時の実演の効果は有意にならなかった。項目の種類の主効果も有意で、全般的に、十分に意味的統合されている高意味的統合項目のほうが成績がよかった。また、符号化の種類×項目の種類の交互作用が有意になり、実演の効果は、十分に意味的統合されている項目よりも、乏しく意味的統合されている項目のほうで大きかったことが確認された。

これらの結果は、行為文に含まれている動詞と名詞の意味的な統合の程度は、SPTsの記憶と文の記憶の両方に影響し、符号化時に実演することは、特定のエピソードとして動詞と名詞を統合させることに寄与するため、もともとの統合の程度が低い項目において実演の効果がより大きくなると解釈された。この解釈において、SPTsの記憶も文の記憶も、質的には異ならず、言語的に符号化され、方略的である

▼表4-5 Kormi-Nouri, Nyberg, and Nilsson（1994，実験2）の結果（手がかり再生率）

符号化の種類	検索の種類			
	言語的		実演	
	高意味的統合	低意味的統合	高意味的統合	低意味的統合
SPTs	.93	.60	.87	.49
文	.73	.23	.69	.11

と考えていることに注意されたい。前述の他の3つの理論では，SPTsの符号化には運動の構成要素が含まれており，少なくともある程度は自動的に処理されると考えているが，Kormi-Nouriのエピソード的統合説では，SPTsの符号化に運動的構成要素の関与を仮定していないのである。上記のとおり，検索時に実演を求めても，つまり運動的検索手がかりを与えても，単に言語的に再生する場合に比べ，何も付加的な実演効果がないということがその根拠の1つである。符号化時と検索時の状況が類似しているほど，記憶成績がよくなるという符号化特定性原理（Tulving & Thomson, 1973）に基づけば，被験者がテスト時にも実演する場合，運動的検索手がかりは，実演効果を増加させるはずだが，符号化時のみ実演の条件と比べて，実演効果の増加はなかったことから，貯蔵されているSPTsの情報は，運動コードというよりむしろ，言語的／概念的だと結論づけている。

　SPTsの符号化に運動的構成要素を含める必要がないと考えるもう1つの根拠は，SPTsの記憶に対する言語的・視覚的二次課題の役割の比較実験からきている。前述のとおり，項目特定処理説では，行為の実演による運動符号化はイメージ的二次課題より運動的二次課題から選択的に干渉を受けるということを，運動的構成要素の関与の仮定の根拠とし（Engelkamp, 1990），運動情報の処理は，言語的・視覚的二次課題の処理とは，ほとんど独立であると論じている。だが，運動的情報の処理も，言語的・視覚的性質の二次課題からも干渉を受けることを示した研究もあり（Bäckman et al., 1993；Kormi-Nouri, Nilsson, & Bäckman, 1994），運動的な処理を仮定することに疑問を投げかけている。

　この説にも未解決の問題は残っている。SPTsの符号化において，運動的な処理を仮定する必要がないことの根拠の1つに，検索時の実演の効果がないことをあげていることは，前述のとおりである。確かに，再生・再認テストを問わず，検索時の実演が付加的な効果をもたらさないという報告も多い（藤田，1994, 1996, 1997, 1998a, 1999b；太田，1993；Saltz & Dixon, 1982）。しかし，付加的な効果があるという報告もある（Engelkamp et al., 1994など）。

4. 今後の課題

　以上みてきたように，データが蓄積されるに伴って，1つの実験変数・操作に関していくつもの食い違う結果が報告されていることの背景には，実験手続きの不一致があることは明白である。例えば，行為内容に，対象物が含まれたり含まれなかったり

することが，記憶成績のレベルに影響を及ぼすことが報告されていながら，研究間でそれが統一されていなかったりする。そのような符号化時に与える教示や用いる記憶課題についてはいうまでもないが，より深刻なのは材料として用いているSPTsの明確な基準がないことである。明らかに再生されやすいSPTsとされにくいSPTsが存在するのだが，SPTsに含まれるどのような特性によって再生可能性が決定されるのかについては，まだ不明な点が多い（Cohen et al., 1987；藤田，1998b，1999a，2000など）。現況のSPTs実験は，単語を記銘材料にする場合にたとえば，熟知価やイメージ価，出現頻度などを統制していないのに等しい。他にも手続き上の差異による結果の変動は数多くあるが（Cohen, 1989a；Nilsson, 2000参照），すべてを説明するにはより複雑な理論が必要となるであろう。

　さらに，日常場面での行為・運動の記憶の表出形態は，意識的に過去の経験を思い出そうとする顕在記憶（explicit memory）としてのものより，意識的に思い出そうとしなくても過去経験が現在の行為に影響するといった，潜在記憶（implicit memory）としてのもののほうが多い（太田，1992参照）し，SPTs再生と潜在記憶課題のパフォーマンスの類似性も指摘されている（詳しくは，藤田，2001；Nilsson & Bäckman, 1989）。潜在記憶課題を用いて符号化時の実演の効果を検討した研究（Engelkamp et al., 1995；Nyberg & Nilsson, 1995など）や，潜在記憶研究で展開された過程分離手続き（process dissociation procedure：Jacoby, 1991）やRemember／Know手続き（Gardiner, 1988）を用いて，再生や再認に反映している検索時の意図的な処理と自動的・無意識的な処理において，SPT効果がどのように影響しているのかを検討した研究（藤田，1996，1997，1998a，1999b，2000など）もある。しかし，符号化時の実演が，検索時にどのような影響を及ぼすのかについて，まだ十分に理論化されているわけではない。これからは，より広範な記憶の測定法を用いて，符号化と検索の相互作用のダイナミクスについても視野に入れた理論を構築する必要があるだろう。

Ⅲ部

出来事の認知

5章 自伝的記憶

佐藤浩一

1. はじめに

　人は毎日さまざまな出来事を経験している。そのなかにはほんの小さな出来事もあれば，後にふり返ったときに「あのことがきっかけで」という気持ちを引き起こすような重大な出来事もあるだろう。このように，これまでの生活で自分が経験した出来事に関する記憶の総体は「自伝的記憶（autobiographical memory）」とよばれる。Tulving（1972）の分類に従うなら自伝的記憶はエピソード記憶（episodic memory）の一種であるが，両者はまったく等価ともいえない。多くの研究者は自伝的記憶を定義する特徴として，それが「自己（self）」と関わることを指摘している（Brewer, 1986；Cohen, 1996；Nelson, 1993b；Robinson & Swanson, 1990）。

　自伝的記憶研究はGaltonとFreudにさかのぼるといわれる（Robinson, 1986）。Galton（1883）は自らを被験者として，単語から連想される観念の内容や鮮明度あるいは潜時を検討した（岡本，1987）。彼が用いた方法はその後「手がかり語法（cue-word technique）」として，自伝的記憶研究では頻繁に利用される手法になっている（Crovitz & Schiffman, 1974）。Freudは最初，患者のヒステリー症状の背景には幼児期の性的虐待体験があると考えていた。しかしやがて彼は，患者が「思い出した」記憶は実はファンタジーであると考えるようになった（Freud, 1914）。これは自伝的記憶の再構成（本章5節）あるいは偽りの記憶（7章）と深く関わる問題である。

　このように長い過去を有しながら，自伝的記憶に関して実証的な検討が本格的に始められたのは1970年代に入ってからである。そして現在では自伝的記憶研究は発達，人格，感情，社会，文化などさまざまな研究分野と結びつき，急激な広がりを示しつつある（Rubin, 1996；佐藤，1998）。本章ではとくに自伝的記憶の構造と機能，ま

た想起の再構成過程や個人差の問題について，近年の成果を中心に概観する。なお，自伝的記憶の研究史については，Conway（1990），Robinson（1986），Schacter（1995）の記述が的確である。

2. 自伝的記憶の構造

（1）自伝的記憶の分布

被験者にさまざまな単語を手がかり語として呈示して，その語から想起された記憶を時間軸に沿って整理すると，図5-1に示す曲線が得られる。われわれの自伝的記憶は人生を通じて均等に分布しているわけではない。他の時期よりも多くの記憶で彩られている時期がある一方で，多彩な経験がまったく記憶として残っていない時期もある。

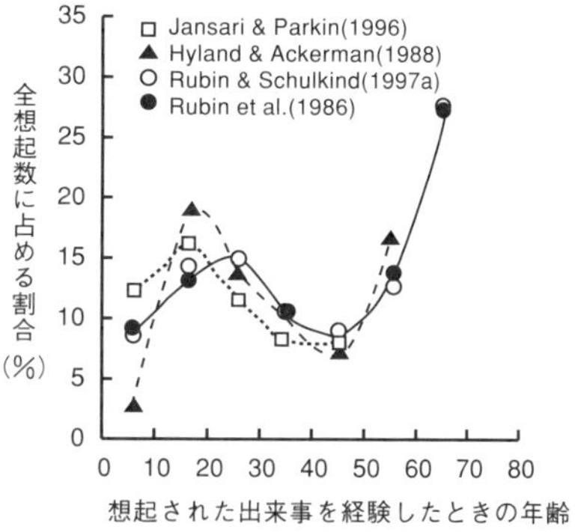

▲図5-1　自伝的記憶の分布
(Rubin et al., 1998)

①バンプ

ごく最近の出来事を別にすれば，青年期〜成人前期（10〜30歳ごろ）に経験された出来事は他の時期に比較して再生されやすい。このバンプ（隆起，bump）現象は50歳以上の被験者を対象にした研究でくり返し見出されている（Jansari & Parkin, 1996；Rubin, 2000；Rubin & Schulkind, 1997a；Rubin et al., 1986）。また手がかり語を呈示する方法ではなく，人生をふり返って鮮明な記憶（Fitzgerald, 1988）や重要度の高い出来事（Fitzgerald, 1996；Fromholt & Larsen, 1991；Rubin & Schulkind, 1997b）の想起を求めると，より顕著なバンプ現象が見出される。バンプは心理学者の自伝を分析した研究でも認められている（Mackavey et al., 1991）。

さらに，この現象は社会的な出来事の記憶でも見出されている。Rubin et al.（1998）は1900年代初頭から現代までのアカデミー賞やプロ野球の優勝チーム等を材料として再認テストを作成し，大学生と高齢者に実施した。すると高齢者では11〜30歳の時期に重なる出来事の再認成績が最も優れていたのである。歴史的な事件や人物についての知識を問うた研究でもバンプ現象が見出されている（Belli et al., 1997；Schuman et al., 1997）。また米国，ドイツ，日本，リトアニアで多くの世代の人に

III　出来事の認知

「この50年間で起きた国内外の出来事や変化のうち最も重要と思われるもの」を問うたところ，回答者が青年期〜成人前期にかけて経験した出来事が指摘されることが多かった（Schuman et al., 1998；Schuman & Rieger, 1992；Schuman et al., 1994；Schuman & Scott, 1989）。第二次世界大戦を指摘したのは当時10代〜20代だった人たちであり，ベトナム戦争を指摘したのはやはり当時その年齢の人たちであった（図5-2）。バンプの時期は映画や読書や音楽などの好みが形成される時期でもある（Rubin et al., 1998）。まさに「ノスタルジアに最もすばらしいごちそうをふるまってくれるのは青年期初期であり（中略）成人期初期もそうである」（Davis, 1979：訳書 p.83）。

それではなぜこの時期は特別なのであろうか。Schrauf and Rubin（1998）はスペイン語圏から米国に移住してきた高齢者を対象に自伝的記憶を収集した。彼らが移住してきた時の年齢は20〜35歳まで散らばっていたが，34〜35歳で移住してきた被験者のバンプは通常より遅く，移住の時期に重なっていた。これはバンプが青年期特有の現象ではなく，発達上の移行期で生じる現象であることを示している。移行期には人は多くの新奇な出来事を経験する。こうした出来事は示差性が高いし，それを既存の枠組みに組み込むには認知的な努力が必要となる。こうした認知的な操作が記憶を促すのである（Rubin et al., 1998）。同時にこの時期は，自分が何者かという同一性（identity）の感覚にも大きな影響を及ぼす。Fitzgerald（1988, 1996）はバンプ期には同一性形成と結びつく自己志向的な活動が行われ，自己に関わる鮮明な記憶が多く形成されるのではないかと考えた。こうした記憶は，自分は何者かという自己物語（self-narrative）に組み込まれて，ひとまとまりの記憶表象となる。バンプ現象が社会的な出来事についてみられるという知見も，この時

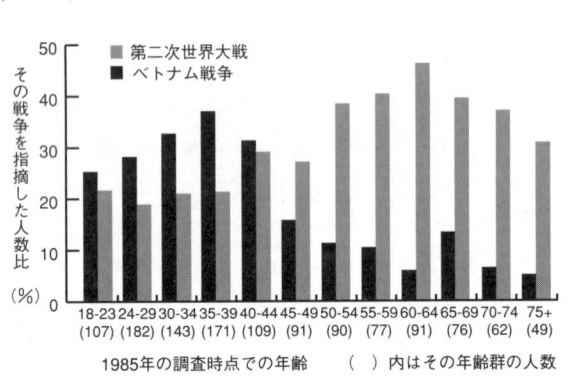

▲図5-2　過去50年間の重要な出来事として「ベトナム戦争」と「第二次世界大戦」を指摘した人の分布（Schuman & Rieger, 1992）

米国での調査結果。第二次世界大戦は1939〜1945年（米国の参戦は1941年）。1985年の調査時点で60〜64歳だった人は，米国の参戦当時16〜20歳，終戦時に20〜24歳だった。ベトナム戦争は1960〜1975年（米国の参戦は1965年）。1985年の調査時点で35〜39歳だった人は，米国の参戦当時15〜19歳，終戦時に25〜29歳だった。

期がわれわれの世代アイデンティティの形成期であることを示しているといえる（Holmes & Conway, 1999）。

②幼児期健忘

われわれは3〜4歳以前の出来事をほとんど想起できない（Pillemer, 1998b；Wetzler & Sweeney, 1986）。この幼児期健忘（childhood amnesia）のメカニズムについてはこれまでさまざまな仮説が提出されてきた（Nelson, 1993a；尾原・小谷津, 1994；Pillemer, 1998b）。

幼児は自分がよく知っている場面（例：ハンバーガー・ショップ）で一般に何が起きるかはわかっているが，ある特定の機会（例：ある日の食事）に何が起きたかを再生するのはむずかしい。そこでNelson and Gruendel (1981) は幼児期にはまず，出来事に関する一般的な知識（スクリプト，script）が形成されなければならないと考えた。一般的な知識ができて初めて，個々の経験が個々の経験として認識され，エピソード記憶が形成されるのである。

近年の社会的相互作用モデルは，親子が共通の出来事について語ることを通して，子どもの自伝的記憶が発達すると主張する（Fivush, 1991；Fivush et al., 1996；Hudson, 1990；Nelson, 1993b）。子どもは親との相互作用のなかで，自分の記憶を語り（narrative）として構成し他者に語る方法をしだいに学習していくのである。そのため親から子どもへの語りかけのスタイルは，子どもの記憶に影響する。親が同じ質問をくり返したり話題をすぐに切り替えたりするよりも，1つの出来事について精緻に語ったり問いかけたりするほうが，その出来事に関する子どもの記憶も優れたものになる（Hudson, 1993；Reese & Fivush, 1993；Reese et al., 1993）。子どもへの語りかけ方は，子どもの性別によっても変化する。父親も母親も息子よりは娘と話すときのほうが，過去の出来事について多くの情報を含む精緻な語りかけを行う（Fivush, 1994, 1998）。こうした語りかけの違いはやがて，男性より女性の自伝的記憶のほうが精緻で豊かな感情を伴っているという性差（Buckner & Fivush, 1998；Davis, 1999；Pillemer et al., 1991；Ross & Holmberg, 1990；Seidlitz & Diener, 1998）をもたらすと考えられる。親から子への語りかけの違いはさらに，自伝的記憶の文化差の一因になっているのかもしれない（Han et al., 1998）。

Howeは幼児期における自己の認知的発達を重視する（Howe & Courage, 1993, 1997）。Howeによると，幼児期健忘の前後で基本的情報処理システムに劇的な変化が生じると仮定する根拠はない。重要なのは2歳ごろまでに自己概念が形成されるということである。18〜24か月になると幼児は，鏡に映った姿を自分であると再認できるようになる。"I""me""you"という人称代名詞もこの時期までに獲得され正し

く使用される。自己が他とは分離独立しているという認識ができて初めて，さまざまな出来事が「私」に対して起こった出来事として認識され，自伝的記憶として体制化されるのである。Harley and Reese（1999）は19か月児とその母親を対象に，この時点での幼児の自己認知と母親からの語りかけのスタイルがともに，25か月および32か月時点での自伝的記憶の発達を予測することを見出した。

他にも，幼児期健忘あるいは自伝的記憶の発生と関わる要因として，出来事における因果関係の認知（Pillemer et al., 1994），時間的体制化（尾原・小谷津，1994），心の理論（theory of mind：Welch-Ross, 1997）などが指摘されている。複数の要因が互いに影響しつつ，自伝的記憶の発生に関わっているのだろう（Welch-Ross, 1995）。

ただし最近では，従来いわれているよりも早く，2歳4か月ごろに幼児期健忘が終結するというデータも提出されており（Crawley & Eacott, 1999；Eacott & Crawley, 1998, 1999），測定や定義の問題を整理する必要があるだろう。また2～3歳児でも過去の出来事について報告できることが見出されている（Fivush et al., 1987；Hamond & Fivush, 1991）。しかしこうして報告された出来事が成長後には想起できないのだとしたら，自伝的記憶が成立する条件と保持・検索される条件を分けて検討する必要があるかもしれない。

(2) 自伝的記憶の体制化

ライフスパンを通じて自伝的記憶の分布を検討した研究は，いわば，自伝的記憶のマクロな構造を明らかにしたといえる。それでは個々の記憶は，どのような原理に従って体制化されているのだろうか。

①検索手がかりの効果

記憶の体制化を探る1つの方法は，種々の手がかり語を呈示して記憶の検索を求め，反応潜時を測定するというものである。こうして測定された潜時は自伝的記憶の構造を反映していると考えられる（Reiser et al., 1985）。Barsalou（1988）は「活動（例：テレビを見る）」「人（例：母親）」「場所（例：カフェテリア）」「時間（例：午後）」という4種類の語のうち2つを組み合わせて手がかりとして呈示した。その結果，どの組み合わせでも自伝的記憶の検索潜時には有意差がなく，さまざまな種類の手がかりが同じ有効性で利用され得る，柔軟で多次元的な構造が示唆された。

Conway and Bekerian（1987）は手がかりとして「大学時代」など人生の時期（lifetime periods）を示す語と，被験者がその時期に経験した「イタリア旅行」などの出来事（general events）を示す語を用いた。その結果，「出来事」のみを呈示し

た条件に比較して,「時期」と「出来事」を続けて呈示した条件のほうが特定の自伝的記憶の検索潜時が短くなった。これらの結果からConwayは図5-3に示す階層的なモデルを提出した（Conway, 1992, 1996a, b；Conway & Pleydell- Pearce, 2000；Conway & Rubin, 1993)。最上位にあるのは「A社での仕事」「Xとの同居」のように，本人にとって重要な他者や活動や場所

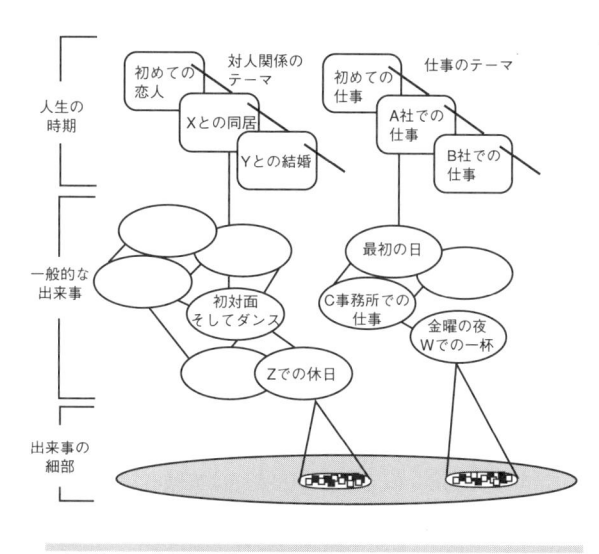

▲図5-3　自伝的知識の階層構造モデル（Conway, 1996）

に関わる，時間幅のある知識である。そしてその下位に，特定の出来事に関わる知識や，個々の経験における知覚印象までも含む細部の情報が位置している。このモデルでは，手がかり語が呈示されると「人生の時期」から「一般的な出来事」へと検索が絞り込まれ，課題に合致した想起が可能になるまで循環的な検索が行われると仮定している。ただし日常生活では，何かのきっかけで過去の出来事が突然想起されることも珍しくない。環境内の手がかりの特定性が非常に高い場合には，それに合致する記憶が直接想起されるのであろう（Berntsen, 1996, 1998)。またConwayは個別の自伝的記憶がどこかに貯蔵されているとは考えていない。その時々の状況や課題要求に応じて手がかりが精緻化され，三層の知識が活性化する。この活性化のパタン全体が自伝的記憶であるという。その点で彼のモデルは，自伝的記憶の再構成的性質を重視しているといえる。

　ところで，かつては有効だった手がかりが役に立たなくなることがある。Linton（1986）は日誌法（diary method）を用いて自らを被験者として実験を行ったが，古い記憶になると時間軸に沿った検索に代わって，テーマやカテゴリーによる検索が用いられるようになったと報告している。中学生と大学生を比較したFitzgerald（1980, 1981）の実験では，大学生になると名詞や動詞に比較して，感情語の手がかりとしての有効性が低下することが見出された。このように手がかりの有効性が変化するという結果は，時間経過に伴って自伝的記憶の構造が柔軟に変化することを示唆している。

②記憶と記憶をつなぐもの

　われわれの日常生活では，単語が手がかりとなって自伝的記憶が想起されるということは少ない。むしろ，ある記憶が別の記憶を引き出したり，会話のなかで一連の出来事が次々と想起されるということが多いだろう。Barsalou（1988）は新学期の初めに大学生に対して，夏期休暇中の出来事を思い浮かんだ順に報告するよう求めた。すると報告全体は時間軸に沿っており，ほとんどの回答者で，「時間幅のある出来事」が夏期休暇の最初から時間順序に従って想起される傾向があった。例えば夏期休暇の最初の「アルバイト」から始まり，「サマースクール」「ヨーロッパ旅行」という具合に想起が進んだ。そしてそれぞれの出来事についてさらに詳しく説明する際には，「人」や「場所」あるいは「活動」などに従って，さまざまな群化が行われていたのである。

　Anderson and Conway（1993）は被験者に特定の出来事の想起を求め，さらにその出来事の細部（活動，人，場所，物など）の再生を求めた。そして特定の出来事の記憶は時間と内容の両面から体制化されていると指摘した。細部情報は全体的には時間順序に従って体制化されているが，そのなかでとくに示差性の高い情報は出来事全体を想起するためのインデックスになっているのである。

　自伝的記憶の構造を規定する内容は，人や活動など明示的なものだけではない。例えば「子どもが死んだ」「母は家に閉じこもった」という2つの出来事は人も活動も共有していない。しかしその間に因果関連を認めることはむずかしくあるまい。多くの研究が，自伝的記憶は時間や主題によって，そして上述のような因果関係によって結びつけられた物語的な構造をしていると仮定している（Barclay，1996；Bruner，1987；Gergen & Gergen，1988；Robinson，1992b）。このことを検証するためにBrown and Schopflocher（1998a, b）は，被験者が想起した特定の出来事を手がかりにして，さらにもう1つ別の出来事の想起を求めて，両者の関連を検討した。その結果，収集された約半数のケースで，2つの出来事の一方が他方の原因になっているという因果関係が認められた。またこうした出来事の対は時間的に接近し，人や場所や活動を共有する率が高かった。自伝的記憶のなかの多くの出来事は，あたかも物語のなかの隣接するエピソードのように，時間的に接近し文脈情報を共有し，因果関連をなしているのである。

　人工的な材料を用いた実験からも多次元的な構造を示唆する結果が得られている。Lancaster and Barsalou（1997）は被験者に「デブラ・ウィンガーがハワイで復員軍人の日にボートを買った」「アラン・アルダがダラスで母の日にボートを買った」など「活動」を共有する文や，「バーバラ・ウォルターズがメキシコで7月4日にボート

を買った」「バーバラ・ウォルターズがフランスでイースターの日曜日に賞を授与した」など「人」を共有する文，あるいは「場所」を共有する文や「時間」を共有する文を呈示した。自由再生を検討したところ，活動を共有する文と人を共有する文で同じくらいの頻度で群化が生じること，それよりは少ないが時間や場所による群化も生じることが見出された。Taylor and Tversky（1997）も一連の出来事を記述した人工的な文章を材料として用い，「活動」だけでなく「人物」や「場所」も特定の出来事を検索するためのインデックスとして用いられること，何が有効なインデックスになるかは状況によって変化することを見出した。

このように，手がかり語法を用いた研究だけでなく，自然場面での想起の分析や実験的な検討からも，自伝的記憶が時間と内容（活動，人，場所，因果など）という複数の原理に基づいて多次元的かつ階層的に体制化されていることが示された。こうした柔軟な構造が，次に述べる自伝的記憶の種々の機能を可能にしているのではなかろうか。

3. 自伝的記憶の機能

記憶の機能を検討することの重要性は以前から指摘されているが（Bruce, 1985, 1989），自伝的記憶の機能に関する知見は十分とはいえない。ここではRobinson（1992a）に従って，便宜的に対人機能と個人内機能に分けて検討する。

(1) 対人機能

Neisser（1988）は自伝的記憶が持つ社会的機能を強調している。例えば自分自身の過去を相手に伝えることは，一種の自己開示の役目を果たす。それは相手からも同様の反応を引き起こし，両者の関係を維持したり広げるのに役立つだろう。Hyman and Faries（1992）は会話の中で自伝的記憶が言及されたケースを収集し，「話題になっている内容に関して自分の経験を紹介する」「他者に自分のことを説明する」「現在の自分の関心を説明する」といった，社会的な関係のなかで自己を記述するという用いられ方が多いことを見出した。

他者と記憶を共有することは対人関係の維持にとって重要である。Meltzer（1983）は心臓発作によって引き起こされた無酸素症のために大脳右半球に障害が残り，過去の記憶を部分的に失った症例（彼自身！）を報告している。彼は相手との関係が思い出せなかったり間違ったことを言ってしまうのではないかという不安から，対人関係

において消極的になったという。集団が記憶を共有しくり返し思い出すことは,集団全体を動機づける役目も担い得る (Pillemer, 1992)。さらに,まったく同じ出来事を共通に経験していなくとも,同じ時代や類似の経験を共有し語り合うことは,同世代や同郷人としての集団的なアイデンティティの形成にも寄与する(小林,1987,1998)。

(2) 個人内機能
①自己の基盤としての自伝的記憶

自伝的記憶の機能として何よりも重要なのは,それが「自己」や「同一性」の基盤になっているということであろう。自分がどういう人間であるかということを示す記憶をSinger and Salovey (1993) は「自己を定義づける記憶 (self defining memory)」とよんだ。この記憶には失敗経験も成功経験もあるが,人生の未解決なテーマや重要な関心事あるいは目標と結びついており,パーソナリティや同一性にとって重要な役割を果たしている。同様にCsikszentmihalyi and Beattie (1979) は成人の生活史の分析から,子どものころに経験した問題(貧困など)の認知的・情動的表象がくり返し言及されることを見出した。この記憶はその人の「ライフテーマ (life theme)」となり,現実世界に対する認知や対処方法の基礎になっているのである。

②方向づけ

Pillemerは自伝的記憶がその人の態度や価値観に影響を与えたり目標に向かって動機づけるという機能を重視し,「方向づけ機能 (directive functions)」とよんだ (Pillemer, 1998a；Pillemer et al., 1996)。Pillemerは在学中の大学生ならびに卒業後2～22年が経過した卒業生に「大学での影響力のあった経験」を想起するよう求めた。そこから「出発点」「ターニングポイント」「アンカー」「類推」という4つの機能が抽出された。出発点とはライフコースを選択するきっかけとなった出来事の記憶,あるいは現在まで続いている信念体系や態度が自分のなかに誕生した瞬間の記憶である。出発点の1つの変形がターニングポイントであり,これはそれまでのライフコースや態度を変更するきっかけとなった出来事の記憶である。またその人の態度や価値観に強い影響を与えた出来事はアンカーとなり,人は自分の能力や価値観に疑問をいだいた時そこに立ち帰るという。最後に,自伝的記憶はその出来事を経験したときと類似した状況で想起され,行動や判断を決めるのにも役立つ。これが類推の機能である。

佐藤 (2000) は教員養成系学部の大学生を対象に,教職志望意識の強さと教師にまつわる記憶との関連を検討した。教職志望の強い学生ではそうでない者に比較すると,

不快な出来事の記憶が少なく快方向に偏っていた。こうした肯定的な記憶の蓄積が，その人を教職へと動機づける基盤として機能していると考えられる。また「教師をめざしたきっかけ」などとくに影響力のあった出来事については，回答者はこれまでも頻繁かつ鮮明に想起している傾向が認められた。こうした記憶を想起することが方向づけ機能を持つのである。

③行動調整

　Pillemer et al.（1986，1988）が収集した大学生活の自伝的記憶では，大学生でも卒業生でも，入学直後の9月の出来事が最も多かった。この時期の出来事は強い感情を伴っていたり示差性が高いというだけでなく，特別な機能を担っていると考えられる。われわれが新しい環境に移行した場合，新たなスクリプトが形成されるまで行動を控えておくわけにはいかず，移行直後に経験した事柄に注意を払って記憶にとどめ，それに従って行動を調整せざるを得ない。そしてしだいに環境に慣れスクリプトが形成されると，個々の出来事は記憶に残りにくくなるのである。Pillemer et al.（1987）は17～25歳の女性を対象に初経の想起を求めた。その結果，初経に対する予備知識の少なかった女性ほど経験を詳細に想起できた。予備知識が少ない女性はその状況を詳細に記憶して，その後の行動調整に利用することが必要だったのであろう。

④問題解決

　Pillemerが指摘した類推機能の存在は，社会的問題解決（social problem solving）課題を用いた研究でも示されている。この課題では，例えば「引っ越してきたばかりで知り合いをほしがっている」という問題と，「隣近所に知り合いが増えた」という結末が呈示され，こうした結末をもたらすような手段をできるだけ多くあげることが求められる。自殺未遂者やうつ病患者を対象にこの課題を実施し，得られた手段の数や有効性が検討された。同時に手がかり語法で検索された自伝的記憶や，問題解決中に思い浮かんだ自伝的記憶の特徴も検討された。その結果，特定の自伝的記憶を想起しにくい被験者は，有効性の高い解決方略を生成することがむずかしかったのである（Evans et al., 1992；Goddard et al., 1996, 1997；Sidley et al., 1997）。

　抑うつ状態の人はそもそも，特定の出来事を想起するのが困難である。例えば「親切」という手がかり語から「祖母はいつも親切でした」と報告することはできるが，祖母の親切さを示すエピソードを想起することはむずかしい（Williams, 1996）。こうした超概括性（overgenerality）は一種の認知スタイルと考えられるが（Williams et al., 2000），不快な出来事の想起を妨げる一方で（Brewin et al., 1998, 1999），問題解決にマイナスの影響を及ぼす危険性があるといえる（Marx et al., 1992）。

(3) 高齢者と回想

　昔を懐かしみ過去を回想するという行動は高齢者の否定的なイメージと結びつくことが多い。これに対して高齢者の回想が持つ適応的な機能を強調したのがButler (1963) である。Butlerによると自分の過去をふり返る人生回顧 (life review) は，死を意識することによって起こる自然なプロセスである。それは抑うつや罪悪感といった精神病理的徴候を引き起こすかもしれない。しかしまた，未解決の心的葛藤を解決し統合に導いたり，自分の人生を受容したり，人生に新たな意味を与えたり，パーソナリティの再構成に役立つ可能性もある。Butlerの提言はその後，「回想法 (reminiscence)」として成果を上げている（野村，1998）。

　回想の機能についてWebster (1993, 1997) は，17～91歳までを対象に「退屈軽減」「死の準備」「同一性の確認」「問題解決」「会話」「親密さの維持」「辛い体験の再現」「教育・情報提供」という8因子を抽出した。そのうち「死の準備」（過去を思い出すと死が怖くなくなる，など）は30歳代から増加していくこと，「教育・情報提供」（若い人に文化的な価値を伝えることができる，など）は30歳から40歳代にかけて増加することが見出された。過去をふり返ることは生涯発達の各段階で特徴的な機能を果たしているのである。

4. 自伝的記憶の再構成

　上で論じた機能を果たす際に，自伝的記憶が原体験そのもののコピーである必要はないし，そもそも不可能である。むしろ心理的に現実であることのほうが重要であろう (Pillemer, 1992)。同一性にしても「それは自分自身の身に起こったと信じている出来事によって決定されるのかもしれない。われわれの幻想もファンタジーも再構成された記憶も，過去や現在の客観的な出来事と同様に，同一性の一部を形成するのである」(Singer & Salovey, 1993, p.157)。

(1) 態度や動機に基づく選択的想起と選択的忘却

　自伝的記憶は自己の安定性を保証するために柔軟に選択される。Sanitioso et al. (1990) は大学生を対象に，ある群（外向群）には「外向的な人は内向的な人に比べると，卒業後，進学するにせよ就職するにせよ成功しやすい」という文章を，もう一方の群（内向群）には「内向的な人のほうが成功しやすい」という文章を呈示した。これらはいずれも心理学者の書いたものであるという教示が与えられ，被験者はどう

して外向的（あるいは内向的）なほうが成功しやすいのか理由を考えて書くよう求められた。その後「よく知らない人とのつき合いを避けた」「初対面の人に自分から話しかけた」など，内向的あるいは外向的な行動例が呈示され，自分がそのように行動した経験を想起するように求められた。その結果，内向群の被験者は内向的な経験を，外向群は外向的な経験を，それぞれより速く想起することが見出された（図5-4）。ある特性が好ましいという態度を持った被験者は，自分の自伝的記憶の

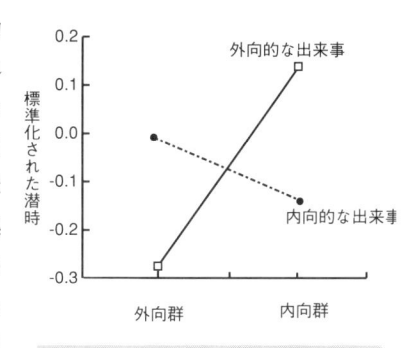

▲図5-4　自伝的記憶の検索潜時
(Sanitioso et al., 1990)

なかからそれに合致する記憶をすばやく想起し，それによって「望ましい自己」を確認することができたのである。

　実生活ではさらに印象的な再構成が観察される。Erikson et al. (1986) は多くの夫婦に若いころから老年期までの縦断的なインタビューを行ったが，かつて危機を経験した夫婦の多くが年齢を重ねた時点ではそのことを忘れてしまっているかのように見えたという。ある女性は30〜40代のころはずっと，夫とは共通点がなく，報われない結婚から解放されたいと訴えていた。そして今彼女は「私たち夫婦がよく似た考え方をするという事実は，ふたりを結びつけている強い絆なのです。何をするにもいつもいっしょでした。いつも助け合いました。61年間ずっと」(Erikson et al., 1986, 訳書Pp.118-119) と回想するのである。Karney and Coombs (2000) による20年間におよぶ縦断的研究でも，類似の再構成が明らかにされている。

(2) 潜在理論に基づく再構成

　このように，過去は現在の自己に合致するよう再構成される。そのとき重要な役割を果たすもう1つの要因が「潜在理論（implicit theory）」とよばれる，人が暗黙のうちに持っている理論である。Rossによると，人が過去の自分を想起するときには，現在の自分の姿と潜在理論をもとに過去の状態を再構成する。したがって「現在の自分は過去から変化していないはずだ」という理論を持っている場合は，現在の自分とよく似た過去の自分を想起する。一方「現在の自分は過去の自分とは違うはずだ」という理論を持っている場合には，現在とは異なる過去の姿が再構成されることになる (Ross, 1989；Ross & Buehler, 1994a；Ross & Conway, 1986)。

　性格特性や態度は短期間ではなかなか変化しないと考えられやすい。そのため実験

的に態度や意見を操作した場合，被験者は意見を変化させたにもかかわらず，同じ意見を以前から持っていたりそれに合致する行動をとっていたように想起してしまう（Ross et al., 1981, 1983）。また関係が悪化したカップルは，以前から相手のことを低く評価していたかのように想起するのである（McFarland & Ross, 1987）。このように実際に変化が生じたにもかかわらず一貫した自己を想起することは，自己が安定したものであるという認知を与えてくれるのだろう。これとは反対に，短期間であっても特別な経験をした場合や，あるいは非常に長い年月が経過した場合には，「自分は変化したはずだ」という潜在理論に基づく再構成が行われる。Conway and Ross（1984）は学習スキル改善プログラムを受講した学生が，実際はスキルが上達していないにもかかわらず上達したと思っていることを見出した。彼らは過去のスキルを実際よりも低く想起することにより，プログラムの効果があったように考えたのである。

　潜在理論のなかには社会的に共有されているものもある。高齢者は「若いころに比べて記憶力が衰えたはずだ」「理解力は高まったはずだ」という理論に基づいて過去を想起する（McFarland et al., 1992）。また抑うつ状態の人は「親の厳しい養育が抑うつの原因だ」という理論に基づいて過去の親子関係を想起するらしい。現在抑うつ状態にある人と健康な人々を比較すると，「親は私に愛情を示してくれなかった」という拒否的な態度に対する評定値は抑うつ群のほうが高い。ところが抑うつから回復した群の評定値は健康群と差がないのである。拒否的な親の姿は，抑うつに苦しんでいる人の回想のなかに存在するようである（Lewinsohn & Rosenbaum, 1987）。

(3) 語り手と聞き手

　記憶を語ることは自己開示の機能を果たすものであり，語り手と聞き手の関係の変化によって想起される内容も変化する。こうした変化は臨床場面において重要な意義を持つ（榎本，1999；小森ら，1999；森岡，1994）。またライフヒストリーの聞き取りを行う社会学者や人類学者は，それが語り手と聞き手の共同制作の産物であることを指摘している（Langness & Frank, 1981）。小林（1992, 1995）はカナダ移民の女性に対する3回にわたるインタビューを分析し，1つの話題が異なる解釈のもとで語られる「バージョンのある話」に気づいた。それはいずれも「夫の賭博」など家庭内でのネガティブな経験に関するものであった。聞き手に支持され共感されていくなかで，語り手がこうした経験に言及してもよいと思う程度の「親密さ」が形成される。そしてこの親密さを基盤にして，マイナスの経験がしだいにさまざまな表現や解釈で語られ，1つの話題が複数のバージョンで構成される「深さ」のある生活史ができあ

がったのである。この研究は記憶の再構成的性質を示すだけでなく、自伝的記憶を複数のストーリーの複合として検討することの必要性も示しているといえよう。

(4) 記憶の正しさを判断する

これら多くの研究が示すように、自伝的記憶は「今の自分」を起点とする再構成過程を経て想起され語られる。同じ出来事を経験した人がそれぞれ記憶を再構成するのであれば、そこには当然食い違いが生じる。そのようなとき第三者から見れば大差なくとも、われわれは自分の記憶のほうが妥当であると判断する（Ross et al., 1998）。この判断はいくつかの基準に照らして行われる（Ross, 1997；Ross & Buehler, 1994b）。第1の基準は想起の質である。知覚的・文脈的な細部や感情に関する情報を多く含んでいる想起内容は正しいと考えられやすい。第2は想起内容の一貫性であり、相互に矛盾していない内容のほうが信頼されやすい。第3は外的基準との一貫性である。人間一般の行動特性やそこに登場する人の性格や動機と整合した内容は正しいと判断されやすい。自分自身の記憶は自分が想起しているだけに鮮明であり、自分が語るストーリーだけに、一貫性も備わっている。そこでわれわれは自分の記憶の正しさを確信する。そして他者は他者で、やはり自分の記憶の正しさを主張するのである。

5. 自伝的記憶の個人差

自伝的記憶が自己と深く関わるものである以上、個人差の検討は不可欠であろう。しかしこれは、重要でありながらいまだ十分に検討されていないテーマである。ここでは同一性ならびに社会的動機（social motives）の個人差と自伝的記憶との関連を扱った研究を紹介する。

(1) 同一性と自伝的記憶

同一性の問題を検討するときにしばしば用いられるのが、Marcia（1966）の「同一性地位（identity status）」という枠組みである。これは同一性の達成状況を「危機の有無」と「現在の自己投入の有無」の二面から概念化したもので、危機を経たうえで現在ある対象に自己投入している「同一性達成」、危機を経ずに社会通念や両親が支持する対象に自己投入している「早期完了」、自己投入の対象を獲得しようと危機のさなかで努力している「モラトリアム」、そして危機の有無にかかわらず自己投入を行っていない「拡散」の4類型に分けられる。

Berzonsky（1988，1989，1990）は同一性地位を情報処理のタイプとしてとらえ直した。Berzonskyによれば達成群とモラトリアム群は情報志向であり，自己や投入対象に関連する情報を積極的に求めて処理しようとし，自己イメージから離れた情報も自己スキーマに統合しようとする。早期完了群は規範志向であり，既存の信念を維持することを重視し，それを揺るがすような情報は遮断する。

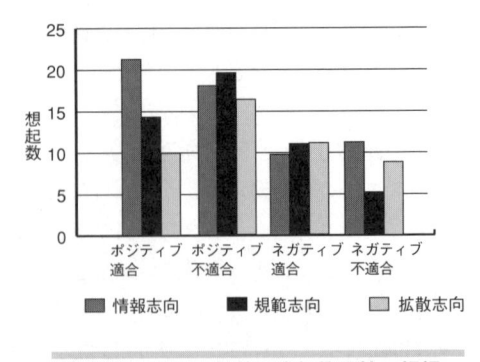

▲図5-5　同一性地位と自伝的記憶の想起
（Neimeyer & Metzler, 1994）

拡散群は拡散志向であり，周囲からの要求や課題あるいは文脈によって行動を決める。

Neimeyer and Metzler（1994）の実験では，情報志向・規範志向・拡散志向の各タイプの被験者に対して性格特性語が呈示され，被験者はその特性語に該当する行動を自分が行ったときの出来事を，2分間でできるだけ多く想起するよう求められた。特性語は被験者本人が印象形成にとって重要であると考えているものがあらかじめ選択されており，その人の自己イメージに合致するか（適合）しないか（不適合），ポジティブかネガティブかという2要因を組み合わせて4条件が設定され被験者間で操作された。その結果，想起された自伝的記憶の総数は情報志向で最も多く，次いで規範志向，拡散志向の順であり，群によって自己に関わる情報処理の効率が異なることが示された。さらにネガティブで自己イメージに合わない特性語が呈示された条件で興味深い差がみられた。再生数は情報志向で最も多く，次いで拡散志向，そして規範志向では最も少なかった（図5-5）。また反応潜時は情報志向で最も短く，規範志向が最も長かった。すなわち，情報志向（同一性達成，モラトリアム）の被験者は自己イメージに合致しない出来事でも多くかつ速く想起することができたのに対して，規範志向（早期完了）の被験者では自己イメージに反する出来事の想起が抑制されていたのである。さらに彼らは自己イメージに反する過去の行動を想起しても，それを自己スキーマに組み込むことがむずかしいことが示唆された。

(2) 動機と自伝的記憶
①力と親密さ

Woike et al.（1999）は主題統覚検査（thematic apperception test：TAT）を用い，「親交（communion）」と「力（agency）」という2つの動機を対比的に検討した。

「親交」は親密な対人関係やコミュニケーションを志向する動機であり，TATの「親密（intimacy）」動機得点で測定される。「力」は個人として独立して何かを達成し，かつ他者に対して統制を及ぼすことを求める動機であり，「権力（power）」動機得点と「達成（achievement）」動機得点を加算して測定される。Woike et al.は力動機が高く親交動機が低い者（力群）と，反対に親交動機が高く力動機が低い者（親交群）を選択し，肯定的あるいは否定的な経験を想起するよう求めた。すると親交群では対人関係にまつわる出来事が，力群では個人的な出来事が，それぞれ多く想起されたのである。このように動機と自伝的記憶の内容が関連しているという結果は，やはりTATを用いたMcAdams（1982）でも得られている。

②生殖性

Erikson（1982）は成人期における発達課題として，生殖性（世代継承性，generativity）という概念を提唱した。これは子孫を生み育てることだけでなく，生産性や創造性を包含する概念であり，新しいものを生み出し，世話し，次の世代に伝えていくことを意味する。McAdamsは次世代への関心を測定するロヨラ生殖性尺度（Loyola generativity scale）を作成した。これは「知識やスキルの伝達」（自分の経験を通して得た知識を譲り渡す，など），「コミュニティへの寄与」（自分の住んでいる地域をよくする責任が私にはある，など），「記憶に残る功績」（私のしたことは死後にも残るだろう，など），「創造性と生産性」（私は多くのことで創造的であろうとしている，など），「他者の世話」（他人が私を必要としている，など）という5つの領域を含んでおり，大学生よりも成人のほうが，また子どものいない人よりもいる人のほうが得点が高くなることが示されている（McAdams & de St.Aubin, 1992）。

McAdamsらは25〜74歳の人を対象に，生殖性尺度に加えて，最近2か月間に行った生殖性に関わる行動（だれかにスキルを教えた，コミュニティの集会に参加した，など）のチェックリストを実施した。また「落ち込んだ体験」「何かにコミットした体験」「至高体験」「目標を含む体験」についてそのエピソードを詳細に記述するように求め，どのくらい「生殖性」のテーマが含まれているか分析した。具体的には「何かをつくった」「伝統を維持しようとした」「何かを他者に与えた」といった内容が含まれている記憶は，生殖性に関わるものとして評定された。そしてこれら「生殖性尺度」と「行動」と「自伝的記憶の生殖性」の関連を検討したところ，三者間に強い相関関係が認められたのである（McAdams & de St.Aubin, 1992；McAdams et al., 1993）。さらにMcAdamsは生殖性の高い人と低い人のライフストーリーを比較し，生殖性の高い人では悪い出来事や否定的な感情の後に良い出来事や肯定的な感情が続く，「救済（redemption）シーケンス」が語られやすいことを見出した。「夫の性的

問題に苦しんだが,そのことから自分の人生を自分でコントロールするようになった」「兄が交通事故で死んだが,保険金のおかげで進学できた」といった例がこれにあたる。一方生殖性の低い人では逆に,良い出来事のあとに悪い出来事が続く「汚濁(contamination)シーケンス」が語られやすかった。例えば,完璧な模型飛行機を作った男の子はいじめっ子にそれを壊され,ダイエットに成功した女性はそのために嫌な相手から好意を寄せられることになったのである(McAdams et al., 1997, 1998)。

McAdamsらの研究も,社会的な動機が自伝的記憶の内容や構造と密接に結びついていることを示している。ただし「力」にせよ「親交」にせよ「生殖性」にせよ,はたして動機が自伝的記憶の想起に影響しているのか,あるいはそもそもの経験や符号化の違いが動機を形成する出発点になったのかは不明である。両方向の影響が当然考えられるが,そのプロセスを解きほぐすのは困難であろう。

6. おわりに

本章では自伝的記憶の構造,機能,再構成過程,個人差について,最近の研究を中心に概観を試みた。ここで論じた以外にも重要なテーマは多い。例えば時間情報の記憶(Larsen et al., 1996;Shum, 1998;Thompson et al., 1996),感情との関連(Christianson & Engelberg, 1999;Christianson & Safer, 1996),フラッシュバルブ記憶(flashbulb memory:Conway, 1995;Winograd & Neisser, 1992)についてはそれぞれが1冊の本になるほどの知見が積み重ねられている。臨床場面と深く関わる問題として,抑うつや不安との関連(Dalgleish & Cox, 2000),抑圧的コーピング・スタイル(repressive coping style:Newman & Hedberg, 1999;太田・越智,1999),PTSD(post-traumatic stress disorder)や侵入的記憶(intrusive memory:Brewin, 1998;Brewin et al., 1996;Bryant & Harvey, 1998),偽りの記憶(Conway, 1997;Hyman & Loftus, 1998)といったテーマはますます重要性を増すだろう。測定手法の洗練に伴って自伝的記憶を司る大脳システムに関する研究も進展すると予想される(Conway et al., 1999)。さらに社会学や人類学でのナラティブ研究(Ruth & Kenyon, 1996;やまだ,2000)の影響を受け,自伝的記憶をナラティブとしてとらえる立場は無視できないものになるだろう(Bruner & Feldman, 1996;Hirst & Manier, 1996)。自伝的記憶の全容はもはや記憶研究の枠組みだけで解明できる問題ではなく,研究領域を越えた論議が交わされることになると思われる(佐藤,1998;高橋,2000)。

しかし，自伝的記憶の豊かさやおもしろさに目を奪われ，重要な問題を忘れてはならない。1つは理論やモデル化の必要性である。理論的な進展がないまま知見が蓄積されることは，いたずらに研究を混乱させることにつながりかねない（相良，2000）。そのためには信頼性の高い頑健な現象を見出すことが必要である。2つ目は測定や研究法の問題である。被験者に手がかり語を呈示し自伝的記憶の検索潜時を測定する実験を考えてみよう。被験者は想起の時点でキーを押すが，そこで想起されたのが「特定」の出来事で「自己」と関わっているかを判定することは非常にむずかしい。かなりの誤差を含んだ測定を行っている危険性が大きいのではなかろうか。3つ目は対象者の問題である。自伝的記憶の研究はこれまで高齢者の存在をほとんど無視しているかのようにみえる（Webster & Cappeliez, 1993）。しかし加齢に伴う体制化や機能の変化を検討することは今後の重要なテーマになるだろうし，そこから異領域との議論も開かれるであろう。

　このような問題はあるにせよ，「自伝的記憶」は，方法論的な困難さゆえに捨て去るには，あまりに魅力的なテーマである。構造も機能もそして想起過程も，いずれは自己を中心として統合的に理解されなければなるまい。そのためにも，しっかりした方法論と広い視野を備えた研究が切望される。

6章 目撃証言と記憶

伊東裕司

1. はじめに

　現実世界においてもテレビドラマなどの虚構の世界においても，目撃証言はしばしば事件の捜査や裁判において重要な役割を果たす。目撃証言は，目撃者が事件に関連するなんらかの出来事に遭遇し，その際に認知・記憶したことがら，すなわち，出来事の詳細や，そのなかに存在した事物や人物などについてのちに想起し，証言することによって成り立っている。したがって，目撃証言を捜査や裁判のなかで適切に生かすためには，目撃者の認知的特性を十分に理解したうえで目撃者から証言を引き出し，得られた証言を評価しなければならない。目撃者は，たとえ善意で証言し嘘をつくつもりがなくても，さまざまな誤りを犯す可能性がある。それゆえ心理学者は，どのような時に目撃者は事実と相違する証言をしがちであるのか，目撃者にどのようなたずね方をすればより正確な証言がより多く得られるのか，また，どのようなたずね方をすれば目撃証言を歪めてしまうのか，などを科学的に検討する必要がある。また，心理学に関係する者は，研究の結果得られた知見が実際に捜査や裁判の場で反映されるように社会に働きかける責務も持っているのである。

　それにしても，事件を目撃することや，警察で事情聴取を受けることなどは，一般の人々にとってきわめてまれで非日常的な経験であろう。日常の認知を扱う本書で取り上げることに違和感を覚える向きもあるかもしれない。ここで目撃証言に関する研究は，日常認知の研究と以下のような点で連続性を持っていることを指摘しておきたい。

　まず，日常の認知と同様に目撃者の認知も現実的な文脈のなかで生じているという点があげられる。条件を統制された実験室的状況とは異なり，現実の世界では多くの

要因が複雑に絡み合いながら認知に影響を与えている。具体的な値は異なっても、日常の認知も目撃者の認知も同じ要因の影響下にある場合も多い。例えば、目撃者の認知は、極度に強い驚きや恐怖という特殊な感情の影響を受ける場合が多いが、日常認知においても感情は重要な要因となる。したがって認知に及ぼす感情の影響は、両分野における重要な研究テーマとなっている。また、研究の成果に関しても、現実の文脈のなかで評価し生かしていかなければならない。このように、研究のテーマやアプローチなどは共通のものを多く含んでいる。

また、あたりまえのことであるが、目撃者の認知といえども日常の認知と同じ要因の影響を同じように受けている場合も多い。例えば目撃者が犯人の顔を想起して同定判断をする際には、対象人物の顔の特異性や観察時間の長さなど、一般に人々が顔を同定するときと同じような要因の影響を同じように受けている部分も大きいだろう。したがって、目撃証言について検討する際に日常認知研究の成果がそのまま利用可能な場合も多い。

さらに、目撃証言に関する研究から開発された認知技法が、それ以外の日常的な状況にも適用されるケースもあり得る。この1つの例として、後に紹介する認知的インタビュー法がある。これは目撃者からより正確な情報をより多く引き出す事情聴取の技法として開発されたものであるが、そのなかに含まれる技法は目撃証言以外の日常的な場面での想起を助けるためにも用いることができる。

2. 推定変数とシステム変数

Wells（1978）は、目撃証言の質や量に影響を与えるさまざまな変数を大きく以下の2つに分類した。1つは推定変数（estimator variables）と名づけられたもので、証言を得る段階ではもはやコントロールが不可能なものである。例えば出来事が生じた場所の照明条件や目撃者の年齢は、出来事やそのなかの事物の認知に大きく影響することが考えられるが、捜査官や裁判官が証言を引き出すときにこれらに手を加えて変更することはできない。したがって、このような変数の影響を研究しても、研究の成果を用いて証言の質や量を向上させることは不可能である。しかし、このような変数の影響を研究することによって、得られた目撃証言がどの程度信頼できるものであるかを推定することは可能になると期待される。上記の例のように、推定変数は目撃の時点における変数、あるいは保持段階における変数が多いが、得られた証言に内在する変数である場合もある。例えば、証言の詳細さ、目撃者の自信の程度（確信度、

confidence）などがこの例にあたる。

　もう1つの種類の変数は，証言を得る段階で司法システムによってコントロールが可能なもので，システム変数（system variables）とよばれている。代表的なシステム変数としては，事件から尋問までの時間，尋問における質問の仕方や，目撃者に実際の人物や人物の写真を示して行う人物同定手続き（person identification procedure）の実施方法などがあげられる。このような変数が目撃証言の質や量にどのように影響を与えるかが明らかになれば，目撃証言を得るための尋問などの方法に改善を加え，より適切な捜査手続きや裁判手続きを考案することが可能である。もちろん，すでに証言が得られている場合には，システム変数を用いて目撃証言の信頼性を推定することも可能である。

　Wells（1978）は，推定変数を扱った研究には司法システムに対する応用的な有効性はあまりなく，システム変数を扱う研究のほうが応用的な有効性が高いと主張している。主要な理由は以下のとおりである。推定変数を扱った研究の成果は目撃証言がどの程度正確であるかを推定することを可能にするとされるが，ある推定変数が目撃証言の正確さに与える影響は他の条件によって異なるものと考えられる。例えば現場の照明状況の影響の仕方は年齢によって異なるだろう。しかし，目撃証言に影響を与えると考えられるさまざまな変数を組み合わせて実験を行い，それらの交互作用を調べることは，変数の数が非常に多いため，現実的に不可能である。したがって推定変数による証言の正確さの推定は不可能に近い，というのである。

　一方，システム変数を扱った研究の成果は，より正確な目撃証言が得られるように司法システムを変えるために用いられる。もちろんシステム変数の場合であっても他の変数との交互作用があることは考えられるが，Wells（1978）によると，このことは推定変数の場合ほど深刻な意味を持たない。なぜなら，システム変数による司法システムの改善は目撃証言の正確さを上昇させることが目的となり，どの程度上昇させるかはあまり問題にならないからである。したがってあるシステム変数の影響が逆転してしまうような交互作用がない限り大きな問題にはならない，というのである。

　本章の残りの部分では，推定変数を扱った研究，システム変数を扱った研究の例をそれぞれ示し，上記のWellsの主張についてもう一度検討を加えつつ，応用認知研究の役割とむずかしさについて考えていく。

3. 目撃証言の信頼性の評価の例

(1) 事件の概要と研究の背景

　目撃証言の信頼性の評価を目的とした研究の例として，われわれが実際の刑事裁判における目撃証言に関して行った研究をやや詳しく紹介しよう（厳島ら，1994；Naka et al., 1996；仲ら，1997）。この事件は，過激派を名乗る何者かが，ある政党の本部に時限発火装置付のロケット弾を打ち込み，全焼させた，というものである。時限発火装置に使われたと思われる部品を販売した店員T（以下，T証人）が，当日のことや部品を購入した客について証言を求められた。問題の部品は通常自動車などに使われるもので，とくに犯罪に使われることが予想されるものではない。実際T証人は，部品を販売してから約1か月後に事件が起こった段階では，その部品が犯行に使われた可能性があることなど知る由もなく，さらに3か月，つまり，部品の販売からおよそ4か月後に警察官から事情聴取を受けて，はじめて事件との関連の可能性について知ったのである。

　T証人は特別な事件を目撃したのではなく，毎日の販売業務のなかでごくあたりまえの出来事を経験した。この意味でT証人の記憶はまさに日常記憶といえる（警察官の事情聴取を受けての想起は，きわめて非日常的なものではあるが）。しかし，T証人は4か月も前の日常業務のなかの，特別ではない出来事や人物を覚えていたのだろうか。T証人は，何時間にも及ぶ長い事情聴取を通じ，自分が部品を売ったことを証明する物品受領証の控えを示され，出来事を徐々に思い出した。さらに300枚以上の写真からなる写真帳から，最初は「よく覚えていないから無理だ」といいながら，最終的には1人の人物を選び出し，その人物が容疑者となった。

　第一審の東京地方裁判所は，T証人の証言および人物同定の結果について信頼できると判断した。しかし，人は4か月前の，しかも日常生活のなかのありふれた出来事の詳細やそのなかで出会った初対面の人物を正確に思い出せるのだろうか。この点について疑問を持った弁護士から相談を受けて，われわれ心理学者は問題の事件をシミュレートしたフィールド実験を行い，T証人の証言の信頼性を評価することにした。「フィールド実験」というのは，実験室に被験者に来てもらって行うのではなく，被験者となる人々が日常生活を営んでいる場での実験，ということで,「事件をシミュレートする」というのは，実験の状況をできるだけ事件と似たものにする，という意味である。以下に実験の概要を示そう。

(2) フィールド実験

T証人が経験した出来事は，部品販売店の店員としての日常生活のなかで起こった販売のエピソードである。実験では被験者に同様の経験をしてもらうことを考えた。実験協力者（いわゆるサクラ）が客を装ってさまざまな店に出向き，買い物をした。その際に，被験者に対して実験については一言も触れない。また，店の種類や購入した物品はさまざまであるが，販売の状況などはできるだけ実際の事件に合わせるようにした。例えば，目撃者（被験者）が店員である点，買い物客が目撃者にとって初対面の人物である点，買い物の大まかな筋書き，などは事件に合わせた点である。また，いくつかの変数は，ある程度の幅を持たせて事件に合わせた。例えば，店舗の1日あたりの客数については，部品販売店と大きく異ならないように，あまり多くの客が出入りするところは除外して店舗を選択した。他に，目撃者の年齢や性別など，事件に合わせなかった変数も存在する。このような形で実験を行うことで，ほぼ事件と同じような状況のなかで，目撃者の記憶に影響を与える要因を特定して，T証人の目撃証言の信頼性を評価することができると考えたのである。

実験協力者が買い物に行ってから約3か月後（90日～105日後）に実験者が店舗を訪れ，物品を販売した人物（被験者）に記憶に関する心理学実験に参加して欲しいことを告げ，インタビューを行った。保持期間が3か月と実際の事件の場合より短いのは，T証人の証言の信頼性を過小評価してしまうことを防ぐためである。インタビューでは，あらかじめ決められた順番で，3か月前の出来事のこと，客として来た人物のことについてたずねた。出来事に関する質問は，例えば「客の来店の前に電話があったかどうか」「支払の際に釣銭を渡したかどうか」など20項目，人物に関する質問は，性別，身長，服装などをたずねるもの12項目であった。その後，150枚の写真からなる写真帳を示し，客として来た人物を特定するよう求めた。その際，写真帳を見る前と，写真を選んだあとに，判断の自信の程度を5段階でたずねた。

(3) 結果の概要

目撃者は質問のすべてに答えるわけではなく，「覚えていません」「わかりません」などと答える場合も多い。被験者は言葉による人物（客）に関する質問や出来事に関する質問，あるいは写真帳による人物同定の質問に，どの程度の割合で実質的な回答をしているのだろうか。また，その回答が正確である可能性はどの程度なのであろうか。125の店舗で実験を行い，そのうち86の有効データを分析した結果，回答率（正答，誤答は問わないが，「覚えていません」「わかりません」などではない，実質的な回答が得られた率）は人物に関する質問に対しては平均59％，出来事に関する質問

に対しては平均52％であった。正答率に関しては人物についての質問の場合43％，出来事についての質問の場合は35％であった。客の性別のようにでたらめに答えても，およそ50％の正答率が得られるような質問や，「客が来たときあなたはどこにいましたか」といった，ふだんの被験者の行動パターンや一般常識により，正答する可能性のある質問が含まれてはいるが，3か月も前の，特別な意味のない出来事や人物に関する記憶の成績としては比較的高いように思われる。

　一方，写真による人物同定についてみてみると，回答率，すなわちなんらかの写真を選び出した目撃者の率は66％と言葉のみを用いた質問に比べ高い傾向にあるが，正答率，すなわち正しい写真を選び出した目撃者の率はわずか9％（86人の被験者のうち8人）と低かった。このことから4か月前に初めて一度だけ店に買い物にやってきた客を写真帳の中から正しく選び出せる可能性は非常に低いことが示された。また，写真による人物同定という手続きにおいては，正しい写真を選べない者でもいずれかの写真を誤って選択してしまう場合が多い，ということも示されている。

(4) 推定変数による人物同定判断の信頼性の推定

　さきに述べたように4か月前に買い物に来ただけの人物の同定判断は，概して信頼性が低い。しかしそれでも，1割弱の被験者が正しい写真を選んでいるのだが，これらの正しい写真を選んだ被験者と，写真を選べなかった，あるいは誤った写真を選んでしまった被験者を区別するような変数はないのだろうか。もし，このような区別をするために有効な推定変数が特定でき，その効果の程度が明らかにできたならば，T証人の人物同定判断についても，「概して信頼性が低い」という以上に，より精密に信頼性を評価できるかもしれない。本研究ではさきに述べたとおり，かなりの要因が完全には統制されておらず，ある程度の幅を持って設定されている。これは，実験室的な研究では，通常1つから数個の変数に着目し，それ以外の要因はできるだけ統制することをめざすのと異なっている。1つの理由はこの研究のようなフィールド実験においては，十分な条件統制はしたくてもできない，ということがあげられるが，この制約は，むしろ多くの要因の中から推定変数として有効なものを浮かび上がらせてくる，探索的な検討を可能にしている。

　この研究では，数量化Ⅱ類とよばれる分析法を用いて，有効な推定変数を見つけ出す分析を行っている。この方法ではまず，それぞれいくつかのカテゴリーに分けられた推定変数の各カテゴリーに得点を与える。例えば性別という変数は男性と女性の2つのカテゴリーに分かれ，年齢という変数は20代，30代というように分けることができ，男性，女性にそれぞれS_m，S_f，20代，30代にそれぞれA_{20}，A_{30}などのように点

数を割り当てる。そして被験者ごとに推定変数のカテゴリーの得点を合計したものを求める（標本得点とよぶ）。例えば20代の女性であれば標本得点は$S_f + A_{20} + \cdots$，となる。この標本得点の高低によって正しい写真を選んだもの，誤った写真を選んだもの，写真を選べなかったものなどが分かれるように，各推定変数の各カテゴリーの得点（カテゴリー得点とよぶ）を決定するのである。店舗を訪れるふだんの客，実験協力者が購入の際に店舗に滞在した時間，被験者が購入の後，インタビューまでの間に購入について思い出したり他の人と話題にしたりしたか，など10個の推定変数（表6-1参照）を用いて数量化II類による分析を行った。変数の選択に関しては，出来事の記憶の有無や人物同定判断の正確さと関連が認められた変数のなかから，T証人のケースがどのカテゴリーに入るかが決定できるものを選んだ。図6-1には分析の対象となった65人の被験者（正答者8人，誤答者37人，写真を選択しなかった者15人，購入の記憶がなかった者5人）の標本得点の分布を示してある。図6-1を見ると，同定判断に正答した被験者の標本得点はみな高く，そうでない被験者と1.3点付近を境にはっきり分かれていることがわかる。また，写真を選べない被験者，出来事自体の記憶がない被験者の標本得点は，とくに低くなっている。標本得点の高低に大きくかかわった推定変数は以下の4つであった（表6-1）。①被験者が実験協力者の購入に関して期待や不安などの商売上の関心を持ったかどうか（持った場合のカテゴリー得点：0.711，持たなかった場合のカテゴリー得点：-0.161）。②人物同定手続きの前（写真帳を見る前）の自信度（自信あり：0.621，どちらともいえない：0.131，自信なし：-0.201）。③人物同定手続き後の自信度（判断の確信度。自信あり：0.472，どちらともいえない：0.334，自信なし：-0.222）。④人物同定手続きの前後での自信度の変化（上昇した：0.575，上昇してない：-0.130）。これらの推定変数は，被験者が正しく人物を同定できるかどうかを推定するうえで重要な意味を持っていることになる。逆に実験協力者の店舗滞在時間は10分以上の場合のカテゴリー得点が0.020，5分以下の場合が-0.014とあまり差がなく，標本得点の高低にあまりかかわっていない。このような推定変数は，他の推定変数を用いれば考慮に入れなくとも十分であるといえる（ただし，このような推定変数が単独で意味を持たないことを必ずしも意味しない）。

　各推定変数のカテゴリー得点が求められたなら，T証人のケースがどのカテゴリーに属するかによってT証人の標本得点を計算することができる。こうして求めたT証人の標本得点は-1.08であったが，この程度の得点の被験者は出来事についての記憶がなかったり，写真を選べなかったりしたものが多く，T証人が正しい写真を選んだ可能性がきわめて低いことを示している。

▼表6-1 各推定変数のカテゴリーとカテゴリー得点
(仲ら, 1997)

	カテゴリー	カテゴリー得点
推定変数1 店のふだんの購入客数 (人／月)	～80 80～160 160～	0.046 0.037 -0.117
推定変数2 購入者の滞在時間 (分)	～5 5～10 10～	-0.014 -0.006 0.020
推定変数3 購入時の会話文字数	～700 700～1200 1200～	-0.042 -0.150 0.188
推定変数4 購入者の特異性の指摘 (ふつうとは異なる客)	該当しない 該当する	-0.169 0.289
推定変数5 購入の特異性の指摘 (購入の仕方がふつう ではない)	該当しない 該当する	0.005 -0.025
推定変数6 被験者が商売上の関心 (期待・不安)を持った	該当しない 該当する	-0.161 0.711
推定変数7 話題・リハーサル	該当しない 該当する	-0.026 0.125
推定変数8 写真識別前の自信度	自信あり どちらともいえない 自信なし	0.621 0.131 -0.201
推定変数9 写真識別後の自信度	自信あり どちらともいえない 自信なし	0.472 0.334 -0.222
推定変数10 写真識別前後の自信度 の差	上昇してない 上昇した	-0.130 0.575

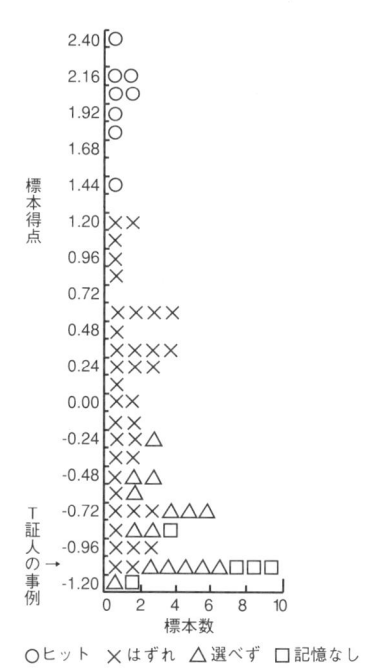

▲図6-1 人物同定判断の結果ごとの標本得点の分布
(仲ら, 1997)

○ヒット ×はずれ △選べず □記憶なし

　以上のように，われわれの行ったフィールド実験からは，①写真帳による人物の同定判断は，言葉を用いての人物や出来事についての質問と比べ，回答の率は高いが正答率は低いこと，②写真帳による人物同定結果の正誤について，いくつかの推定変数を用いてかなりの程度，推定が可能であること，③したがって，場合によっては特定の証人が行った人物同定の正誤についてかなりはっきりと評価できること，が明らかになった。次に，この研究で目撃証言の正確さの推定に有効であることが示された確信度について扱ったいくつかの研究を概観してみよう。

4. 確信度と目撃証言の正確さ

　前節で紹介した研究では，人物同定判断の確信度と正確さとの間に関連がみられ，確信度が同定判断の正確さを推定するために有用であることが示された。この結果はわれわれの常識に沿うもので，捜査官や裁判官なども確信を持った目撃者の証言を信頼する傾向が強い。しかし，一般に目撃証言は，強い確信を伴う場合，そうでない場合に比べ正確だといってよいのだろうか。実は，確信度と目撃証言の正確さとの関連の有無は，多くの研究がなされているがいまだにはっきりとした結論が出ていない，むずかしい問題なのである。

(1) 実証的研究の例

　確信度と目撃証言の正確さがどのような関係にあるのかを実験的に検討することは，それほどむずかしくないように思われるかもしれない。被験者になんらかの事態を目撃してもらい，後に目撃した事態に関しての記憶をテストし，その際に確信度を評定してもらう。そして記憶テストの成績と確信度の関連を分析すればよいのである。実際にこのような形で実験を行い，分析を行うことはむずかしいことではない。まずはこのような実験の例を紹介する。

　Trouvé and Libkuman（1992）は目撃証言の正確さと目撃者の性格，覚醒水準との関連を調べる研究のなかで，確信度と正確さの関連についても分析している。彼らは被験者に交通事故のようすを描いた25枚のカラースライドを呈示した。次いでスライドの内容に関する20項目からなる質問紙に答えるよう求め，つづけて性格テストを実施した。その後（最初のスライドの呈示から約55分後），最終の記憶テスト10項目が行われたが，これは最初に呈示したスライドと呈示されていないスライドを対にして，どちらがさきに見たスライドであったかを判断させるものであった。被験者は各項目に回答する際に，確信度を「確か（sure）」「疑わしい（doubtful）」「あてずっぽう（guess）」の3段階で評定するよう求められた。

　彼らの興味の対象は，最終の記憶テストの中の，自動車が「一時停止」の標識で止まっているスライドと「徐行」の標識で止まっているスライドからさきに見たスライドを答える項目であった。実は被験者は，20項目の質問紙の中で，スライドにあった標識が「一時停止」であったか「徐行」であったかについて正しい情報か誤った情報かのどちらかを与えられていたのである（この手続きは，誤情報効果：misinformation effect，あるいは事後情報効果：effect of post-event informationの実

験として知られる実験手続きである。詳細はLoftus et al., 1978；厳島, 2000などを参照されたい)。図6-2にこのテスト項目に対する回答の正誤別に，各確信度を評定した被験者の割合が示してある。この図から明らかなように，確信度は正答した被験者のほうが高くなっている。Trouvé and Libkumanは，外向的な被験者のほうが内向的な被験者より，覚醒水準が高い条件のほうが低い条件より，確信度が高いことを示している（図6-2）が，それぞれの場合で確信度と正確さの関係がどのように異なるかについては分析をしていない。また，質問紙の中で正しい情報を与えた場合と誤った情報を与えた場合とで，確信度や確信度と正確さの関連がどのように異なるかについても分析をしていない。

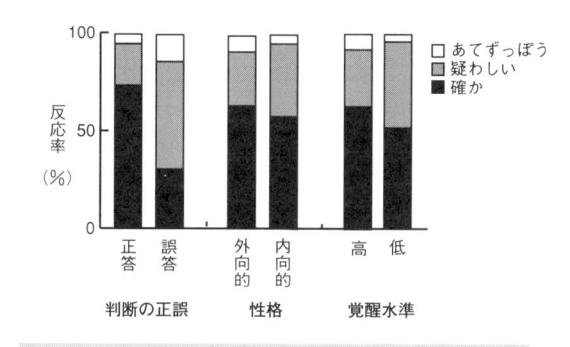

▲図6-2 判断の正誤，性格，覚醒水準ごとの確信度反応率 (Trouvé & Libkuman, 1992)

　Trouvé and Libkuman (1992) の研究は，確信度と証言の正確さの間には関連があることを示すものであったが，逆に関連がないことを示した研究もみられる。Perfect et al. (1993) は，一般知識問題と目撃記憶の課題において確信度と正確さの関連を調べた。被験者は一般知識問題を行う群と目撃記憶課題を行う群に分けられ，それぞれ35項目からなるテストを行ったが，目撃記憶課題群にはそれに先立ち30分間のビデオが呈示された。各群の被験者は，まず35項目の問題が印刷された用紙を渡され，それぞれの問題に答えられる自信の程度を「1：非常に自信がある」から「5：まったくわからない」までの5段階で評定した（予想確信度）。次いで同じ問題がそれぞれ5つの回答選択肢とともに与えられ，それぞれに回答し，さきほどと同じように自信の程度を評定した（回想確信度）。

　正確さの指標として35項目中の正答した項目数を，確信度の指標として35項目の確信度を平均したものをとって，両者の相関係数を求めたところ，一般知識問題では予想確信度で−.43，回想確信度で−.45と有意な相関が得られた。これに対し目撃記憶課題では，それぞれ.18と−.16と正確さと確信度の相関はみられなかった。また，予想確信度と回想確信度の相関も，一般知識問題では.58と有意であったが，目撃記憶課題では−.11と関連はみられなかった。

　以上，研究の例を紹介したが，確信度と正確さの間に関連を見出した研究，関連が

みられなかった研究はいずれも数多く報告されている。このように問題をむずかしくしているのは，2節で論じた他の変数との交互作用の存在である。実験事態のなかで他の変数がどのようになっているかによって確信度と正確さの関連の仕方は大きく変わってくる。したがって，確信度と正確さの関連の有無や強さに影響を与える調整変数（moderator variable）について検討を加える必要がある。以下にそのような研究について紹介しよう。

(2) 確信度－正確さの関連の強さを左右する要因

では，どのような場合に確信度と正確さの間に関連があり，どのような場合には関連がないのであろうか。越智（1999）は，Deffenbacher（1980）の最適性仮説に改善を加えた拡張最適性仮説を提唱した。最適性仮説とは符号化，保持，想起の記憶の各処理段階において最適な情報処理が行われる場合，例えばターゲットを目撃する時間が十分にあり，保持期間が短いなどの場合に確信度と正確さは正の相関を示す，というものである。越智は，最適性仮説においては最適性の定義が十分になされておらず厳密な実証的検討が不可能であるとして，最適性についてより操作的な定義ができるよう，仮説を以下のように変更した。すなわち，①最適により近い条件のほうが確信度と正確さの相関はより高い，②より最適に近い条件とは，一般に正答率が高くなる条件をいう。越智は，正答率に影響を与えるさまざまな要因を扱った多くの実験論文にあたり，正答率がより高い条件において確信度と正確さの相関が高いこと，すなわち拡張最適性仮説がおおむね正しいことを示した。

一方，Lindsay et al.（1998）は，目撃条件が幅広く異なっている場合には確信度と正確さの相関は高く，目撃条件が均質な場合には相関が低いことを示した。彼らは，困難度が4段階に異なる人物同定の条件を用意した。例えば最も困難な条件では，被験者は後に記憶テストがあることを告げられずに対象人物のビデオを10秒間観察し，15分間の挿入課題を行った後同定課題を行った。それに対し，最も容易な条件では，被験者は対象人物を覚えるように告げられて，対象人物をさまざまな角度，さまざまな状況で映した3分間のビデオを観察し，直後に同定課題を行った。被験者はいずれかの課題に割り当てられ，対象人物のビデオを見た後に写真による人物同定課題を行い，確信度を11段階で評定した。その結果，困難度が低い条件ほど正答率は高く，確信度も高かった。各条件内での確信度と正確さの相関は平均.36とあまり高くないのに対し，すべての条件を通しての相関は.59とかなり高い値を示した。なお，Lindsay et al.の実験では，正答率が高い条件ほど確信度と正確さの相関が高い，という結果は得られておらず，拡張最適性仮説を支持する結果とはなっていない。

Lindsay et al.（1998）は，確信度と正確さの相関が弱い，あるいは示されなかった実験に関して，すべての被験者が同じ条件で同じ対象を目撃するなど，目撃条件が均質であったためであろうと論じている。また，実際の事件の目撃証言に関しては以下のように論じている。目撃者は対象をわずかな時間だけしか目撃していない場合も，長い時間目撃している場合もあり，目撃から証言までの時間も大きく異なるなど，目撃条件はそれぞれのケースによって大幅に異なる。しかし，確信度と正確さの関連を劇的に弱めることが知られている他の要因，例えば示唆的な尋問などが働く可能性も高い。このような要因はLindsay et al. の研究では考慮していない。したがって，目撃条件を幅広く変化させたうえで関連を弱めるような要因が働いた場合にどの程度の関連がみられるかを実証的に研究する必要がある。また，Lindsay et al. は，全条件を通して得られた.59という比較的高い相関も正確さの変動の35％程度しか説明できず，実際に非常に高い確信度を示しながら同定判断が誤っていた被験者，確信度が非常に低くても正しい同定判断をした被験者も多くみられたことを指摘している。

　前節で紹介したわれわれの研究では，目撃条件は被験者によって大きく異なっていたが，全体として高い正答率が期待されるような実験条件ではなく，実際，人物同定判断の成績は低いものであった。そのような実験で確信度から同定判断の正確さがかなりの程度予測できるという結果が得られたことは，Deffenbacher（1980）や越智（1999）の仮説よりもLindsay et al.（1998）の説と一貫性を持つものと考えられる。しかし，確信度と正確さの関連の有無あるいは程度を決定する要因が何であるのかについては，まだあまり多くの研究がなされておらず，結論を出す段階には至っていないものと考えられる。処理の最適性や目撃条件の多様性のほかにもさまざまな可能性を検討し，さらに多くの実証的な研究を積み重ねていく必要があるだろう。

5. 目撃証言の信頼性の向上

　さきに述べたように，目撃証言の正確さ，信頼性に影響を及ぼす諸変数のうち，Wells（1978）がシステム変数と名づけて分類したものは，捜査や裁判の段階で証言を得る際にコントロールが可能なものである。したがって，心理学者はシステム変数について十分な研究を行い，有用な研究成果を蓄積することが必要であり，また，捜査や裁判に携わる関係者は，証言を得る際にはこれらの変数に関する心理学的な研究成果を生かして，証言の信頼性を低下させない，あるいはより高くする手続きを採用することが重要である。ここでは，尋問や人物同定の手続きの改善につながる2つの

認知心理学的な研究テーマについて紹介しよう。

(1) 認知的インタビュー法

　これまでの認知心理学における記憶研究の成果を利用して，目撃者の記憶の想起を促進しようという技法が開発されている。この技法は認知的インタビュー法（あるいは認知面接法，cognitive interview technique，以下CIと略す）とよばれ，1980年代にGeiselmanとFisherという2人のアメリカの認知心理学者を中心とする研究者たちによって開発された（Geiselman et al., 1984）。これは捜査官が目撃者に事情聴取を行う際に，どのようにしたらより正確な情報をより多く得られるか，ということに関わるものである。Geiselman, Fisherらは，捜査官が利用することのできる事情聴取のための技法を開発したのである。最初に開発されたオリジナルのCIは，以下に述べる2つの記憶の原理に基づく4つの具体的な技法から成り立っている。2つの原理とは，1つは，記憶は記銘時と想起時で手がかり（cue）が一致しているほど想起されやすいとするTulvingの符号化特定性原理（encoding specificity principle：Flexer & Tulving, 1978），もう1つは，記憶はある手がかりから想起されない場合も別の手がかりから想起可能な場合があるとする記憶の多重痕跡説（multicomponent view of memory trace：例えば，Bower, 1967）である。では，4つの具体的な技法について順にみていこう。

①文脈の心的復元

　目撃者は，事件などを目撃したときの周囲の状況，文脈（context）などについて，心のなかで再構成することを求められる。この文脈には，物理的・環境的な文脈も心理的な文脈も含まれる。例えば前者の場合，目撃者は部屋のようすや天候，周囲に合った事物について思い出すよう示唆されるであろう。また，後者の場合，目撃者は目撃時にどのように感じ，何を考えていたかを思い出すよう求められるであろう。このような文脈の復元は，目撃時，すなわち記銘時の文脈に類似した想起手がかりを提供することが期待される。すなわち目撃者は，事件を目撃したときと同じような想起手がかりを用いて想起を試みることになり，その結果，符号化特定性原理によると，再生の程度はよくなるものと考えられる。

②すべての事柄の報告

　目撃者は，自分ではたとえそれが重要ではないと判断しても，あるいは自分ではその事柄が事件とは関係を持たないと思った，あるいは一部分しか思い出せず完全には思い出せないと思った場合でも，思い出した事柄をすべて残らず報告するように求められる。これは1つには，目撃者がそのように思った場合でも，思い出した事柄が捜

査上重要な意味を持つ，ということがあり得るため，という意味もある。実際に目撃者のなかには，どのような情報が捜査上重要であるのかについて誤って信じているものがいるという。その場合に，その目撃者は実際には重要な情報を報告することを控えてしまうかもしれない。またその他に，この方法が有効であるのは，思い出して報告した事柄が他の記憶を想起するための有効な手がかりとして働く場合があるためと考えられるからである。

③異なった順序での想起

通常，出来事について想起し報告する場合，ほとんどの場合人々は時間に沿った順序で想起する。しかし，この技法では目撃者は，いくつかの異なった順序で出来事を想起するように求められる。例えば，時間順の想起の他に，時間に逆らった順序での想起，印象的な事柄からそうでない事柄へという順序やその逆の順序での想起を試みるように促される。このようにさまざまな順序で想起・報告を行った場合，時間順の想起を行っただけでは得られなかった情報が想起されることがある。これは，想起の順序が異なることによって有効となる手がかりが異なるためと考えられる。とくに，時間に沿って想起を行う場合，人々はスクリプト（script）などの知識を用いて想起を行い，そのためスクリプトにとって重要な事柄のみが報告されることになりがちである。しかし，他の順序での想起を行った場合，スクリプトと関連のない事柄の想起がより期待できる。

④複数の視点からの想起

この技法において，目撃者は自分自身の視点ではなくその場にいた他の人の視点，例えば犯人の視点や被害者の視点などから出来事を想起するように求められる。この方法はやはり異なった手がかりから情報が検索されることを期待するものである。この技法のもとになったのは，Anderson and Pichert（1978）による以下のような実験である。彼らは実験の参加者に，ある家についての記述を多く含む物語を読んで覚えてもらったが，その際参加者の半数は家の買い手になったつもりで，残りの半数は泥棒になったつもりで読んでもらった。その後参加者は物語を想起するよう求められたが，もう思い出せない，という時点で参加者はそれぞれ別の視点をとって，すなわち家の買い手の視点で物語を読んだ参加者は泥棒の視点で，想起を続けるよう求められた。その結果，参加者はさらに物語の詳細を思い出すことができたのである。

⑤認知的インタビュー法の有効性の検討

Geiselman, Fisher らは，1980年代の前半に，これらの4つの技法を組み合わせたものを認知的インタビュー法として提唱し，それ以来この方法の有効性を検証するために多くの研究が行われてきた。例えばGeiselman et al.（1985）は，学部学生にロ

サンゼルス警察が訓練のために作成した模擬犯罪の映画を見せたあと，経験をつんだプロの捜査員によって面接を受けさせた。実験の独立変数は面接の方法で，CIと従来からの標準的な警察面接（standard police interview，以下SIと略す），催眠面接との比較を行っている。実験の結果，想起された正しい情報の量は，CIと催眠面接においてSIより多かった（図6-3）。この結果は，重要な事実のみを採点の対象とした場合においてもみられた。

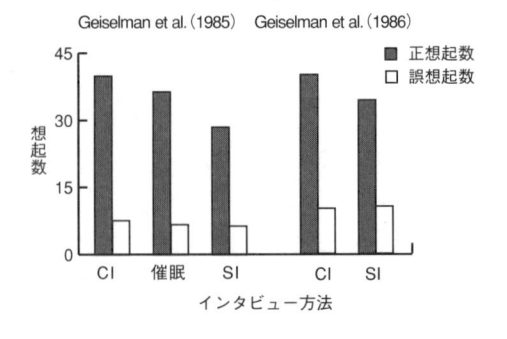

▲図6-3　インタビュー方法ごとの正想起数，誤想起数

目撃証言に関する実験的研究において重要なことの1つは，正しい情報の想起のみを問題にするのではなく，誤った情報の想起も問題にすることである。この実験においては，不正確な，あるいは作話的な情報の想起の量には3つの条件間で相違はみられなかった（図6-3）。全体として，従来からの標準的な警察面接に比べ，CIと催眠面接の優位性が示されたのである（ただし催眠面接については多くの問題が指摘されている）。

Geiselman et al.（1986）はさらに，学生を被験者として得られた上記の結果を学生以外のさまざまな年齢や教育レベルの被験者に拡張している。面接の方法というシステム変数と，目撃者の年齢や教育レベルという変数との交互作用を考慮し，より一般的な結論を導くことをめざしたのである。彼らはカリフォルニア州の人口構成にほぼマッチするように20歳から52歳までのさまざまな年収，教育レベル，人種の被験者を集め，上記の実験と同様の映画を見せ，プロの捜査員を面接者としてCIとSIを比較した。その結果，正しい情報の想起はCIにおいて多く，不正確な，あるいは作話的な情報の想起においては差がみられない，という先の実験の結果を再現したのである（図6-3）。

教育レベルの違いによってCIの効果に相違があるかどうかを調べるため，被験者を大学卒とそれ以外に分けて，CIとSIの成績を比較している。大学卒の被験者においてはCIが作話量を減少させるが，大卒以外の被験者ではそのようなことがない，という点で教育レベルによる違いがみられたが，それ以外に教育レベルによるCIの効果の違いはみられなかった。また，Geiselman et al.（1986）の研究では，用いられた材料，手続きがGeiselman et al.（1985）のものと同じであったため，学生と学

生以外の被験者におけるCIの効果の程度を検討している。その結果，CIの効果はどちらの標本においても相違がないことが示されている。

その後，Fisher et al.（1987）は，この技法にインタビュアーと証人の間のコミュニケーションのとり方などに関してきわめて実用的な改定を加え，改訂版認知的インタビュー法として発表している。国外の警察においては，CIの技法を実際に採用しているところもあるようである。また，多くの心理学者により評価研究がなされ，出版された論文の数も100本を超えるなど，研究者，実践家の間で非常に大きな関心を集めている。

Koehnken et al.（1999）は，計2,500人近くの被験者，55の実験からなる42の研究のメタ分析を行っている。その結果，CIにおける正再生量はSIにおけるそれを大きく上回るが，誤再生量もわずかではあるがCIにおいてSIより多くなるという。全体の再生量に対する正再生量の割合である正確率（accuracy rate）に関しては，CIで85％，SIで82％と両者に差はみられなかった。

CIはもともと目撃者に対するインタビューの技法として開発されたものであるが，日常的な出来事の想起においても有効であると期待される。Geiselman et al.（1984）の初期の研究では，実際にインタビュアーが面接を実施するのではなく，4つの技法について書かれた教示を与えるだけでCIの効果が観察されているものもあり，日常生活のなかでこの技法を応用できる可能性も大きいものと思われる。

一般に目撃者の面接は社会的な場であり，CIの有効性についても国民性による相違などが考えられよう。わが国においてもCIに関する多くの実験的研究が現れ，有効性，実践への導入の可能性などについて多くの議論がなされることが期待される。

（2）人物同定判断と言語記述

犯罪捜査や裁判において目撃者が果たす重要な役割の1つに人物の同定判断を行うことがある。目撃者は，複数の人物の写真や実際の人物を見て，どの人物が事件に関連して目撃した人物であったのかを判断するよう求められる。この手続きは一般にラインアップ（line-up）とよばれているが，その結果は，容疑者が有罪か無罪かを直接示すことができると考えられるなど，目撃者がもたらす情報のなかでも重要視されることが多い。一方で，人の顔の記憶，とくに，初めて，一度だけ見た人の顔の記憶は，必ずしも正確ではない。したがって，どのような手続きでラインアップを行えばより誤りの少ない結果が得られるか，どのような手続きが誤りを誘発する可能性が高いか，という問題は重要であり，多くの研究がなされている。具体的には，何人の人物，あるいはどのような人物からなるラインアップを構成すればよいのか，目撃者に対して

どのような説明をしたうえでラインアップを実施すればよいのか，といった問題をあげることができる。これらの問題は，その解明が司法手続きの改善につながり得る，システム変数を扱った研究の代表的なものということができる。

このような問題の1つにラインアップなどの人物同定判断と人物についての言語記述（verbal description）の問題がある。通常ラインアップを行う際には，事前に対象の人物についての詳細な言語記述を行うことが目撃者に求められる。これは，言語記述の詳細さや鮮明さに基づいて，その目撃者による同定判断の正確さを判断することができるのではないか，という考え方に基づいている（心理学実験からは言語記述の詳細さ，鮮明さと同定判断の正確さの間にはほとんど関連がないことが示されている：Wells，1985）。

ラインアップを行う前に当該の人物の言語記述を求めることは，人物同定判断の正確さにどのような影響を与えるのであろうか。言語記述が後の人物同定を促進するのであれば，たとえ言語記述が同定判断の信頼性を評価するのに役立たないとしても言語記述を求めるべきであろう。しかし，言語記述が同定判断の正確さにネガティブな影響を与えるのであれば，ラインアップの前に言語記述を求めることは避けるべきであろう。

Schooler and Engstler-Schooler（1990）は，この問題に答える実験的研究を行った。彼らは，後に犯人役の顔のテストがあることを告げたうえで，被験者に銀行強盗のようすを描いた映画を見せ，その後言語記述群の被験者には強盗役の人物の顔の言語記述を，統制群の被験者には無関連な課題を5分間行うよう求めた。その後，強盗役の人物を含む8枚の顔写真の中から，映画で見た強盗役を選び出すよう求めた。その結果，統制群の正答率が64%であったのに対し，言語記述群の正答率は38%と，言語記述が人物同定判断の正答率を大きく悪化させることが示された（実験1）。さらに彼らは，言語記述自体が記憶成績を悪化させるのか，言語記述に伴い対象人物の顔を心的に視覚化することが成績を悪化させるのかを明らかにするため，上記実験1の2つの条件に加え，視覚化条件を設けて同様の実験を行った（実験2）。その結果視覚化条件の正答率は統制群と変わらず，言語記述自体が同定成績の悪化の原因であることが明らかになった（表6-2）。また彼らは，言語記述と同定判断の時

▼表6-2 言語記述，心的な視覚化と人物同定の正確さ（正反応率，%）（Schooler & Engstler-Schooler,1990；伊東,1994）

	言語記述群	視覚化群	統制群
Schooler & Engstler-Schooler（1990）実験2	27.0	58.0	60.6
伊東（1994）　実験1	41.7	—	18.5
実験3(長呈示条件)	37.8	54.0	53.3
実験3(短呈示条件)	48.1	41.5	29.6

間間隔が2日と長くなっても言語記述の効果は消失しないことも示している（実験4）。彼らは言語記述が後の人物同定判断を妨害するこの現象を言語的隠蔽（verbal overshadowing）とよび，色の記憶（Schooler & Engstler-Schooler, 1990，実験3）やワインの味の記憶（Melcher & Schooler, 1996）などにもみられることを明らかにしている。

一方，言語記述がその直後の写真による人物同定判断に促進的に働くことを示す結果も得られている（伊東，1994，1996；Itoh, in preparation）。伊東（1994）は，大学のある授業に教員の代理としてやってきて10分間ほど在室して小テストを行った女性について，2週間後に人物同定判断を求めた（実験1）。被験者となった学生は同定課題を行う直前まで，対象人物の記憶が問われることを予想していなかった（偶発学習）。被験者はSchoolerらの実験と同様に，言語記述群と統制群に振り分けられた。同定課題の結果は，統制群の正答率が19%であったのに対し言語記述群では42%と，言語記述が同定成績に促進的に働くことを示した（表6-2）。

伊東（1994）はさらに，統制群の正答率がSchoolerらの実験に比べ低いことから，顔の符号化が不十分な場合には，言語記述は同定成績を向上させるのではないかと考え，被験者に対象人物を100秒間呈示する条件（長呈示条件）と30秒間呈示する条件（短呈示条件，いずれも偶発学習）を設け，2週間の保持期間を置いて統制群，視覚化群，言語記述群の人物同定成績を比較した（実験3）。その結果，長呈示条件では，Schoolerらの結果と同様，言語記述群の正答率は統制群，視覚化群の正答率より低い傾向がみられたが，短呈示条件では，逆に，言語記述群の正答率が最も高く，続いて視覚化群，統制群の順となった（表6-2）。対象人物の顔をある程度以上十分に符号化できている場合には，言語記述は人物同定判断を妨害し，符号化が不十分な場合には促進する，という可能性が支持されたのである。

Schoolerらの一連の研究からは，目撃者による人物同定判断に際しては，事前に対象人物の相貌について言語記述を求めるべきではないことになる。しかし，伊東（1994）の結果は，場合によっては人物同定判断の前に言語記述を求めたほうがよいことを示している。言語記述の効果の方向を決定する要因についてはさらに慎重な検討が必要であるが，これら一連の研究は，システム変数を扱う研究であっても他の変数との交互作用について十分な検討を積み重ねる必要があることを示している。

6. まとめ

　Wells（1978）による推定変数とシステム変数という分類にしたがって，それぞれを扱った研究の例を紹介してきた。全体として，現在の時点でも目撃者の記憶に関する研究は，現実の捜査や裁判に対して有用な情報や技法を提供してきてはいるが，いずれの種類の研究においても問題は非常に複雑で，検討しなければならない問題が山積していることが理解されよう。この複雑さの大きな原因となっているのは，やはり現実の世界の複雑さであろう。現実世界のなかに，目撃証言の正確さに影響を与える，あるいは関連を持つ変数は数多く存在し，それらの変数が複雑に絡み合って影響を与えているのである。

　Wells（1978）が主張するように，目撃証言に関連する変数の組み合わせをすべて実証的に研究することは現実的に不可能である。Wellsが，比較的問題が少ないと述べていたシステム変数と他の変数との交互作用についても，人物同定と言語記述の関連について紹介した研究は，システム変数の効果が他の変数との交互作用によって逆転することがあることを示しており，慎重な検討が不可欠であることを示している。結局，目撃者の記憶に関する研究は，推定変数とシステム変数のいずれを扱うものでも，現実世界の複雑な要因に直面し，重要な変数を探り出し，実証的研究を積み重ねていく，という方略をとらざるをえないのであろう。重要な変数を確実に見つけ出すための合理的な方法は今のところない。また，これだけの変数を押さえればよい，という保証を得る手立てもない。しかし現実の問題を解決するためには科学的な方法によって得られた知見が必要である。現実の問題に関して少しでもよい判断をするためにはどうしたらよいのかを真剣に考えていくことが重要であろう。

7章 偽りの記憶と協同想起

高橋雅延

1. はじめに

(1) 抑圧された記憶

　欧米，とくに米国では，1980年代から，子どもに対する性的虐待（child sexual abuse）が大きな社会問題となってきた（石川，1992a, b；上野，1996）。このような性的虐待は，トラウマ体験（traumatic experience）となり，PTSD（post-traumatic stress disorder）や解離（dissociation）とよばれる現象が引き起こされることがある（American Psychiatric Association, 1994；久留，1996）。そして時には，トラウマ体験となった性的虐待の記憶が抑圧（repression）を受け，虐待の記憶を失ったまま成人してしまうことがあるという。しかも，この抑圧された記憶（repressed memory）が原因となって，摂食障害（eating disorder）や抑うつ（depression）などの身体的・精神的な不適応症状が現れるとされる。したがって，これらの不適応症状を治療するには，この抑圧された記憶を回復することが重要である，と考えられるようになってきたのである。いうまでもなく，このような考え方の背景には，個人にとって非常に苦痛な体験の記憶は意識的には思い出せなくなるというFreud（1915）の主張が存在している。抑圧という考え方はすでに否定されているにもかかわらず（Holmes, 1990；Markowitsch, 2000），1990年代になって，心理療法家（Herman, 1992）の間や，通俗書（Bass & Davis, 1994；Terr, 1994）のなかに，再び見受けられるようになってきたのである（Kihlstrom, 1997）。

　彼らの主張によれば，トラウマ体験が抑圧された記憶となり，それらの記憶が心理療法（psychotherapy）によって回復されることがあるという（Briere & Conte, 1993；Duggal & Sroufe, 1998；Herman & Schatzow, 1987；Williams, 1994）。

例えば，Duggal and Sroufe（1998）が4歳から19歳まで縦断的に面接を行った女性の場合，4歳のときに両親が離婚し母親に引き取られたが，幼いころ，父親のもとを訪問するたびに性的虐待を受けていた。彼女は，12歳から17歳までの時期，性的虐待の記憶がなくなり，19歳のときに回復したという（ただし，この研究では性的虐待の詳細が不明であることに加え，虐待の客観的な証拠が得られているわけではない）。一方，社会的に有名なものとしては，ブラウン大学のロス・チェイト教授のケースがある。彼は，38歳のときに心理療法を受けて，25年前の性的虐待の記憶を回復している。彼の記憶によれば，彼が10歳から13歳までの間に参加していた合唱隊の夏合宿で，指導者のウィリアム・ファーマーから性的虐待を受けていたというのである。このケースでは，加害者も性的虐待の事実を認めている（Horn, 1993）。こうして，身体的・精神的な不適応症状の原因には抑圧された記憶が存在し，これらの記憶を心理療法をはじめとしたさまざまな方法を使って回復しようという風潮が強くなってきたのである（Bass & Davis, 1994；Reviere, 1996；斎藤, 1999）。

(2) 回復された記憶・偽りの記憶をめぐる論争

このように，抑圧された記憶を回復しようという社会的風潮のなかで，客観的な証拠が何1つ存在しないにもかかわらず，性的虐待の記憶を回復したと主張する者たちが多く現れ，「加害者」を訴えることまで起こってきた（Loftus, 1997d；Loftus & Ketcham, 1994；Pendergrast, 1996；Wright, 1994）。例えば，1993年，カトリックの聖職者ジョセフ・バーナディン枢機卿は，催眠療法（hypnotherapy）により17年前の性的虐待の記憶を回復したというスティーブン・クックという青年から訴えられた（Sheler, 1993）。その後，この回復された記憶（recovered memory）が，根も葉もない偽りの記憶（false memory）であったことが判明し，訴えは取り下げられている（Woodward, 1994）。しかし，このバーナディン枢機卿の事件と同様に，性的虐待の記憶を回復した者たちが，身に覚えのない親や近親者を訴え，裁判で激しく争うことが続発するようになったのである。そこで，回復された記憶（recovered memory）によって訴えられた被害者（主として，親たち）を救済するための組織として，米国では，偽りの記憶症候群協会（False Memory Syndrome Foundation），英国でも，偽りの記憶英国協会（British False Memory Society）が設立されている。これらの組織では，回復された記憶が偽りの記憶であるのかどうかを明らかにするための活動に，多くの記憶心理学者が関わっている（Gudjonsson, 1997；Pope & Brown, 1996）。

はたして，幼いころの性的虐待のようなトラウマ記憶は抑圧され，そして，回復す

るのだろうか。それとも，これら回復された記憶は偽りの記憶なのだろうか。この点をめぐって，心理療法家と記憶心理学者の間で，1990年代に，激しい論争が起こった（Appelbaum et al., 1997；飛鳥井，1998；Brown et al., 2000；Kihlstrom, 1996b；Sandler & Fonagy, 1997；高橋，1997a, 1999a；Taub, 1999）。この論争における論点の1つは，抑圧された記憶を（多くの場合，心理療法によって）回復できるという心理療法家の主張の妥当性にある。記憶心理学者は，回復された記憶の大部分は，真実の記憶ではなく，偽りの記憶が形成されたにすぎないと主張している（Conway, 1997；Lindsay & Read, 1994；Loftus, 1993, 1997a, b；Loftus & Ketcham, 1994；高橋，1997a, 1999a）。そして，本章でみるように，一定の条件さえ整えば，偽りの記憶の形成が簡単に起こることを実証すると同時に，心理療法に特有の技法（イメージの重視や，長期間にわたる継続など）によって，偽りの記憶が生み出されてしまう危険性を警告している。これに対して，心理療法家たちは，これらの研究が一般化できないことを問題とし，激しい反論を行ってきた（Bass & Davis, 1994；Freyd, 1996；Freyd & Gleaves, 1996；Kluft, 1997；Olio, 1994；Pope, 1996；斎藤，1999）。

　その後，回復された記憶・偽りの記憶をめぐる論争（recovered / false memory debate）は両者の接点を探る試みもないわけではなかったが（Lindsay & Briere, 1997），心理療法家と記憶心理学者の間に深い対立の溝を残し，論争の決着をみないまま，いつしか終息してしまったのである（Davies & Dalgleish, 2001も参照）。

（3）記憶の変容性と社会性

　この回復された記憶・偽りの記憶をめぐる論争を異なる角度からとらえ直すならば，心理療法家と記憶心理学者の記憶についての考え方に，実は2つの共通点が存在している。1つは，記憶が静的なものではなく，さまざまな要因で変容するという考え方である（5章も参照）。ある記憶が，心理療法家のいうように抑圧された記憶であるのか，記憶心理学者のいうように偽りの記憶であるのかにかかわらず，そこには，記憶の変容性という共通点が指摘できる。つまり，抑圧された記憶のように，記憶が消失してしまうことも，偽りの記憶のように，新たに記憶が作り出されてしまうことも，いずれも，方向性は異なるにしても，記憶が変容するという意味では同じことなのである。もう1つの共通点とは，記憶の社会性（とくに，対人場面における想起）の重視という考え方である。この論争において問題とされている記憶は，多くの場合，心理療法やグループ・セラピー（group therapy）のような対人場面の想起のなかから生み出されたものである。したがって，これまで個人の想起プロセスを中心に研究

してきた記憶心理学者も，このような対人場面における想起プロセスを考えざるを得ないのである。

　そこで，本章では，第1の記憶の変容性に関して，偽りの記憶の研究を取り上げる。すなわち，起こっていない出来事であるにもかかわらず，実際に体験したというように，誤って想起されてしまうしくみについて明らかにする。次に，第2の記憶の社会性に関して，複数の人間どうしが協力し合って記憶を想起する協同想起（collaborative remembering）とよばれる現象を取り上げ，その特徴について述べる。

2. 偽りの記憶

　すでに，偽りの記憶に関連して，事故や事件の目撃記憶（eyewitness memory）においても，さまざまな種類の記憶の誤りが見出されている（6章を参照）。とりわけ，スライドやビデオを使って，特定の出来事を目撃させたあとで，別の事後情報（post-event informaiton）が呈示されることによって，もとの出来事の記憶が変容してしまうことはよく知られている（厳島，1996；Loftus，1979；Loftus & Ketcham，1991）。しかし，これらの事後情報による記憶の変容は，偽りの記憶と共通する部分が少なくないものの，次の2つの点で，偽りの記憶と区別されている（Hyman & Kleinknecht，1999；Hyman & Loftus，1998；Olio，1994；Pezdek，1994）。すなわち，第1に，目撃記憶の研究で扱われているのは，出来事の細部の記憶の変容であり，まったく起こらなかった出来事の記憶そのものの形成ではない。第2に，目撃記憶の研究では，出来事の目撃者ないしは傍観者としての記憶が扱われていて，実際に出来事を体験した当事者の記憶ではないという点である。そこで，記憶研究者たちは，偽りの記憶を研究するために，幼児期の出来事を中心として，偽りの記憶を形成する実験方法を考え出している。ここでは，そのような方法について述べたあとで，偽りの記憶に影響する要因を明らかにし，偽りの記憶の形成される3段階のプロセス（Hyman，1999；Hyman & Kleinknecht，1999；Hyman & Loftus，1997，1998）について考えることとする。

（1）偽りの記憶の形成実験
①社会的圧力を使った幼児期の記憶の形成
　偽りの記憶の研究において，最も多く使われている方法は，幼児期の出来事に関する偽りの記憶を形成させるというものである（Ceci, Huffman, Smith, & Loftus,

1994；Ceci, Loftus, Leichtman, & Bruck, 1994；Heaps & Nash, 2001；Hyman et al., 1995；Hyman & Billings, 1998；Hyman & Pentland, 1996；Loftus & Pickrell, 1995；Loftus et al., 1996；McBrien & Dagenbach, 1998；Pezdek & Hodge, 1999；Pezdek et al., 1997；Porter et al., 1999, 2000)。これらの方法に共通しているのは，起こっていないことが確かめられている出来事を使い，参加者に対しては，その出来事は間違いなく起こったのだという社会的圧力（social pressure）をかけることにある。

例えば，Hyman et al. (1995) は，実験に先立って，参加者（大学生）の親に聞いて，参加者が2～10歳の時期に起こった出来事（入院，迷子，家族旅行，ペットの死など）を調べておいた。実験では，これら実際に起こった出来事3つに加え，実際には起こっていない偽りの出来事（「5歳のときに出席した結婚式で走り回っていて，パンチボウルをひっくり返し，中身を花嫁の両親にかけてしまった」）を1つ使った。こうして，実験の目的が，親に確かめておいた幼いころの出来事をどれだけ詳しく想起できるかを調べることであると参加者に告げ，これらの出来事1つひとつについて，1日おきに，3回にわたって想起を求めた。その結果，図7-1に示したように，実際の出来事を想起できた人数の割合は，90％を越え，想起がくり返されることによって，わずかながら増えていった。一方，実際に起こらなかった偽りの出来事を想起した者については，1回目はだれもいなかったのに，2回目，3回目と想起がくり返されるにつれて，しだいに，その割合が増えていったのである。このように，実際には起こっていない出来事であっても，親に確かめたものであるという社会的圧力のもとで，偽りの記憶が形成され得るのである。

この「パンチボウル事件」(Hyman & Billings, 1998；Hyman & Pentland, 1996) 以外にも，さまざまな偽りの出来事を使った研究において，偽りの記憶の形成が確認されている。すなわち，「ショッピング・センターで迷子になった」(Loftus & Pickrell, 1995；Loftus et al., 1996；Pezdek et al., 1997)，「高熱を出して一晩入院した」「誕生パーティのときに道化師がやってきた」(Hyman et al., 1995)，「食料品店で天井のスプリンクラーが誤作動した」「駐車場の車の中で待っ

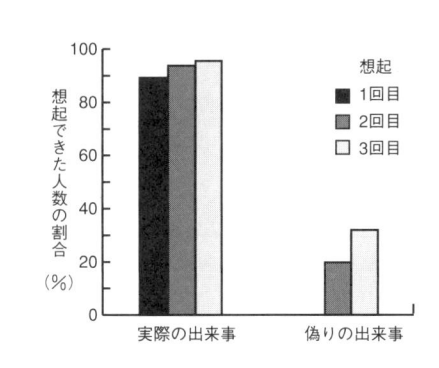

▲図7-1　3回の想起において実際の出来事と偽りの出来事を想起した人数の割合 (Hyman et al., 1995)

ていた時に、パーキング・ブレーキをいたずらして、車が動いてしまった」(Hyman et al., 1995) などである。また、大人だけではなく、子どもにおいても、同様の方法を使って、「ネズミ取りに手を挟んで病院に行った」「熱気球に乗った」(Ceci, Huffman, Smith, & Loftus, 1994；Ceci, Loftus, Leichtman, & Bruck, 1994)，「スニーカーを運動場でなくして裸足で家に帰った」(McBrien & Dagenbach, 1998)，「迷子になった」(Pezdek & Hodge, 1999) といった偽りの記憶が形成されることが明らかにされている。

②心理テストの偽りのフィードバックを使った記憶の形成

この方法は、架空の心理テストを使って、テスト結果の偽りのフィードバック (false feedback) を与えることで、偽りの記憶を形成しようというものである (Kelley et al., 1996；Lindsay, 1997；Loftus, 1997c)。例えば、Lindsay (1997) は、45人の右利きの大学生を対象に、「利き手テスト」を行った。その際、このテストは、幼いころに左利きだった者を見つけだすもので、まだ開発中なので、その妥当性を調べていると説明した。そして、15人ずつの3群（右利きフィードバック群，左利きフィードバック群，左利きフィードバック＋心理療法的想起群）に対して、テスト結果のフィードバックを変えた。すなわち、統制群にあたる右利きフィードバック群15人には、テストの結果、もともと右利きだったことがわかったと告げた。残りの30人（左利きフィードバック群15人，左利きフィードバック＋心理療法的想起群15人）には、テストの結果から、幼いころは左利きだったはずだと告げた。そして、3群全員に対して、帰宅後、自分が右利きに矯正された幼いころの出来事を思い出してくるように教示した。この教示の際、左利きフィードバック＋心理療法的想起群だけには、思い浮かんだイメージや観念をそのまま受容するようにという心理療法と同様の想起方法を指示した。その結果、左利きを矯正されたという出来事を想起した人数の割合は、右利きフィードバック群13％，左利きフィードバック群40％，左利きフィードバック＋心理療法的想起群47％であった。さらに、自分がかつて左利きだったという可能性を5段階（「絶対違う」「たぶん違う」「そうかもしれない」「たぶんそうだ」「絶対そうだ」）で評定させた。その結果、「絶対そうだ」はだれもいなかったが、左利きだった可能性を肯定した（「そうかもしれない」「たぶんそうだ」と答えた）人数の割合は、右利きフィードバック群7％，左利きフィードバック群60％，左利きフィードバック＋心理療法的想起群80％であった。

また、Loftus (1997c) は、「色彩感覚テスト」を行ったあと、テストの成績が抜群であるというフィードバックを与えた。そして、おそらく生後数日間、ベッドの上に吊り下げられた色鮮やかなモビルを見ていたことが原因として考えられると告げ

た。次に，この記憶の回復のために，幼いころに戻った気分になって，心のなかに描かせたスクリーンにモビールが見えたら，そのようすを詳しく報告するように求めてみた。すると，生後数日間の記憶は回復できなかったものの，ほぼ半数の参加者が，幼稚園の入園初日の記憶を想起したのである。そこで，これらの者たちに対して，幼稚園の教室にあった飾りを見ていたことがテスト成績に影響したに違いないと教示し，再び，幼稚園の入園初日に戻った気分で，その飾りのようすを思い出させてみた。その結果，幼稚園の入園初日の時期は，いわゆる幼児期健忘（childhood amnesia）の時期で，何も思い出せないのがふつうであるにもかかわらず，80％以上の者が，飾りについてなんらかの経験を思い出したのである。

　もちろん，本当に左利きを矯正されたり，教室に飾りが実在していたという可能性は否定できないが，それでも，これらの研究結果は，心理テストによる診断という一種の社会的圧力に沿った形で，偽りの記憶が形成されてしまうことを示していると思われる。

③人工的な材料を使った記憶の誘発

　文章や物語のような材料を使った記憶研究（Bartlett, 1932；Bransford & Franks, 1971；Sulin & Dooling, 1974）においては，目撃記憶の知見と同様に，しばしば，細部が変容して想起されてしまうことが知られていた（Bergman & Roediger, 1999；Holmes et al., 1998も参照）。これに対して，近年，単語のような人工的な材料であっても，ある特殊な方法を使うことによって，偽りの記憶が誘発されることが明らかにされている。この方法は，単語の偽りの記憶を出現させるために，Deese（1959）の方法をもとに，Roediger and McDermott（1995）が発展させた方法で，一般に，彼らの頭文字をとって，DRM（Deese-Roediger-McDermott）パラダイムとよばれている（Roediger et al., 1998）。DRMパラダイムでは，実験で呈示しないクリティカル語（critical targets）の偽りの記憶を誘発させるために，このクリティカル語と強い連合関係にある連想語をリスト語として学習させるところに特徴がある。例えば，クリティカル語が「眠り」なら，その連想語である「ベッド」「休息」「目覚め」「疲れ」「夢」などをリスト語として呈示する。このようなリストを学習させられると，参加者は，きわめて高い割合で，呈示されていないクリティカル語を誤って想起してしまうのである。現在までに，このDRMパラダイムを使って膨大な量の研究が行われている（Roediger et al., 1998；多鹿・濱島，1999；高橋，2002a, bを参照）。しかし，このような人工的な材料で誘発された偽りの記憶は，上で述べたような偽りの自伝的記憶と共通した部分がないわけではないものの（Platt et al., 1998），材料の特殊性や社会的圧力が存在しないなどの点で，基本的には，異なるメカニズムによ

って説明されている（Wilkinson & Hyman, 1998）。

（2）偽りの記憶の出現に影響する要因
①想起の反復
　一般に，想起を反復することによって，想起量は増大する（Erdelyi, 1996）。事実，さきの図7-1の左側に示したように，実際の出来事の記憶も，想起の反復によって，より多くの記憶が想起されるようになる。しかし，図7-1の右側に示したように，偽りの記憶もまた，想起の反復にしたがって増えていくのである。このような想起の反復による偽りの記憶の増大は，大人の場合にも（Hyman & Billings, 1998；Hyman & Pentland, 1996；Hyman et al., 1995），子どもの場合にも（Ceci, Huffman, Smith, & Loftus, 1994；Ceci, Loftus, Leichtman, & Bruck, 1994），認められている。

　また，同様のことは，古くWilliams and Hollan（1981）の研究でも見出されている。彼らは，高校を卒業して4年から19年たった女性4人に，高校時代のクラスメートの名前を何度かのセッションに分けてくり返し想起させてみた（想起された名前が正しいかどうかは，高校のイヤー・ブックで照合した）。その結果，図7-2に示したように，想起し始めてからの時間の経過（セッションの反復）に伴って，正しい名前の想起が増えるだけではなく，間違った偽りの名前の想起も増えたのである。

②イメージ膨張
　古代ギリシアの時代より，いわゆる記憶術（mnemonics）において，イメージ（image）を利用することの有効性は知られていた（Yates, 1966）。また，記憶心理

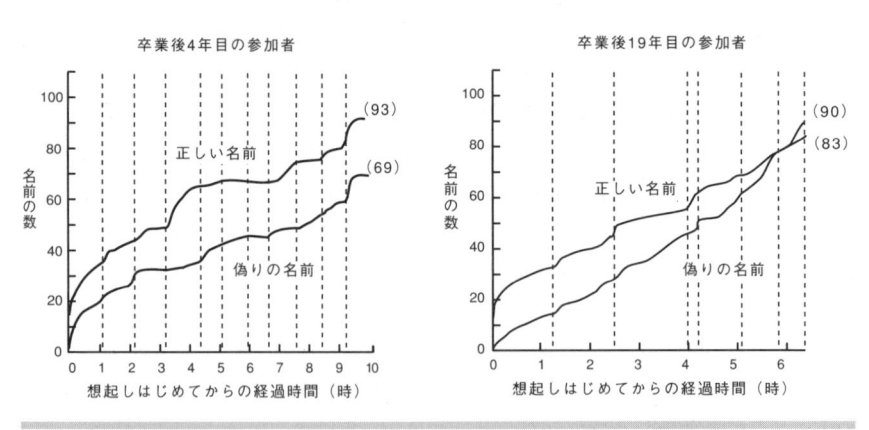

▲図7-2　卒業後4年目と19年目の女性のクラスメートの名前の累積再生数
　　　　（破線はセッションの区切り）（Williams & Hollan, 1981）

学においても，イメージによる記憶促進効果は，多くの研究で，実証されてきたことである（Bellezza, 1981 ; Bower, 1970 ; Hunter, 1977）。ところが，偽りの記憶の研究においては，出来事のイメージを膨らませるイメージ膨張（image inflation）とよばれる操作を行うことによって，偽りの記憶であっても，それが実際の記憶として想起されたり，起こったという確信が強くなることが明らかにされているのである（Garry et al., 1996 ; Heaps & Nash, 1999 ; Hyman & Pentland, 1996 ; Paddock et al., 1998）。

例えば，Hyman and Pentland（1996）は，想起を反復する際に，それぞれの出来事のイメージを膨張させて想起するように教示するだけで，このような教示を与えない場合の偽りの記憶の出現率（15%）よりも，高い出現率（40%）が得られることを見出している。また，これとは少し異なった手続きで，Garry et al.（1996）は，イメージ膨張によって，出来事が起きたという確信が強められてしまうことを明らかにしている。彼女らは，最初に，いくつかの出来事（「駐車場で10ドルを拾った」「深夜に救急車を呼んだ」など）が，参加者の子ども時代（10歳以前）に起こったことかどうかの確信度を8段階で評定させた。次に，2週間後，起こらなかったと評定された8つの出来事のうちの4つについて，それらの出来事のイメージ膨張を行わせた（残りの4つの出来事は，統制条件として，イメージ膨張を行わせなかった）。そのあとで，もう一度，それぞれの出来事が実際に起きたかどうかの確信度をたずねた。そして，以前には起こらなかったと評定された出来事の確信度が高くなった（つまり実際に起こったという確信が強くなった）参加者の割合を調べてみた。すると，図7-3に示したように，イメージ膨張を行うことで，それを行わない場合（統制条件）よりも，いくつかの出来事では，その確信度が高く見積もられるようになったのである（なお，図7-3からは，イメージ膨張を行わせず，出来事の生起可能性をもう一度たずねるだけでも，確信度が高くなることがわかる。これは，さきに述べた想起の反復の悪影響の結果と共通している）。

さらにまた，簡単な動作（「つまようじを折れ」「コインをはじけ」など）の記憶の際に，その動

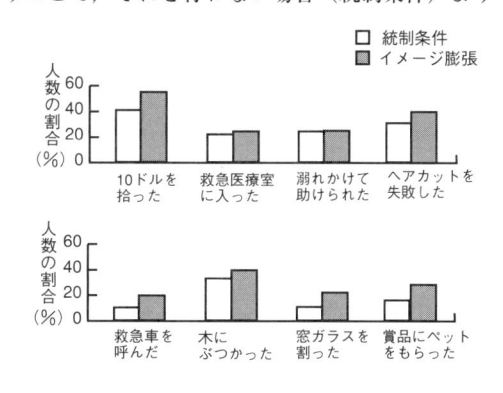

▲図7-3　実際に出来事が起きたという確信度評定が高くなった人数の割合

（Garry et al.,1996）

作を実演させた場合と，実演しているイメージ膨張を行わせた場合を比較した研究でも，イメージ膨張による悪影響が認められている（Goff & Roediger, 1998 ; Worthen & Wood, 2001）。すなわち，イメージ膨張を行わせると，実演していない動作にもかかわらず，間違って，その動作を実演したという偽りの記憶を持つようになってしまうのである。

これらはいずれも，イメージ膨張を直接操作したものであるが，イメージ膨張能力の個人差（Ernest, 1977 ; 菱谷, 1993）と偽りの記憶との関連についても調べられている。これらの研究では，イメージ膨張能力の優れている者ほど，偽りの記憶が出現しやすいことが見出されている（Hyman & Billings, 1998 ; Winograd et al., 1998）。

(3) 偽りの記憶が形成される3段階のプロセス
①出来事の起こりやすさの受容

偽りの記憶が形成されるための第1のプロセスは，出来事の起こりやすさ（plausibility）を判断したうえでの受容（acceptance）である。偽りの記憶の形成実験で使われる出来事は，起こってもおかしくないものが選ばれている。一般に，ある出来事の起こりやすさの判断の際には，自己知識（self-knowledge）との照合，社会的圧力，の2つが関与すると考えられる。すなわち，自己知識との照合に関しては，もし，ある出来事が自己知識と矛盾するような場合には，出来事の起こりやすさは低く判断され，偽りの記憶は出現しにくい。例えば，結婚式に一度も出席した経験のない者にとって，「パンチボウル事件」など起こり得ないと判断され，偽りの記憶は想起されない。事実，どう考えてもあり得ないような出来事（自分の宗教と矛盾した行為や特殊な医療行為など）の場合は，（もし起こっていたら絶対に覚えているはずと判断されるので）偽りの記憶の形成を試みても，出現しないことが明らかにされている（Pezdek & Hodge, 1999 ; Pezdek et al., 1997）。一方，社会的圧力も，出来事の起こりやすさの判断に大きな影響を与える。さきに述べた実験では，実験の参加者は，親など信頼の置ける人物（や心理テスト）の情報として，ある出来事が確かに起こったと告げられている。このような場合，これらの情報は，その出来事の起こりやすさの判断の根拠とされ，その出来事が起こったはずだと受容することにつながるのである（これは，幼いころの出来事のように，自己知識との照合だけでは，その出来事の起こりやすさの判断ができない場合にとくに顕著に起こることである）。

②再構成的想起

偽りの記憶の出現に関わる第2のプロセスは，受容された出来事の記憶の再構成的

想起 (reconstructive remembering) である (5章も参照)。われわれが自伝的記憶を想起する際には，過去をそのままの形で引き出して想起するのではない。むしろ，想起の時点で持っている考えや概念に応じて，過去の記憶を再構成していくのである (Conway & Ross, 1984; Lewinsohn & Rosenbaum, 1987; McFarland et al., 1989; McFarland et al., 1992; Ross, 1989; Ross & Buehler, 1994a; 高橋, 2000)。この再構成的想起においては，しばしば，実際とは異なる記憶が想起される。例えば，McFarland et al. (1989) は，「生理中は心身ともに不快になる」という考えを強く持っている女性ほど，日誌に記録させた実際の心身の状態よりも，生理中の状態を不快なものだったと想起することを見出している。また，初めて入った部屋（例えば大学院生の研究室）にあった物品を想起する際に，実際には置かれていなかったにもかかわらず，その部屋の概念（「研究室とはこのようなものだ」という知識）に一致した物品（本など）が，誤って想起されてしまうことも知られている (Brewer & Treyens, 1981; Lampinen et al., 2001; Pezdek et al., 1989)。このように，ある出来事が起こったという信念が受容された後は，その出来事に関連した考えや概念に応じて，偽りの記憶の再構成が行われていくのである。

③情報源識別のエラー

偽りの記憶の形成に関わる第3のプロセスは，情報源識別 (source monitoring) のエラーである。情報源識別とは，ある出来事の記憶の情報源を判断するプロセスをさす。この判断プロセスは，3種類に分けられ，第1に，ある出来事が外的情報源（実際に経験したこと）に基づくのか，内的情報源（イメージしただけのこと）に基づくのかという現実性識別 (reality monitoring)，第2に，外的情報源どうしの識別，第3に，内的情報源どうしの識別，である (Johnson, 1983, 1985, 1988; Johnson & Raye, 1981; Johnson et al., 1993; Mitchell & Johnson, 2000)。このうち，外的情報源と内的情報源の記憶の識別の際には，内的情報源の記憶よりも外的情報源の記憶のほうが，知覚的情報（音や色など）や文脈情報（場所の特徴など）が詳細であることが判断基準とされる (Johnson et al., 1988)。実際，ある出来事が起こったかどうかを判断する際には，われわれは，その出来事の知覚的情報の鮮明さを1つの基準にしていることが明らかにされている (Brewer, 1986, 1996)。

しかし，頭のなかだけで構成された内的情報源の記憶であっても，例えば，イメージ膨張を行った場合や，イメージ膨張能力の優れている個人では，その記憶の知覚的情報が鮮明になってしまう。そのため，この記憶が，内的情報源の記憶であるのか，実際に起こった出来事であるのか，という現実性識別が困難になり，実際に起こった出来事であると誤って判断されてしまうことが起こる。また，このような誤った記憶

を一度でも想起することによって，想起したという経験そのものが現実性識別をさらに困難にし，その出来事があったという親近感（familiarity）を強めてしまうことも考えられる（Jacoby et al., 1989；Kelley & Jacoby, 1996；Whittlesea & Williams, 2000も参照）。このことは，確信のない記憶であっても，強制的に想起させられると，その後，その記憶が正しい記憶として想起されるようになるという現象からも裏づけられる（Ackil & Zaragoza, 1998；Roediger et al., 1993）。同様に，想起の反復が求められると，前回の想起よりも多くの記憶を想起しなければならないという社会的圧力がかかり，いわば，強制的に想起させられる状況となってしまう。そのため，確信のない記憶についても報告してしまい，現実性識別がむずかしくなった状態で，偽りの記憶の出現が多くなると考えることができる。

さらにまた，このような情報源識別の基準を人工的に緩くさせる方法の1つに，催眠（hypnosis）がある（なお，催眠はさきに述べた出来事の起こりやすさの受容も緩くしてしまう）。実際，催眠状態中には，偽りの記憶がたやすく形成されることが実証されている（Barnier & McConkey, 1992；Lynn & Nash, 1994；Lynn et al., 1991；Lynn et al., 1997）。

3. 協同想起

われわれの日常生活をふり返ってみた場合，1人で過去の出来事を想起するばかりではない。むしろ，同じ出来事（食事，旅行など）を経験した者どうしが，相互にやりとりしながら，その出来事を想起することが少なくない。協同想起とは，このように共有経験を複数の者が会話しながら想起することをいう。この協同想起の研究は，大きく2つに分けられている（高橋，1999b）。すなわち，1つは，想起パフォーマンスの比較であり，個人想起（individual remembering）と協同想起では，記憶の分量や正確さがどのように異なるかという研究である（Clark & Stephenson, 1989；Hartwick et al., 1982；森，1995；高橋，1999bを参照）。もう1つは，協同想起のプロセスの分析であり，具体的には，協同想起に関与する人々の会話について詳細に調べるという研究である。そこで，ここではまず，想起パフォーマンスに関する研究について述べる。次に，想起プロセスの分析を行った研究として，複数の大人による協同想起，夫婦による協同想起，母子による協同想起，の3つを取り上げることにする。

（1）個人想起と協同想起のパフォーマンスの比較
①協同想起時のパフォーマンス・ロス

　個人想起と協同想起のパフォーマンスを比較した研究では，パフォーマンスの違いを定量的に調べるために，伝統的な記憶実験と同様の記憶場面が設定される。すなわち，単語（Andersson & Rönnberg, 1995, 1996；Meudell et al., 1995；Meudell et al., 1992），物語（Stephenson et al., 1983；Takahashi & Saito, in preparation；Yuker, 1955），ビデオ映像（兼松ら，1996；Stephenson & Wagner, 1989；Stephenson et al., 1986；Warnick & Sanders, 1980；Yarmey & Morris, 1998）などを記憶させたあとで，個人想起の場合と協同想起の場合のパフォーマンスを比較するのである。当然予想されることであるが，個人想起と協同想起のパフォーマンスについて，その全体量を比較した場合，協同想起のほうが優れている。ところが，個人のパフォーマンスに注目すると，協同想起を行った場合，1人ひとりの潜在的なパフォーマンスが十分に発揮されないことが明らかにされてきた。すなわち，協同想起のパフォーマンス量は，個人のパフォーマンス量を単純に合算した予想量（Lorge & Solomon, 1955）よりも少なくなってしまうのである。このような協同想起によるパフォーマンス・ロスは，数多くの研究で認められている（Andersson & Rönnberg, 1995, 1996；Basden et al., 1997；Weldon & Bellinger, 1997）。

　従来，このパフォーマンス・ロスについては，社会的要因と認知的要因の両方から説明が行われてきた（高橋，1999b）。社会的要因とは，おもに，動機づけ（motivation）に焦点を当てたものであり，例えば，集団になることによって，個人の動機づけが低下してしまう社会的手抜き（social loafing）という現象（Latané et al., 1979）による説明がそれである。これに対して，認知的要因とは，想起時に想起対象の一部を部分手がかり（part set cuing）とした場合に認められる抑制効果（Nickerson, 1984；Slamecka, 1968）と同様のメカニズムから説明を行おうというものである。しかし，現在では，動機づけをさまざまな形（金銭的誘因，個人の責任感の強化など）で直接操作しても，パフォーマンス・ロスが消失しないことから，社会的要因による説明は否定されている（Weldon et al., 2000）。そして，認知的要因による説明として，個人特有の想起スタイルが集団になることによって妨害を受けることから，パフォーマンス・ロスが説明されている（Basden et al., 2000；Basden et al., 1997；Finlay et al., 2000）。例えば，想起の際，過去から現在へと時系列にしたがって想起するスタイルをとる者もいれば，時系列とは無関係に印象的な場面ばかりを想起するスタイルの者もいる。協同想起の場合，自分とは想起スタイルの異なる他者と想起しなければならないことから，お互いの想起が妨害され，それぞれの個

人が想起できる最大限のパフォーマンスが得られないというのである。実際，協同想起においても，想起スタイルが妨害されないように，個人ごとに想起を行わせることにより，パフォーマンス・ロスは消失する（Basden et al., 1997）。ただし，これらの知見は，単語などの人工的な材料に限定されていて，実際の出来事の記憶にまで一般化できるかという問題については，まったく検討が行われていないのが現状である。

②**協同想起時のエラー**

記憶のエラーに関して，個人想起と協同想起を比べた研究は，現在のところ，きわめて少ない。その理由は，第1に，研究者の関心がパフォーマンスの分量や正確さの比較にあったこと，第2に，人工的な材料の場合，エラーの生起そのものが少ないこと，にある。ただ，研究数は少ないながらも，これまでの知見を総合するならば，エラーについては，個人想起と協同想起との間には差はない，すなわち，協同想起を行ってもエラーが減少しない，といえそうである（森，1995）。

これに対して，最近，DRMパラダイムを使って偽りの記憶を比較検討したBasden et al.（1998）の研究では，個人想起よりも協同想起のほうが偽りの記憶が多くなることが報告されている。しかし，同様の方法を用いて検討を加えたTakahashi（2001）では，両者の間に差は認められていない。

いずれにしろ，これら協同想起時のエラーの研究の絶対数が不足しているために，明確な結論を出すのはむずかしい。したがって，実際の出来事の記憶の検討も含めて，さらに多くの研究の蓄積が必要と思われる。

(2) 協同想起のプロセスの分析
①複数の大人による協同想起の特徴

Edwards and Middleton（1986）は，同じSF映画（『E.T.』）を見た大学生を対象に，映画の内容を自由に会話させながら協同想起を行わせている。そして，これらの会話をすべて録音し，想起された内容や形式について，もとの映画のストーリーと対応させて詳細に分析を行った。その結果，彼らは，協同想起には次の3つの特徴のあることを見出している。すなわち，第1に，枠づけ（framing）ないしは方向づけ（orientation），第2に，対応づけ（correspondance），第3に，確認（validation）である。

第1の枠づけないしは方向づけとは，例えば，「最初のところから始めよう」「森に行くところから始まっていたね」などのように，何を想起するかを明確化する作業である。また，時には，想起が本筋からはずれると，「話を家の場面に戻すと」などのように，再枠づけ（reframing）が行われる。

第2の対応づけとは，想起された内容をもとのストーリーに重ね合わせていくことであり，意味的対応づけと時系列的対応づけの2つに分けることができる。意味的対応づけとは，相手の発話を受けて，その意味をさらに詳細に述べることがこれにあたる。例えば，「2丁のピストルだった」という発話に対して，「45口径だったね」というように，相手の想起内容を受けて，さらに詳しい意味を付け加えることである。時系列的対応づけとは，例えば，「ビールを見つけたんだ」という発話に対し，「そうそう，ビールを見つけて，それから……」というように，時間的順序に沿って想起内容を対応づけていくことである。

　第3の確認とは，登場人物の感情を推論したり，出来事の因果関係を明確化しながら，想起内容の確からしさを確認する作業である。また，この確認には，想起している者自身の感想なども含まれる。例えば，子どもたちが勝手にピザを注文する場面の想起の際に，「お母さんだったらピザなんか許さないよね」という発話に続き「怒るに決まってるよ」というように，登場人物の感情の推論を交えることによって，想起の確からしさが確認されるのである。あるいはまた，宇宙人E.T.が自転車ごと空を飛んだ場面では，「丸太があったんで，E.T.は飛んだんだ」という発話が行われる。ここでは，出来事の因果関係が明確化され，このことによって，想起の確からしさが確認されている。さらにまた，この発話を受けて，「そうだったね，でもばかげた話だね」というように，想起している者自身の感想が述べられることでも，確認が行われるのである。

　このように，Edwards and Middleton (1986) は，協同想起の一般的な会話にみられる3つの特徴を描き出している。しかし，協同想起の関与者や，想起する出来事が異なる場合，この3つの特徴がどこまで一般化できるかについては，必ずしも，十分に検討されているわけではない。

②夫婦による協同想起の特徴

　Gould and Dixon (1993) は，若年夫婦（平均結婚年数3年）10組と高齢夫婦（平均結婚年数40年）10組について，2人で過ごした休暇のことを話題に，協同想起を行ってもらった。その結果，若年夫婦と高齢夫婦の想起の違いとして，次の3つが明らかとなった。第1に，若年夫婦は，スケジュールや出来事を客観的に語る発話が多かった。これに対して，高齢夫婦は，出会った人や場所についての発話が多く，しかも，自分の感情を交えながら主観的に語ることが多かった。第2に，若年夫婦は「あれは1月2日だった」「あれは5時30分だった」などのように，特定の日時を述べる傾向が強かったのに対して，高齢夫婦は，「昼前に観光に出かけた」などのような曖昧な表現が多く認められたのである。第3に，若年夫婦は交互に話しながら，しかも，同意

の相づちをうつなどの傾向がみられた。一方，高齢夫婦はどちらか片方がモノローグのように長く話してから交代する傾向がみられ，若年夫婦に比べると，相づちをうつことも少なかったのである。

また，Gould et al. (1994) は，物語を覚えてもらってから，その協同想起を求め，時間の経過に伴う想起の変化について検討を加えている。彼らは，Gould and Dixon (1993) と同様に，若年夫婦，高齢夫婦に加え，いずれも初対面で同性どうしの若年ペアと高齢ペアについて調べた。その結果，想起が進むにつれて，夫婦も初対面のペアも，いずれも，自分だけで想起することが減少し，2人の間での会話が増加していった。夫婦の場合に特徴的なのは，若年夫婦も高齢夫婦のいずれも，時間の経過に伴い，想起をうまく行うための方法についての会話量が増大したことであった。また，興味深いことに，初対面の高齢者ペアだけに，物語の展開や登場人物についての個人的批評や，相手の想起内容への同意を示す会話が増える傾向がみられたのである。

ここで述べた研究では，夫婦を1つの単位として分析している。しかし，夫婦に過去の出来事の記憶を別々に想起させて比較すると，一般に，妻のほうが鮮明な記憶を持っている（Ross & Holmberg, 1990, 1992）。このことを考えるのならば，今後は，夫婦内でのそれぞれの想起の役割について明確にしていくことが，夫婦による協同想起の分析を進めるうえで欠かせないと思われる。

③母子による協同想起の特徴

親子の間で，家族旅行などの共有経験を協同想起することはめずらしくない。このような協同想起の際，子どもが想起できない時に親（おもに母親）がとる発話は，2種類に分けられている（Fivush & Fromhoff, 1988；Hudson, 1990；Reese & Fivush, 1993）。すなわち，1つは，子どもの発話に対して，さまざまな角度から新たに情報を付け加えて想起を促すという精緻化（elaboration）の多い発話である。もう1つは，同じ質問を反復したり，子どもが答えられなければ話題をすぐに転換してしまうような精緻化の少ない発話である。例えば，精緻化の多い発話とは，母子でカーニバルに行って賞品をもらったことを想起する次のような例（Fivush et al., 1996, p.345）がそれである。

母　親：ママたち，何をもらって帰ったっけ？
子ども：わからないよ
母　親：ママがゲームに勝ったの覚えてるでしょ。何をもらったっけ？
子ども：何？
母　親：家に持って帰ったものよ
子ども：緑のクレヨンだ

母　親：そうそう，緑のクレヨンよ

これに対して，精緻化の少ない発話とは，次の例のように，テレビ番組のセサミストリートのライブを見に行ったときの想起（Fivush et al., 1996, p.346）が典型的なものである。

母　親：ママたちといっしょに行ったのはだれだったか覚えてる？
子ども：赤ちゃんが泣いていた
母　親：セサミストリートをいっしょに見に行ったのはだれだったの？
子ども：……（無言）
母　親：覚えているでしょ。だれと行ったの？

この精緻化の側面から，Reese et al.（1993）は，子どもが40か月から70か月まで4回にわたる母子の協同想起を対象に，母親の精緻化の程度と子どもの記憶反応との関係について調べた。ここでいう記憶反応とは，母親の問いかけに対して，子どもが新たな情報を付加して（精緻化して）想起する反応と定義された。例えば，母親の「サイを覚えている」という問いかけに対して，子どもが「サイはあの男の人のまわりを走り回っていたよね」といった発話である。分析の結果，子どもが大きくなるにつれて，母子ともに，会話内での精緻化量が増えていった。さらに，図7-4に示したように，これらの各種相関について調べてみると，次の3点が明らかとなった。第1に，同時点の母親の精緻化の程度と子どもの記憶反応との間には正の相関が認められた。第2に，40か月の時点での母親の精緻化の程度と子どもの58か月と70か月の記憶反応との間に正の相関があった。第3に，58か月時点での子どもの記憶反応は70か月時点での母親の精緻化量と正の相関があったのである。これらのことから，母子による協同想起において，母親の想起スタイルに応じて，子どもの想起量が影響を受

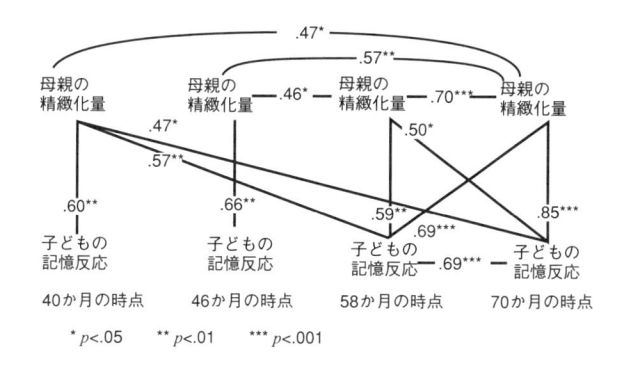

▲図7-4　母親の精緻化量と子どもの記憶反応の間の各種相関関係（Reese et al.,1993）

けることがわかる。

ここで重要なことは，子どもは母親の記憶をそのまま受け継ぐのではないということである（実際，母子の協同想起の内容を調べたところ，母親と子どもの間に共通した記憶は全体の10％にすぎなかった）。そうではなく，子どもは協同想起を通して母親の想起スタイルを学んでいくのである（Edwards & Middleton, 1988；Fivush et al., 1996；Fivush et al., 1991；Hudson, 1990）。

また，このように，協同想起のなかで想起スタイルを獲得することによって，子どもは幼児期健忘の時期から抜け出し，自伝的記憶を持つようになると考えられている。事実，子どもが想起スタイルを獲得する時期と，幼児期健忘の終わる時期が一致することが知られている（Fivush & Hamond, 1990；Nelson, 1993b）。同様に，母親の幼児への語りかけの文化差に応じて，子どもの獲得する想起スタイルが異なり，そのため幼児期健忘の時期が異なるという報告もある（Mullen, 1994；Mullen & Yi, 1995）。

4. おわりに

本章で述べてきた偽りの記憶と協同想起の研究からは，回復された記憶・偽りの記憶をめぐる論争に対して，どのような示唆が得られるであろうか。まず，偽りの記憶の研究からは，心理療法において，偽りの記憶が形成される3つのプロセス（出来事の受容，再構成的想起，情報源識別のエラー）が起こる危険性を指摘することができる（Hyman & Kleinknecht, 1999；Lindsay & Read, 1994；Loftus, 1993；高橋，1997a）。すなわち，第1の出来事の受容に関して，一般には，性的虐待のような特殊な記憶が形成されることなどあり得ないと考えられている。しかし，クライアントが自分の不適応症状の原因として，書物やメディアなどによって，抑圧された性的虐待の可能性を自己知識として持ち，なおかつ，カウンセラーから，社会的圧力として，そのような可能性をほのめかされることで，性的虐待のような特殊な記憶の受容が起こり得ると思われる。第2の再構成的想起に関しては，心理療法では，多くの場合，自伝的記憶の再構成的想起が促される（森本・前田，1989；森岡，1994）。例えば，森岡（1994）は，クライアントに自伝的記憶をくり返し語らせて，過去の意味づけを再構成させる作業を重視している。このような再構成的想起において，抑圧された記憶という考え方を信じているクライアントが，その考え方に沿って過去の性的虐待の出来事を再構成していくことは十分に考えられる。そして，第3の情報源識別のエラ

ーに関しても，心理療法では，このことが起こりやすくなっている。すなわち，心理療法では，クライアントのイメージ膨張が奨励される（Poole et al., 1995）。また，クライアントの心に浮かんだイメージや観念は，それが現実に起こりにくいことであっても，現実に起こったかどうかにこだわらない。このようなことから，情報源識別の基準が緩くなり，長期間にわたってくり返されることも加わって，偽りの記憶が形成されていくと思われる。ただし，これらは，いずれも事後的な解釈にすぎず，心理療法と類似の場面で，この解釈の妥当性が直接検討されているわけではない。

　では，心理療法と類似の場面と思われる協同想起の研究からは，回復された記憶・偽りの記憶をめぐる論争に対して，どのような示唆が得られるであろうか。残念ながら，現在の協同想起の研究からは，2つの理由で，ほとんど何も示唆を得ることができないと思われる。第1の理由は，協同想起の定義が同じ出来事を経験した者どうしによる想起に限定されている点にある。心理療法では，クライアントが自分の過去経験を想起する際に，共有経験のないカウンセラーとともに想起する（Epston et al., 1992；森，1995）。この場合，カウンセラーは無色透明な存在ではなく，クライアントの想起に対して，言語的ないしは非言語的に支持や否定を与えながら想起に関わっていく。このような事態も広く協同想起として位置づけるのならば，現在の協同想起の研究では，このような事態での研究が行われていないことがわかる。協同想起の研究から示唆の得られない第2の理由は，実験の参加者に想起の正確さが目的として与えられていることにある（森，1995）。心理療法の場合は，最終的には，クライアントの治療が目的とされているのであって，必ずしも客観的な記憶を見つけだすことが目的とされているのではない。しかし，協同想起の研究では明確な教示の有無にかかわらず，常に正確な想起が要求されていて，これ以外の想起の目的が与えられることはない。

　したがって，心理療法場面と同様に，経験が共有されていない出来事を扱い，想起の目的を記憶の正確さに置かない事態における協同想起の研究が行われることで初めて，回復された記憶・偽りの記憶をめぐる論争に対して，有益な示唆を与えることができると思われる。もちろん，そのような協同想起の研究を行う際には，偽りの記憶の研究で明らかにされてきた要因を組み込んで検証しなければならないのはいうまでもないことである。実は，このようなタイプの記憶研究こそ，まさに日常場面における記憶の働きを明らかにできる研究として，今後，必要とされるのである。

IV部

人物の認知

8章 顔と名前の認知

吉川左紀子

1. はじめに

　われわれの日常生活は，多くの人との多様な関わりのなかで営まれており，人の顔や名前を記憶したり，顔を見てその人がだれかを認識することは，日常のコミュニケーションにとって欠くことのできない，重要な認知的技能だといえる。

　例えば，街中で自分に向かって歩いてくる人に気づいた，という場面を想像してみよう。われわれは，次のようなことを一瞬のうちに考え，相手に対してどう振る舞うかを判断する。その人は自分の知り合いなのか，知らない人なのか。知人だとしたら，自分とどんな関係にある人なのか。名前は何というか，等々。そして，知らない人であれば黙って通りすぎ，知人には声をかけたりあいさつするだろう。また，同じ知人でも，親しい友人とそうでない人とでは，違う話しかけ方をするだろう。

　では，もしこうした顔の認知ができなくなってしまったとしたら，どうなるだろうか。知人に会ってもだれかわからずに通り過ぎたり，間違えて知らない人にあいさつしたりするかもしれない。そしてこうした間違いがくり返されると，われわれの日常生活は混乱してしまうに違いない。

　視覚対象としての顔は1人ひとり異なっており，似ている顔はあってもまったく同じ顔はない。さらに，顔は年齢によって少しずつ変化するが，個性を表す視覚的特徴は変わらない。パスポートや学生証などに顔写真が貼られるのも，個人を証明する視覚情報として，個々の顔の個別性，恒常性が役に立つことの証といえる。個人を表す視覚情報としては，顔以外にも体型や姿勢，歩き方などがある。しかし，顔による個人同定は，身体像や歩き方などよりもずっと正確で，信頼性が高い（Burton et al., 1999）。その意味で，顔は，固有名詞である名前と同様,「個人を特定する」という社

会的機能を持っている。

本章では，顔の認識，顔の記憶，そして名前の認識について，これまでの研究から明らかになってきたことを紹介する。

2. 顔の認識

英国の心理学者Bruce and Young（1986）は，顔からさまざまな情報を認識するプロセスについて，図8-1に示すようなモデルを発表した。このモデルの主要な特徴は2つある。1つは，顔から個人を同定する過程と，その他の情報を認知する過程とは，初期の知覚分析以降の段階では相互に影響せず独立であること，もう1つは，個人を同定する過程が，複数の処理段階からなる継時的なプロセスだということである。個人の同定は，視覚特徴の分析（図8-1の「構造の符号化過程」），記憶されている視覚情報の活性化（「顔認識ユニットの活性化」），個人に関する知識の検索（「個人情報ノードへのアクセス」），名前の検索，という順に進む。

ふだんの生活で知人の顔を認識するとき，このモデルのような継時的なプロセスに直接気づくことはあまりない。しかし，日常生活での人物認識の失敗例を集めて整理したYoung et al.(1985)の研究から，われわれが経験する人物認識の間違いは，このモデルでよく説明できることが示されている。

（1）日常のなかでの人物認識エラー

Young et al.（1985）は，20歳から40歳までの男女22人に，日常での人物の認識エラーを詳細に記述するように依頼した。7週間の間に，総計922例の認識エラーが記録された。頻繁にみられた認識エラー4種と，それぞれのエ

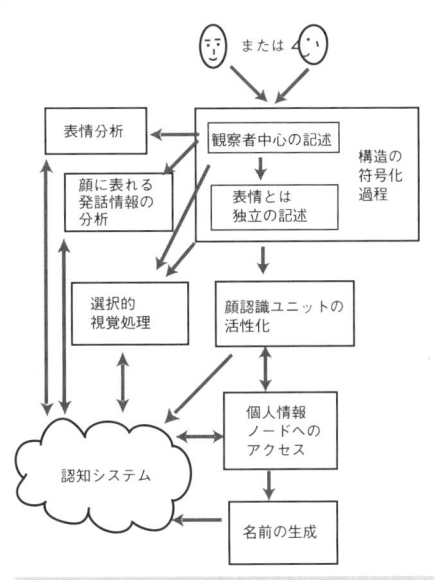

▲図8-1　Bruce and Young (1986) の顔認識モデル

構造の符号化過程では，顔の視覚特徴を分析する。選択的視覚処理では性別や年齢，性格の印象など顔から得られるさまざまな属性に関する情報を処理する。その他の特徴については本文参照のこと。

ラーの具体例を合わせて示そう。

①既知の人物であるとわからない

このエラーは，顔認識ユニットの活性化が十分でなかったときに生じると考えられる（例：道を歩いているときに私に近づいてくる人を見た。彼は笑ってこんにちはと言った。私はずっと彼を見ていたのだが，あいさつされるまでだれか気づかなかった）。

②既知の人物であることしかわからない

これは，知っている人であることには気づいたが，それに続く個人情報の想起がうまくいかないときのエラーである（例：銀行で順番を待っているときに会った人の顔を見て，知っている人のような気がした。数秒後，キャンパスの店に勤める人か，学部の事務員だと思い，しばらくしてからやっとだれか思いあたった）。

③別人物と間違える

別人の顔認識ユニットが誤って活性化されたときに生じるエラーである（例：車で走っているとき，犬を連れて散歩をしている人に会い，その人をいつも出会う人だと思った。連れているのが違う犬だったのだが，別の犬を飼ったのだと思った）。

④既知の人物についての特定の情報が思い出せない

ある個人情報が思い出せないというエラーである。Young et al. (1985) は，想起困難が生じた情報を整理して，職業や，よく会う場所といった想起しやすい情報と，名前のように想起が困難な情報があると報告している（例：映画のポスターに出ている女優を見て，ベケットの作品によく出ている人だとわかったが，しばらくたつまで名前が思い出せなかった）。

このように，日常われわれが経験する，さまざまなタイプの認識エラーは，図8-1の認識モデルと対応づけることができる。さらに，このモデルから，「実際には生じないはずのエラー」を予想することもできる。例えば，人の名前は他の個人情報が検索されたあとに想起されるので，名前が想起されて，それ以外の個人情報は1つも想起されない，といったエラーは生じないはずである。実際，Young et al. (1985) の集めた失敗例のなかに，このようなエラーの報告はなかった。

(2) 認知実験および脳損傷事例と顔認識モデル

既知の顔の認識過程については，顔写真を用いた認知実験によっても検討されている。例えば，既知人物と未知人物の顔写真を用いて，知っている人かどうかを素早く判断する既知性判断課題と，政治家かどうかを判断する職業判断課題を行うと，職業判断のほうが反応時間は長くなる（Young et al., 1986）。また，有名人の顔写真を対にして呈示し，2人の職業（政治家，俳優など）が同じかどうかを判断する課題と，

同じファーストネームかどうかを判断する課題では，名前の判断にかかる時間のほうが長い（Young et al., 1988）。これらの実験結果は，顔の既知性判断が顔認識ユニットの活性化段階，職業の判断が個人情報の検索段階，名前の検索が個人情報の検索に続く最後の段階で行われるという継時的な処理過程を仮定する図8-1のモデルとよく一致する。

　さらにこのモデルは，脳損傷によって生じる顔の認知障害（相貌失認）のさまざまな特徴と合致することも重要な点である。相貌失認は，後頭側頭葉の損傷によって生じることのある視覚失認症の一型で，既知の顔の認識に固有の認識障害である（Damasio et al., 1982）。この障害を持つ人は，声や服装から既知人物を認識することはできるが，顔から判断することができなくなる。しかし，表情や性別などの判断には問題がないことが多く，個人同定に関してとくに著しい認識困難が生じるのが特徴的である。

　現在，顔認識モデルの枠組みは，こうした相貌失認の個々の症例の特徴を理解する枠組みとしても役立てられている。そうした例を1つ示そう。De Renzi and di Pellegrino（1998）は，交通事故の後遺症で相貌失認となった43歳の女性の患者を対象に，さまざまな課題を行った。この女性は，顔写真の同一性判断，年齢判断，表情の認識は問題なかったが，顔の既知性判断と命名課題の成績は著しく低かった。これは，彼女の認識障害が，既知の顔の認識過程にあることを示している。では，もっと詳細に障害のある処理段階を特定することはできないだろうか。De Renzi and di Pellegrinoは，既知人物の名前を手がかりに，3枚の顔写真の中からその人物を選ぶ課題と，3人の既知人物の名前から，顔の似ている2人を選択する課題を行った。これらの課題に答えるには，図8-1の認識モデルの個人認識の経路を下から上へ，つまり名前から個人情報の検索，顔認識ユニットへと逆にたどることになる。興味深いことに，この女性患者ではこれらの課題の成績は健常者と変わらなかったのである。De Renzi and di Pellegrinoは，この女性の認識障害は，顔写真の視覚処理（モデルでは「構造の符号化」）から顔認識ユニットの活性化に向かうリンクにあると記している。

(3) 新しい展開

　Bruce and Young（1985）の顔認識モデルは，日常的な対人認知の初期の段階を表現するモデルとして，また相貌失認の個々の症例を理解する枠組みとして利用され，多くの研究を生み出してきた。

　最近，このモデルに「既知情報に対する情動反応」という要素を組み込む必要があ

るという修正案が出されている（Breen et al., 2000；Ellis & Lewis, 2001）。直接のきっかけは，カプグラ妄想（Capgras delusion）とよばれる認識障害が注目されたことである。この妄想は，ドーパミンの過少によって生じるといわれており，自分の家族や親しい知人の顔を見て「本人にそっくりだ」と判断することはできるが，感情的な温かみや納得感が伴わず，「たしかにこの人はAさんだ」と信じることができない。そのために，「別人が扮装している」といったような，奇妙で誤った確信を持ってしまうのである（Ramachandran & Blakeslee, 1998）。

　Breen et al.（2000）は，顔認識ユニットが活性化したあとの処理段階を2経路に分け，個人情報ノードの活性化という従来のモデルの要素に加えて，既知情報に対する情動反応という新しい要素を追加した（図8-2）。このモデルによると，カプグラ妄想は，視覚認知と記憶検索は正常だが既知人物に対する情動反応に障害があるため，たしかに本人だと納得することができないのである。

　この修正モデルを支持する証拠として，Ellis et al.（1997）の報告がある。彼らは5人のカプグラ妄想患者を対象に検討したところ，既知人物の顔は正しく認識できるのだが，既知人物の顔に対して生じるはずの生理的反応（皮膚コンダクタンス反応，skin conductance response：SCR）が生じないことを見出している。カプグラ妄想は，既知人物に対する正常な顔の認知が，視覚処理や記憶検索・照合のプロセスに加

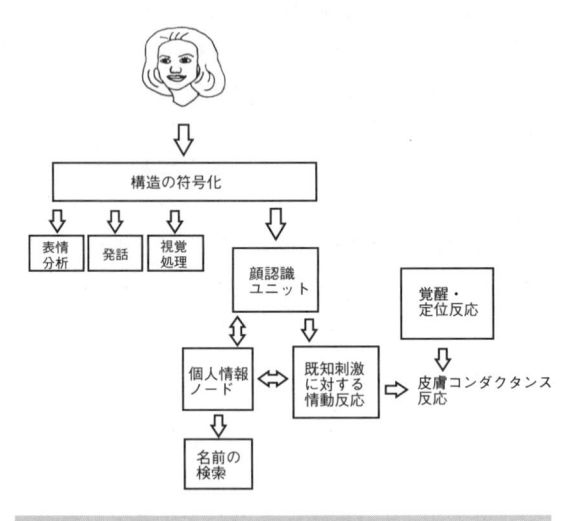

▲図8-2　Breen et al.（2000）のモデル

顔認識ユニットの下に既知刺激に対する情動反応を引き起こす段階を加えた部分がBruce and Youngのモデルとの違いである。

えて適切な情動処理と情動反応によって支えられて成立することを示唆している点で重要である。また，カプグラ妄想とは逆に，既知人物の同定はできないが，既知の顔に対して未知人物の顔に対するものとは異なる生理的反応が現れる事例があることも報告されている（Tranel & Damasio, 1985, 1988；Tranel et al., 1995）。この症例は，Breen et al. (2000) のモデルでは顔認識ユニット後の2つの経路のうち，個人情報ノードとのリンクの障害と考えることができる。

顔の認識モデルは，顔の特徴を分析し，その人を知っているか，どういう人か，だれであるかを判断するプロセスに関わるモデルであり，主として顔から人物についての意味情報を検索する過程を扱っている。次節では，これとは少し異なる記憶の側面である，顔の再認記憶を取り上げよう。

3. 顔の記憶に影響する要因

顔の再認記憶は，顔を記銘し，時間が経過したあとでその顔を「前に見たことがある」と再認する心的過程をさしている。この記憶は，新たに出会った人の顔を覚え，その人に関するさまざまな情報と連合した記憶表象を形成するという，人物情報の学習と深く関わっている（Hancock et al., 2000）。さらに，目撃証言に関する心理学研究の重要なテーマの1つでもあり（渡部，2001），応用的な観点からも多くの研究が行われてきた。

顔の再認記憶の研究では，主として顔写真が材料として用いられている。顔写真からは，表情や向きが変化した場合の視覚情報などは得られないため，実物の顔に比べると情報量は少ない。しかし，このように複雑な要因をとりあえず排除して研究を行うことは，顔の記憶の基本的な特徴を明らかにするうえでは有効な方法である。

顔の再認記憶に影響する要因として，ここでは (1) 示差性 (distinctiveness)，(2) 既知性，(3) 認識の水準，(4) 加齢，(5) 記憶方略の5つを取り上げ，これまでの研究から明らかにされてきた事柄をまとめてみよう。

(1) 示差性

示差性は，顔の目立ちやすさのことで，特異性ともいう。他の顔と異なった特徴を持つ顔，他の顔との類似性の低い顔が，示差性の高い顔である。このように，示差性は他の顔との相対的な類似度に依存する特性であり，ふだん見慣れた顔の集合の中での相対的な位置によって示差性の度合いが決まる（Valentine, 1991）。

これまでの研究では，示差性の高い顔は記憶されやすいことが一貫して示されており，顔の記憶表象の特徴を探るうえで注目すべき現象として，数多くの研究が行われてきた。(Bartlett et al., 1984；Busey & Tunnicliff, 1999；Light, et al., 1979；Newell et al., 1999；Shepherd et al., 1991；Winograd, 1981)。また，顔の記憶だけでなく，既知人物の顔の認識でも，示差性の高い顔では種々の判断がすみやかに行われることが示されている。Valentine (1991) は，顔の記憶や認識にみられる示差性効果を手がかりに，個々の顔の記憶表象が，典型的な顔（顔のプロトタイプ）を中心とする多次元空間に位置づけられると仮定する顔空間モデルを提案している (Valentine & Endo, 1992)。Johnston et al. (1997) は，あらかじめ評定によって選択された，示差性の高い顔写真と低い顔写真各18枚の男性の顔写真を用いて，Valentineの仮説を検証する研究を行った。Johnston et al. は，すべての顔写真の対に対する類似性評定値を多次元尺度法で解析し，2次元空間の布置で表現した（図8-3）。多次元尺度法は，個々の項目間の類似性を空間内の距離に置き換え，似ているものは近くに，似ていないものは遠くに位置するよう，各項目間の布置を構成する方法である。図を見ると，示差性の高い顔は空間の周辺位置に，示差性の低い顔は中央付近に位置していること，示差性の高い顔は，特定の次元に偏るのではなく，それぞれの次元の中央から離れた位置に散在していることがわかる。これらの特徴は，いずれもValentineの顔空間モデルの予想に合うものだった。

　顔の再認記憶における示差性効果は，知覚時間や保持時間といった他の要因によって変動することの少ない，頑健な効果である (Shepherd et al., 1991)。顔空間モデルは，「なぜデフォルメされた似顔絵（カリカチュア）でも個人が同定できるのか？」という個人同定の問題とも関連している。似顔絵は，ある人の顔の特徴を，平均的な顔との差を誇張して際だたせる（示差性の高い顔にする）ことによって，その人らしさを強調し，認識を容易にした画像といえるだろう。Rhodes et al. (1987) は顔写真をトレースして描いた線画の顔から作成した平均画像を基準にして，コンピュータで個々

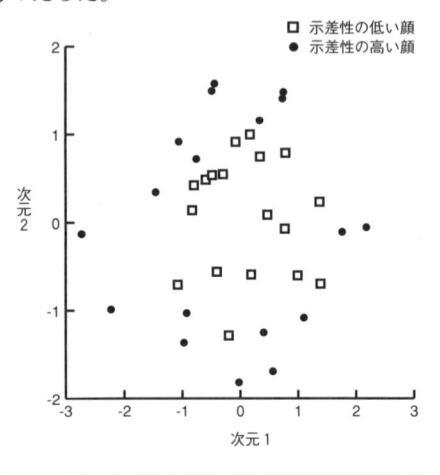

▲図8-3　個々の顔の間の類似度（距離）を多次元空間上の布置で表現した顔空間 (Johnston et al.,1997)
示差性の高い顔は周辺に位置している。

の顔の特徴を誇張した似顔絵を作成し，認識実験を行っている。その結果，誇張した似顔絵は認識が容易であることが示された（図8-4）。また，平均画像との差異を誇張した画像は，元の画像よりも示差性が高くなることも確かめられている（Lee et al., 2000）。

（2）既知性の影響

顔の記憶に及ぼす既知性の影響は，一言でいうと，見慣れた顔は見慣れていない顔よりも覚えやすい，ということである。ここでは，集団としての既知性と，個人としての既知性に分けて考えてみることにしよう。

①既知集団の記憶優位性：他人種効果

外国に行ったときや洋画を見ているときなどに，ふだん見慣れていない人種の顔は，皆よく似ているとか，覚えにくいと感じた経験はないだろうか。これは，他人種効果（other-race effect）あるいは自人種バイアス（own-race bias）とよばれる現象である（Cross et al., 1971など）。図8-5は，日本人と英国人（白人）を対象に行った顔の再認記憶の結果である（吉川，1999）。他人種の顔の記憶成績は相対的に低い。

ではなぜこうした現象が起こるのだろうか。1つの仮説は，顔を知覚するときに注意を向ける特徴が，日頃見慣れている

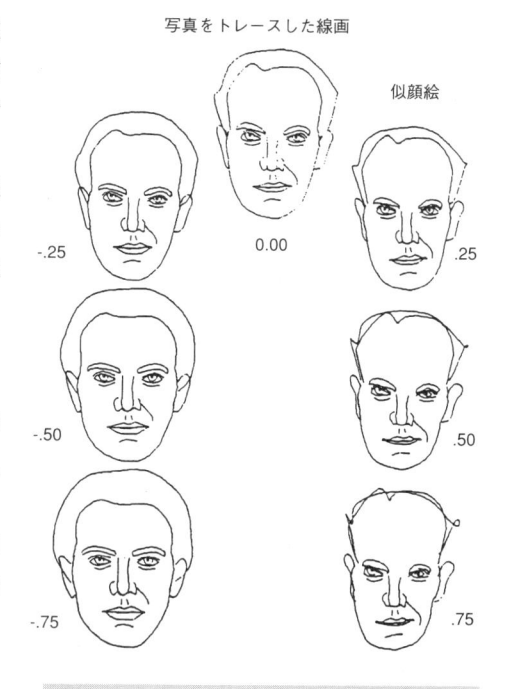

▲図8-4　コンピュータによる似顔絵の生成
（Rhodes et al., 1987）
右列はもとの線画（上）と平均画像との違いを強調するように変形した似顔絵。左列は逆に近づけるように変形したもの。各数値は変形の程度を表している。

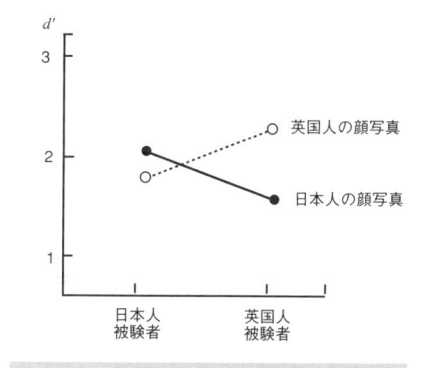

▲図8-5　日本人と英国人の再認記憶実験の結果（吉川，1999を一部改変）
いずれの被験者も他人種の顔の記憶成績は低いことがわかる。

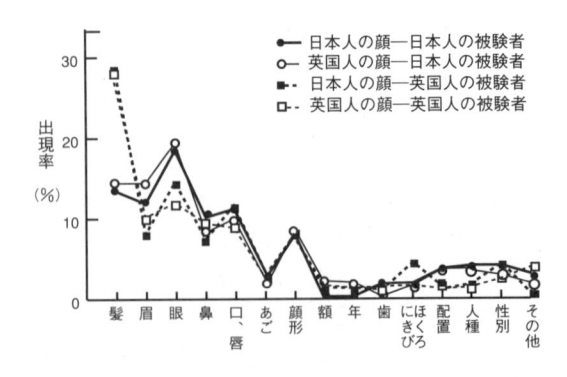

人種によって異なり，それが他人種の顔の識別しやすさに影響する，というものである。人は，日頃接触頻度の高い人種の顔（多くの場合は自人種の顔）を識別するのに役立つ特徴に注目して，顔を知覚していると考えられる。しかしこれらの特徴は，他の人種の顔を識別するのに必ずしも有効とはいえない。例えば，日本人にとってのまぶたの形状，白人にとっての髪や虹彩の色

▲図8-6 **日本人と英国人の顔写真に対する形態記述の頻度を部分別にまとめたもの**（吉川，1991）
英国人は髪についての記述，日本人は眼についての記述が最も多い。

などはこうした特徴であろう。日常的な接触経験によって生じた知覚バイアスが，他人種の顔の識別を相対的に困難にし，記憶における他人種効果が生起する可能性が考えられる。吉川（1991）は，日本人と英国人（白人）の被験者を対象に，顔の形態特徴の自由記述課題を行って分析し，こうした知覚バイアスの存在を示している（図8-6）。

一方，Chiroro and Valentine（1995）は，他人種との接触頻度の違いが他人種効果に及ぼす影響を調べている。彼らは，他人種との接触頻度の高い群として，ジンバブエの都市にある大学に通う白人と黒人の学生，低い群として同じくジンバブエの奥地の学校に通う黒人学生，スコットランドの村の学校に通う白人学生を対象として，顔の記憶実験を行った。その結果，全体として他人種効果は表れたものの，接触頻度の高い群は低い群よりも，その効果が小さいことが明らかになった。他人種との接触頻度の増加によって，その人種の顔の識別に有効な知覚属性が学習され，他人種の顔の識別や記憶が促進されたのではないかと考えられる。

②既知人物の顔の記憶

個人としての既知性の違いも顔の再認記憶に大きく影響する。未知人物の顔写真を用いた再認記憶課題では，記銘した顔と再認テスト時の顔の表情や向きが異なっていると，再認成績は著しく低下する。一方，既知人物の顔写真を用いた再認記憶課題ではこうした視覚的な変化による影響はきわめて小さく，再認成績も全体に高くなる（Bruce, 1982；Burton et al., 1999）。Bruce（1982）は，既知の顔を記銘するときには，視覚情報だけでなく豊かな意味情報（名前など）も符号化され，再認テスト時

の手がかりが多いことがこうした違いの主要な原因であるとしている。しかし，既知の顔の優位性は，手がかりの数の違いだけによるのではないようだ。Ellis et al. (1979) は，顔の目鼻口といった内部特徴と，頭髪や顔の輪郭のような外部特徴の再認手がかりとしての有効性が，既知人物の顔と未知人物の顔では異なっていることを示している。Ellis et al. は，政治家や映画俳優など有名人の顔写真と未知人物の顔写真を用いて再認記憶課題を行った。再認テストのときに頭髪と輪郭という外部特徴のみを示す条件と，目鼻口といった内部特徴のみを示す条件で成績を比較したところ，未知人物では外部特徴と内部特徴の再認率の間に差異がなかったが，既知人物の顔写真では外部特徴よりも内部特徴に対する再認率のほうがよかった。このことから，Ellis et al. は，既知人物の顔では，内部特徴の顕著性 (saliency) が高くなり，記憶手がかりになりやすいとしている。既知人物とのコミュニケーションでは，内部特徴は外部特徴よりも注目されやすい。こうした注意配分のバイアスによって，内部特徴優位性がしだいに形成されるのではないかと考えられる。

(3) 認識の水準

同じ顔を知覚しても，顔を見る見方が異なると，記憶のされかたにも違いがみられる。例えば，顔の形態的な特徴に注目して，目の大きさや顔の形などについて判断を行った場合と，顔から受ける性格印象について判断を行った場合とでは，後者のほうが後の再認成績がよい。これは顔の記憶における処理水準効果，あるいは意味処理優位性効果とよばれる現象である (Bower & Karlin, 1974 ; Patterson & Baddeley, 1977)。Klatzky et al. (1982) は，性格特性について判断する場合には顔の視覚情報に「親切な」「外向的な」といった意味概念のコードが付加的に連合し，記憶表象が豊かになって再認記憶が促進されるとした（意味コード符号化説）。一方，Winograd (1981) は，性格特性について判断する時には顔をより注意深く見るために，示差特徴に気づきやすく，それが再認記憶の向上をもたらすと主張した（示差特徴符号化説）。Winogradは，形態判断条件と性格特性判断条件に加えて，それぞれの顔の示差特徴がどの部分かを探す示差特徴走査条件を設けた。これら3つの課題の後，偶発再認記憶を調べた結果，性格特性判断条件と示差特徴走査条件の再認率に差がみられず，示差特徴符号化説は支持された。

しかし一方，示差特徴の符号化だけでは説明できない現象もある。例えば，人物の顔をレストランや銀行といった背景とともに示して記憶させ，あとで，同じ背景文脈あるいは異なる背景文脈とともに呈示してテストすると，背景が変わることによる記憶成績の低下は，性格特性判断条件で著しい (Memon & Bruce, 1983 ; Beales &

Parkin, 1984)。また，Daw and Parkin（1981）は，示差特徴走査条件と好悪判断条件の比較で，背景に関する再生は好悪判断条件のほうがよいという結果を得ている。示差特徴符号化説では，処理の要因と文脈の記憶との間にみられるこうした相互作用をうまく説明することができない。一方，意味コード符号化説では，性格特性などの判断をする時に，被験者は顔から受ける印象を背景情報と積極的に結びつけると仮定することで，こうした文脈の影響を説明できる（Bruce, 1988）。

(4) 加　齢

　被験者の年齢は，顔の記憶にどのように影響するのだろうか。顔の再認記憶課題の成績は，14〜5歳まで少しずつ上昇し，16歳くらいで成人と同じレベルに達するようである（Carey, 1981；Flin, 1980；Deffenbacher, 1991）。また，就学前の幼児は，一般に小学生に比べて顔の記憶の成績は低く，成人に比べると変装や覆面にまどわされやすい（Goodman & Read, 1986；Chance & Goldstein, 1984）。また，高齢者（平均60歳以上）を対象とした顔の記憶研究では，再認テストのディストラクタに対して誤って「見た」と判断するフォルスアラームが若年の被験者よりも高くなる（Bartlett et al., 1991；Bartlett & Fulton, 1991）。Bartlett et al.（1991）は，高齢者が再認判断を行うときには主として記憶像との類似性に基づいているが，若年の被験者ではこれに加えて，文脈情報も検索手がかりとして利用していることを巧みな実験によって示している。また，Bartlett and Leslie（1986）の研究では，高齢の被験者は老人の顔，若年の被験者は若年の顔の記憶成績が相対的によいという結果が得られた。これは，さきに述べた他人種効果と同様に，日常における接触頻度の違いによって生じた，既知集団の記憶優位性効果と考えることができる。

(5) 顔の記憶方略

　多くの人の顔を記憶する場合にどんな方法が有効なのか，といった社会的技能としての顔の記憶については，今のところ，いわゆる「記憶術」にあたるような強力な方法は見出されていない（Woodhead et al., 1979；Malpass, 1981）。ここでは，記銘時の処理様式に関わる要因を4つ取り上げ，顔の記憶方略という観点で見直してみたい。

①示差特徴の走査

　これは顔の各部位に注目して，その顔で最も示差的な部位はどこかを探す，という方略である。Winograd（1981）は顔の記銘時にこの方略を用いた群と，鼻や口など形態についての判断をする群，性格特性について判断する群との間で再認成績を比較

している。その結果，示差特徴走査条件と性格特性判断条件との間に差はなく，これら2つは形態判断条件よりも再認成績が高かった。示差特徴に注目することは，個々の顔に固有の形態特性の符号化を促進する方略であるといえる。

② 意味処理

これは顔を見てその人物の性格印象や好悪，行動特性を判断する，という方略である。「認識の水準」の項で述べたように，意味判断は形態判断よりも記憶を促進する。また，顔と背景文脈の連合が促進されることも示されている (Daw & Parkin, 1981)。顔を見てその人の性格や行動特性を判断することは，図8-1の顔の認識モデルと関連づければ，「個人情報」を生成することに対応するだろう。顔の視覚特徴と個人に関する意味情報との連合を促進する操作といえる。

③ 既知情報との連合

これは自分の知っている人物の顔と関連づけながら見る，例えば「○○の顔を少し面長にしたような顔」といったように，知人や有名人の顔との類似性を考えながら見る，という方略である。吉川（1997）は，既知人物の顔と関連づけながら記銘した条件では，示差特徴の走査を行った場合よりも，再認ヒット率が高いことを示している。

④ イメージ操作

顔を見たときに，違う表情の視覚イメージを思い浮かべたり別の角度から見た場合の視覚イメージを思い浮べる，という方略である。木原と吉川（2001）は，顔写真の表情を視覚イメージのなかで変化させるというイメージ操作条件と，示差特徴走査条件との再認成績を比較した。全体としての再認成績は両条件で差がなかったが，示差特徴走査条件では保持時間が長くなると，異なる表情の写真でテストしたときに再認成績が低下するのに対して，イメージ操作条件ではこのような低下がみられなかった。イメージ操作は，長期的な記憶保持にすぐれた方略であることがうかがえる。

ここであげた4つの方略は相互に排他的ではないので，複数の方略を組み合わせて使用することができる。したがって，これらをうまく組み合わせることによって，顔の記憶表象の形成を促す最適な記憶方略が見つかるかもしれない。どのような方略をどのような順序で用いるのがよいのか，その「最適な組み合わせ」を見出すことが，今後の課題として残されている。

4. 日常場面での顔の記憶

実験室での顔の記憶研究は，記憶に影響する要因を1つひとつ特定していくことが

できるという点ですぐれている。しかし，複雑で多様な日常的記憶現象のさまざまな側面を，すべて実験室で研究することは不可能であり，限界がある。実験室での記憶課題は，まず教示を与え，刺激である顔写真を被験者に見せることから始まるので，「どんな条件のときに人は顔に注意を向けるのか」「顔に気づかないことがあるとすればどういうときなのか」といった問題は扱いにくい。また，保持時間は，長くても数か月程度であり，数年数十年といった保持時間での顔の記憶を研究することは，ほとんどの場合不可能である。

　日常生活における顔の記憶の多様な側面を明らかにするには，より日常的な文脈のなかで生じる記憶現象に焦点をあてた研究を進める必要がある。さらに，目撃証言での記憶の想起のように，知覚時の条件を統制できない場合については，記憶想起を最適なものにするための必要条件を調べることも重要になる。以下に紹介する研究ではこうした点に着目している。

(1) 長期にわたる顔の記憶

　Bahrick (1984a) は長期にわたる顔や名前の記憶の性質を調べるために，異なる年齢層の教師を対象にして，過去に教えた学生の顔や名前の記憶について検討した。被験者は若年（平均年齢39歳），壮年（同54歳），老年（同68歳）の教師，計22人であった。各教師とも約40人のクラスで1週間に3〜5回，10週間にわたって授業を持った。顔写真の再認課題（5枚の写真の中から自分の教えた学生を選択する），名前の再生課題（顔写真を見て，その名前を想起する），顔写真と名前の照合課題（顔写真に対して，5つの名前の選択肢から1つを選ぶ）の結果について，学生を教えてからの経過時間別に表したのが表8-1である。教師の年齢による差異はみられなかったので，全員の結果をまとめて示した。再認課題と照合課題のチャンスレベルは20％である。この結果から，4年程度経過すると顔と名前の記憶はいずれもかなり低下すること，名前の忘却はきわめて急速に生じることがうかがえる。

▼表8-1　教師が学生を教えたあとの経過時間別に表した顔と名前の記憶（正答％）（Bahrick, 1984aより作成）

	11日	1年	4年	8年
顔写真の再認	69	48	31	26
名前の再生	36	6	3	0
顔写真と名前の照合	73	62	36	31

(2) 日常文脈のなかでの記憶

　顔の再認記憶実験では，「見覚えがあるかどうか」の判断の正確さによって再認成績が測定される。しかし，日常生活では，単に見覚えがあるかどうかだけでなく，い

つどこで見たか，その人は何をしていたかといった，状況との結びつきに関する記憶が重要であることも多い。目撃証言で求められるのは，まさにこうした記憶情報である。しかし，顔と状況との結びつきについて調べたBrown et al. (1977) の研究では，顔を見た状況の記憶は非常に不正確であることを示している。Brown et al. は，定期試験を受ける学生が，試験のときに一度だけ出会った人物（問題用紙や答案用紙を配布した人物）の顔と，その人物の行為についてどの程度記憶しているかを複数の記憶課題で調べた。試験の数日後に行われた顔写真による再認テストで，試験のときにいた人物を判断する課題の正答率は85％であった。しかし，何をしていたかはまったく覚えられていなかった。さらに写真による再認テストのあと，4人の人物について面通しで再認判断を行ったところ，実際には見ていない人を誤って見たと判断する割合は25％近くに達することがわかった。日常生活のありふれた場面のなかで出会った人の顔の記憶，とくに「何をしていたか」「どこで会ったのか」という文脈も含めた再認判断はきわめて不正確だったのである。

仲ら（Naka et al., 1996）は，日常場面のなかで一度だけ出会った人物の容姿と行動をどの程度正しく想起できるかを調べるために，長期にわたるフィールド実験を行っている。彼女らは，一度だけ店に来て買い物をした客（実験協力者）の顔や服装，言動などをレジの店員が3か月後にどの程度正確に想起できるかを詳細に分析した。この実験では，実際に店で働いている86人の店員たちが被験者となったが，記憶テストの時まで実験についてまったく知らされておらず，目撃証言での記憶想起に近い状況が再現された研究であった。記憶テストの結果，150枚の顔写真の中から，ターゲットである客の顔写真を正確に選び出せた人は9％にすぎなかった。さらに，ターゲットの客と応対した状況の詳細を記憶していた人が，必ずしもターゲット人物の顔を正確に記憶していたわけではなかった。

(3) 目撃者の記憶：想起条件への注目

顔の再認記憶にはさまざまな要因が作用しており，それによって記憶の正確さは大きく変動する。これまでの研究でとくに焦点が当てられてきたのは，顔自体の持つ視覚特性や，記憶表象との関係，符号化時の知覚条件，処理要因などであった。しかし，目撃者が事件に関わりのある人物の顔を想起するような場合には，「どうすれば偏りのない，公正な記憶情報を想起できるのか」という想起に影響する要因の検討が最も重要になってくる（仲，2000c）。目撃証言では，知覚条件や顔の記銘の仕方などをコントロールしたり，目撃者が知覚した状況を完全に再現することはできない。しかし，記憶変容をもたらす要因や，正確な想起に干渉する要因を明らかにすることによって，

最適な想起条件を設定し，目撃者が事件や事故の記憶を想起する状況で役立てることができる。

　Dalton（1993）は，顔写真を記銘する場所と再認テストを実施する場所を変えたときに，再認成績にどのような影響が及ぶかを検討した。ターゲットの半数は，記銘の前に被験者が一度見たことのある既知の顔写真，残りの半数は記銘時に初めて見た未知人物の顔写真であった。顔写真の記銘と再認テストが，同じ場所で行われるかどうか，という環境文脈の影響は，顔写真に対する既知性の違いと関連していた。すなわち，顔写真が既知の場合，記銘とテストが異なる大学で行われた条件と同じ大学で行われた条件で再認成績に差はなかったが，未知人物の顔写真では環境文脈が変わると再認成績が低下したのである。Daltonの結果は，Russo et al.（1999）によっても再確認され，一度だけ見た顔の記憶は，覚えた場所と思い出す場所が異なると想起が困難になることがわかった。

　仲（2000c）は，事件や事故の目撃者が，犯罪捜査のさまざまな段階でくり返し目撃した情報の想起を求められることによって，記憶に悪影響が及ぶ可能性があることを実験によって示している。仲らが行っている実験では，お茶を入れた人物の顔を被験者が100枚の顔写真の中からどの程度正確に再認できるかを調べている。このとき，1回だけ本テストをする条件と，本テストの前に3回，偽の再認テスト（ターゲットを含まない100枚の写真を見せて，ターゲットを選択させる）を行う条件を比較した。その結果，複数回テストを反復した被験者は1回だけテストを受けた被験者よりも2割も正答率が低下してしまうことがわかった。

　フィールド実験には多大な時間と労力が必要なため研究数も少ない。しかし，実験室実験で見過ごされている重要な要因が発見されることも多い。またその研究成果は，実際の目撃証言の想起援助に役立てることのできる貴重な資料であるという意味で，今後の研究成果の蓄積が期待される。

5. 名前の認識

　人の名前を覚えることは顔の記憶と同様，日常生活のなかで重要な認知的技能である。親しげに話しかけてきた人の名前がどうしても思い出せなかったり，Aさんに対してBさんの名前で話しかけてしまったりといった失敗は，だれでも経験することである。そして，年齢とともに，こうした経験の頻度は急速に増加するようである（Cohen & Faulkner, 1986）。一見，些細にみえる失敗なのだが，何度もくり返され

ると，人間関係にも微妙に影響してくるのではないだろうか。これは，名前を覚えてその人を特定できるということが，顔を覚えることと同様に，機能的な価値を超えて「相手を個人として認める」「その人の存在に敬意を払う」といった，相手を尊重する態度や心構えと結びついた行為だからであろう。

　本章の最初に紹介した顔認識モデルにおいて，名前の検索は，ほかの個人情報の検索とは別の処理段階になっている。このような区別の妥当性については，判断時間を指標にした実験的証拠（Young et al., 1988）や，人名に固有の失語症の症例報告（Lucchelli & De Renzi, 1992）などによって支持されている。

(1) 想起の失敗：日誌記録研究

　Burke et al.（1991）は年齢の異なる3群の被験者（若年群：平均年齢19歳，壮年群：同39歳，老年群：同71歳）を対象に，4週間にわたって，日常生活のなかで単語の想起困難に陥った経験を記録し，報告してもらった。報告された686例を固有名詞，事物名詞，抽象語（非事物名詞，動詞，形容詞，副詞）に分類したところ，全体の65％が固有名詞で，事物名詞と抽象語はそれぞれ12％，23％であった。固有名詞に関する想起困難が最も多い。また，想起困難の報告数には年齢による違いがみられ，若年群が最も少なかった。それぞれの年齢で想起困難になりやすい語のタイプが異なっており，若年群では抽象語，壮年群と老年群では固有名詞が多かった。

　Cohen and Faulkner（1986）も同様の日誌記録研究を行い，2週間の間に生じた固有名詞の想起困難についての記録を集めている。報告数は高齢者に多く，とくに疲労時や体調が悪いときに起こりやすいことや，報告の約7割は友人や知人の名前の想起困難で，よく知っていてふだんは簡単に思い出せる名前が多いことがわかった。また，有名人の名前は17％で，それ以外は場所の名前や本のタイトルなどであった。思い出せなかった単語が想起されるまでの時間は1時間以内が62％で，数日かかったものも数例あった。さらに名前が思い出せない場合でも，外見や以前に出会った経験などさまざまな情報は想起されていること，名前についても，頭文字や最初の音韻，長さなどの一部の情報は想起されていることがわかった。

(2) 想起困難とその解消

　Read and Bruce（1982）は，短い経歴記述文や写真を被験者に呈示して，演劇，映画，テレビ俳優の名前を想起させる課題を何度も反復して行った。そして，名前の想起困難（ブロッキング）が起こったときの被験者の内観（既知感の強さ）を詳細にたずね，既知感の程度とブロッキングの持続時間の長さとの関係を調べている。既知

感の強さは，①すぐに名前がわかった，②のどまで出かかっている（tip of the tongue：TOT），③TOTではないが，考えれば思い出せるだろう，④知っていると思うが思い出せそうにない，⑤名前を知らない，の5段階で評定された。一度生じたブロッキングが結果として解消された事例が全体で497例あった。そして，既知感が強いものほど思い出せるまでの時間は短かった。さらに，事例のうち21.5％は，名前自体は思い出せなくても，名前の長さや文字・音の一部は想起できた。検索の過程では，視覚イメージや聴覚イメージを使って文脈情報を検索したり，それらしい名前を順に思い出す，といった試みがなされることがわかった。また，まったく別のことを考えているときに突然名前が想起されるといったことも起こることがわかった（5.3％）。

名前の想起困難を解消するために用いられる検索方略として，Cohen（1996）は，①部分手がかりに基づいて順次検索する（Aから始まる女性名，であればAlice, Annと順に想起する），②文脈を手がかりに想起する（政治家という手がかりがあればすべての政治家を想起する），③ターゲットについて，より詳しい情報を検索する，④自然な想起が生じるように努力する，という4種をあげている。

自然な想起（ブロッキングの解消）が何によって起こるのか，ということについて，Cohenは，環境内にある手がかりがきっかけになるのではないかと論じている。彼女はその例として，自身が行った研究で集められた事例のなかから，「ベルという名前を想起できなかった被験者が，思い出す努力を放棄した後，時計が鳴る音を聞いて突然名前を思い出した」という例を引用している（Cohen, 1996, p.128参照）。

(3) なぜ名前の想起はむずかしいのか？

なぜ名前を想起するのはこれほどむずかしいのだろうか？　McWeeny et al. (1987) は，①名前の任意性，②想起頻度の低さ，③イメージ化の困難さの3つが原因ではないかという仮説をたて，16枚の顔写真の名前・職業名を記憶する学習実験を行った。この実験では，同じ単語が人物名として使用される場合と，職業名として使用される場合とがあった（"Baker"と"baker"）。被験者は，それぞれの顔写真に対して名前と職業名を学習した後，顔写真を手がかりにそれらを想起するテスト課題を行った。"Baker（名前）"と"baker（職業名）"は同じ単語なので，これらの語については，既知性や使用頻度，イメージ化の困難さなどの要因は統制されている。実験の結果，これらの単語に関しても，名前として学習した場合には，職業名として学習した場合よりも想起される割合は低かった。この結果は，名前の想起困難が，使用頻度の低さといった単語の要因に帰せられるのではなく，「名前として認知するかど

うか」といった処理の仕方，すなわち処理の時点で活性化される情報量の違いなどの要因が重要な決め手になっていることを示している。

　Cohen（1996）は，被験者自身が顔写真に適合すると思う名前をつけて，それを覚えると，任意に組み合わせた名前よりも再生率が向上したという事例を紹介している。これは，記憶者の側の処理によって名前の有意味性を高めることで，記銘や想起が促進されることを示している。その意味で，日本人の名前のように，それ自身豊かな意味と連合している漢字で表記される名前は，記憶には有利な条件といえるかもしれない。漢字自体の持つ意味性を利用して，名前と顔とを連合させることは，名前の記憶を促進する有効な記憶方略になるのではないかと思われる。

6. おわりに

　本章では，まず知っている人の顔を認識するプロセスについて，Bruce and Young（1986）が提案した顔認識モデルの枠組みを軸に紹介した。このモデルはもともと，実験室で顔写真を用いて行われた既知性判断や命名といった認知課題の実験データに基づいて考え出されたものだが，日常生活でわれわれが経験するいろいろなタイプの認識エラーや，脳損傷患者の認識障害の特徴を理解する枠組みとしても役立てられている。

　知っている顔を認識するには，「その人らしさ」を表す固有の視覚的特徴が記憶されていることが前提になる。こうした記憶情報によって，われわれは「今日の〇〇さんはいつもより元気がない」，あるいは「この写真は〇〇さんらしく写っている」といった判断をすることができるのである。これまでの研究から，顔の記憶に影響する要因として顔の示差性や既知性が重要であることが示されており，こうした要因を手がかりに，記憶のなかの顔の表象がどのような特徴を持っているのかが詳細に調べられている。

　一方，顔を覚えるときの記憶方略に関する研究の成果は，「顔を覚えるのに役立つ記憶法はあるのか？」という素朴な問いへの回答となる。多くの人と知り合いになり，たくさんの顔を覚えなければならないとき，本章で紹介したいろいろな方略を試してみることで，自分に合った記憶方略を見つけることができるかもしれない。

　日常生活での人の顔の記憶は，「見覚えがあるかどうか」という再認判断だけでなく，いつどこで会った人か，そのとき何をしていたかといったさまざまな文脈情報を正確に思い出すことが必要な場合もある。その最も端的な例は目撃証言での顔の想起

だろう。本章でも紹介したように，最近の研究では，正確な想起を促すにはどのような記憶検査が望ましいのか，最適な想起条件は何かを明らかにする試みが精力的に行われている。このような研究から，別人を誤って事件の当事者と判断するといった重大な記憶の誤りを最小限に抑える方法が明らかになることが期待される。

　最後に，名前の認識に関する研究を取り上げた。固有名詞，なかでも人の名前は，他の人物情報に比べると顔との連合が困難で，「のどまで出かかっても」思い出せない，というブロッキングが生じやすい。加齢によって想起困難の経験頻度が著しく増加するのも名前である。日常場面で，顔は覚えていても名前が思い出せない，または名前は知っているがその人の顔が思い浮かばないといったことが起こると，思い出せるまではいらいらした感情やもやもやした落ち着きのなさが感じられるものである。「〇〇さんは大学生である」「テニス部に所属している」といったような，ある人物に関する意味情報を記憶するとき，意味情報だけでは記憶はかなりむずかしいが，顔写真をいっしょに見せると記憶が促進されたという研究がある（Anderson, 1977）。また，研究という文脈を離れても，例えば小説が映画化されたときに，配役が「小説の人物のイメージに合わない」と不評をかうことがある。これは，われわれが小説に描かれた人物情報から，自然にその人物の顔のイメージをリアルに作り上げていることを示すエピソードである。こうした例は，顔，名前，その人に関する意味情報が，個々の人物に関する知識の構成ユニットとして，緊密な連合を形成している証といえるだろう。そのために，なんらかの原因でその一部が欠落したり検索に障害が起こると，強い不全感が生じるのかもしれない。

　顔と名前の認識過程を日常文脈と関連づけながら検討することは，人のコミュニケーションの基礎過程の解明にとどまらず，日常場面で役立つさまざまな認知的ストラテジーの発見にもつながる。その意味で，基礎と実践が融合した研究領域といえよう。

9章 対話行動の認知

仲　真紀子

1. はじめに

　日常生活においては，多くの情報が対話を介してやりとりされる。対話における個々の発話はどのように産出され，理解されるのだろうか。また，われわれは対話を通じてどのような情報を伝達し共有するのだろう。対話の研究は音韻レベルの分析から対話全体のダイナミクスまで多岐にわたるが，ここではとくに3つのトピックスに話題を絞り，概説することにしたい。

　第1は，発話の理解や産出を扱った研究について，言語学的な議論とそれをベースにした実証的研究に焦点を絞り紹介する。第2は，対話を通して何を学ぶかという研究である。対話ではそこで交わされる一次的な情報ばかりでなく，「何についてどう語るか」「どのような表現をとるか」という二次的な情報も伝達される。例えば，母親が高い頻度で用いる語彙や表現を子どもはより早く習得する。また母親の会話スタイルが子どもの会話スタイルに影響を及ぼすという。ここでは母子対話においてどのような二次的情報がやりとりされるのかをみることにしよう。第3に，過去の出来事や体験をたずねるという特別の目的を持った対話を取り上げる。いじめ，事故，犯罪など，特定の出来事について目撃者から事情を聴取せねばならない状況は多い。このようなとき，どうすればより正確に事実を聞き出すことができるのか。報告を歪める要因や面接法について述べる。

2. 発話の情報処理

ここでは，発話の意味解釈をめぐる言語学的な理論と，それをベースにした認知心理学的な研究について紹介する。

(1) 語用論と発話行為

言語は伝統的に，文の構造を研究する統語論や形態論，単語やテキストの意味を研究する意味論，発音や韻律を研究する音声学や音韻論，そして言語が特定の文脈でどのように運用されるのかを研究する語用論の各分野で研究が進められてきた。言語活動の理解にはどれも欠かすことができないが，とくに語用論（pragmatics）における発話行為論（speech act theory）は，認知心理学における発話の解釈や産出の研究に洞察を与え，その発展に寄与している。とりわけAustinの発話行為論，Griceの会話の公準，Searleの間接的発話行為に関する考え方などの影響は大きい。

①Austinの発話行為論

Austinは情報を伝達する陳述と発話すること自体が行為となるような発話行為（speech act）とを区別した（Austin, 1960；山梨, 1986；池田, 1991）。例えば「明日，2時に会いましょう」「引っ越しを手伝って下さい」「真実のみを述べると誓います」「この船をアカシア丸と名づける」などは発話することによってそれぞれ約束，要求，宣誓，命名の行為が行われる発話行為である。

Austin（1960）によれば，発話行為には以下の3つの側面がある。①話し手が発話を発する行為そのもの（発話行為，locutionary act），②約束や要求など，話し手が聞き手に伝えようとする意図（発話内行為，illocutionary act），③発話が聞き手の感情や行動に及ぼす影響（発話媒介行為，perlocutionary act）である。例えば話し手が「明日，2時に会おう」という意図（発話内行為）を持って「明日，2時に会いましょう」と発話したとしよう（発話行為）。その結果，聞き手は明日の行動を制約されることになる（発話媒介行為）。発話が字義的な意味だけでなく，文脈や世界に関する知識によって解釈されるという考え方は，認知心理学における発話研究を促すことになった。

②Searleの適切性条件

Searleは，発話行為が成立するために必要な条件を「命題内容」と「意図」という側面から整理し，適切性条件（felicity conditions）としてまとめている（Searle, 1975）。適切性条件は以下の4項からなる。①命題内容条件：発話の命題内容が満た

すべき条件（例えば，2時に会う），②準備条件：発話者および聞き手，場面，状況設定に関する条件（例えば，聞き手は2時に会える状況にある），③誠実性条件：発話者の意図に関する条件（例えば，話し手は聞き手と2時に会いたいと思っている），④本質条件：発話によって生じる行為の遂行義務に関する条件（例えば，聞き手には話し手の要求に協力する気持ちがある）。

Searle（1975）は，意図が字義的には示されない発話行為（例えば「この部屋暑いね」と述べることで「窓を開けてください」と伝える間接的な発話行為）に注目し，こういった表現は適切性条件に言及することで作られると考察した。例えば，上の「この部屋暑いね」という発話は，適切性条件の中の準備条件に言及したものと考えることができる。

③Griceの会話の公準

Grice（1975）は，字義的な意味が円滑に伝達されるには，話者間で以下のような約束事が守られていなければならないと主張した。①量の公準：必要な情報はすべて提供する，必要以上の情報の提供は避ける，②質の公準：偽と考えられること，十分な根拠を欠くことは言わない，③関係の公準：無関係なことは言わない，④様態の公準：わかりにくい表現，曖昧な表現は避ける，できるだけ簡潔に表現する，秩序立った表現をする。これらの約束事を会話の公準（maxim of conversation）という（表9-1）。

会話の公準が話者間で守られている限り，聞き手は字義的な情報の伝達が会話の目的であるという前提で発話を解釈する。だが公準が成立しない場合，聞き手は話し手が字義的な情報の伝達だけをめざしているのではないと推測する。例えば，まずい料理を作った恋人に対して「あなたは料理の天才だ！」と言ったとしよう（真実ではないので「質の公準」が守られていない）。この発話は皮肉と解釈されるだろう。会話

▼表9-1　Griceによる会話の公準（Grice，1975より作成）

量の公準	情報の量について以下のことに留意しなさい。 1）（当面の会話において）必要なだけの情報を述べなさい。 2）多すぎてはいけない。
質の公準	真実を述べなさい。 1）真実でないと思うことを述べてはならない。 2）根拠のないことは言ってはいけない。
関係の公準	関係あることを述べなさい。
様態の公準	明確に述べなさい。 1）不明瞭な表現は避けなさい。 2）曖昧さを避けなさい。 3）簡潔に述べなさい（冗長さを避けなさい）。 4）順序よく述べなさい。

の公準は字義的な情報の伝達を保証する。この公準が守られないとき，字義的な意味だけではない背後の意味，「含意（implicature）」が推測される。

(2) 実証的な研究
①Searleの適切性条件と間接的発話行為

発話行為論によって触発された研究は多いが（例えばClark, 1979；Gibbs, 1986など），ここでは筆者の研究を紹介する。上述したように，Searle（1975）は適切性条件に言及することで間接的要求（indirect request）を行うことができると考察した。そこでこの仮説を心理学的に検討するため，仲と無藤（1983）は大学生を対象に調査を行った。「電話をかけようとしたが，小銭がない。そこで，隣にいた友人に……」というような「文脈文」を与え，要求をどのように表現するか回答をもとめた。その結果，2,088の要求文が得られ，これを分類したところ以下のようになった。ただし，要求をする側を「話し手」，受ける側を「聞き手」とする。

①話し手の目標に言及するもの（話し手には目標がある）
②話し手の状況に言及するもの（現状では，話し手は独力で目標を達成することができない）
③聞き手の状況に言及するもの（聞き手は，話し手の目標を達成させてやれる状況にある）
④聞き手の行動や協力に言及するもの（聞き手は，その行動を取ることについて協力的である）

要求表現の例を表9-2（中）に示す。

話し手の目標はSearle（1975）の「誠実性条件」に，話し手の状況や聞き手の状況は「準備条件」に，聞き手の行動は「命題内容条件」に，聞き手の協力は「本質条件」に対応するといえるだろう。さらに，仲（1986）は類似の課題を用い，同じような枠組みが間接的な拒否表現を作るのにも用いられることを示した（表9-2右）。例えば

▼表9-2　間接的な要求表現と間接的な拒否表現（仲・無藤，1983；仲，1986より作成）

言及する事柄	間接的な要求表現	間接的な拒否表現
話し手の目標	「電話かけたいんだけど」	「電話かける必要ないよ」
話し手の状況	「小銭がないの」	「小銭がないなら，仕方ない」
聞き手の状況	「小銭持ってる？」	「小銭持ってないの」
聞き手の行動，協力		
―聞き手の行動を期待	「小銭貸してほしいの」	「貸せないわ」「○○に頼んで」
―聞き手の協力に言及	「小銭貸してくれる？」	「貸してあげない」「○○なら貸してくれそう」

「準備条件」に言及することで要求表現を作ることができるが（「小銭持ってる？」），同じく準備条件に言及することで拒否表現（「小銭持ってないの」）を作ることも可能なのである。話者はSearleの示唆するような言語運用に関する知識を共有しており，それを用いて互いの発話を理解しあっているといえるだろう。

②Griceの公準と発話の欺瞞性

村井（1998）は，Grice（1975）の「会話の公準」に違反する発話がどのように解釈されるか，欺瞞性という観点から調べている。まず，大学生の被験者に以下のような文脈文を読んでもらう。

　　AさんはBさんと3年間，恋人としてつきあっています。ある晩，AさんはBさんに電話をしますが，何度かけても留守でした。次の日，Aさんは町で偶然Bさんに会いました。そこでAさんは「昨日の晩，何度も電話をしたんだけれども……」とBさんに言います。

次に，Bさんの発話として以下のような文を示し，その発話の欺瞞性や曖昧性について評定させた。

①家族で食事に行ってたんだ。
②電話したんだ……。ちょっとでかけてた。
③えっ聞こえなかった。寝てたから。

①に比べ②は曖昧な表現であり，様式の公準（曖昧な表現や冗長さを避けよ）に反している。また，①に比べ③は蓋然性が低く，質の公準（偽りであると信じていることは言うな）に反している。被験者に欺瞞性について評定してもらったところ，事実，①よりも②や③は欺瞞性が高いと評定された。公準に反する発話は不自然なものとして解釈され，それだけ含意を作り出すことになるのだろう。

③発話文によって生じる感情

「しゃべったら命はないぞ」といった発話は，聞き手に恐怖の感情をいだかせる。さきに述べたように，Austin（1960）はこういった発話によって媒介される行為を発話媒介行為と名づけた。いくつかの研究が，発話によってもたらされる情緒や感情とその効果を検討している。

神谷（1998）は，発話によってもたらされる感情が会話の記憶に影響を及ぼすことを示した。以下の2つの会話を比べてほしい。どちらの会話のほうが快いだろうか。

　A：週末に，一泊旅行に行かない？
　B：いいわねえ，どこに行くの？
　A：信州くらいを考えているんだけれど

B：絶対にいっしょに行くわ！

A：授業のノートを見せてくれない？
B：悪いけど，他の人に頼んでよ
A：貸してくれないの？
B：あなたが授業をさぼってるから悪いのよ

　大学生の被験者にそれぞれAまたはBの役をとらせ，会話文を読みあげてもらったところ，彼らは上の会話文をより快であると評定した。そればかりではない。強い感情が喚起された場合，彼らは快の会話のほうをよりよく想起することができた。また，例えば上の会話では誘ったAよりも誘われたBのほうが，下の会話では断ったBよりも断わられたAのほうが強い感情を体験したかもしれない。このように喚起された感情の程度が話者間で異なる場合，強い感情を体験した者ほど会話をよく記憶していることが明らかになった。発話は感情を喚起し，情報処理に影響を及ぼすといえるだろう。

　もう1つ，発話によって喚起される感情を調べた研究をみてみよう。青木（1993）は内容と口調が一致する発話と一致しない発話を比較している。まず，「母親」が語ったとされる発話文を作成する。発話文には肯定的なバージョンと否定的なバージョンがある。

　肯定的な発話：皆がそろうのは本当に久しぶりね。とても嬉しいわ。いろいろ用意があるから手伝ってちょうだい。今日は天気もいいし，気持ちがよいわね。そういえば，お花を買ってきたのよ。どこに飾りましょうか……

　否定的な発話：せっかくひさしぶりに皆がそろうはずだったのに，がっかりだわ。もう全部用意はしてあるのよ。おまけに雨まで降ってくるし，おちこんじゃうわね。そういえばお花を買ってきたのよ。必要なかったね……

　それぞれ肯定的口調「楽しく，浮き浮きした感じ」または否定的口調「悲しく，残念な感じ」で読み上げたものを録音し，材料文として被験者に呈示した。材料文は肯定的な口調で肯定的な内容，肯定的な口調で否定的な内容，否定的な口調で肯定的な内容，および否定的な口調で否定的な内容の4種類である（以下，肯肯，肯否，否肯，否否とよぶ）。

　材料文を想起してもらったところ，口調と内容が一致している材料文のほうが記憶成績はよかった。ただし肯肯よりも否否のほうが記憶成績が高かった。上の神谷の実験では快の会話のほうが記憶成績がよく，本研究の結果は逆のようにもみえる。だが，この実験では肯肯は「わざとらしい」，「おしつけがましい」とも評価されており，必

ずしも快感情を喚起したとはいえない。そのために記憶成績が比較的低かったのかもしれない。なお，発話からどのような印象を受けたか被験者にたずねたところ，肯否では声の調子への言及が増え，また否肯では「わざと明るくしている」「何か悪いことがあったのでは」など，発話者の感情や意志を推測する印象が多かった。口調と内容をストレートに統合できない場合に，含意の推論はより活発になるものと思われる。

(3) 今後の課題

ふだん何気なく交わしている会話も，このように発話ごとに見ていくと，複雑な推論が行われていることがわかる。これらの研究は会話の情報処理の解明に有力な手がかりを与えてくれる。

だが，会話を理解するには発話の研究だけでは不十分である。従来の研究では発話，しかも実験者があらかじめ準備した単一の発話を材料として用いることが多かった。しかし，この方法では文脈に依存した発話の理解や産出の過程を調べることができない。われわれは，意味が通じなければ「どういうこと？」と聞き返すし，「〜だよね」と確認もする。このような連鎖のなかで発話の理解過程を調べる必要もあるだろう。

また，上とも関連するが，多くの研究が発話の理解過程だけを問題にしており，産出過程について調べた研究は少ない。もしもある表現が特定の仕方，例えばGriceの公準やSearleの適切性条件をもとに解釈されるのならば，同じ条件を用いて発話が産出される可能性もあると予想される。今後の研究は，理解と産出の両側面について検討していく必要があるだろう。

要求・拒否表現に関する後続の研究で，仲（1986）はロールプレイによって産出された自発的な会話の性質を検討した。その結果，このような会話は多分に冗長であること，また，多くの発話が相手の発話とは字義的に関連のない情報を含んでいること（例えば「今ひま？」に対し「疲れてるんだ」と答えるなど）が明らかになった。また，Naka（1989）では，実際の会話とその記憶（つまり後に想起された会話）とを比較しているが，想起された会話のほうが実際の会話よりもGriceの公準（「関係のあることを話す」「簡潔に話す」など）を反映するものとなっていた。Griceの公準は現実の会話よりも，演劇の台詞のような会話はこうあるべきだという理念を反映しているのかもしれない。台詞のような発話と現実の自然発話との比較も，興味深い課題だと思われる。

3. 対話によって何を学ぶか

　個々の発話の理解や産出の過程よりも，会話全体を通じて何が伝達されるかという観点から，多くの母子対話（mother-child dialogue / conversation）の研究が行われている（仲，2000b）。以下，会話のフォーマット，語彙，語りの形式などの二次的な情報の伝達についてみていくことにしよう。

(1) 会話のフォーマット

　Ninio (1983) は母親が子どもに絵本を読み聞かせる場面を分析し，母子間の発話に会話のフォーマット（conversational format）があることを見出した。まず，母親が子の注意を喚起する（「ほら」）。それから質問し（「これなあに？」），命名し（「くまさんでしょ」），そしてフィードバックを与える（「うん，そうね」）。初めは母親が主導的にフォーマットをリードするが，やがて子どもも参加するようになり，最終的には子ども自身もフォーマットを展開できるようになる。日本でも石崎（1984），石崎と岩田（1985），外山（1989）らが同様の場面を分析し，母子のインタラクションにおけるフォーマットの存在を検討している。

　石崎（1996）は，母親が子どもに絵本を読んでやる場面において，ある絵が開かれたり，絵に注意がむけられた時点から，絵が閉じられたり，絵に対する注意が途切れるまでの時点を1サイクルとし，各サイクルでどのようなやりとりがなされるかを分析した。フォーマットを形成するキー発話（注意喚起，命名，質問，説明，フィードバック）をだれが使うかによって分類したところ，以下のようになった。

① 母親による注意喚起 → 母親による命名
② 母親による注意喚起 → 母親による質問 → 子どもの反応または無反応 → 母親によるフィードバック
③ 子どもによる注意喚起 → 母親による命名
④ 子どもによる命名 → 母親による模倣（子どもの命名が正しい場合）か訂正または説明（子どもの命名が間違っている場合）

　1歳代においては，母親はフォーマットを用いるが，子どもは参加することができない（フォーマット形成期①②）。だが，やがては子ども自身もキー発話を行い，フォーマットに参加するようになる（習得期③）。そして，2歳にもなると，すべてのキー発話を使用してフォーマットを構成し，母親と役割を交替できるようになる（使用期④）。例を表9-3に示す。

▼表9-3　石崎（1996）による，会話のフォーマットの例

母親主導型＜2歳0か月＞
　母：（指さして）これなんだろう？
　子：しんご。
　母：（指さして）しんごうね。信号が赤だから止まっているのよ。

母子交替型＜2歳3か月＞
　母：はしをわたってだって。（指さして）これベンチだね。
　子：わこんちベンチある。
　母：わこんちベンチないでしょ。
　子：ある！
　母：どこにあるの？
　子：（指さして）あそこ。
　母：あれおいす。ベンチ，ほらえっと，まさきくんのおうちんとこベンチあるでしょ。ね，あれベンチ。

子ども主導型＜2歳4か月＞
　子：（指さして）これなに？
　母：へい。
　子：これへい？
　母：そうよ，へい。
　子：（指さして）くましゃんへいのぼってる。
　母：そうだね。
　子：（指さして）これ。
　母：ん，へい。

　村井（1998）らも，母親と10か月～27か月児66組の絵本読み場面を調べ，母親によるスキャフォルディング（scaffolding，足場）が徐々にはずされていく過程を示している。フォーマットという二次的な情報は，活動のなかで比較的長い時間をかけて伝達されるといえるだろう。

(2) 会話と語彙の習得

　フォーマットを習得することにより，幼児はより積極的に対話に参加できるようになる。その結果，言語情報に接する機会が増え，言葉の習得は促進されることになるだろう。事実，母親が用いる語彙や表現が子どもの語彙習得（vocabulary acquisition）に影響を及ぼすことを示した研究は多い（Harris et al., 1988；平嶋，1985；大久保，1987；Snow，1979）。

　筆者は，2歳児とその母親がどのように助数詞（numerical classifiers，「枚」や「本」など，数を数える際の接辞）を用いるか，縦断的に検討した（Naka, 1999；仲，1999）。用いた資料は，2歳0か月から2歳11か月まで隔週に録音した食卓での会話であった。各会話は40分程度で，これを21回分使用した。その結果，母親は夫に対しては多くの種類の助数詞を用いていたが，子どもには「回，個，つ」など7種類しか

▼表9-4　助数詞の種類と頻度（仲，1999）

だれがいるか	助数詞
母←→父	杯，本，週間，日，時間，分，秒，円，万，千，百，ミリ，ケース，回，個，つ
母←→子（少）	人（17, 3），口（10, 1），歳（4, 5），キロ（1, 1）
母←→子（多）	回（21, 27），個（24, 14），つ（17, 16）
子ども間	番（0, 2）

注）（　）内の2つの数字はそれぞれ母親と幼児が使用した頻度を示している。また，子（少），子（多）はそれぞれの幼児の使用頻度が少ないものと多いものを表している。

用いていないことが明らかになった（表9-4）。母親は，子どもに対しては，事物全般に使うことができる一般的な助数詞を中心に，限られた種類の助数詞を用いていたといえるだろう。

また，母子間での助数詞使用には同期性がみられた。幼児は2歳前半では「回，個」を多く用いるが（例：「おつゆもう1回」，「もう1個おつゆ」など），後半では「つ」を多く用いるようになる（例：「1つちょうだい」など）。同様に，母親にも「回，個」から「つ」への移行がみられた（表9-5）。母親が特定の助数詞を用いるから子どももそれを用いるのか，それとも子どもが用いるから母親も用いるのかは，定かではない。だが，用いられる助数詞には対応がみられる。

母親は子どもに助数詞の用い方をコーチングするのだろうか。仲は2, 3, 4歳児と母親を対象に，疑似的なおやつ場面でスプーンや皿を数えてもらう課題を行い，そのなかでどのような助数詞が用いられるかを調べた（Naka, 1999；仲, 1999）。第1セッションでは，母親に種々の事物が描かれている図版を見せ，「お子さんに，描かれている事物（例えばお皿）を，描かれている数だけ（例えば2枚）取ってもらってください」と教示した。この段階では，母親が子どもに対してどのような助数詞を用いるかを調べる。第2セッションでは，取った事物を子どもに数えてもらう。ここでは子どもがどのような助数詞を用いるかを調べる。第3セッションでは，母親に第1セッションと同じ課題を大人の助手に対して行ってもらい，母親が子どもではなく大人に話しかけるときにはどのような助数詞を用いるかを調べた。

その結果，どの母親も大人の助手に話しかけるときには特殊な助数詞（枚，本など）を用いていたが，子どもに話しかけるときには，子どもの年齢に応じた違いがみられた。2歳児の母親は一般的な助数詞「個，つ」の使用が多く，特殊な助数詞「枚，本」はほとんど用いない。一方，3, 4歳児の母親は「枚，本」をより多く用い，「個，つ」の使用は減少する傾向にあった。

さらに，子どもが助数詞を用いずに数えたり（「2！」など），不適切な助数詞を用いたり（皿を「本」で数えるなど），一般的な助数詞を用いた場合（スプーンを「個，

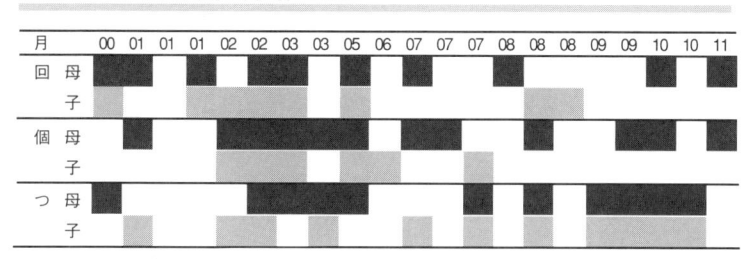

▼表9-5　助数詞使用の同期性 （仲，1999）

注）各セルは各セッションを表す。また，月は2歳○か月の月数を示す。なお，4月はセッションがなく，7月は3回のセッションを記録した。黒の部分は，母親がそのセッションにおいて当該の助数詞を用いたことを示し，灰色の部分は，子どもがそのセッションにおいて当該の助数詞を用いたことを示す。

つ」で数えるなど），母親はより適切な助数詞を用いてフィードバックを行う傾向があった（「2つ！」-「そうね，2本ね」など）。「長いものには『本』を用いるのよ」といった直接的な教示こそないものの，母親は折りにふれ，子どもの語彙習得レベルに合った助数詞を示してやっているといえよう。

　一般に，対話においては，語彙の学習は以下のような過程を含むと考えられる（仲，1999）。①音韻的流れから語彙を切り出す。②音韻的表象を一時的に保持し，③その音韻的表象に対応する意味の仮説を形成する。④音韻的表象と意味の仮説とを対にして保持し，⑤それをさまざまな文脈で定着させ，また精緻化する。母親は対話のなかで，幼児がさらされる語彙に制約を与え，幼児が切り出しやすい形で語彙を呈示し，幼児がその語彙を定着させたり精緻化したりする場を保証するような言語環境を提供しているといえるだろう。

(3) 過去を語る

　会話の大きな目的の1つは，情報を伝達し共有することである。だが，子どもは初めから体験を語れるわけではない。過去を語る場合にも，どのような情報をどのように語るのかという二次的な情報の伝達が行われているようである。子どもが過去を語る枠組みは養育者との対話のなかで伝達されるのではないか，という仮説のもとに，Fivushらは過去の体験に関する母子の対話（memory talk）を調べている（Fivush & Fromhoff, 1988）。彼女らは子どもの記憶を調べるという名目で，2歳半の幼児と母親10組に対話をしてもらった。教示は「できるだけふだんと同じように，お子さんに過去の出来事を思い出してもらってください」というものであった。

　母親を発話が多いグループ（H母親）と少ないグループ（L母親）とに分けて比較したところ，H母親は「どこに行った？」，「だれと行った？」など，記憶についてた

ずねる質問をたくさん行っていた。また質問を「くり返し質問」(前の質問をくり返す)か「精緻化質問」(前の情報に新たな情報を付加し,質問する)に分類したところ,L母親では両者が同程度であったが,H母親ではくり返し質問よりも精緻化質問が多かった。さらに,L母親は子どもから特定の情報を聞き出すと,次の話題に切り替えるというスタイルであったが,H母親は語りのラインを大切にし,出来事を詳しく聞き出すことに重点を置いていた。このことから,Fivush and Fromhoff (1988) は,L母親の会話スタイルを「くり返し型」,H母親の会話スタイルを「精緻化型」と名づけている。前者の会話が記憶クイズのようであるのに対し,後者では,母子が協同して過去を再構成するような会話となっている(表9-6)。

なお,母親が言及しなかった新情報を子どもがどれだけ述べたかを調べたところ,H母親の子どもの発話量はL母親の子どもの2倍であった。もちろん,母親がたくさん質問をするから子どももたくさん話すという可能性は否めない。また,子どもがたくさん話すから母親もより積極的に質問するということもあるだろう。だが,過去の体験に関心を持ち,話を引き出そうとする母親のもとでは,子どもは何が語る価値の

▼表9-6 L母親と子の会話(くり返し型),H母親と子の会話(精緻化型)
(Fivush & Fromhoff, 1988)

L母親と子ども
　母:去年のクリスマスのこと覚えてる?
　子:去年のクリスマス
　母:クリスマスに何もらった? 覚えてる?
　子:何?
　母:何も覚えてないんだね。ダンプカーは? ダンプカーのこと覚えてる?
　子:うん
　母:他に何もらった?
　子:何もらったっけ
　母:サーカスに行ったこと覚えてる?

H母親と子ども
　母:赤ちゃん(弟)に初めてあった時,エリザベスおばさんが何を持ってきてくれたか,覚えてる?
　　　おばさん,何を持ってきてくれたかな?
　子:うん
　母:世界で一番好きなものでしょ? 大好きなお友だち。だれだっけ?
　子:赤ちゃんのディロン(弟)
　母:赤ちゃんのディロン? ディロンが一番のお友だち?
　子:うん
　母:それはいいわね。ママはふわふわで茶色で,とっても柔らかいもののことを言ってたのよ。
　子:うん
　母:そんなのをもらったのは最初……?
　子:うん
　母:いつもだれといっしょに寝てるんだっけ?
　子:テディベア
　母:そうね

ある出来事なのかを理解し，また，語ることへの動機づけも高まるだろう。母親の対話スタイル（conversational style）は子どもの過去の表象だけでなく，いかにして過去を分かち合うかという会話スタイルの習得にも影響を及ぼすと考えられる。

日本でも，藤崎（1982）が保育所の生活発表をとりあげ，保育者が子どもの過去の語りをいかに援助するか調べている。生活発表では，保育者が「きのう保育園お休みだったでしょ。みんな何していたかな」などと誘い，手をあげた子どものうち選ばれた子どもが前に出て来て話をする。3～6歳児の生活発表の場面を分析したところ，保育者は，自発的に発表できない子どもに対しては，質問や誘導により働きかけ，また，出来事を1つなら自発的に展開できる子どもに対しては「そこで何したの」などの質問をし，より多くの出来事を話させるよう助けていた。子どもが自発的に開始した出来事と，保育者の働きかけに応じて開始した出来事の数を発達的にみると，3歳では40：38，4歳では193：104，5歳では183：35，6歳では228：10であり，年齢とともに，子どもが自発的に話し始める割合が高くなった。また，言い淀みなどの停滞現象は，保育者の援助がない場合に2～3倍多かったという。

さらに藤崎と無藤（1985）は，保育者の援助の内容をより詳しく次のように分類している。例えば生活発表においてどのような話題を選ぶかについては，

①何してた？
②遊んだ？　何して遊んだ？
③おでかけした？　どこに行った？
④内容限定（○子ちゃんはいいとこ行ってきたんだよね。キャンプ行ったときのお
　話して）。

などの援助を行う。①～③は3歳で多く，4歳では③が主体になり，5歳では④が多くなる。年少児に対しては，内容を問わずともかく話をするように促すが，年齢が高くなるにつれ「話題らしいこと」を話すように方向づけるといえるだろう。同様に，複数の出来事を関連づける手がかりや，「いつ，どこ，だれ，何，気持ち・評価，何に乗って」といった付加的な情報における援助も，3歳児では多く，5歳児では少なくなるという結果だった。

Fivushらの研究にも通じることだが，こういった援助は過去を構成し，話す技能を上達させるだけでなく，過去の出来事を記憶にとどめ，分かち合うことへの動機づけを高めるだろう。絵本読みのフォーマットも，語彙も，過去の記憶も，語ることが習得や認識を深め，習得や認識の深まりがより充実した会話を導くといえるだろう。

(4) 今後の課題

　母子対話の研究では，母親が徐々に足場をはずし，子どもが活動に参加できるようになるというパターンがほぼ普遍的にみられる。このような現象は，子どもが語彙や語りの技能を母親のリードする対話から学んでいる証拠だと解釈されることが多い。だが，知識の伝達の源泉が対話にあるのかどうかは，必ずしも自明なことではない。

　第1に，母子対話以外にも，多くの外的要因があり，対話だけに習得の源泉を帰属させることはできない。

　第2に，よく発話する母親の子どもがより多くの知識や技能を習得したとしても，それは，母親から子どもへの影響とみることもできるし，子どもから母親への影響とみることもできる。例えば，習得する能力の高い子どもに対し，母親はより多く語りかけるという可能性もあるだろう。どのような子どもに対しても，大人（母親）は同じスタイルで話すという研究もあるが（Smolak & Weinraub, 1983），子どもに応じて対話のスタイルが変化するという研究もある（石崎，1996）。

　第3に，母親から子どもへの因果関係が特定できたとしても，他にまったく外的な援助がない状況というのは考えにくいので，母親からの影響が実質的にどの程度促進要因となっているのか不明である。

　第4に，もしも習得された知識や技能が文脈依存であり，いわば特定の文脈（例えば，特定の相手）でなければ発揮されないのであれば，影響力としての文脈（母親）と習得された知識や技能を分離することには意味がないだろう。

　からまった状況を解きほぐすには，個人差の研究（個人差は母親のスタイルに依存するのか）や縦断研究（母親のスタイルが後の子どもの発達に影響を及ぼすのか，それとも現在の子どもの知識や技能が，後の母親のスタイルに影響を及ぼすのか）が必要だろう。また，知識や語彙や技能がどの程度文脈依存なのか，それとも転移可能なのかを調べる必要もあるだろう。そのためには，母子の対話を検討するだけでなく，母子対話における母親の発話の特徴を，他人の子どもとの対話や，大人他者との対話における発話の特徴と比較するといった研究（例えば，仲，2001a）も必要だと思われる。

4. 対話によって過去の出来事を聞き出す

　この最後の節では，過去の出来事や体験をたずねるという，特別の目的を持った対話に焦点を当てたい。医療診断のための面接や，事故，犯罪の事情聴取においては，

事実をできるだけ正確に聞き出すことが必要である。どのようにすればより正確な情報をより多く引き出せるのか。また，どのような対話が虚偽の報告や供述を促進するのか。近年，欧米ではこの分野の研究が速いスピードで進んでいるが，日本の状況は立ち後れている。

(1) 報告を歪める要因

　Loftus らによる事後情報の実験は有名である。被験者にビデオやスライドで出来事を見せた後，実際には出てこなかった事物名を含む質問を行うと，被験者は，その事物をまるであったかのように想起する（Loftus，1979）。例えばビデオには納屋などなかったにもかかわらず，事後の質問で「車が納屋の前を通過した時，スピードはどのくらいでていましたか」などと問うと，被験者は，実際に納屋を見たかのように思いこんでしまうのである。このような事後誤情報効果（post-event misinformation effect）は，多くの実験で確認され，日本でも菊野（1993，1995），Mori et al.（1996），仲（印刷中）による研究がある。

　だが，現実の面接・取り調べの対話において報告を歪める原因は事後情報だけではない。Gudjonsson は，報告の歪みをもたらす要因として，記憶の変容（事後情報効果も含む）と社会的圧力を考え，影響の受けやすさを測定する尺度「グドジョンソン被暗示性尺度（Gudjonsson suggestibility scale）」を開発した（Gudjonsson，1984b，1987）。この検査では，表9-7上にあるような短い物語を呈示し，20項目の質問を行う。20項目中15項目は，物語には出てこない情報についての質問（「夫婦が飼っていたのは犬でしたか猫でしたか？」）や，「わからない」が正解となる質問（「少年の自転車が倒れたとき，自転車は壊れてしまいましたか？」）である（表9-7下のS）。これらの質問に対する反応（例えば上の質問に「犬」と答えるなど）を「イールド（産出）得点」としてカウントする。さて，すべての質問が終わったら，質問官は反応をチェックするふりをし，成績の如何にかかわらず，「あなたの回答には誤りが多い。もう一度やり直してください」と厳しく教示する。そして，改めて同じ質問を行う。1回目の回答と2回目の回答が変わってしまった場合，これを「シフト（変更）得点」としてカウントする。イールド得点は記憶の変容の度合いを，シフト得点は対人的な圧力の影響の度合いを表し，両者を合計したものが被暗示性得点となる。Gudjonsson（1984a）は，虚偽自白を行った人はそうでない人に比べ，被暗示性得点が高いことを示している。

　この検査は個別面接で行うが，仲はこれを質問紙にし，集団で実施した（仲，1998）。物語を聴覚呈示したのち質問紙を配布し，約5分で回答を求め，回収して持ち去る。

Ⅳ　人物の認知

▼表9-7　グドジョンソン被暗示性尺度の材料文と質問

（Gudjonsson，1987より，仲，1998が作成）

アンナとジョンは30代の仲のよい夫婦です。彼らには3人の子どもがいます。男の子が2人と女の子が1人です。彼らは庭にプールのある，小さなバンガローに住んでいます。ジョンは銀行に勤めており，アンは妹のマリアと一緒に，本屋で働いています。7月のある火曜日の朝，仕事に出かけようと家を出たとき，彼らは1人の少年が「助けて」と叫びながら，自転車で急な坂を下っていくのを見ました。アンナとジョンは少年の後を追い，ジョンが自転車を捉まえ，やっとの思いで止めました。少年はたいへん脅えていましたが，けがはありませんでした。そして自転車のブレーキが壊れたのだと言いました。ウイリアムという名前のその少年に，アンナとジョンは見覚えがありました。近所の友人の一番下の息子でした。その友人は，近くの町の有名な旅行代理店で働いています。アンナとジョンは，冬の間何度か，その夫婦とスキーに行ったことがありました。しかしどちらの家の子どもたちも，その間，それぞれ田舎のおじいちゃん，おばあちゃんの家に泊まりにいっていたのでした。

質問（S：暗示的な質問，NS：暗示的ではない質問）

1. 夫婦の名前はアンナとジョンでしたか？　　　　　　　　　　　　　　　　　　　（NS）
2. 夫婦が飼っていたのは犬でしたか猫でしたか？　　　　　　　　　　　　　　　　（S）
3. 少年の自転車が倒れたとき，自転車は壊れてしまいましたか？　　　　　　　　　（S）
4. 夫は銀行の重役でしたか？　　　　　　　　　　　　　　　　　　　　　　　　　（S）
5. 夫婦は小さなバンガローに住んでいましたか？　　　　　　　　　　　　　　　　（NS）
6. 少年が通り過ぎたのは一時停止の標識でしたか信号でしたか？　　　　　　　　　（S）
7. 少年は坂を上がってくるトラックを見てあわてましたか？　　　　　　　　　　　（S）
8. この事故で，少年は小さなアザをつくりましたか？　　　　　　　　　　　　　　（S）
9. 少年の名前はウイリアムでしたか？　　　　　　　　　　　　　　　　　　　　　（NS）
10. 自転車に乗っているとき，少年はもっていた本を落としましたか？　　　　　　　（S）
11. アンナは少年が怪我をしたのではないかと心配しましたか？　　　　　　　　　　（S）
12. ジョンがつかんだのは少年の腕でしたか肩でしたか？　　　　　　　　　　　　　（S）
13. 夫婦はこの少年に見覚えがありましたか？　　　　　　　　　　　　　　　　　　（NS）
14. 少年は学校に行くときいつも自転車を使いますか？　　　　　　　　　　　　　　（S）
15. 少年を家まで送ったのはアンナでしたかジョンでしたか？　　　　　　　　　　　（S）
16. 少年はこの事故の日，学校を休んでもよいことになりましたか？　　　　　　　　（S）
17. この夫婦の子どもたちは時々，おじいちゃんやおばあちゃんの家に泊まりに行きますか？　（NS）
18. 少年は，再び自転車にのるのを怖がりましたか？　　　　　　　　　　　　　　　（S）
19. この日は晴れていましたか曇っていましたか？　　　　　　　　　　　　　　　　（S）
20. この夫婦は山にスキー用の小屋をもっていましたか？　　　　　　　　　　　　　（S）

それから約20分間，被験者は助手の指示の下で関連のない作業を行う。その後，実験者が部屋に戻り，「皆さんの回答をざっと見たところ，誤りが非常に多いことがわかりました。皆さんは物語を聞いていたのですから，努力すればもっと思い出せるはずです。もう一度やりなおしてもらいます」と教示し，再度，新しい用紙（質問は同じ）を配布する。この調査の結果，とくに「犬か猫か」といった二肢選択の質問でイールドが生じやすいこと，「皆さんの答えは誤りが多い。やり直してもらいます」と告げるだけでもかなりのシフトが生じること，とくに「わからない」が正答となるような質問においてシフトが起きやすいことなどが明らかになった。

実際，他者の影響はいとも容易に生じるようである。高取（1980）は2人の被験者に同一の詩を記銘させ，協同で想起させた。その結果，協同想起（共同想起ともいう，group remembering / collaboration remembering）のほうが統制条件である個人による想起よりも成績がよかった。兼松ら（1996）も，2人の被験者にほぼ同一のビデオ映像を見せ，協同または個人で再生するよう求めている。ただしこの実験では，ビデオ映像中3点だけ被験者ごとに異なった事物が含まれていた。その結果，2人の記憶が一致する内容については，高取の場合と同様，協同想起のほうが成績がよかったが，異なった内容についてはどちらか一方が他方の回答に引きずられることが多かった。両者が同一の内容を記憶した場合は，互いに補いあうことで記憶成績はよくなるが，両者が異なった内容を記憶していた場合は，一致した回答を生み出そうとする同調行動が記憶に勝るようである。明白な圧力でなくても「対人的圧力」は存在するといえるだろう。

(2) 面接法

　現実の面接（interview）や事情聴取（investigative interview）では，面接者が被面接者からなんとか事情を聞き出そうとする。上述の協同想起事態とは異なり，面接者は被面接者が体験した出来事や記憶を直接的には知らないかもしれない。それでもなお，面接者は「仮説」や「合理的な解釈」を前提に，面接を行う可能性がある。Ceci et al.（1995）は，ウィー保育園事件（保育者が園児への性的虐待の疑いで告発された）における捜査官と幼児の実際のやりとりを分析し，捜査官が仮説（保育者が性的虐待を行った）についてより多く質問し，仮説に合った答えを追及し，仮説に合わない答えは無視する傾向があることを指摘している。捜査官は答えを引き出すための取り引き（「話してくれたら，すぐに帰れる」），補強証拠（「他の子どもたちも話してくれた」），ステレオタイプな情報（「被告人は悪いやつだ」）などを含む発話を数多く行っていた。日本でも，松島（1996）が現実の刑事事件（足利事件）における公判廷でのやりとりを分析し，尋問官が，合理的な解釈ができるように尋問をリードしている可能性があることを示唆している。また，筆者は子どもの証言に関心を持ち，警察官や親による子どもの事情聴取（仲，2001b）や法廷での子どもの証言（仲，2001c）の分析を行ってきた。これらの事例においても，大人が特定の仮説を持ち，子どもから期待通りの答えを引き出そうとするようすがみられる。

　それでは，どのような尋問や面接をすればよいのか。近年，欧米では心理学者が警察や政府に協力し，面接法の開発が進んでいる。アメリカのFisherとGeiselmanが開発した認知的インタビュー（cognitive interviewの訳で，認知面接，認知インタビュ

ーともよばれる）は，アメリカ法務省によって作成された「目撃者による証拠：警察のためのガイド」に生かされている（U.S. Department of Justic, 1999）。カナダのYuilleらはカナダ警察に協力し，子どものための面接法であるステップワイズ面接（stepwise interview）を開発した（Poole & Lamb, 1998による，表9-8参照）。また，イギリスのBullらは，イギリス内務省によるフェーズドアプローチ（phased approach）の作成に協力している。これも子どものための面接法であり，内務省発行の「よき実践のためのメモ：刑事手続きのために行われる，子どもの目撃者のビデオ録画面接について（MOGP）」に収録されている（Home Office, 1992, 表9-9参照）。なお，認知的インタビューのレビューについては越智（1998）を，種々の面接法やその比較については仲（2000a, 2001d）を参照されたい。

さて，これらの面接法には以下のような共通点がみられる。

① 被面接者が話しやすいように，リラックスできる環境を用意し，十分なラポール（よい関係，rapport）を作る。
② 暗示や誘導の影響を低減し，被面接者の視点からできるだけ多くのことを思い出してもらうために，被面接者の自発的で自由な語り（自由ナラティブ）を重視する。面接者はできるだけ口をはさまず，積極的に聴取する。

▼表9-8　ステップワイズ面接（Poole & Lamb, 1997より作成）

面接のステップ	注
1. ラポートをつける 2. 出来事を2つ語ってもらう	・誕生日や外出のことなど語ってもらう。言語能力のベースラインを査定する。
3. 真実を話さなくてはならないことを告げる 4. 問題の出来事についての導入	・真実と嘘の区別，事実と推測の区別について，必要であれば練習を行う。 ・導入は「なぜここに来たかわかる？」など。的を絞りたければ「好きな人，嫌いな人」などとたずねる。被疑者や問題の出来事に言及してはならない。
5. 自由に語ってもらう 6. 抽象的，全体的な質問を行う 7. （必要があれば）細かい部分について質問を行う 8. （必要であれば）面接の補助道具（アナトミカルドールや絵など）を用いる	・自由再生においては，よく聞いていることを示すために，うなずいたり「ああ」と言うのはよいが，評価を含むフィードバック（「その通り，なるほど」など）は避ける。 ・くり返された出来事（虐待など）の場合は，「いつも，どのように始まる？」というような一般的な質問から入るのがよい。 ・質問は「○○って言ってたけど，もっと思いだせる？」などの表現とする。くり返しを求めるときには「言ってることはだいたいわかったけど，あまり覚えていないこともあるので，もう一度話してね。もう一回，話してくれる？」などとくり返し尋ねる理由を説明する。 ・アナトミカルドール（性器も含めて人体が比較的正確に復元されている人形）や絵は，子どもが自由再生において出来事（性的虐待など）を明かしたあとでのみ用いる。出来事を語らせるための導入に用いてはならない。
9. 面接を終える	・礼を述べる。また中立的な話題で終了する。後のコンタクト先等を教える。

③質問は面接の後のほうで行い，オープンクエスチョン（「いつ，どこで，何を」など，回答が制限されない質問）を用いる。
④クローズドクエスチョン（「AかBか」，「yesかnoか」など，回答の選択肢が制限される質問）はできるだけ避ける。
⑤面接の終了時には，被面接者が不安を感じたり，連絡を取りたいと思った場合にそなえ，連絡先を教える。また，協力に感謝する。
⑥面接の内容は，できるだけ正確に記録する。イギリスでは被面接者が少年（18歳未満）である場合，面接をビデオ録画するよう義務づけている。

これらの面接法を用いると，そうでない場合に比べ，正確な情報がより多く想起されることが諸実験により確認されている（Milne & Bull, 1999；Poole & Lamb, 1998；Aldridge & Wood, 1998など）。

日本では，面接法が十分確立していないばかりでなく，尋問官が調書を被面接者の独白口調で記述することも多い（例えば「〇月〇日〇時頃，私が△△前を歩いていたところ……」など）。この方法では，実際にどのような質問や応答があったのかを知ることはむずかしく，供述の信頼性を査定するのも困難である。面接法とその記録手続きの開発は，学問的にも社会的にも急を要する課題である。

(3) 今後の課題

上述したように，認知的インタビュー，ステップワイズ面接，フェーズドアプローチなどは，従来の面接法に比べると正確な情報を増加させ，不正確な情報は減少させると報告されている。しかし，いわゆる「従来の方法」は誘導，圧力，不適切な質問等が多く，新しい面接法が相対的に高く評価されやすいという可能性は残る。また，面接法そのものではなく，面接法を用いようとする動機づけがよい効果をもたらしている可能性もあるだろう。新しい面接法を用いたからといって，必ずしも正確な証言を得られるとは限らないことに注意すべきである。さらに面接法は日々更新されているので，絶対的なものだと考えないことも重要である。高齢者や年少者，ハンディキャップを持つ人々，犯罪の被害者や犯罪の性質に対応できる面接法の開発やその客観的な評価も，今後の重要な課題である。

5. おわりに

以上，発話の解釈や産出に関する研究，母子対話における二次的な情報伝達，そし

▼表9-9　フェーズドアプローチのまとめ（Home Office, 1992）

	目的	アプローチ	やってはいけないこと	その他の注意点
第1フェーズ：ラポール	子どもを落ちつかせ、不安を取り除く。子どもについての情報を得る。面接の目的を述べる。本当のことのみを話すよう理解してもらう。	子どもをリラックスさせるように。遊びを入れてもよい。	面接者のほうから問題となっている出来事に言及してはならない。子どもをじっと見つめたり、触ったりしてはいけない。	第1フェーズは何度かくり返さなくてはならないかもしれない。決してこのフェーズを省いてはいけない。
第2フェーズ：自由ナラティブ	子どもに語ってもらう。	子どものペースで出来事について話してもらうよう努める。面接者は「積極的に聞く」態度をとる。	子どもが言及していない出来事について直接尋ねてはいけない。子どもの話がとぎれても、すぐに口をはさんではいけない。	我慢強く聞く。出来事と関係のないことが出てくるようであったら、第4フェーズ（面接の終了）に進むことを考える。
第3フェーズ：質問	子どもが語った出来事について、より多くの情報を得る。	一般的な質問からより特殊な質問に移る。	このフェーズでは、子どもが言った内容を明確にするための質問すら、行ってはいけない。質問をすぐにくり返さない。文法的、文章的に難しい表現を避ける。1度に1つのことしか聞かない。	質問をする際は、この質問が子どものためになるのか、先に進むのが公正かどうか考えること。
A段階：オープンエンドクエスチョン	圧力をかけることなく、子どもにもっと多くを語ってもらう。	焦点を当てつつも、誘導にならないように尋ねる。		
B段階：特定の内容に関する、しかし誘導にならない質問	より広い情報を得、またその内容を明確にする。子どもに面接の目的を思い出させる。	出来事に言及する焦点を絞った質問を行う。子どもが語った事実や表現のうち、つじつまの合わないところを優しく指摘し、検討する。	「うん（はい）」、「ううん（いいえ）」で答えさせるような質問を避ける。	
C段階：クローズドクエスチョン	話したがらない子どもにも話してもらうように。	回答の選択肢が限られるような質問を行う。		このような質問形式をとってよいかどうか、他の面接官に相談すること。
D段階：誘導質問	話したがらない子どもにも話してもらうように。	答えが含意されるような質問や、「出来事」を前提とした質問を行う。	同じ答えが期待される質問だけを行わないようにする。	直接的に誘導する質問はすべて避けること。
第4フェーズ：面接の終了	子どもがこの面接について理解できるよう、はかる。子どもが落ち込むことのないようにする。	子どもが語った言葉を用いて出来事の確認を行う。ラポールでの話題に戻る。子どもに「ありがとう」と言い、質問がないか尋ねる。	大人の言葉を用いてまとめてしまうことのないようにする。	このフェーズを省いてはいけない。子どもまたは同伴の大人に、面接官の名前や電話番号を教える。

て事実を聞き出す対話の研究をみてきた。扱いきれなかった領域は多く，例えばCHILDES（the child language data exchange system：MacWhinney, 2000 a, b）や千葉大学マップコーパス（堀内ら，1999など）などの対話コーパス（corpus, 対話の音声・書き起こしデータのデータベース）を用いた研究も，近年めざましい成果を上げている。会話研究のフィールドは広く，言語学，工学，法学，福祉など，さまざまな学と接触を持ちながら進んできており，心理学のなかだけでも，認知心理，言語心理，臨床心理，社会心理，発達心理，法心理などの各分野にまたがっている。今後も領域どうしの接触が起動力となり，会話研究がさらに進むことを期待している。

10章 日常世界の対人認知

池上知子

1. はじめに

　対人認知の研究の歴史は古く，これまでに膨大な知見が蓄積されている。しかし，それらはどのくらいわれわれが日常行っている対人認知を説明し得るのであろうか。本章では，まず，従来の対人認知研究が日常的妥当性という観点からみて，問題はなかったのか，もしあるとすれば，どこに問題があったのかを明らかにし，これに対し，最近の研究が，どのような意味において日常世界の対人認知の実相に迫りつつあるのかをみていくことにする。そのうえで，日常的妥当性のある対人認知研究とはどのようなものなのかを考えたい。

2. 対人認知研究と日常的妥当性

(1) 伝統的対人認知研究における日常的妥当性

　伝統的な対人認知研究は，内容的に大きく2つに分類することができる。1つは対人認知過程の研究であり，もう1つは対人認知構造に関する研究である。対人認知過程の研究においては，ある人物について得たさまざまな情報を人はどのように統合し，全体としてまとまりを持った印象を形成するのかという点が研究の焦点となっていた。なお，帰属研究の領域において取り上げられてきた「人はどのような場合に他者の行動を行為者の内的特性に帰着させるのか」という問題も広い意味では対人認知過程の研究といえる。一方，対人認知構造の研究においては，人が対人認知事態で用いる認知次元（特性次元）にはどのようなものがあるか，それらはいかなる連関構造を

形成しているかを明らかにすることが，研究の主たる目的となっていた。これらの研究は，いずれも重要な成果を生み出しており，われわれが現実場面で働かせている対人認知機構の一面をある意味において的確に描き出しているといえるものも多い。

　まず，対人認知過程の研究をみてみよう。例えば，印象形成における初頭効果（primacy effect）は，第一印象がその後の対人関係を大きく左右するという日常の経験ともよく符合するし（Asch, 1946），新近効果（recency effect）に関しても，当初相手にいだいていた印象が新たな事実を知ることによって覆されるといった事態がある条件下で起こり得ることは実感として理解できよう（Luchins, 1958）。また，帰属の対応推論モデル（correspondent inference model）が示唆するように，人々が規範に従った望ましい行動より，それから逸脱した望ましくない行動に敏感に反応し，そのような行動にこそ当人の本来的性格が現れているとみなしてしまうというのもわれわれがふだん行う推論の実態によく一致している（Jones & Davis, 1965）。ただし，これらの研究にはある共通した問題点もあった。それは，いずれも人間が与えられた情報にのみ基づいて反応しているかのように考えている点である。だが，対人認知場面に限らず，多くの場合，われわれは示された客観的事実以上のことを読みとっている。それは，情報を与えられる以前にわれわれはすでに当該事象に関連する知識や信念をある程度持っているからである。これら現実世界に関する常識のようなものを動員することによって，われわれは与えられた情報以外のことも推測しているのである。このような既存の知識や信念の役割を上記の研究は視野に入れていない点に大きな限界があったといえる。もっとも，印象形成過程をゲシュタルト心理学の観点からとらえようとしたAschは，この点を直観的に察知していたのかもしれない。彼は，人物に対する印象は個々の情報の単なる総和ではなく，それを超えた何か，彼の言葉によれば「統合された全体（integrated whole）」であると説いていたからである（Asch, 1946）。しかしこの「統合された全体」の成立を可能にする内部機構についての言及はなく，あくまで刺激自体の特性の問題として論じるにとどまっていた。

　これに対して，対人認知構造に関する研究は，まさに主体の側の内部機構が問題にされた。そこでの議論の焦点は，同じ情報が与えられても人によって形成される印象が異なることがあるのはなぜなのかという点であった。この問いに答えようとすれば，勢い個々人の認知構造の相違にその原因を求めざるを得ない。そこで提起された理論概念が，個人的構成体システム（personal construct system：Kelly, 1955）であり，暗黙裡の人格観（implicit personality theory：Bruner & Tagiuri, 1954）であった。その結果，人が対人認知場面で用いるために保有している特性概念の種類と数，特性相互の関連性（共起性）に関する信念の相違が対人認知の個人差の発現に関係してい

ることが明らかにされた。これらによれば,例えば,「自分の意見を言わない」人を「遠慮深い」とみるか「主体性がない」とみるかは,みる側がどのような特性概念を保有しているかによって規定されること,また,「まじめな」人だと聞いて「誠実」で「信頼できる」人だと思うか,「堅苦しい」「退屈な」人だと思うかは,個々人がいだいている性格観に規定されることになる。このような議論は,対人認知場面において人がデータ駆動型の情報処理だけでなく,概念／理論駆動型の情報処理を行っていることを示唆するものであり,われわれが日常他者について推測をめぐらすときの心的過程の様相をある点でよくとらえていると考えられる。ただし,これらの研究にも日常的妥当性という観点からみるといくつかの問題点があったことは否定できない(Leyens & Fiske, 1994)。以下に,どのような問題点があったかを述べるとともに,対人認知研究の日常的妥当性をめぐる最近の動向についてふれることにする。

(2) 日常的妥当性をめぐる最近の動向

　問題の1つは,研究のほとんどが分析の対象を人格特性,あるいは人の行動と特性の対応関係に関する信念や知識に限定していたことである。対人認知場面でわれわれが用いる概念的枠組みや知識には多種多様なものがあり,特性に関する知識はあくまでその1つにすぎない。しかも,日常をふり返ってみると,相手の行動だけをみて性格特性を推し量るというようなプロセスをたどることはそれほど多くはないように思われる。それよりは,相手の外見や社会的属性(ここで社会的属性というのは,性別,年齢,人種といった生物学的根拠に基づくものや,職業や社会的地位,国籍や宗教のように社会の構造や制度に根ざしたものまで多岐にわたる)の認識がまずさきになされ,それらに結びついているステレオタイプ(stereotype)に基づきさまざまな推測を行うほうがはるかに多いのではないだろうか。それは,現実の社会がさまざまな社会的カテゴリーや集団から構成されているのが常であり,そのなかで生活している人間にとって,どのカテゴリーに属しているかが大きな意味を持つからだと考えられる。とりわけ,カテゴリーや集団間に優劣の違いや利害の対立があるときは,人々の意識にこれが占める重みは重大である。人種差別や宗教対立の続いている国や地域を考えればそれは容易に想像がつくであろう。かりにそのような状況になくても,適切な対人関係を営むためには,眼前にいる人物が男性であるか女性であるかは最低限知りたいと思うだろうし,職場などでは相手の地位や立場は一応知っておきたいと思うであろう。このように社会的カテゴリーに基づく認知的枠組みが現実の対人認知場面において重要な位置を占めていることは,1970年代後半,対人認知研究に認知心理学的アプローチが導入されたころから,しだいに広く認識されるようになり,今日この領

域の中心的テーマになっている（池上，2001b参照）。

さて，もう1つ，これまでの研究において看過されていた重要な問題に，認知者と対象人物との関係性がある。多くの対人認知研究，とくに実験的アプローチをとる研究は，認知者はあくまで第三者的立場から対象人物を観察するという状況におかれていた。対象人物との間に特別な利害関係や個人的感情が存在しない場合の認知過程をとらえることに研究の主眼があったからである。しかし，現実の社会生活のなかでわれわれが行う対人認知は，むしろ相手が自分にとってどういう関係にあるかという点が重要な意味を持つ。実際，われわれが相手に対し強い関心をいだき，相手のことを真剣に知りたいと思うのは，その相手と日常的に接触し，相互に影響し合う関係にあるときではないだろうか。こうした状況のもとでは，認知者は超然とした態度で相手をみることは困難であり，そこにさまざまな思惑や期待が混入してくることは否めない。これまでの研究は，認知心理学的アプローチ導入以降の研究も含め，どちらかというとこのような動機要因を考慮する視点が希薄であったことは事実である。しかしながら，最近は，動機論的観点を重視した研究も徐々に増えつつあり，新たな動きとして注目されている（池上，2001b参照）。

このような最近の動向をふまえ，次節以降では，現実世界の対人認知の実相に迫る代表的な理論や研究を取り上げながら，日常的妥当性のある対人認知研究とはどのようなものであるかをみていきたい。

3. 対人認知の日常モデル

近年の研究において日常の対人認知の実態を比較的よくとらえていると考えられる理論モデルとして，Brewer（1988；Brewer & Feinstein, 1999）による2過程モデル（dual process model，図10-1）とFiske and Neuburg（1990；Fiske et al., 1999）の連続体モデル（continuum model，図10-2）があげられる。ここでは，モデルの概要を述べるとともに，これらがどのような意味において日常的妥当性があるといえるかを考えることにする。

Brewerの2過程モデルでは，対人認知過程は大きく2つの段階から構成されていると考える。第1の段階は，相手の性別，年齢，人種などカテゴリカルな属性が同定される段階で，これは即座に自動的に生起する。もし，このとき相手についてさらに知る必要がなければ，その人物に関する情報処理はそこで打ち切られる。しかし，相手をもっとよく理解したいと思ったときは，第2の段階に進むことになる。この場合

の情報処理はかなり意識的なものである。モデルによれば，第2の段階がカテゴリーベースと個人ベースの2種類の処理モードに分岐することになる。なお，2つの処理モードのいずれが選択されるかは，相手と自分の関係性に依存する。相手に対する個人的関与が低い場合，あるいは相手と自分の集団成員性が強く意識されている場合は，カテゴリーベースの処理モードが選択されやすい。一方，個人的関与が高いとき，あるいは集団成員性がとくに意識されることなく互いが一個人として接しているときは，個人ベースの処理モードが選択されやすくなる。カテゴリーベースの処理モードが選択された場合は，カテゴリカルな属性が重視され，当該カテゴリーにその人物がどの程度当てはまっているかという観点から人物が理解される。例えば，相手の職業が教師であるとき，その人をいかにも教師らしい人だとか，教師らしからぬ人だといった視点でみる場合がこれにあたる。個人ベースの処理モードが選択されたときは，カテゴリカルな知識は参照されず，個人に固有の特性に注意が向きそれらを積み上げていくことで人物の全体像が把握される。この場合は，たとえ教師であるという事実を知ったとしても，それは数ある特性の1つにすぎず，そのことが人物の印象の中核を形成するわけではない。

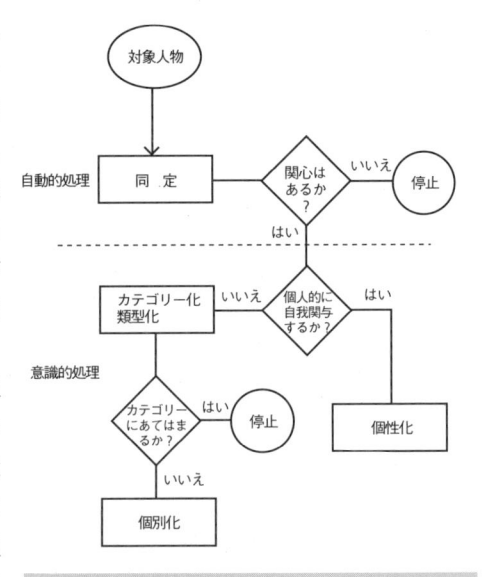

▲図10-1　2過程モデル（Brewer,1988を一部改変）

相手や状況によって対人認知様式が変化することは，われわれがふだんの生活のなかで漠然とではあるが感じているところであろう。教師が生徒を見るとき，「優等生」とか「問題児」といったように，つい生徒を一定の基準でカテゴリー化（ラベル付け）してとらえてしまうことがあるが，これは自分が置かれている教師としての立場を離れて相手をみることがなかなか困難であることを表している。他方，恋愛関係にある男女は双方のおかれている社会的立場や関係を忘れ，相手を一個人としてみてしまう。このモデルは，このような現象を質的に異なる2種類の認知様式を対置させることによって体系的に記述しようとしたものといえる。なお，モデルでは，2種類の処理モードのどちらが選択されるかは状況によって決まるとされているが，現実にはカテゴ

リーベースの処理モードが優勢になりやすいと考えられる。なぜなら，相手に個人的に深く関与するというようなことがそれほど頻繁にあるとは考えにくいからである。加えて，カテゴリカルな知識を参照することは処理効率の点でも有利であるし，個人的関与が低ければ，この処理モードを採用する頻度はおのずと高くなると推測されるからである（Bodenhausen et al., 1999）。しかも，対人認知のプロセスがカテゴリー属性の同定から始まるとすれば，その情報がその後のプロセスを方向づけやすくなることは十分考えられよう。

Fiske and Neuburg（1990）によって提案された連続体モ

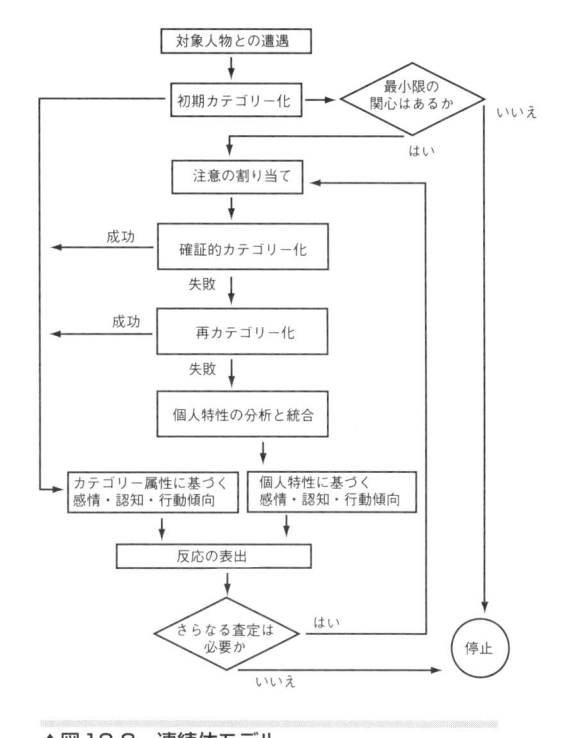

▲図10-2　連続体モデル
（Fiske & Neuburg, 1990を一部改変）

デルも，カテゴリカルな知識の役割を重視している点で，2過程モデルと共通している（図10-2）。このモデルの特徴は，カテゴリーベースの処理モードと個人ベースの処理モードを離散的にとらえるのではなく，これらは連続次元上の両極をなし，種々の要因により前者から後者へ段階的に移行し得るものであると考えるところにある。このモデルにおいても，対人認知は対象人物のカテゴリー属性の同定から始まると考えられており，しかも，初期のカテゴリー化が，その後の情報処理を規定することが強調されている。このモデルによれば，われわれはまず対象人物になんらかのカテゴリーラベルを付与し，それに結びついているステレオタイプに人物を当てはめて理解しようとする。もしよく当てはまっていれば，相手の印象は，そのカテゴリーに付与されている価値に規定される。人種差別主義者が，相手の人種を知っただけで嫌悪感をいだくとか，性差別主義者が，相手が女性であるというだけで蔑視するといった場合がこれにあたる。相手が当該カテゴリーに当てはまらない場合，あるいは既存のス

テレオタイプに反する特徴を持っている場合は，下位カテゴリーを考えるなど再カテゴリー化が行われる。それでもなおあてはまらない場合は，相手の個人的特性に注目しそれに基づいて相手の印象を形成しようとする。これは，カテゴリーベースの処理モードから個人ベースの処理モードに移行したことを意味している。

　2過程モデルでは，相手によって選択される対人認知様式が異なることが強調されていたのに対し，連続体モデルでは，同一の相手に対する対人認知様式が時間的に変化することを考慮に入れている点に特徴がある。相手と相互作用を続けるうちに，最初は気づかなかった別の一面を発見し，相手に対する理解を新たにするということはよくあることである。このモデルは，それをカテゴリー属性に向けられていた注意が個人的特性に向けられるようになる過程としてとらえているといえよう。なお，個人ベースの処理モードへの移行を促す要因として2つあげられている。1つは，カテゴリカルな知識（ステレオタイプ）と明らかに矛盾する情報の存在である。これは，見る側に認知的葛藤を引き起こし，相手に対する興味，関心から情報を詳細に吟味しようとする動機を高める。例えば，日本における学歴ステレオタイプ（有名大学の学生は人格もすぐれている）の影響を検討した佐々木（1997）と池上と斎藤（1999）の結果を比べると，断片的で曖昧な情報しか与えられなかった前者では，学歴情報の影響が明瞭に認められているが，ステレオタイプに一致する情報とステレオタイプに反する情報が同数ずつ与えられた後者では学歴情報の影響がほとんど見出されていない。両者は実験手続き等が異なるため厳密には比較することはできないが，少なくとも後者のような条件の下では個人ベースの処理モードが起動しやすいことは考えられる。個人ベースの処理モードを促すもう1つの要因は，相手を正確に知りたいという動機である。この動機が強まるのは，自分の判断の妥当性が問われる場合（Neuburg, 1989），相手と自分が相互依存関係にあり相手の特性を正確に判断できるかどうかが自分の利害に直接かかわる場合が考えられる（Neuburg & Fiske, 1987；Fikse & Deprét, 1996）。

　上記2つのモデルが示唆しているのは，われわれの対人認知機構は，特別な理由がない限り，通常は処理負荷の小さいカテゴリーベースの情報処理を行うように設計されているということであろう。これは，換言すれば，われわれが日常行う対人判断が偏見や差別の認知的基礎となるステレオタイプに大きく依存していることを意味している。したがって，最近の対人認知研究は，社会を構成している諸カテゴリーに関する知識，すなわちステレオタイプが他者の判断や評価に具体的にどのような形で影響を与えているのか，それがなぜ社会的差別に結びついていくのかという関心のもとに行われているものが非常に多い（池上，2001a, b参照）。そこで，次に，これらの研

究のうち，とくに現実の社会問題に直接示唆を与え得るような知見を提供している研究を取り上げ，その意義について検討したい。

4. ステレオタイプと対人認知

(1) 能力評価と適性判断

　客観的で公正な判断が切実に求められるのは，進学や就職の際に行われる選抜試験のような場面ではないだろうか。これらはその結果が個人の人生を大きく左右することになると考えられるからである。したがって，評価する側の人間も，できる限り予断や先入観は排除しようとするであろう。ところが，現実には，このような場面での対人認知はステレオタイプに基づく予断や先入観の影響を受けていることが実に多いのである。それは，ステレオタイプが対人認知場面で，ある種のスキーマとして機能し，ステレオタイプに一致する情報を選択的に取り入れる仮説確証型の情報処理を促進するからである。しかも，それが主体の意識的コントロールを超えた形で起こるため，本人も気づかぬままに偏見に基づく判断を行ってしまうことになりやすい。また，評価する立場に置かれた人間の心理状態もステレオタイプに基づく判断を促す要因となり得る。一般に，他者を評価する権限を与えられた人間は，優位な立場にあり，相手を正確に認知しなくても必ずしも自分の利益が脅かされるわけではない。したがって，正確さへの動機づけは弱くなり，おのずとステレオタイプに頼った判断を行うことになる。加えて，人間は権限を与えられると自分の信念や意見を過信するようになり，ステレオタイプに基づく判断にも正当性があるように思い込んでしまう傾向があることも理由としてあげられる（Fiske & Morling, 1996参照）。

①**判断根拠と評価権限**

　ステレオタイプが対人評価にどのようなメカニズムで影響を及ぼしているかに関して興味深い示唆を与えているのが，しばしば引用されるDarley and Gross（1983）の研究である。彼らは，1人の小学生の学習遂行場面を収録したVTRを被験者の大学生に見せ，その児童の学力を推定させるという実験を行っている。VTRには児童の学力が高いことを示す事実と学力が低いことを示す事実が同数ずつ含まれていた。なお，被験者は学習遂行場面を見る前に，小学生の家庭階層がわかるように，その小学生が自宅で遊んでいるようすを撮影したVTRを見せられる。このVTRは2種類用意され，1つは裕福な家庭であることを，もう1つはあまり裕福ではない家庭であることを示す内容となっていた。すると，前者を見た学生のほうが後者を見た学生より，

児童の学力を全般に高く評価したのである。社会的階層の高い家庭の子どもは学力も高いというステレオタイプが判断に影響したといえる。ただ，ここで注目すべきことは，最初のVTRを見た直後の学力評価では条件間で差がなかった点である。これは，被験者が家庭階層から短絡的にステレオタイプに基づく判断を行ったわけではなく，後半のVTRで学力評価のための客観的資料が示された時点でステレオタイプの影響を受けたことを示唆している。すなわち，後半のVTRを見たときに，ステレオタイプに一致する情報にのみ選択的に注意が向き，それが判断結果に反映されたといえる。一般に，人は，何の根拠もない状況では判断を行うことを控えるが，根拠となり得る情報が与えられると，判断する資格を得たと感じ，判断のための情報処理活動を開始するといわれている。しかし，根拠となる情報の選択にステレオタイプによるバイアスがかかることにはなかなか気づかないのである。それゆえ，客観的データがあるほうがステレオタイプの影響が強まるというある種のパラドクスが生じることになる（Leyens et al., 1992；Yzerbyt et al., 1994）。なお，最近では，判断する資格を得たという感覚が，判断とは無関連な情報も関連があるかのような錯覚を引き起こし，それらの影響を受けやすくするという興味深い知見も得られている（Croizet & Fiske, 2000）。

　上に述べたような傾向は与えられた権限が増すとさらに助長される。Goodwin et al.（2000）は，高校生を事務職の実習生として採用するという状況を設定し，大学生に応募者のプロフィールを記したファイルを読んで適性を評価させるという実験を行っている。このとき，大学生被験者の半数には，彼らの意見は参考資料にするだけで，採否には関係しないと伝えられ（権限なし条件），残り半数には，彼らの意見が採否に30％くらい影響すると伝えられた（権限あり条件）。架空の応募者は6人で構成されているが，分析の対象となるのは2人である。1人はアングロサクソン系，1人はヒスパニック系であり，これらは名前などから同定できるようになっていた。プロフィールには，それぞれの民族ステレオタイプに一致する特性と一致しない特性が記されている。そして，一致する特性として，アングロサクソンの場合は望ましい特性（野心的，教養のある，有能ななど）が，ヒスパニックのほうは望ましくない特性（感情的，無知，騒がしいなど）が記されていた。被験者はファイルを読んで所見を口頭で述べるよう求められるが，このとき，各特性に言及した時間が測定された。その結果，権限を与えられた大学生のほうが，ステレオタイプに一致する情報により注意が向きやすくなるという傾向が認められた。これは，権限を与えられた大学生ではヒスパニック系の応募者が不利になるような認知バイアスが生じていたことを意味している。

②セクシュアル・ハラスメント

　Rudman and Borgida（1995）は，採用面接における性差別的言動と権限の関係を検討している。この研究は，採用面接において男性面接官の側に「女性＝性的対象」というステレオタイプが種々の要因により顕現化すると，女性候補者の適切な評価がなされなくなる危険性のあることを示すことにより，現実世界で起こっている就職に関わる「セクシュアル・ハラスメント（sexual harassment）」がどのようなメカニズムで引き起こされるかを対人認知の側面から解明しようとしたものである。彼らは，男子大学生を対象に模擬面接実験（実験助手の求人に応募してきた女性志願者に対し面接官として質問させる実験）を行った。半数の被験者には自分の評価が採否に影響することになると伝え（権限高条件），残り半数には採否はすでに決まっており面接は採用予定者の訓練のために行うと説明する（権限低条件）。また，この研究では，面接実験に先立ち，別の研究であると偽り被験者の男子大学生に商品広告のビデオを見て評価するという課題を行わせている。その際，半数の被験者には，女性を性的対象としてみる態度を喚起する目的で，登場する女性モデルの性的魅力を強調する広告ビデオを呈示している。残り半数には，そのような性的ニュアンスを含まない広告ビデオが呈示された。さらに，この研究では，性的嫌がらせをする潜在的傾向性を測定する心理テストも併せて実施している。結果で注目したいのは，面接時の男子大学生の振る舞いに権限の高低による違いが現れている点である。すなわち，採否について自分にも権限があると信じている男子大学生は，そうでない者に比べ，面接中女性志願者に必要以上に接近するとか身体を見つめるといった行動が多く，また，性的嫌がらせにあたる質問をする回数も多かったのである。なお，性

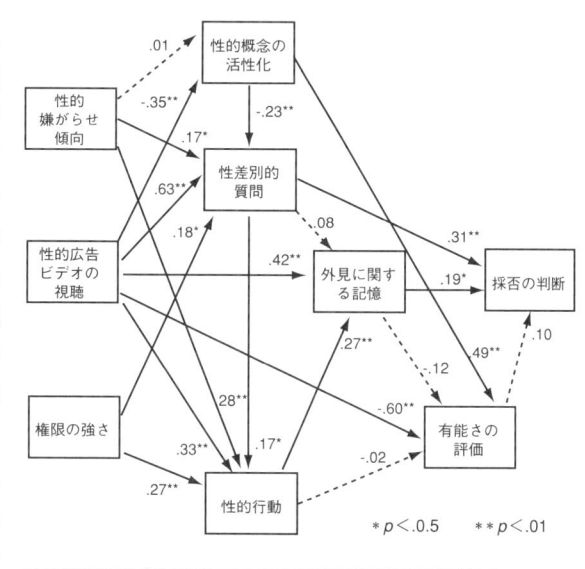

▲図 10-3　採用面接におけるセクシズム
　　　　　　　（Rudman & Borgida, 1995 を一部改変）
図中の数値はパス係数の値。実線はパス係数が統計的に有意であったことを示し，破線は有意でなかったことを示す。

的言動の頻度は，性的嫌がらせをする潜在的傾向が高い群においても，性的ニュアンスを含む広告ビデオを直前に見た群においても多くなる傾向にあった。

　Rudman and Borgida（1995）は，模擬面接場面に関係していたとされる各変数がどのような経路で最終的な採否の判断に影響を与えているかをパス解析により分析している。図10-3がその結果である。ここで特筆すべきは，採否の判断に能力や適性の評価が関係せず，性的嫌がらせにあたる質問数や女性の外見的特徴に関する記憶が直接関係している点である。これは，女性志願者の採用に積極的だったのが，女性志願者の能力や適性を高く評価した面接官ではなく，女性志願者を性的対象としてみていた面接官であったことを意味している。図10-3を見てわかるように，この実験場面で最も大きな影響力を及ぼしたのは，性的ニュアンスを含む広告ビデオの視聴であるが，一見，性的側面とは無関係と考えられる権限が同じような効果をもたらしている点も看過できない。これは，男性の側に男女の性的関係を支配－服従関係とみるステレオタイプが存在すること，そのため，非性的場面においてもそれと共通する要素を含む関係に置かれると，相手の女性を無意識のうちに性的欲求の対象とみなしてしまうことを表している。男性中心の社会において，女性が適切に評価を受けることのむずかしさをうかがわせる。

(2) 罪と罰の裁定
①人を憎んで罪を憎まず

　「罪を憎んで人を憎まず」という格言がある。犯した罪は罪として憎むべきものだが，その罪を犯した人までを憎んではならないという意味である。この根底には，犯した罪とその罪を犯した人間は切り離して考えるべきであるというある種の理念があると考えられる。しかしながら，現実は，多くの人々が，だれがその罪を犯したかによって罪そのものへの評価すら変えている。例えば，容貌のよい人は同じように罪を犯しても寛大な処置を受けやすいという言説がある。これをめぐりこれまで膨大な研究がなされているが，それらのなかには，容貌の効果を見出しているものも少なからず存在する（Stewart, 1980；Bull and Rumsey, 1988参照）。また，福島（1997）は，著書『裁判の女性学』のなかで，客観的で中立的であるべき裁判の場で，「女性」であるがゆえに，あるいは「内縁の妻」「未婚の母」であるがゆえに，理不尽な裁きを受けている事例を数多く紹介し，こうした事態が生ずるのは，「女性」とはこういうもの，「結婚」とはこういうものというジェンダー・ステレオタイプが，裁判官の倫理観ひいては司法の制度そのものを支配しているからであると論じている。このほかにも，さまざまな社会的ステレオタイプが罪と罰の裁定に影響を与えていることが

知られている。

　Bodenhausen and Wyer（1985）は，反社会的行為の事例報告を読んで，再犯の可能性やどの程度の処罰を与えるべきかについて判断させるという実験を行い，行為の内容が行為者の属する民族にまつわるステレオタイプに一致するか否かによって，判断が異なってくることを見出している。例えば，雇い主に反抗するという行為の場合，アラブ人労働者よりアメリカ人労働者がその行為をしたほうが再犯可能性は高く見積もられ，処罰も厳しくなる。ところが，職務怠慢にあたる行為の場合は，これが逆になる。これは，「アメリカ人は反抗的」，「アラブ人は怠け者」といったステレオタイプの存在が影響していると考えられる。ステレオタイプに一致する行為は個人の生来の性質に帰属されやすいからである。その行為が行為者生来の性質に帰属されれば，状況が変わってもまた同じ行為をすると考えるであろう。そのぶん社会に与える脅威も大きいとみなされ，したがって，処罰も厳しくなるのである。また，犯した犯罪の種類が犯罪者の属する民族のステレオタイプ・イメージに一致していると，犯行の動機に関係したと考えられる状況要因が判断に際し斟酌されないことも確認されている。例えば，傷害事件を起こした人間がアングロサクソンである場合，その人が過去に親から虐待を受けたという事実を知らされると刑を軽減する方向に判断が変化したが，ヒスパニックの場合は，そのような事実は無視された。これは，「ヒスパニックは元来粗暴である」というステレオタイプがあるからである。他方，詐欺横領事件のときは，経済的に困窮していたという事情はヒスパニックでは斟酌されたが，アングロサクソンに対しては斟酌されなかった。「アングロサクソンは元来狡猾である」というステレオタイプが存在するからである。

②シンプソン裁判

　1994年にアメリカで起きた「シンプソン事件（Simpson case）」は，容疑者の人種が裁判の審理に大きな影響を与えた象徴的な事件といえる。事件の概要は以下のとおりである（1995年10月4日付，朝日新聞夕刊参照）。元フットボールの黒人スター選手であるO. J. シンプソンの前妻で白人のニコールさんが，男友だちとともに刃物でのどなどを切られ血まみれになって死んでいるのが自宅前で見つかった。警察は男女関係のこじれによる殺人事件と断定し，容疑者としてシンプソンが逮捕された。事件当日，シンプソン被告にはアリバイがなく，現場や被告宅の血痕のDNA鑑定の結果も被告の犯行であることを裏づけるものであった。ところが，事件を審理したロサンゼルス上級裁判所は無罪の評決を下した。弁護側が，事件の捜査にあたったロス市警の刑事が「ニガー」という黒人差別用語を連発している録音テープを公表したからである。これにより「偏見に満ちた白人警官の陰謀」説が強く印象づけられ，裁判の流

れが大きく変わった（図10-4参照）。

　この裁判はいろいろな意味で論議を呼んだ。まず，あくまで事実審理に基づき事件の真相を追及すべき法廷の場に，人種問題が巧妙に持ち込まれ，憶測に基づく感情論が裁判の行方を左右したことである。もちろん，事件の真相は依然謎のままである。しかし，多くの人々が，この判決に釈然としないものを感じたことは否めない。加えて，検察側が，本来なら死刑を求刑すべきところ，黒人社会への影響を配慮して終身刑に減刑して求刑したことも公正さという点で問題があろう。刑罰は犯した罪そのものの重さに応じて与えられるべきだからである。社会的に差別を受けている人種であるという理由で特別扱いすることは，人種問題の解決にはむしろマイナスとなる。Nier et al.（2000）が，この裁判の前後に白人大学生を対象に行ったパネル調査の結果もそれを物語っている。それをみると，回答者自身が予想していた判決の内容と判決前に測定された反黒人主義的態度の強さの間には対応関係が見出されておらず，回答者はあくまで事実情報に基づきシンプソンが有罪であるか無罪であるかを推定していたことがわかる。ところが，無罪判決が下された1週間後の調査では，有罪を予想していた学生ほど裁判は公正さに欠けると感じ，そのように感じた学生ほど反黒人主義的態度を強めていることが示された。しかも，それは9週間後まで持続していた。実際，この事件以後，アメリカの白人社会における黒人に対する態度は少なからず悪化したといわれている。

（3）情報の共有化と対人判断

　シンプソンが無罪判決を勝ち取ることができたもう1つの理由として，アメリカの裁判が陪審制を採用していることがあげられる。陪審制とは，有権者名簿に基づき公平に選ばれた市民が陪審員を構成し，裁判官から独立して有罪か無罪かの評決を下す制度である。陪審員の構成は，その地域の人種，職業，宗教，性別などを最大限に反映していなければならないことになっている。シンプソン裁判では，この原則に則って選んだ結果，黒人9人，白人2人，ヒスパニック1人という構成になっていた。たしかに，被告人側に有利な

▲図10-4　シンプソン裁判
ロサンゼルス上級裁判所で，無罪の評決を受けたシンプソン被告。右はコクラン主任弁護士（写真＝ロイター・サン）

構成ではあったが，人種問題も絡むとあって当初は対立も予想されていた。ところが，わずか3時間で全員が一致して無罪の結論に達したのである。

　さて，ここでの疑問は，はたして反対意見は出されなかったのか，なぜ，容易に合意が成立したのかという点である。審議の経過や評決の理由は公表されていないので，あくまで推測の域を出るものではないが，これには情報の共有化効果（common knowledge effect）が関係している可能性が高い。集団討議の場では，すべての情報が均等に言及され考慮されるわけではない。討議前に参加者がすでに共通に保有している情報ほど言及される確率は高くなる（Stasser & Titus, 1985）。したがって，当該情報を保有している（当該情報に言及する）人数が多いほど，それが討議を占有する時間も長くなり，結果，最終判断への影響力も強くなる。例えば，Gigone and Hastie（1993）は，3人一組の集団を構成し，32人の学生の評価を集団討議により決定させるという実験を行っている。討議の参加者には，あらかじめ，手がかりとなる情報（試験の成績，出席率など）が与えられるが，その際，各情報の共有度が異なるように操作された。結果は，各情報が最終評価に寄与した度合いは，その情報の共有率が高くなるほど大きくなるというものであった。したがって，シンプソン裁判の場合も，陪審評議の場で，被告に有利な情報（例：担当刑事の差別発言）がくり返し言及され，この情報が審議内容に占める比重が増大し，結局，「疑わしきは罰せず」の判断に至ったのではないかと考えられる。

　このようなことは，公的な審議の場に限らず，日常会話のような非公式な話し合いのなかにおいても起きるであろう。ふだんの生活を考えても，ある人物に対する評価や印象について複数の人間と話す機会は非常に多い。その際，自分が知っている情報を相手も知っていたり，自分と相手が同じ考え方をしているのがわかると，その人物に対する当初の印象がいっそう強まることがある。同じ情報でも，それが自分以外の人間にも共有されているという事実は，情報の信憑性を高めるからである。その意味で，対人認知場面においても他者との情報や信念の共有化が重要な役割を果たし得ることを理解する必要がある。このような視点は従来の対人認知研究においてはほとんど見受けられなかったが，最近，ステレオタイプ研究の領域でにわかにクローズアップされている。Ruscher and Duval（1998）は，被験者を2人一組にして特定のステレオタイプ（例：アルコール中毒患者）が適用されやすい人物について印象を話し合わせるという実験を行っている。人物に関して与えられる情報にはステレオタイプに一致するものと一致しないものが含まれていた。一般に，このような条件のもとでは，ステレオタイプに一致する情報が言及されやすくなるが，それは，その情報が2人の間で共有されている場合に顕著となることが見出されている。また，最終的に形成さ

れた印象がステレオタイプに従った内容になる傾向も情報の共有度が高いほうが強かった。他者に対する印象は，個人内過程にのみ基づいて形成されるのではなく，個人間過程の影響を強く受けることを示唆している。対人認知においてカテゴリカルな知識が重要な役割を果たしていることを前節までにみてきたが，このような知識が威力を発揮するのは，それが人々の間で共有されていることが大きな意味を持っているのかもしれない。

5. 対人認知における動機論的観点

先述したように（p.171），従来の対人認知研究は動機論的観点が希薄であったために，日常世界の対人認知と遊離しているような印象を与えていたことは否定できない。しかし，まったく動機的側面への関心がなかったわけではない。対人認知の動機的側面に関する考察は，実は，Kelly（1955）の個人的構成体理論にその萌芽をみることができる。この理論では，個人が外界をとらえる認知的枠組みは，その人独自のパーソナリティ構造，ひいては適応機制と密接に結びついていることが論じられていたのである。しかしながら，こうした観点に基づく研究は対人認知研究の主流をなすには至らなかった。対人認知研究は，認知心理学の台頭とも相まって，認知機構自体の特性とそれによってもたらされる認知的帰結が長らく中心的テーマとなっていたからである。しかし，認知論的観点の限界がしだいに明らかになるにつれ，認知機構を作動させる原動力となる欲求や感情にも関心が向けられるようになってきた。動機論的観点が復活したといえよう（池上，2001b参照）。

(1) 利害関係と対人認知

冒頭でも述べたが，われわれが日常生活のなかで他者をみるときは，往々にしてさまざまな思惑や期待がそこに入り込んでくるものである。とりわけ，利害関係が存在するときは，冷静かつ客観的に相手を見ることは，むしろ少ないかもしれない。このような問題を早期に検討したものとしては，Pepitone（1950）の研究があげられる。彼は，高校生にバスケットボールの試合の招待券を獲得するための面接試験に参加することを求め面接官の印象を答えさせるという実験を行った。高校生はみな試合の招待券をぜひ手に入れたいと考えていた。面接官は3人いたが，全員が同じように被面接者に対し好意的態度で接した。ところが，高校生は3人の面接官のうち最も決定権を持つと事前に知らされた面接官が一番好意的であったと答えたのである。また，3

人の面接官の接し方の好意度を変えたところ，今度は，最も好意的であった面接官が一番決定権を持っていると推測することが示された。自己の目標達成に都合のよいように相手をとらえていることがわかる。

　自分と利害関係にある相手に対する認知に関しては，最近，Fiskeらが，統制欲求（need for control）と関連づけて新たな視点から検討を行っている（Fiske & Morling, 1996参照）。Fiskeは，われわれには自分を取り巻く環境を統制したいという欲求，あるいは，自分の力で事態を統制できるという感覚を保持していたいという欲求があり，それらが脅かされたり剥奪されたりすると，人は，これを回復するために対人認知レベルにおいてもさまざまな対処方略を講じると論じている。彼女は，自己の利害を他者に依存せざるを得ない立場に置かれた者は，相手に対する統制力あるいは統制感を高めるために相手を正確に認知しようと分析的な情報処理を行うようになること，ただし，もしそれが不可能な場合は，逆に，自分に都合のよいように現実を歪めて認知するようになることを実証している。

　Stevens and Fiske（2000）は共同作業の成果によって自分の報酬が決定されるような場面を設定し，結果がどの程度相手に依存するかを操作した。被験者は，パートナーと組んで創造的なアイデアを産出するよう求められる。利害の相互依存性は3水準設けられた。水準の第1は，自分と相手の共同成果と関係なく被験者個人の成果によって報酬が決まる場合，第2は相手と自分の共同成果によって双方の報酬が決まる場合，第3は相手と自分の共同成果によって自分の報酬は決まるが，相手の報酬はそれとは独立に決まっている場合である。相手への依存度は第1水準から第3水準へいくほど高くなる。被験者は，いずれかの水準に割り当てられ条件について説明を聞いた後，パートナーとなる相手のプロフィール情報（高校での成績と第三者の所見）を与えられ，それに基づき印象を述べるよう求められる。まず成績情報がさきに呈示され，次に所見情報が呈示された。所見には，成績情報に一致する内容と一致しない内容の情報が半数ずつ記載されていた。このような場合，最初の情報に一致しない情報にも注意が向けられるかどうかが情報処理の入念さの指標となる。結果をみると，相手への依存度が高くなるほど，最初に見せられた成績情報に一致しない所見情報に注目する傾向が強まっていった。これは，相手に対し統制力を持てない条件の被験者ほど相手の情報を注意深く吟味し正確に理解しようとしていたことを表している。

　また，彼女らは，自分が相手から一方的に評価を受ける場合の対人認知も検討している。この場合は，相手に対する統制可能性がほとんどなくなる。こうした事態に置かれた人間は，もはや相手を正確にみようとすることを放棄し，相手は自分を好意的にみてくれるに違いないといったように自己奉仕的な対人認知を行うようになる。彼

女らは，共同作業の相手から評価を受けることになると告げる条件と，受けることはないと告げる条件とを比較しているが，評価的依存性（evaluative dependency）の高い前者のほうが相手の有能性を高く見積もり，これに反する情報を割り引いて受け取る傾向が大きいことを確認している。このようにして人は，少なくとも主観レベルでの統制感を維持しようとしているのである。

(2) 自尊欲求と対人認知

　前節でみた研究は，おもに物質的な利害が関係する場合の対人認知が問題にされていた。たしかに，物欲や金銭欲は，人間にとって基本的な欲求であるかもしれない。しかし，人は，純粋に心理的なレベルの欲求に基づいて行動することもある。なかでも，人間の社会的行動において中心的役割を果たしていると考えられているのが自尊欲求である。ここでは，自尊欲求が他者の見方にどのような影響を及ぼしているかをみていくことにする。

①リアクションとしての対人認知

　自分の損得が絡む相手には敏感になるように，人は自尊心を刺激する相手にも敏感に反応する。とくに，他者から直接自尊心を高められたり傷つけられたりした場合にその他者に人がどのように反応するかという問題は，古くから関心が持たれていた。例えば，Aronson and Linder（1965）による古典的研究では，被験者は，共同作業のパートナーが自分のことをほめたりけなしたりするのを偶然に聞かされるような状況に置かれ，その相手に対する好意度を答えさせられている。結果は単純明快で，自分をほめてくれた相手には好意を持ち，けなした相手には非好意的になるというものであった。一方，Walster（1965）は，好意の自尊理論を提起し，低下した自尊心の回復に寄与する相手に人は好意的感情をいだくようになることを実験によって確認している。

　このような視点は，最近のステレオタイプ研究においても認められる。Sinclair and Kunda（1999, 2000）は，自分に対しネガティブな評価を行った相手には，その評価に妥当性がないように思いたいがために，相手の社会的属性のうち望ましくない属性に注目し，これに結びつくステレオタイプに相手を当てはめようとすることを指摘している。逆に，相手が自分に対しポジティブな評価を行った場合は，相手の望ましい属性に注目し，これに基づくステレオタイプを適用する。例えば，相手が「黒人」かつ「医者」である場合，もしこの人物が自分をけなしたときは，「黒人の言ったことだからあてにはならない」と考え，自分をほめたときは，「黒人といっても医者だから信用していいだろう」と考えるのである。まさに，自分の都合のよいように既存

のステレオタイプを利用しているわけであるが，自尊心の維持と修復のために対人認知レベルで人が用いているある種の戦術であると考えられよう。

②社会的比較

自己評価維持モデル（self-evaluation maintenance model：SEM model）を提起したTesserは，個人の自尊心は他者との比較を通して維持，高揚されると考え，人は自尊心を脅かされるような事態に遭遇すると，比較が自己に有利になるように，認知レベル，行動レベルでさまざまな対処方略を試みると主張した（Tesser, 1986, 1988）。彼のモデルによれば，対人認知にもそれは現れることになる。Tesser and Campbell（1982）の研究にその一例をみることができる。彼らは，4人一組のグループを構成し，相互に自己紹介させたあと，1人ずつ順に社会的感受性と美的判断能力を測定するための質問紙検査を受けさせた。各グループは，本人以外の3人のうち，1人が友人，残り2人が初対面の人間となるように編成されていた。被験者は自分自身の検査結果を聞かされたあと，他のメンバーの成績を推測することを求められる。すると，その検査を重要と受け止めなかった被験者は，友人のほうが初対面の他人より成績がよいだろうと推測したが，検査を重要と受け止めた被験者は，逆に，友人より他人のほうが成績がよいだろうと推測したのである。これは，自分にとって重要でない事柄において心理的に近しい人間が秀でることは脅威に感じないが，自分にとって重要な事柄において，自分と心理的に近しい人間が秀でることは脅威となることを意味している。嫉妬ややっかみから他者の評価を引き下げることは日常的にもよく体験されることであるが，このとき自尊感情を維持するための複雑な心理機制が働いていることをこの研究は示唆している。

上述の研究は，被験者に他者との比較を必然的に動機づける場面での対人認知を問題にしている。これに対し，他者と比較することを必ずしも促されていない状況においても，自尊心を維持防衛しようとする心理機制が働くことを伺わせる研究がある。一般に，人は，自分自身を顕著に特徴づける特性次元，あるいは，自己概念において重要な位置づけを与えている属性次元を，他者を見る視点としても積極的に利用し，当該特性に関わる情報には敏感になることが知られている（Markus & Smith, 1981；Shrauger & Patterson, 1974）。これに対し，北村（1991, 1998）は，もし自己を特徴づける特性が，社会的に望ましくないものである場合は，人は，これらの特性次元から他者を見ることをむしろ回避する傾向を示すことを明らかにした。これは，対人認知において人は暗黙裡に自他の比較を行っているため，そのような次元で他者をとらえようとすれば，自己の短所や欠点が顕現化し自尊心が脅かされるからである。

ただし，池上と大塚（1997）では，自尊心を維持防衛しようとする心理機制は知性次元の評価においては現れるが，友好性次元の評価においては現れにくいことが示されている。彼女らは，行動記述文を組み合わせることで，知的だが友好的でない人物と友好的だが知的でない人物を人工的に構成し，大学生被験者に呈示して印象を形成するよう求めた。結果をみると，自己を知的であると考えている被験者は他者の知性を高く評価するが，自己を知的でないと見ている人間は，他者の知性をあまり高く評価していなかった。ところが，自分は友好的だと考えている被験者と自分は友好的でないと考えている被験者を比較したところ，他者の友好性を総じて寛大に評価していたのはむしろ後者のほうであった。また，自分を友好的でないと考えている被験者のほうが，他者の友好性をあらわす行動情報を入念に処理していたこともわかっている。自分のほうが劣っている特性次元からは他者をみないようにするといった心理機制は知性関連領域での対人認知にのみ妥当性を持つのかもしれない。換言すると，知性や能力次元で自分より相手のほうが優ることは自尊心に脅威を与えるが，友好性次元で相手が優れることは自尊心に脅威を与えることにはならないのであろう。むしろ，相手が友好的だとわかることは，友好的関係の成立を予期させ親和欲求を満たすため，自尊心を安定させるのかもしれない。実際，そのようなことを伺わせる研究結果も報告されている（Ikegami, in press；岩月，2001など）。人間は，常に他者を否定することによって自尊心を維持しているわけではないといえる。

（3）集団間関係と対人認知

先述したシンプソン事件は，アメリカにおける人種問題の根深さを改めて認識させる事件であった。しかも，それは，単にアメリカ社会に「黒人は粗暴である」ゆえに「黒人は犯罪に走る可能性が高い」といった黒人にまつわるステレタイプや偏見が依然存続しているのだというレベルの問題にとどまらない。アメリカ社会では，もはや黒人は白人によって一方的に差別され抑圧されているだけの存在ではなくなっている。まったく対等とはいえないかもしれないが，黒人も白人に対抗できるような勢力を形成しており，場合によっては白人社会に影響を与え得るだけの力を持ち始めているといえる。したがって，この事件は，アメリカにおける白人社会と黒人社会の対立の構図を露呈した事件とみたほうがよいかもしれない。

人間社会が複数の集団から構成されている以上，集団間の軋轢や対立は不可避的に生じてくると考えられる。そのような状況の下では，対人認知は集団間の関係によって大きく左右されるであろう。自分の所属する集団（内集団, ingroup）と相手の所属する集団（外集団, outgroup）がどのような関係にあるかが重要な意味を持つの

である。もし，自分の集団の利益が相手の集団によって脅かされているときは，相手集団に対する敵意や憎しみが相手集団のメンバー個人にも向けられる。Sherif (1956) が少年を対象に行った有名なサマーキャンプ実験は，そのことを見事に実証した先駆的研究といえよう。そこでは，まったく等質な2つのグループの間に競争的関係を導入すると，少年たちは互いに相手グループのメンバーを「ずるい」とか「きたない」と言い合うようになること，競争的関係が協同的関係に転換されると相手の見方も好意的になることが見出されている。また，社会的アイデンティティ理論（social identity theory）に基づく一連の研究は，集団間に実質的な利害の対立が存在しなくても，内集団を外集団と比較して内集団の優位性を確認することで自尊心を維持，高揚させようとする心理が働き，人は比較対象となった他集団のメンバーを低く評価する傾向のあることをくり返し主張している（Tajfel, 1978；Tajfel & Turner, 1986）。

　Turner (1978) は，文科系と理科系の大学生を集め3人一組のグループを構成し，全員に文章を書かせたあと，書かれた文章を互いに評価しあうという実験を行っている。グループのメンバーは，文科系だけあるいは理科系だけの学生からなるよう構成されていた。学生たちは，当然ながら自分と同じグループのメンバーの書いた文章のほうが他のグループのメンバーの書いたものより優れていると評価する「内集団ひいき（ingroup favoritism / ingroup bias）」を示した。ところが，文科系の学生の場合は，外集団が文科系か理科系かで違いがあらわれ，外集団が自分たちと同じ文科系であるほうが内集団ひいきの程度は大きかった。つまり，同じ文科系集団に対してのほうが差別化欲求が強く生じたわけである。これには，文章力は一般に理科系学生より文科系学生のほうが優れていると考えられていることが関係している。実際，そのことを事前に情報として知らせた場合に，文科系外集団に対する差別化は強く現れている。人間は，すでに相違がはっきりしている相手より，類似している相手のほうに対抗意識を強く持つこと，それは自分たちの社会的アイデンティティの維持に重要な意味を持つ領域においてとりわけ顕著となることがわかる。そして，このような心理が相手集団のメンバー個人に対する評価にも影響するといえる。

　また，同じ行為でも自分と同じ集団（内集団）の人間が行った場合と自分とは違う集団（外集団）の人間が行った場合とでは解釈が異なることも知られている。例えば，Taylor and Jaggi (1974) がインドの回教徒とヒンドゥー教徒を対象に行った研究では，内集団成員の望ましくない行為は状況など外的要因に原因を求めるのに対し，外集団成員については性格や能力など内的要因に原因があるように説明する傾向のあることが見出されている。このような内集団防衛的帰属（ingroup protective attribution）ともいうべき認知バイアスは，多種多様な集団間文脈において生起する

ことが報告されている（Hewstone, 1990参照）。

さらに，最近では，行為の叙述自体にみられる言語表現上のバイアスがMaassを中心とした研究者たちによって精力的に検討されている（Maass, 1999参照）。図10-5は，これらの研究で使用された刺激図版である。ある村で馬のレースが行われる直前に，そのレースで競い合うことになっている2つのチームのうち，一方のチームの男が相手チームの競争馬に注射を打っているところが描かれている。Semin and Fiedler（1988）

▲図10-5　Maassの用いた刺激図版
（Maass, 1999）

によれば，このような行為の叙述は一般に4つの水準に分類される。第1の水準は，「男が馬に注射している」というように「よい・わるい」の評価を含まず，あくまで客観的に行為の対象と状況を記述するというものである。第2の水準は，「男が馬に危害を加えている」というように単なる記述ではなく評価や解釈を含んだ言い方が相当する。第3の水準は，「男は相手チームに敵意がある」というように行為者の内面の心理に言及し，男の行為が特定の状況を超えて持続するものであることを示唆するような言い方をさす。第4の水準は，「男はずるい人間だ」というように，行為よりもその背後にある行為者の持続的で安定した傾性に言及し，これに類する行為を他にもするかのようなニュアンスを言外に含む言い方である。Maassらは一連の研究（Maass et al., 1989, 1996）により，人はこの例のように望ましくない行為を観察したとき，それが内集団の成員の行為であれば，行為が一過性であることを示唆する第1や第2の比較的具体的レベルにとどめて叙述するが，外集団の成員の場合は，行為に永続性があるかのような第3，第4の抽象度の高い言語的叙述になりやすいことを検証した。また，望ましい行為を観察した場合は，これが逆になることも確認されている。このような言語表現上のバイアス（言語的集団間バイアス，linguistic intergroup bias）は集団間の対立が先鋭化するほど顕著になる。集団間に存在する対立感情が集団のメンバー個人の行為の意味づけに大きく影響するといえよう。言語表現上のバイアスも上述した帰属バイアス同様，そこに偏見や差別意識が潜んでいることに変わりはないが，こちらのほうがより非明示的で巧妙であるため見破りにくいかもしれない。なお，このような言語表現上のバイアスは，ある人物に対する偏見に基づく評価が伝達行為を通して社会的に共有されていく過程で一定の役割を果たしてい

ることにも留意する必要があろう（Wigboldus et al., 2000 など）。

　Ruscher らは，われわれが外集団のメンバーについて語るときは，外集団に対する既存のステレオタイプをできるだけ維持し，かつ，これを内集団のメンバーの間で共有しようとする傾向のあることを一連の研究のなかで指摘している（Ruscher, 1998 参照）。ある実験では，被験者は2人一組のペアになって，あるアルコール中毒症の人物について与えられた個人情報に基づき印象を話し合うことを求められている。与えられた個人情報のなかには，アルコール患者のステレオタイプに一致する情報（例：だらしない）と一致しない情報（例：よい仕事をした）が含まれていたが，2人の会話内容を分析した結果，一致情報のほうが言及回数も言及時間も長かった。それは，その人物がアルコール患者であることが個人情報の後に伝えられた場合にとくに顕著に現れている。すなわち，個人情報に基づき人物に対しすでに形成されていた印象を再統合する必要が生じ情報処理の負荷が高まったとき，人はステレオタイプに頼って合意の形成を図ろうとするようになると考えられる（Ruscher & Hammer, 1994）。また，2人の合意に基づく判断の妥当性が強く求められる条件のもとでは，この傾向はさらに増大し，ステレオタイプに反する情報を疑問視し，ステレオタイプに一致する情報に同意を求める発言が増大する（Ruscher et al., 1996）。外集団に関するステレオタイプ・イメージを内集団で共有し合うことは，内集団内の結束を強めるとともに外集団に対する差別的感情を合理化するうえでも都合がよい（唐沢, 2001 参照）。特定個人の認知にステレオタイプが影響することはくり返し指摘されているところであるが，その背景に集団エゴイズム（group egoism）が作用していることを明らかにしようとしている点にこの研究の重要な意義がある。

6. おわりに

　以上みてきたように，日常世界の対人認知は，客観性や公正さからはほど遠いもののように思われる。対人認知研究のごく初期においても他者を正確に認知する能力など存在しないのではないかという議論がなされたことがあるが（Taft, 1955），われわれにとって，他者を正確に理解することは，適応上あまり有用ではないのかもしれない。われわれの認知機構は，環境世界を正しく把握するためにあるのではなく，自尊感情を維持し心的安寧が得られるように環境世界を主観レベルで再構築するために存在するのではないだろうか。本章でみてきたようなさまざまな対人認知バイアスも，人間が現実世界のなかで生きぬくために用いている戦術の一種であるとみること

もできる。このような観点から人間の認知をとらえていこうとする研究こそが，まさに日常的妥当性のある対人認知研究なのかもしれない。

V部

環境，文脈
と認知

11章 自己の状況とメタ認知

清水寛之

1. はじめに

　われわれは，ふだんはとりたてて気にしなくても，ふとした機会に自分自身の行いや振る舞いが気になるときがある。あるいは，何かをしようとするとき，他人のようすをうかがいながら，慎重に注意深く行動を起こすということもある。意識するかしないかは別にして，われわれは日常生活を送るうえで自分自身の置かれている外部の状況や自分自身の内的な状態を絶えず認識し，そうした認識に支えられて，さまざまな行為や活動を行っているに違いない。本章では，まず最初に日常生活での行為や活動と自分の周囲の状況や内部の状態に関する認知との関係について考える。次に，個人が自分自身をとらえることに関連したいくつかの問題を取り上げる。そのあと，そういった問題に関する認知心理学の理論やモデルのいくつかを紹介し，これまでの主要な実験的研究の成果をみていく。最後に，このような研究テーマについての今後の展開を幅広い立場から考えてみたい。

2. 日常生活における行為の遂行と自己の状況の認知

（1）習慣化された行為と意図的な行為

　毎日の暮らしのなかで，われわれは実にさまざまな行為や活動を行っている。それらのなかには，いわゆる「日常的な行為」として習慣化・自動化されているものがある。一般成人であれば，例えば「朝起きて顔を洗う」というような衣食住に関連した基本的な生活習慣にあたる行為や活動がその代表的なものである。いつものごくふつ

うのありふれた行為・活動については，通常，さほど多くの注意や心的努力を必要とせずに遂行され，予期した結果が得られる。その行為や活動がなされたこと自体，深く記憶にとどめられることもない。

　その一方で，日ごとにくり返し遂行される行為や活動とは異なり，行為・活動の目標や仕方，内容などが明らかに意識され，慎重に一連の行為の遂行がなされることがある。これには，大きく2つの場合が考えられる。1つは，当初「日常的な行為」として遂行されるはずのものがなんらかの予期せぬ事情によって通常の仕方では行為の目標が達成できないという場合である（例えば，「朝起きて顔を洗おうとしたが，水が出ない」）。このとき，その行為の目標の達成を断念し，行為の遂行そのものを取りやめることもあるだろうし，やむを得ず別の手段によって行為目標の達成を試みることもあるだろう。もう1つの場合は，「非日常的な行為」とはいわないまでも，最初から，ある程度明確に行為や活動の目標が設定され，行為・活動の特徴や諸条件が意識されている場合である（例えば，「顔に吹出物ができたので，今朝は新しい薬用消毒石鹸を使って，ていねいに顔を洗う」）。いいかえれば，その行為・活動の遂行にあたって，初めから注意や心的努力が払われている場合である。いずれの場合においても，広い意味で行為者は一種の問題解決の場面に置かれているわけであり，当該の行為を遂行するかしないかの判断を含め，行為者にとって主体的・意図的な行為遂行の過程が展開されていく。

　このように日常生活においては，大きく分けて，型どおりの決まりきった行為・活動と，目標や手段が意識された主体的意図的な行為・活動とがあると考えられる。しかしながら，両者の区別が固定的なものではないことはいうまでもない。すでに述べたように，定型的な手順や枠組みにしたがって自動化された行為・活動であっても，それを取り巻く状況の変化によっては行為・活動に意識を集中しなければならなくなる。その逆に，当初は意識的・意図的であった行為・活動に対して既存の手順や枠組みが利用できることが理解され，短期間で急速に自動化されていくこともあるだろう。つまり，時間の経過とともに行為者の置かれている状況や行為者の内的な状態が変化し，それによって行為に対する見方や遂行の仕方が変わってくるのである。

(2) 行為遂行に及ぼす状況認知の影響

　ここで重要な点は，ある1つの行為が行われるときに，行為者自身が行為者を取り巻く外的な状況や自らの内的な状態，およびそれらの変化・推移をどのようにとらえているかということである。極端にいえば，どのような行為や活動であれ，行為者自身の外的状況や内的状態のとらえ方しだいで，その行為への取り組みがまったく変わ

ってくる。例えば，外的状況に関していえば，いつまでに遂行すればよいか，どのくらいさし迫っているのか，といった行為の時間的切迫性をどのようにとらえるかによって，行為の遂行は大きく左右される。内的状態に関しても，行為者が自分自身の体調や気分，感情などをどのように認知するかによって行為の遂行過程に影響がみられることは当然考えられる。そもそも行為を遂行する以前の段階において行為の目標や内容に対して行為者がどのような印象を持ち，どのような態度でその行為の遂行に臨むかによって行為の遂行過程は大きく変わってくるはずである。しかも，それら外的状況及び内的状態に関する認知の影響の出方は，行為の遂行過程の諸段階で異なってくると考えられる。例えば，遂行そのものに比較的長い時間を必要とする行為の場合，疲労の蓄積や集中力の低下に関する認知が行為に及ぼす影響は，行為遂行の初期の段階に比べて終結に近い段階のほうがはるかに大きいと推測される。

　もちろん，行為の遂行そのものが外的状況や内的状態の変化に直接つながることもあるだろう。行為が遂行される以前と以後とで明らかに外的状況が変化したり，行為者の気分や感情が変化することはよくあることである。行為のなかには，外的状況や内的状態を特定の方向に変化させることを目標とする場合もある。したがって，行為の遂行は外的状況・内的状態の認知に支えられながらも，同時にそれらの認知に影響を及ぼし，両者は互いに深く結びついていると考えられる。なお，このような行為の遂行と認知との深い結びつきについて，梅本（1987）は両者の対立性と一体性という観点から詳しく論じている。

　以下，本章では，行為者の外的な状況と内的な状態の両方を合わせて，行為者の「自己の状況」とよび，日常生活における行為・活動が行為者自身による自己の状況の認知に支えられているという側面に焦点を当てることにする。また，日常生活のなかで個人がなんらかの行為を遂行する際に，他者の視点が導入されたり，特定の集団の価値観や規範などが準拠枠として機能することがあるが，ここではそうした行為に及ぼす社会的な影響については取り上げないことにする。

3. 自己の状況の認知とその限界

(1) 行為に関する認知と自己言及問題

　われわれの身近な出来事や具体的な体験をふり返ると，たしかに，行為や活動の遂行にあたって自己の状況の認知が重要な働きを持っていることがわかる（丸野，1993など）。しかしながら，このことを科学的・客観的に定式化して研究するには，1つ

の問題があることが知られている。それは，行為者自身がどの程度正確に自己の状況を認知し得るのか，という問題である。さらに突き詰めると，この問題は，人間ははたして自分自身のことをどれほど正しくとらえることができるのかという問題につながってくる。

　1人の人間が自己の状況を認知するということは，1人の行為者のなかに「行為する自己」と「それを見つめる自己」という2つの自己が存在するという考え方を前提にしている。前者の「行為する自己」とは「見られる自己（観察対象としての自己）」，すなわち「客体としての自己（me）」であり，後者の「それを見つめる自己（観察者としての自己）」とは「主体としての自己（I）」である。このような2つの自己を仮定する考え方に対して，これまでに多くの議論がなされてきた（James, 1892など）。

　一般に，1つのシステムがそのシステム自体についてなんらかの記述や表現を行う場合，それらの記述や表現の個々の内容が正しいかどうか，あるいは複数の記述内容が一貫しているかどうかをどのように評価すればよいのだろうか。この問題は自己言及問題（self-reference problem）とよばれ，これまでにも多くの哲学者や心理学者が関心を寄せてきた。自己言及問題については，「エピメニデス（Epimenides）のパラドックス（または，うそつきのパラドックス）」がよく知られている。古代ギリシャの伝説的詩人，エピメニデスはクレタ人（クレタ島に住む人）であったが，「クレタ人はうそつきである」と言ったという。このエピメニデスの言葉は，正しいのか，間違っているのか。もしもエピメニデスの言葉が正しいと考えると，クレタ人のなかにエピメニデスという1人の正直者がいることになるので，彼の言葉は間違っていると言わざるを得ない。逆に，もしもエピメニデスの言葉が間違っていると考えると，エピメニデスはうそをついているわけであり，「クレタ人はうそつきである」という言葉の内容自体は間違っていないことになる。このように続けていくと，いつまでたってもエピメニデスの言葉の真偽については論理的に決定できないことになる。

　自己言及問題は，この「エピメニデスのパラドックス」のほかにも，例えば，「ここに張り紙をするな」と書かれた張り紙が意味をなすかどうか，あるいは「この文は誤りである」という記述が成り立つのかどうか，といった問題に置き換えて考えることができる。Hofstadter（1979）によれば，今世紀初頭の画家エッシャー（Escher, M.C.）のリトグラフ作品「描く手（Drawing Hands）」（図11-1参照）において表現されている世界もまた，自己言及問題に深く関連している。この作品の中で，右手は左手を描き，それと同時に左手は右手を描いている。「エピメニデスのパラドックス」と同じく，堂々めぐりの構造が視覚的に表現されている。

　こうした自己言及問題に対して，1つのシステムは完全に矛盾のない形でそのシス

テム内のすべての事象を記述することは不可能である，とする見方がある。そうした見方の1つの根拠として，しばしば，数学者ゲーデル（Gödel, K.）によって証明された不完全性定理（theorem of incompleteness）があげられる。この定理は，1つの数学的体系において，その体系内のすべての命題の真偽を決定することは不可能であり，その体系に矛盾がないことを証明することも不可能であるというものである（Smullyan, 1992；高橋, 1999）。こうした考え方に従えば，人間の論理的な思考や主観的な判断には明確な限界があることになり，個人は自己の状況を完璧には把握できないことになる。

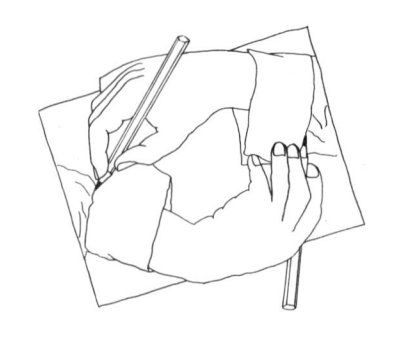

▲図11-1　エッシャーのリトグラフ作品「描く手」のイメージ

(2) 自己言及問題へのアプローチ

　Nelson（1996）の解説によれば，この自己言及問題は，20世紀の半ばに数学者タルスキー（Tarski, A.）によってようやく解決に向けて大きく進展した。タルスキーは，「上位の」「高次の」「一段上の」という意味を持つ「メタ（meta）」という概念をこの問題の解決に導入した（もともとのギリシャ語"μετά"は「後に続いて」「間に交じって」という意味を持つ）。つまり，この問題が2つの異なるレベル，すなわち対象レベル（object-level）とメタレベル（meta-level）から構成されていると考えるのである。Nelson（1996）は，このことを次のような例をあげて説明している。

　　　　　Thiss sentence contains threee errors.

　この文には，単語のスペリングの誤りは2か所（thisとthree）しかないが，「誤りは3つある」という文の意味内容が誤っているという点を含めれば，たしかに3つの誤りがある。最初の2か所のスペリングの誤りは対象レベルの誤りであり，3つ目の意味的な誤りは，対象レベルでの誤りを踏まえた一段高いメタレベルでの誤りであると考えられる。

　Hofstadter（1979）も，さきほどの「描く手」について，図11-2のような構造が隠されていることを指摘している。絵の中で，表面的には右手と左手のどちらがどちらを描いているのかはわからないが，作者であるエッシャーが存在し，一段高いレベルで左手と右手の動きを描いているというのである（図11-2の中では，水面上に現れ

た右手と左手をエッシャーが水中から支配しているようすになっている)。このように，ゲーデルの不完全性定理に示されるように，完全な形では自己に関する言及の真偽は決定できないものの，いくつかのレベルを仮定すれば，限定的には自己への言及が可能であると考えられる。

また別の観点から，不完全性定理に基づく自己言及の不可能

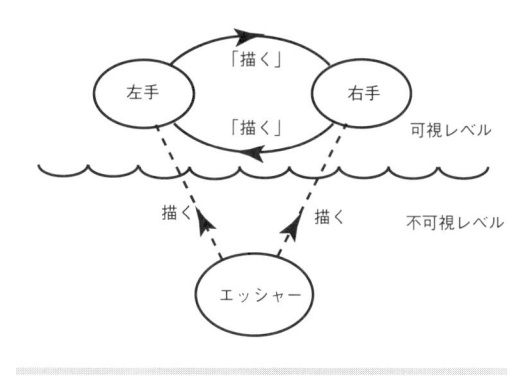

▲図11-2　「描く手」の構造的図式
(Hofstadter, 1979を一部改変)

性を批判できるかもしれない。それは生態学的妥当性を重視する観点であり，自己言及問題そのものが現実生活とは遊離した，非常に限定された問題であるとする見方である。実際のところ，自己言及問題がわれわれの現実の日常生活において深刻な問題として受け取られることはまれである。日常的には，例えば，「張り紙をするな」という張り紙について，その真偽を決定することはさほどむずかしいことではない。なぜなら，日常生活の場面ではこうした表現だけを取り上げて議論することは，まずあり得ないからである。これらの表現がどのような背景や文脈のもとで，どのような人から発せられたかについて，われわれがなにも手がかりを持たないということは，ほとんどあり得ない。例えば，「張り紙をするな」と書かれた張り紙は，張ることが禁止された張り紙の中には含めないことが前提となっていることが多い。その張り紙を出す人は，それが禁止の対象物ではないことを見る人たちに確信させるような手がかりを必ず与えるはずである（禁止文の末尾に布告者の職名や氏名を明記するなど）。一般に，われわれはそうした手がかりをもとに，さまざまな文や発言の真偽を推論し，決定することが可能である。いいかえれば，自己言及問題は，クイズやパズルのような非常に特殊な単純化された形でしか，日常場面ではとくに問題にされることは少ないと思われる。

(3) 内観および言語報告データの有効性・信頼性

　心理学の歴史をふり返ると，内観 (introspection) に関する古典的な研究が，こうした自己言及問題と深く関わっている。内観は，被験者自身が自己の主観的な直接経験の過程を観察し，それを言語的に報告するというものである。この方法は，20世紀初頭，Wundtやヴュルツブルグ学派 (Würzburg School) によって意識や思考な

ど，いわゆる高等精神過程を研究する方法として発展した．しかし，その後，行動主義心理学の台頭とともに，客観的に観察可能な事象だけが実証科学的心理学の研究対象になり得るとの考え方から，内観は批判をうけ，排除されるようになった．たしかに内観による報告は，観察者自身の記憶に依存するために時間的に変容し，主観的な解釈を含んでいることが多く，客観性や信頼性に乏しい点は否定できない．しかしながら，Wundtは，観察者が長期間にわたって可能な限り客観的で詳細な言語報告を行う訓練を受け，しかも組織的・実験的に内観がなされる場合，科学的なデータとしての意義は十分認められると考えていたようである．

現在では，従来の内観に関する議論や批判をもとに，被験者の言語報告データの持つ問題点が詳細に検討されている．例えば，Nisbett and Wilson（1977）は，被験者の言語報告データの中にみられる誤りを，実際に起きた出来事が報告されなかった場合と，実際には起きていない出来事が報告された場合とに分け，綿密に検討している．

Minsky（1985）もまた，人間が自分自身の心の現在の状態を報告することがなぜ困難であるかを考察している．そして，その理由として，第1に，心のさまざまな部分と部分との間に時間の遅れがあるために，「現在の状態」という概念が心理学的に曖昧になるという点をあげている．第2の理由として，自分の心の状態を知ろうとすること自体がその状態を変えてしまうことになり，まるで，何か非常に速く動くものを写真に撮ろうとするとどうしてもぶれた写真になってしまうようなものだと述べている．この第2の理由は，前述の自己言及問題と関連しており，心理学における言語報告データの有効性や信頼性の限界の一面を的確にとらえている．

その一方で，言語報告データの有効性や信頼性を確保するためにはどのようにデータの収集や分析が行われるべきかという観点から，Ericsson and Simon（1993）は種々の技法の開発・整備を進めている．例えば，問題解決場面において実験者が被験者に対して発話思考（thinking aloud，課題遂行中に心のなかに浮かんだことをすべて声に出して話すこと）を求める場合でも，被験者が課題に集中し，なおかつ，さほど長い時間が経過しないうちに短期記憶内にある内容を発話させるのが望ましいとされている．現在，さまざまな言語報告データの収集・分析に関する方法論が検討されるとともに（海保・原田，1993；吉村，1998など），積極的に言語報告データを活用する立場からの研究が盛んに行われている（Wilding & Valentine, 1997など）．

（4）意識の階層性と自己意識

苧阪（1994，2000）によれば，人間の認知過程に関わる意識状態は階層構造をなしており，およそ次の3つの下位構造に分かれる（図11-3）．第1は，目覚めている状態

（覚醒，vigilance）であり，最も基礎的な生物学的意識である。第2は，何か特定の対象や出来事に気づいている状態（アウェアネス，awareness）であり，知覚運動的な意識である。第3は，自分が意識していることに気づいている状態（自己意識，self-consciousness）であり，自分自身の意識そのものを対象とする再帰的な（recursive，自己を取り込んだ形の「入れ子」構造を持つ）意識である。このなかで，第3の自己意識が最も高次の認知過程であり，生物のなかでも人間に固有な意識であると考えられている。さらに苧阪（2000）は，これら意識の階層構造と作動記憶（working memory）における階層構造とを対応づけ，それらが脳の神経生理学的メカニズムに支えられていることを示す理論的モデルを提唱している。

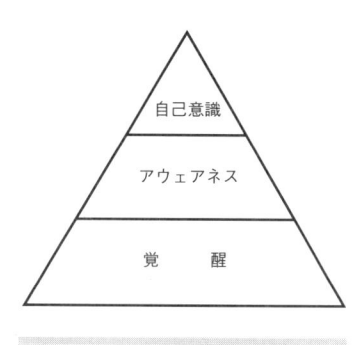

▲図11-3 意識の階層構造
(苧阪，1994)

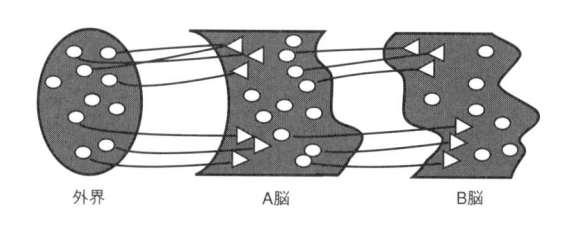

▲図11-4 A脳・B脳と外界との関係 (Minsky, 1985)

　この自己意識については，Minsky（1985）の主張する「B脳（B-brain）」の機能に似ていることも指摘されている（苧阪，1994）。Minskyは，人間の脳をA脳（A-brain）とB脳に分けている（図11-4）。A脳は外部の世界で起こっていることを見聞きしたり，そこでの出来事に働きかけたりする，というように直接的に外界と結びついている。これに対して，B脳は同じ脳の他の部分とは結合しているが，外界とは直接結びついていない。B脳の役割はA脳の活動を管理し，修正することにあるとされている。そうすると，ここでのB脳の働きは，A脳で起きていることを知っているという意味で，全体の脳というシステムは局所的に「自己意識」を持つことになるというのである。

　このMinskyの考え方は，いうまでもなく，すでに述べた自己言及問題へのアプローチとよく似ている。Minskyは直接，対象レベル・メタレベルという用語を用いているわけではないが，明らかにA脳は対象レベルに，B脳はメタレベルにそれぞれ対応していると考えられる。したがって，B脳のように，他の脳の部分の働きを管理・

制御・修正する特定の脳の部分があると仮定すれば，少なくとも「自己」に関する認知過程が成立していることを説明できる。ただし，それだけでは，対象レベルとメタレベルがどのような関係にあって，自己の状況をとらえることが具体的にどのような行動に結びつくのかが判然としない。このことについては，次の節でみていきたい。

4. メタ認知とメタ記憶

(1) メタ認知の定義と構成

メタ認知（metacognition）とは，一般に，個人の認知活動全般に関わる認識や知識のことをさし，認知過程そのものを対象化した認知過程のことである。この概念は，もともとは，子どもの記憶の発達過程に関する研究において Flavell（1971）の提唱したメタ記憶（metamemory）という概念が，記憶過程だけでなく，より広範な認知過程全般に拡張されたものである。

Flavell（1970, 1971）によれば，子どもは年齢が進むにつれて着実に記憶能力を伸ばし，記憶課題での成績が向上していく。それは，単に知識が量的に増加し，リハーサル（rehearsal）や体制化（organization）などの記憶方略（memory strategy）が実行可能になるだけではなく，記憶場面や自己の記憶システム，記憶方略そのものに対するとらえ方がより正確になるからでもある。例えば年少児の場合，周囲からの指示や援助があれば，記憶方略を用いて課題成績を高めることはできるが，自発的には記憶方略を使用できなかったり，課題に応じて適切に記憶方略を用いることが困難であったりする。それは，記憶課題と記憶方略との関係をはじめ，広く記憶場面や記憶の働きに関する知識を十分にそなえていないからではないかと考えられる。Flavell は，こうした個人の記憶活動の効果的な実行を支える「記憶についての認識や知識」のことをメタ記憶とよんだのである。メタ記憶には，特定の記憶課題において意図的に記憶方略を用いることの必要性に気づくこと（感受性，sensitivity とよばれる）や，記憶課題での成績に影響を及ぼす要因（変数，variable とよばれる）を知っていることなどが含まれる（Flavell & Wellman, 1977）。

メタ認知は，このメタ記憶の，いわば上位概念にあたるものである。メタ認知には大きく分けて，「人間の認知活動全般に関わる知識」という知識の部分と「自己の認知活動や認知過程に関する監視（モニタリング，monitoring）と制御（コントロール，control）」という活動・経験の部分があるとされている（Flavell & Wellman, 1977）。前者はメタ認知的知識（metacognitive knowledge），後者はメタ認知的経験

(metacognitive experience) とよばれる。メタ認知的知識は，前述のメタ記憶の「変数」に関する知識に対応しており，ふつう，①課題に関する知識（例：どの課題がむずかしいか），②人に関する知識（例：だれが＜または自分が＞どのような認知的特徴を持っているか），③方略に関する知識（例：どのような方法を用いたらうまく問題を解けるか），さらにはこれらの変数の相互作用（複数の変数が同時に組み合わさったときの影響）に関する知識などから構成されている。一方，メタ認知的経験には，現在の認知過程のようすをとらえる働きとしてメタ認知的モニタリング（metacognitive monitoring）と，現在の認知過程に対する制御・修正・調整などの働きをするメタ認知的コントロール（metacognitive control）が含まれていると考えられる。

なお，これらメタ認知を構成する要素に関しては，研究者間で必ずしも考え方が一致しているわけではない。これまでの主要な研究者が用いた概念の比較については楠見と高橋（1992）が詳しい。またメタ認知の内容については，三宮（1996）がわかりやすく整理している。さらに，メタ認知やメタ記憶の研究に関する歴史的な背景については，前述の内観の研究をはじめ，Piagetによる学習・発達における認知構造の再体制化と「自己統制」に関する研究，およびVygotskyをはじめとする「他者統制」から「自己調整」への移行に関する研究などがあげられる（Cavanaugh & Perlmutter, 1982；Brown, 1987など）。

(2) メタ認知的知識とメタ認知質問紙

日常生活におけるメタ認知やメタ記憶の働きを質問紙法を用いて明らかにしようとする調査研究がある。それぞれの調査研究の目的によってどのような質問項目に重点が置かれるかは異なるが，取り上げられる質問項目はいずれも広い意味で，前述のメタ認知的知識に関連している。それらの質問項目は，①広く人間の認知過程・認知活動全般についての知識や信念，態度などを問う項目（例えば，「単語をいくつか覚えたあとで，それを思い出すときに，1人で思い出すのと，いっしょに覚えた人と2人で協力して思い出すのと，どちらのほうがよく思い出せると思いますか」），②被調査者の個人的な認知の能力や傾向，特性，動機づけなどを問う項目（例えば，「物を置いた場所を頻繁に忘れることがありますか」）に大別できる。

①の項目に重点を置いた研究として，Houston（1983, 1985）や高橋（1996）があげられる。いずれの研究も，とくに心理学の専門的な教育や訓練を受けていない一般成人が人間の認知や記憶をどのようにとらえているかを調べている。それらの調査結果では，いわゆる素人（lay person）であっても，記憶や学習の原理についてはかな

り正確な知識を持っていることが示されている。

一方、②の項目については、さらに、個人の認知能力・記憶能力に関連した項目や、個人の認知方略や記憶方略の利用頻度に関連した項目などに分けることができる。例えば、Sehulster (1981) は893人の大学生を対象に、記憶能力に関する60の質問項目からなる調査を実施した。その調査データに対して因子分析を行い、個人の記憶能力に関連した3因子を抽出した。それらの因子は、記憶すべき内容の違いを反映したものであり、「言語記憶（人名など）」「個人的な過去の記憶（いやな経験など）」「約束（将来行うことなど）」と命名された。楠見 (1991) も自己の記憶能力に関する質問紙調査を行っている。因子分析の結果、前述の3因子に対応して、それぞれ「検索困難」「頭から離れない記憶」「もの忘れ」と命名された3因子を見出している。

このほかにも、Sunderland et al. (1983) は日常記憶質問紙 (everyday memory questionnaire) を作成し、被調査者に対して日常生活場面でどれくらいの頻度で特定の記憶現象や記憶行動が起きるかの自己評定を求めている。またBroadbent et al. (1982) も、質問紙法を用いて、日常生活における個人の認知的失敗（cognitive failure）の生起頻度を調べている。

日常生活における記憶方略に関する調査研究としては、Harris (1980) が大学生30人を対象に各種の記憶方略の利用頻度を調べた。その結果、全体として、日常生活の場面では、リハーサルや記憶術などの内的記憶補助（内的方略）よりもメモや手帳に代表される外的記憶補助に頼ることが多いことが示された。その後の研究では、内的方略よりも外的補助に依存するのは、①回想的記憶（retrospective memory）よりも展望的記憶（prospective memory）を想起する場合、②言語的記憶よりも空間的記憶を想起する場合、③出来事や事実に関する情報よりも行為に関する情報を想起する場合であることが示されている（Intons-Peterson & Fournier, 1986）。

(3) メタ記憶のモデル

Nelson and Narens (1990) は、メタ認知的知識よりもむしろメタ認知的経験（メタ認知的活動）に焦点を当て、メタ記憶の領域に限定して次のようなモデルを提唱している（図11-5）。このモデルのなかでは、メタ認知的モニタリングとメタ認知的コント

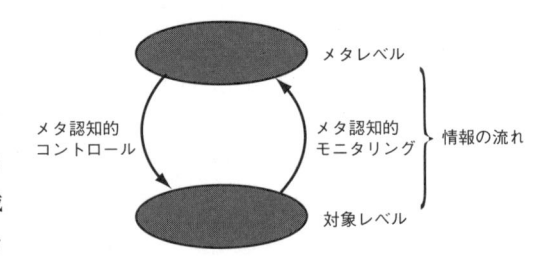

▲図11-5　メタ認知的モニタリングとメタ認知的コントロールの関係
（Nelson & Narens, 1990を一部改変）

ロールという2種類のメタ認知的活動が，認知過程の異なるレベルに関連づけて対照的にとらえられている。すなわち，すでに述べたとおり，人間の認知過程は対象レベルとメタレベルという2つのレベルに分かれる。対象レベルは，刺激対象への直接的な働きかけや情報抽出に関連したレベルである。これに対して，メタレベルは対象レベルの上位にあり，対象レベルでの処理活動を支配するレベルである。そして，この2つのレベルでの認知過程の間を行き交う情報の流れがメタ認知的活動であると考えられている。メタレベルから対象レベルに向かう情報の流れをメタ認知的コントロール，その逆方向の流れをメタ認知的モニタリングとして，両者を対置させている。

さらにNelson and Narens（1990）は，こうした考え方に基づいて，2つの情報の流れに関わる内的活動を人間の記憶過程の諸段階（情報の記銘，保持，検索）に対応づけている（図11-6）。メタ認知的コントロールには，記銘処理や探索方略の選択・取りやめ，学習時間の配分などが含まれる。一方，メタ認知的モニタリングでは個人の記憶活動を修正したり，調整したりするための種々の判断や予想，意思決定がなされると仮定されている。これらのメタ認知・メタ記憶の下位過程に関連して，これまでのいくつかの主要な実験的研究による知見を次にみてみよう。

(4) 学習容易性判断と学習時間の配分

図11-6にみられるように，メタ認知的モニタリングとして，学習容易性判断

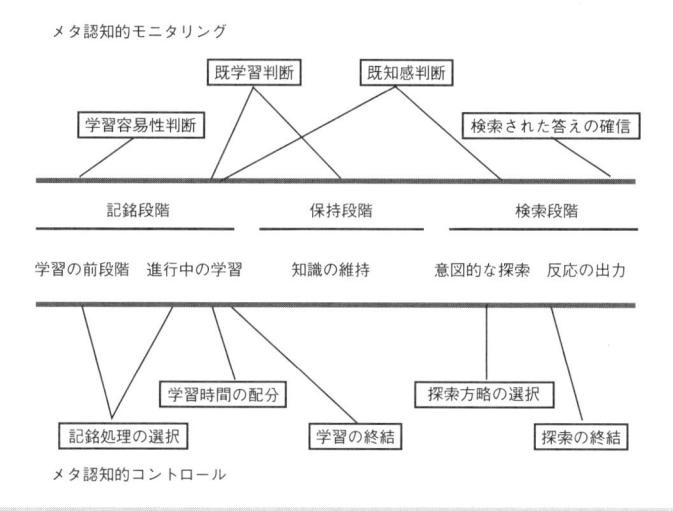

▲図11-6　記憶過程のおもな処理段階におけるメタ認知的活動
（Nelson & Narens, 1990を一部改変）

(ease-of-learning judgments), 既学習判断 (judgments of learning), 既知感判断 (feeling-of-knowing judgments), 検索された答えの確信 (confidence in retrieved answers) などがあげられる (Nelson & Narens, 1990)。このうち, 記銘・保持・想起という記憶過程の3段階のうち, 記銘の段階, すなわち外界からの刺激情報を符号化して自らの記憶システムのなかに取り込むという処理段階では, とりわけ学習容易性判断と既学習判断が重要な働きを持つとされている。

　実験室場面では, 学習容易性判断とは, 被験者が刺激項目への記銘処理活動に先立って, 呈示される個々の刺激項目に対して覚えやすいか, あるいは覚えにくいのかを推定することである。通常の場合, 被験者は「覚えにくい」と判断した項目ほど多くの学習時間を費やすことが知られている。その事実は, 刺激項目の呈示速度が実験者ペースで行われる場合でも (Underwood, 1966), 被験者ペースで行われる場合でも (Nelson & Leonesio, 1988), 同様に確認されている。

　ただし, Nelson and Leonesio (1988) は, 項目呈示が被験者ペースで行われる場合において, 覚えにくい項目に多くの学習時間が割り当てられたとしても, それに見合うだけの記憶成績の向上が認められないことを報告している。彼らは, この現象を骨折り損効果 (labor-in-vain effect) とよび, 個人のメタ認知的モニタリングが正確であるとしても必ずしも記憶活動の修正・調整に結びついているわけではないことを示した。

　最近のSon and Metcalfe (2000) の研究では, 記銘時の状況によっては必ずしも「覚えにくい」と判断した項目に対して, より多くの学習時間があてられるとは限らないことが見出されている。例えば, 被験者に許される学習時間の全体量が少なく, 時間的切迫性が強いときには, 被験者は「覚えやすい」項目を「覚えにくい」項目よりも長く学習し, 課題成績も良かった。この結果は, 骨折り損効果とは逆に, 人間は記銘状況に合わせて効率よく自らの学習活動を制御できることを示唆している。

(5) 既学習判断と記銘方略の有効性

　既学習判断は, 刺激項目に対する記銘処理活動の進行中, あるいは終了後に, 学習された項目が後続の再生テストにおいて正しく再生できるかどうかを推定することである。この既学習判断は, 学習された刺激項目がいったん再生テストを受けると, その正確さが著しく向上することが報告されている (King et al., 1980 ; Shaughnessy & Zechmeister, 1992)。また, 既学習判断は, 刺激材料への記銘学習がなされた直後よりも, 一定時間が経過したあとに行われたほうが正確さが高くなることも知られている (Nelson & Dunlosky, 1991)。

Shaughnessy（1981）は，被験者に対して機械的反復リハーサルと連想的リハーサルのいずれかを行うように教示し，それぞれの教示条件のもとで学習された項目について再生される見込みを判断するよう求めた。その結果，実際の再生成績では連想リハーサル条件のほうが機械的反復リハーサル条件よりも良かったが，被験者による再生の見込みについてはリハーサル方略条件間の差は認められなかった。この結果をもとにShaughnessyは，この2つのリハーサル方略の有効性の違いに関する被験者の予想判断は正確ではないと結論づけた。

　これに対して，Pressley et al.（1984）は，記銘学習の経過に伴ってそうした予想判断の正確さが向上していくことを示した。Shimizu（1996）も，同一の被験者が連想リハーサルと機械的反復リハーサルの両方の実行経験を持つような事態においては，リハーサル方略の相対的な有効性の違いを被験者は比較的初期の段階から正確にとらえることができるという実験結果を報告している。このように，既学習判断に反映されるメタ認知的モニタリングは，その判断が行われるときの実験事態によって正確さの程度が異なることが知られている。

（6）既知感の正確さと生起メカニズム

　既知感とは，自己の記憶システム内の貯蔵情報の有無に関わる主観的評価のことであり，文字どおり「知っているという感じ」のことである。日常生活では，たまにこの「知っているという感じ」が非常に強く，思い出せそうなのに，もう少しというところで口に出していえない，いわゆる「のどまで出かかっている（tip of the tongue：TOT）」という状態に陥ることがある。実験室場面では既知感判断は，ある時点で再生不可能な項目が後続の再生テストにおいて再生できるかどうかを推定することである。1つの代表的な既知感の測定法では，次のような手続きが用いられる（Hart, 1965, 1967）。①一般的な事実や出来事に関する質問（一般的知識問題，general-information question）を被験者に呈示し，答えを求める（既有知識を再生させる）。②再生できない場合には，まったくその答えを知らないのか，あるいは，知っているが思い出せないだけなのかを問い，被験者の既知感を調べる。③その後に多肢選択式の再認検査を実施し，その結果から被験者の既知感の正確度を評価する。

　多岐にわたる数多くの一般的知識問題を用意し，多数の被験者に対して既知感を測定した研究から，いずれも問題ごとの正答率の高さと既知感の強さとの間に相関のあることが知られている（Nelson & Narens, 1980；川口・清水, 1992a, b）。Shimizu and Kawaguchi（1993）は，36週間の間隔を置いて，同一被験者に対して同一問題を与えて再実験を行い，その正誤および既知感を分析した。その結果，既知

感の強い(TOT状態に陥りやすい)問題ほど,再び答える機会が与えられると,正しく答えられる割合が高かった。したがって,被験者の既知感に関する判断は正確であることがうかがわれる。

　この既知感の生起に関する説明は,大きく次の3つに分かれる。第1の考え方は,再生できない項目に対して「知っている」または「知らない」という判断を下せるのは,その項目の検索に先立って,個人は自己の記憶貯蔵システムに対してモニタリングを行い,その項目がシステム内に存在するかどうか(項目の利用可能性,availability)を調べているからであるという考え方である(Hart, 1965, 1967など)。いいかえれば,個人は再生すべき項目の記憶痕跡(memory trace)に直接アクセスし,その項目の検索可能性(retrievability)の評価に基づいて既知感判断を行うというものである。第2の考え方は,ある項目を再生するよう求められたとき,その想起すべき項目の記憶システム内の状態よりも,むしろ想起時の手がかり(例えば,再生を求める質問の内容)の熟知性(familiarity)の程度に基づいて既知感判断がなされるというものである(Reder & Ritter, 1992;Metcalfe et al., 1993など)。とりわけ,再生を求められた時点ですぐに既知感判断がなされるような事態では,当該の項目の検索に先立って,その時点での検索手がかりそのものに覚えがあるかどうかによって既知感判断が行われると考えるのである。第3の考え方は,ある項目が想起できなかったとしても,その項目について検索された部分的な情報をもとに推論によって既知感判断が行われるというものである(Koriat, 1993など)。この考え方では,当該の項目についての検索過程とモニタリングの過程は不可分であり,項目検索の結果,求める項目の情報にどの程度アクセスできたかが既知感に反映されるとしている。第1の考え方では当該の項目の記憶痕跡への直接的なアクセスによって既知感判断がなされると説明するのに対して,第2および第3の考え方ではいずれも,当該の項目に関連したなんらかの手がかりや情報をもとに間接的に既知感が導き出されるとされている。現在,さまざまな実験事態を設定し,多様な被験者を対象に,こうした説明の妥当性が検討されている(谷上・阿部, 1997;James & Burke, 2000など)。

　さらに最近のKoriat(2000)の研究では,上記の既知感の生起に関する第3の説明が拡張されて,より広範なメタ認知的モニタリングの過程が想定されている。つまり,意識的で分析的な推論によるメタ認知的モニタリングだけではなく,無意識的で非分析的な推論によるメタ認知的モニタリングについても議論されている。いいかえれば,意識的で分析的な推論はなんらかの情報に基づくメタ認知的判断(information-based metacognitive judgment)であるのに対して,無意識的で非分析的な推論は個人の経験に基づくメタ認知的判断(experience-based metacognitive judgment)で

あるとされている。両者をこのように区別することによって，前者を顕在記憶（explicit memory）に，後者を潜在記憶（implicit memory）に対応づけて考えることができる。そうすると，本章の冒頭で述べた，日常生活での意図的で主体的な行為のみならず無意識的で自動的な行為についても，メタ認知的モニタリングが行為の遂行を全般的に支えているということになる。

5. 今後の展開：メタ認知研究のひろがり

　本章では，日常生活での行為の遂行を支える基礎的な認知過程を取り上げ，とくに個人が自己の状況をどのようにとらえるかという問題を中心に，メタ認知およびメタ記憶に関するいくつかの研究をみてきた。最後に，メタ認知研究の今後の展開について見通しを述べておきたい。

　近年，メタ認知およびメタ記憶に関する研究は盛んに行われ，心理学内外のさまざまな研究領域とも連携しながら，幅広い研究成果を蓄積している。例えば，同じ認知心理学の枠組みのなかでも，前述のとおり，メタ認知の概念と顕在記憶・潜在記憶との対応づけが模索されている。協同想起（collaborative remembering）や状況認知（situated cognition）に関する研究も，個人のメタ認知的活動やメタ認知的知識の社会的側面に焦点を当てたものとして，メタ認知研究との間で問題意識を共有できるだろう。また，思考や注意の過程におけるメタ認知の役割については，すでに多くの研究知見が得られている（三宮，1996など）。

　メタ認知研究と心理学のなかの他の研究領域との接点でいえば，第1に発達心理学があげられる。これもすでに述べたように，メタ認知やメタ記憶という概念は，もとは認知や記憶に関する発達研究のなかで発展してきたものであり，発達心理学の立場からの関心の強さはあえていうまでもない。なかでもメタ認知の問題は，現在，子どもの他者理解に関連して注目されている「心の理論（theory of mind）」ととくに深く結びついている（Wellman, 1990）。さらに，この問題は認知機能の個人差や個人内変化に関連づけて考えることができるだろう。あるいは，本章では触れなかったが，個人が自己の状況を認識する際には，つねに他者の存在や視点，対人相互作用，原因帰属などが関わってくる。最近のメタ認知の研究では，社会心理学との接点を再確認し，共通の問題をそれぞれの立場から検討する試みがなされている（Nelson et al., 1998など）。

　心理学以外の研究分野でいえば，哲学と神経科学がメタ認知研究ととりわけ深い関

わりを持っている。自己言及問題をはじめ，論理学や認識論，行為論に関連した古くからある哲学的なテーマや議論は，メタ認知の研究に大いに影響を及ぼしており，両方の研究者の間で有用な議論が行われている。例えば，人間の意識と認知に関する学術専門雑誌"Consciousness and Cognition"において最近"Metacognition and Consciousness"と題する特集号（Vol. 9, No. 2, 2000）が編集されているが，ここではメタ認知やメタ記憶を研究する認知心理学者と認識論を研究する哲学者のそれぞれが特集論文およびそのコメントを寄稿している。一方，神経科学は，近年，進歩の著しい研究分野であるが，大脳の最も高次の機能の1つとして，自己意識やメタ認知の働きをとらえている（苧阪，2000）。また，これらの働きに障害を持つ人たちについての精神病理学的および神経心理学的な検討も活発に行われている（Shimamura, 1996など）。

　以上のように，メタ認知の研究は着実にひろがりを示し，他のさまざまな研究領域とも連携しながら，これからも研究成果を共有していくように思われる。

12章 感情と認知

谷口高士

1. はじめに

　われわれの日常で，感情の関わらないことがあり得るだろうか？　人と会っているとき，本を読んでいるとき，ゲームをしているとき，勉強しているとき，仕事をしているとき……どんなときでも，その場の状況に応じた感情が生まれる。それは多くの場合，その状況の認知に基づく感情的な評価を含んでいる。例えば，会話が弾んでいるときは，次々と言葉が生まれ，交わされ，その内容がうまくかみ合っている。われわれは，それらが快か不快か，あるいは，良いか悪いかなど，自覚的にあるいは無自覚的に評価している。そこから，その状況に対する肯定的な感情（楽しい，幸せ，快いなど）が生まれ，ひいてはそれが相手に対する肯定的な感情や態度（好き，いっしょにいたいなど）となっていく。状況認識から生まれる感情の方向づけである。逆に，もともと好きな相手がやることは何でも肯定的に解釈したり（いわゆる「あばたもえくぼ」状態），嫌いな相手がやったことはどんなことでも否定的にとらえる（「坊主憎けりゃ袈裟まで憎い」状態）ように，感情が認識を方向づけることもある。

　もちろん，そのような状況に対する認知過程を経ずに，いわば反射的に起こる感情的反応もある。例えば，驚愕反応がそうである。「驚き」は，予期しない出来事や，予測に反した現象が起きたときに生じ，生体に急激な覚醒・緊張をもたらす。それは，進化的・適応論的にいうならば，次に取るべき反応に備えるための緊急反応である。したがって，当初の驚きそのものには，快や不快といった感情的色彩はほとんど伴わない。同時に，驚きはきわめて短時間のうちに消失し，状況を正確に認識するにつれて別の感情が生じる。

　自分がどのような感情状態にあるか，往々にしてわれわれは無自覚である。しかし，

ときには,はっきりと気がついてしまうことがある。そして,なぜ自分がそのような感情状態にあるのかにとまどうことがある。一般に,ある状況や出来事に対して,われわれは,自分なりに納得できる説明をつけようとする。その説明が真実であるかどうかは(あまり)重要ではない。説明がつけられないとパニックを起こしたり困惑したりするから,合理的な説明がつけられない(思いつかない)ときは,超能力,神様,運命といった,超常的な力さえ容易に導入してしまう。同じように,自分の感情状態についても,いったんそれに気がついてしまうと,われわれはその感情が生まれた理由を知ろうとする。感情の原因帰属である。帰属は真実であることもあれば,間違っていることもある。いっしょにいるとどきどきする,顔がほてる……これはなぜ？ そうか,私,この人が好きなんだ……。この場合,無自覚な生理状態の変化がまず起こり,それを状況的に解釈することによって,感情の質が決定されるということになる。これは,他人からの「指摘」によってなされる場合もある。このような,認知的解釈によって感情(の質)が決定されるという考えは,「感情の認知説」とよばれ,その主張のすべてが必ずしも正しいとはいえないにしても,感情とは何であるかを考えるうえで,示唆に富んでいる。

　もちろん,現実には,認知が感情の原因となるか,感情が認知の原因となるかというような,二者択一的な因果関係にあるわけではなく,認知と感情は相互に作用し合うことによってさまざまな事態を生み出す。本章では,まず心理学のなかで感情がどのように扱われているのかを概観し,20世紀最後の20年間に行われた認知と感情の相互作用についての実験室研究を簡単にふり返り,最後に日常的認知と感情という問題を考えていきたい。

2. 感情をどうとらえるか

(1) 心理学研究のなかでの感情研究

　認知と感情の関わりについて考える前に,そもそもここでいう「感情」とは何なのかについて,共通理解を持たなければならないだろう。そのためにも,ひとまず心理学のなかでの感情研究のあり方をふり返ってみよう。

　『新版心理学事典』(平凡社,1981)の感情の項の冒頭に,「感情は,日常経験においても臨床場面においてもきわめて重要な意義があるにもかかわらず,心理学においてはもっとも遅れている分野」(p.124)とある。では,21世紀を迎えた現在はどうかといえば,『心理学辞典』(有斐閣,1999)においてなお,「感情は,最も重要な心的

特性の一つでありながら，研究の遅れている領域」(p.142) といわれているように，残念ながら未だ体系的研究が大きく進展したとはいえない。試しに，身近にある心理学の概論書や入門書を何冊か開いてみれば，感情に触れている部分がいかに少なく，内容も非常に表面的で断片的な記述にすぎないことが多いことがわかるだろう。

とはいうものの，感情研究が他の領域に比べて少ないというわけではない。いや，むしろ，感情に関連した研究はあまりに多岐にわたるため，統一した体系的理論ができにくいといったほうがよいかもしれない。例えば，さきにあげた平凡社の『新版心理学事典』では，現在の感情研究に影響を与えている伝統的学説として，①Darwinからの進化論的立場，②Jamesからの生理心理学的立場，③Cannonからの神経学的立場，④Freudからの精神分析学的立場の4つをあげている。さらに，感情の実験心理学的研究の開祖としてWundtをあげている。Wundtは，感情を位置づけることができる快－不快，緊張－弛緩，興奮－鎮静の3次元を提唱したが，このように感情を少数の次元に還元するという考え方は，その後の実験的，認知的感情研究の基礎となっている。これらの学説は，ときに対立することで感情への関心を押し上げた半面，互いに壁を築くことで各々の前提のなかでのみ理論を発展させることにもなったといえる。

一方，Cornelius（1996, p.14）は，現代心理学における感情研究の4つの視点として，①感情は適応機能を持ち普遍的であるというDarwin（1872）の進化論説，②James（1884）の感情＝身体的反応説，③感情は認知的評価に基づくというArnold（1960）の認知説，④感情は社会的目的に寄与する社会的構築体であるというAverill（1980）の社会的構築主義（social constructivism）をあげている。

(2) 感情研究の進展

このように，現代の感情研究の背景には，さまざまな基盤，流れがある。したがって，一口に感情といっても，何を感情と定義するのか，また，感情のどのような側面をみるのかによって，その内容はさまざまであり，研究の進み具合も異なっている。特定の領域，例えば，感情の生起や抑制に関係する神経科学的研究は，1990年代に飛躍的に発展した。それは，fMRIなど，脳の働きをよりリアルにとらえることができる機器の開発と，測定結果の解析やグラフィカルなマッピングをより高速に計算できるコンピュータの進歩，そして神経科学への世界的な関心の高まりによる予算の配分に負うところが大きい。だが，感情の表出や受容などに脳のどの部位（あるいは複数の部位）が深く関与しているかについてはかなり明らかになってきたものの，それは感情現象を神経レベルで記述できるようになったにすぎないのであって（それはそ

れですばらしいことではあるが），人間にとっての感情の意味や機能を体系立てるところまでは至っていない。

同じことは，Darwin (1872) からの流れを汲む，表情表出をはじめとする感情反応という面から，感情を進化論的にとらえようとする研究にもいえる。例えば，Ekman and Friesen (1975) は，幸福，驚き，恐れ，悲しみ，怒り，嫌悪の6種類の基本感情（basic emotion）について，顔面筋の動きを詳細に分析して感情ごとの表情表出の差異を明らかにするとともに，表情を作るための顔面筋のコントロールの仕方についても記述している。アク

	写真が文化を超えてどのように判断されたか，意見の一致をみたパーセント				
	アメリカ合衆国 (J=99)	ブラジル (J=40)	チリ (J=119)	アルゼンチン (J=168)	日本 (J=29)
恐怖	85%	67%	68%	54%	66%
嫌悪	92%	97%	92%	92%	90%
幸福	97%	95%	95%	98%	100%
怒り	67%	90%	94%	90%	90%

▲図12-1　感情が文化を超えてどのように判断されるかという研究で使われた写真の例
(Ekman & Friesen, 1975)

ションユニット（action unit）とよばれる顔面筋の機能的単位の組み合わせによって表情を客観的に評価しようとする試みは，確かに秀逸である。しかし，それは分類以上の体系を生み出すものではない。それは，そもそも「基本感情」という概念が，どこまで現実的な意味を持つかということに関わってくる。確かに，表情に基づいて感情を分類した多くの研究において同様の基本感情が仮定されている。そして，表情の表出と受容が，文化や民族を超えてかなり共通していることも示されている（図12-1）。

(3) 基本感情への疑念

しかし，表情をいくつかの大きなカテゴリーに分類可能なこと，あるいは，それを認識可能なことと，われわれが実際にそのような活動を行っているかどうかとは，別

である。表情から基本感情を定義し，その組み合わせによってさまざまな感情を説明しようという考え方そのものが，今，曲がり角に来ているのではないだろうか。現実に，基本感情のような明確な感情が直接表現されることはそれほど多くない。感情表出のあり方は，文化・社会・民族によっても異なるし，個人差も大きい。それに，実際に内的に生起している感情は，表情に現れる以上に曖昧で多義的であるように思われる。愛と憎しみ，喜びと悲しみがそれぞれ相半ばするような，アンビバレント（両価的）な感情を持つことも決して少なくない。もしかしたら，基本感情よりももっと小さな単位があり，その集まりが感情なのかもしれない。

　Ekman and Friesen (1971) は感情の基礎は生物的に規定されるものであり，文化によって異なる感情表出は表示規則 (display rules) による制約によるものにすぎないと考えている。これに対してRussell (1994) は，文化はむしろ感情形成そのものに深く関わっていると考えている。後者のような考えは感情の社会的構築主義とよばれ，おもに進化論的立場に基づく基本感情主義とは，鋭く対立しているのである。

　さらに，単純な基本感情対構築主義にとどまらない認知科学的な立場から，Oatley and Johnson-Laird (1987) やOatley (1992) は，「感情のモジュール説」を唱えている。感情のモジュール説においても，基本的な感情としての感情モードを仮定してはいるものの，Ekmanなどのように，その組み合わせによってより複雑な感情が作られるとは考えていない。むしろ，基本的な感情モードに，社会的で自己のモデルへの参照を含む命題的な評価が加わったものとみなしている。このモデルはまだ新しいために十分に吟味されてはいないものの，「その視野と潜在力を考えれば，1990年代の最も重要な認知説の1つ」(Cornelius, 1996, p.171) といえるだろう。

(4) 感情の臨床

　法則やモデルの探求という意味での心理学的研究とは別の流れになるが，感情に関係する臨床は，古くから行われてきた。例えば，音楽療法の世界では必ずといっていいほど紹介される「事例」として，旧約聖書サムエル記がある。それは，憂うつ症にかかったサウルを，ダビデがハープの演奏で治療したという話である。現在でも，音楽療法の目的の1つ，あるいはあえてカタカナで表されるような「ミュージックセラピー」や「ヒーリング」の主目的は，抑うつ症状の改善や緊張緩和である。もちろん，音楽療法に限らず，心理的臨床の対象の多くが，抑うつ症状や強い不安などの感情的な問題や気分障害（DSM-Ⅳにおける躁うつ病，抑うつ神経症，情動性人格障害などを統合した概念：APA, 1994）であることはいうまでもないだろう。

　当然のことながら，抑うつや不安などの原因がどこにあると考えるのか，また，そ

れらの症状や原因に対してどのように対処していくのかについては，そのよって立つ理論や技法により異なる（図12-2）。例えばクライアントが強い不安を感じているときに，精神医学的にアプローチするのか（抗不安薬処方による自律神経系の安定），行動療法的にアプローチするのか（系統的脱感作），認知療法的にアプローチするのか（危険因子に対する認知の歪みの修正），精神分析的にアプローチするのか（抑圧された精神的外傷の解放），それとも来談者中心的にアプローチするのか（自律的成長の援助）。乱暴な言い方をすれば，どの方法も，症状が改善して社会適応していくクライアントもいれば，「治らない」クライアントもいる。さらに，現在のように感情の神経科学的基礎が十分でなかった時代には，精神疾患や神経症的症状に対して，宗教や神秘主義（例えば「神が与えた試練」「たたり」「憑き物」など）を背景にした治療（祈祷や御祓いなど）が行われたり，ときには魔女狩りのような事態に至ることさえあった。現代においてさえ，不安を解消したいという願望を逆手に取った霊感商法や悪質な宗教的カルトはあとを絶たない。

　現在では，精神分裂病や気分障害が脳内の特定の神経伝達物質の分泌異常を伴っていることがかなり明らかになっている。例えば，うつ症状とモノアミン（セロトニン，ドーパミン，ノルアドレナリン）の異常減少との関係，強い不安や恐怖とノルアドレナリンの増加との関係，あるいは，精神分裂病とドーパミンの代謝異常との関係などである。それらの神経伝達物質を制御する薬剤や，特定の神経伝達物質を分解してしまう酵素の働きを抑制する薬剤が，抗うつ薬，抗不安薬，抗精神病薬といった向精神薬である。単に経験的にある薬剤が精神疾患に有効だというだけでなく，裏づけを持って開発したり使用することができるようになってきたのである。しかし，なぜ特定の神経伝達物質が突然過剰に供給されるようになったり不足するようになるのか，また，処方した薬剤によって生じる副作用の原因やそれをどのように防ぐのかなど，まだ未知の部分が多く残されている。そのため，薬剤のみによって気分障害や精神分裂病などに対処することはむずかしい。

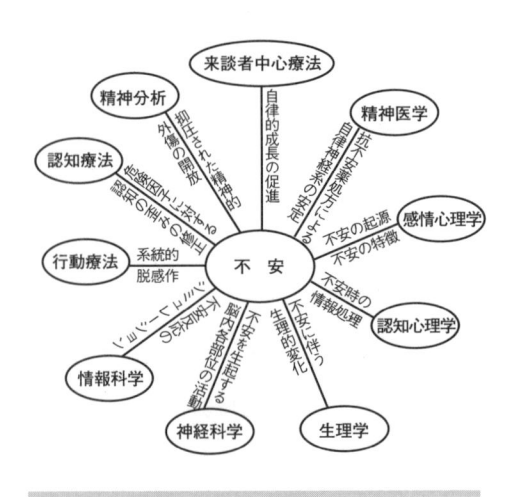

▲図12-2　不安への多様なアプローチ

(5) 結局，感情とは何なのか

こうして考えれば考えるほど，いったい感情とは何なのかがわからなくなるのではないだろうか。それはある意味，当然のことである。われわれが感情とよんでいるもの，それは人間の（時には人間以外の生物の）反応の一部を切りとって仮説的に再構成した概念にすぎないからである。心臓とか肺のように，他と密接に関連してはいるが独立した個々の臓器のように，感情という独立した1つの系や機関があるのではない。あえていうならば，生体の総体的反応の1つの「相」なのである。感情そのものが「ある」のではなく，生理的な変化や心理的な反応や主観といった，感情的な一連の反応を総称して感情とよんでいるのである。したがって，当然，そのなかには認知的な活動も含まれるし，神経系や内分泌系の働きや筋肉の緊張・弛緩も含まれる。また，それらの反応のうち比較的普遍的なパターンは，進化的にとらえることができるし，民族や文化に固有の定型的なパターンは，社会構築的にとらえることもできるだろう。

3. 認知と感情の関わり

さて，ここ数年来，認知心理学関連の書籍の中で「認知と感情」というトピックが取り上げられるようになってきた。多くの場合，基本的な認知と感情の相互作用現象として，気分状態依存効果（mood state dependent effect）と気分一致効果（mood congruent effect），あるいはそれに加えて気分効果におけるPNA（positive-negative asymmetry）現象が紹介されている（池上，1998；谷口，1997など）。そこで本節でも代表的なこれらの現象について，簡単に説明しておこう。

(1) 認知－感情研究ではどんな感情を扱っているのか

感情の認知説のように，感情において認知がどのような役割を果たすかではなく，むしろ，認知に対して感情がどのように影響を及ぼすのかについて，認知心理学的パラダイムに則って実験的に検証していこうとする立場が，認知－感情研究である。具体的な研究を紹介する前に，この領域では，いったい何を扱っているのかを明確にしておきたい。

まず，感情に関係する用語の定義にもさまざまな主張があるが，ここでは谷口（1998）に基づいて，人間の心的情報処理における知的側面を認知（cognition），快・不快などの情的側面を感情（affect）とし，急激な感情の高ぶりを情動

(emotion)，比較的穏やかな一時的感情状態を気分（mood）と定義しておく。認知-感情研究では，このうちおもに抑うつ・不安・高揚，あるいは，快・不快といった気分を研究対象としており，怒り・憎しみ・悲嘆といった激しい情動はほとんど対象外である。気分を実験のなかで独立変数として扱うというのが，認知-感情研究の一貫した立場であるといってよいだろう。なお，実験的に気分を操作するのかしないのか，操作するとしたらどのような方法を用いるかについては，研究者によって，また，研究の目的や課題の性質によっても異なる（谷口，1998）。気分のみで情動を対象としないことは，実験室実験におけるある種の限界であると同時に，認知-感情研究が生態学的妥当性を欠いているという指摘をしばしば受ける理由ともなっている。

では，気分はどのように認知モデルのなかに位置づけられているのだろうか。認知と感情の相互作用に関するモデルは多岐にわたるが，現時点では，Bower（1981，1991）による感情ネットワーク理論，Beck（1967）に基づく感情スキーマ理論，Schwarz（1990）やForgas（1995）による感情の情報処理方略決定理論の3つの視点が，対立的にというよりは相互補完的に取り入れられている（池上，1998；谷口，1998，2000，2001を参照）。

感情ネットワーク理論とは，感情状態を記憶ネットワーク上のノードとみなし，ある感情ノード（あるいは評価ノード：Bower, 1991）が活性化すると，それと結びついた経験事象や概念が選択的に活性化されるというものである。感情スキーマ理論とは，もともと抑うつに関して提唱されたもので，抑うつに特有の情報処理スキーマ（自己・世界・将来に対して否定的）があり，そのスキーマの働きによりネガティブな情報処理が行われるというものである。感情の情報処理方略決定理論とは，例えばポジティブな感情はヒューリスティックス型の処理方略の使用を促し，ネガティブな感情はシステマティック型の処理方略の使用を促すというように，感情が使用する情報処理方略を決定するというものである。Forgas（1995）はこのような考えをさらに進めて，社会的認知と感情のモデルとして感情混入モデル（affect infusion model：AIM）を提案している。

それでは次に，代表的な3つの現象を簡単に紹介していこう。

（2）気分状態依存効果

気分状態依存効果は，記銘時と想起時における学習者の気分状態が一致していれば，そうでないときよりも想起成績が良いというものである。つまり，記銘項目の性質とは無関係に，学習者の気分状態のみに注目したものである。しかし，後述するように，その効果は非常に不安定で，とくに記銘項目が少なかったり単純だったりすると気分

状態依存効果は得られないことが多い。

例えば，Bower et al.（1978）では，気分状態依存効果に関する3つの実験を行っている。しかし，1つの単語リストだけを学習させた第1および第2実験では有意な結果が得られず，第3実験でようやく気分状態依存効果を得ている。その第3実験では，催眠を使って被験者を悲しい気分や楽しい気分に誘導して，それぞれの気分の下で異なる中性語のリストを学習させた。そして，記銘時の気分と同じあるいは異なる気分の下で，学習したリストを想起させた。その結果，記銘時と想起時の気分が一致する場合のほうが，それらが一致しない場合よりも再生成績が高いという結果が得られたのである（図12-3）。

気分状態依存効果は，学習における広い意味での環境的文脈一致効果と考えることができる。環境的文脈一致効果とは，記銘時と想起時の環境的文脈が一致する場合に学習成績が向上するというものである。環境的文脈は，学習場所（部屋およびその中のレイアウトなど）・時間・気候・同席者といった外的状況と，学習者の生理的状態・覚醒度・感情状態・精神状態・アルコールや薬物摂取量といった内的状況とに大別される。実は，アルコールや薬物の摂取と記憶との関係，あるいは，躁うつ病の病相の変化や症状の重さと記憶との関係など，臨床的な問題については，いわゆる認知－感情研究が盛んになり始める1980年以前に，すでに多くの研究がなされているのである。それらの研究では，どちらかといえば，うつ症状が重くなると記憶が低下し，症状が改善すると記憶も回復するという，比較的単純な結論づけがなされていたが，その後の研究でそれほど単純ではないことが明らかになっている（谷口，1998参照）。

なぜ気分状態依存効果が得られるのかについては諸説あるが，気分状態が1つの想起手がかりとなっているのではないかと考えられる。ところが，外的な環境的文脈は，物量的に定義可能であり客観的な想起手がかりとなり得るが，内的な環境的文脈は他の要因との分離がむずかしく，また，かなり主観的で曖昧である。例えば同量のアルコールを摂取したとしても，それによる酩酊の程度は飲酒時の生理的状態や感情状態などによって異なる（いつもはビールを3本くらい飲んでも平気な人でも，体調が悪ければ1本

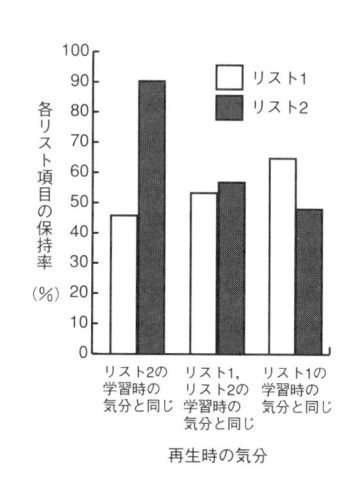

▲図12-3 気分状態依存効果の例
（Bower et al., 1978, 実験3より作成）

でも悪酔いすることがあるように)。こうして考えれば，内的な環境的文脈としての気分状態は，想起手がかりとしては決して安定したものではないし，相対的に手がかりとしての有用性も低いものであることがわかるだろう。

(3) 気分一致効果

　気分一致効果の観察では，刺激属性としての感情価 (affective value)，すなわち，その刺激の感情的性質がポジティブであるか，ネガティブであるか，それともニュートラルであるかに注目する。そして，被験者の感情状態と刺激の感情価の性質が同方向だとその刺激の処理が促進され，逆方向だと抑制されるというものである。実際の実験では，対照群や中立刺激を設定しないこともあるため，促進対抑制というよりは，相対的な量的関係(多いか少ないか)だけでとらえることが多い。研究の多くは記憶における気分一致効果を検討したもので，例えば，被験者が快感情(楽しいとか幸せな状態)にあるときには，ポジティブな項目がネガティブな項目よりも多く記銘され，逆に，不快感情(悲しいとか抑うつ状態)にあるときには，ネガティブな項目がポジティブな項目よりも多く記銘されるという結果が一般的である。

　現在も行われている気分一致効果研究のパイオニアがBowerとその共同研究者たちであることには，だれも異論を挟まないだろう。例えば，Bower et al. (1981) は，催眠状態で与えた教示によって幸せな気分を誘導した学生8人と悲しい気分を誘導した学生8人に，約1,000語からなる物語を読ませた。その物語にはジャックとアンドレという2人が登場するのだが，ジャックは不幸せな人物として描かれ，アンドレは幸せな人物として描かれていた。さて，その翌日，被験者は前日に読んだ物語を再生させられた。その結果，物語全体の再生量に違いはなかったものの，物語を読む際に悲しい気分を誘導された被験者群は悲しい内容のエピソードをより多く再生し，幸せな気分を誘導された被験者群は楽しい内容のエピソードをより多く再生したのである(図12-4)。また，被験者にどちらの登場人物に同一視したかをたずねたところ，悲しい気分を誘導された被験者群は全員がジャックと答え，幸せな気分を

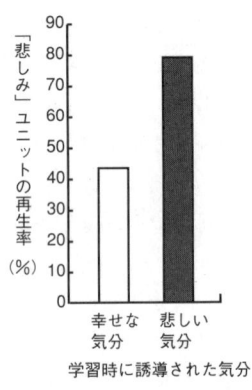

▲図12-4　気分一致効果の例 (Bower et al., 1981，実験1より作成)

「悲しみ」ユニット57，「幸福」ユニット54，中立的ユニット10の121ユニット，約1,000語からなる文章を幸せな気分か悲しい気分のもとで2回読ませ，翌日中立的な気分で物語を再生させた。「悲しみ」ユニットの再生率は，「中立」を除く111ユニットのうち再生されたユニット数を分母として算出されたもの。

誘導された被験者群も全員がアンドレと答えた。Bower et al. はこれらの結果を受けて，物語を読む際の気分の違いによって登場人物に対する同一視の偏りが生じ，そのために弱い気分一致効果が生じたと考えたのである。

その後さまざまな研究者によって記憶の気分一致効果を確認する実験が行われ，また，記憶以外でも，対人評価や印象形成といった社会的判断における気分一致効果の研究 (Forgas et al., 1984；Clark & Isen, 1982) が盛んに行われてきた。それらの研究全体を通じて，気分の誘導方法や課題，実験材料などが異なってもほとんど類似の効果が得られていることから (谷口，1998などを参照)，気分一致効果自体は比較的頑健な現象であると考えてよいだろう。しかし，それは記銘時の気分と記銘材料の感情価との間に交互作用があるといった大筋での話であって，個々の研究を細かくみていくと，実験の状況やデザインによって必ずしも完全に一貫した結果が得られているわけではない。とくに，自己参照 (self-reference) や，対人あるいは自己評価が含まれるようなデザインの場合に，ポジティブな気分の効果とネガティブな気分の効果が非対称になることがある。このことについては，次項で述べることにする。

(4) PNA現象

さて，前項の最後に触れたように，快感情か不快感情かによって，気分一致効果の大きさが異なることがある。一般には，ポジティブな気分よりもネガティブな気分で気分一致効果が小さいことが多い。このような現象はPNA現象とよばれ，とくに対人認知における感情と記憶・印象形成に関する研究などでしばしば観察されている (詳しくはSinger & Salovey, 1988や谷口，1998を参照)。また，記銘項目を自己や他者に関連づけさせた場合には，自己関連項目では気分一致効果が認められるが，自己無関連項目や他者関連項目では気分一致効果が認められなかったり非対称になったりすることが多い。例えば筒井 (1997) では，谷口 (1995) の音楽による気分誘導とVelten (1968) を応用した文章による気分誘導を併用して，被験者を肯定的感情状態か否定的感情状態のいずれかに誘導し，呈示した性格形容語が「自分に当てはまるかどうか」を判断させ，後に自由再生を行わせた。その結果，自分に当てはまると判断された自己関連語でのみ気分一致効果が認められ，無関連語では判断時の気分にかかわらず快語および中立語が不快語よりも多く再生された（図12-5）。すなわち，自己に無関連と判断された語においては，否定的感情による気分一致効果がみられなかったのである。

このような現象に対する1つの説明として，快感情はできるだけ持続させ，不快感情は低減させようとする力が働くためではないかという考えがある (Isen, 1985；

Clark & Isen, 1982)。あるいは，他者に対して否定的な評価を行うことは望ましくないという社会文化的な規範意識があるために，不快感情が必ずしも他者に対する否定的評価につながらないとも考えられる（Forgas & Bower, 1987；Ikegami, 1993)。さらに最近では，先述したように（p.216)，情報処理的な観点から，ポジティブな感情はヒューリスティックス型の処理，ネガティブな感情は分析的・精緻的なシステマティック型の処理を発動するなど，感情が処理方略の選択に影響を与えるのではないかという考えが有力である。そして，感情が個体の生存にとってどのような機能を果たしているのかという進化論的な観点からの議論も行われている（池上, 1997；Schwartz, 1990；Sedikides, 1992 a, b)。

PNA現象は，認知心理学的な研究だけではなく，臨床的なうつの研究でも観察されている。うつ病患者あるいはうつ傾向者では，一般にネガティブな感情価を持つ材料の記憶が促進されたり，ポジティブな感情価を持つ材料の記憶が抑制されるようにみえる。ところ

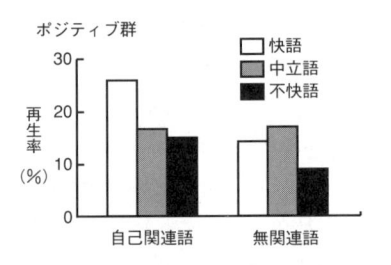

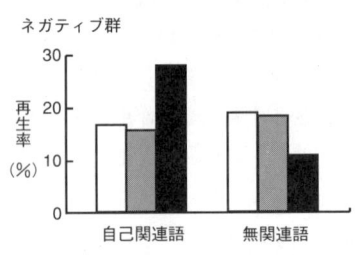

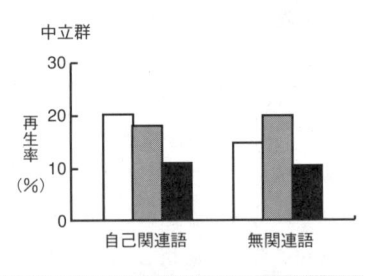

▲図12-5 自己関連語・無関連語における気分一致効果のPNA現象 （筒井, 1997）

が，これらの抑うつ的な被験者は，必ずしも無条件にネガティブな情報を多く覚えているわけではなく，自分となんらかの関連を持つネガティブ情報に限って再生量が多い傾向にある。例えばBradley and Mathews（1983）では，うつ病患者と健常者に対して形容語のリストを示し，それらの形容語が自分に当てはまるか，他人に当てはまるかを判断させた。その結果，うつ病群の場合，自分に当てはまると判断した形容語ではネガティブ語を多く再生したが，他人に当てはまると判断した形容語ではポジティブ語を多く再生した。これに対して，健常群ではいずれの形容語でも，ネガティブ語よりもポジティブ語を多く再生した。このように，うつ病患者や抑うつ傾向者に関する研究からも，被験者本人に関連した否定的な自己情報の処理がとくに深く精緻になること，また，うつによって処理方略が適切に選択されないことなどがわかって

いる。これらの知見もまた，PNA現象の説明に役立つのではないだろうか。

4. 日常認知における感情研究の意義

（1）再び，心理学研究のなかでの感情研究

　話は前後するが，そもそもなぜ認知心理学において感情が扱われるようになったのだろうか。海保（1997）は，その理由として，1つは計算論的に困難であることから感情を避けてきたことへの反省，もう1つはより積極的に状況論的認知のなかで感情を扱おうという機運，そして，いわば冷えて固まってしまったものの集大成としての知識に対してその根元である「情動知」への希求の3つをあげている。確かに，情報理論を基礎とし，人間の知的活動を論理的・計算論的にモデル化することをめざした認知科学は，1980年代以降のコンピュータ技術の急激な進歩とともに，急速に発展した。それはまた，1990年代においては，神経科学的な裏づけを追い求めようとした。しかし，その半面，いったい現実世界に生きる人間が本当にそのような認知の仕方をするだろうかと思えるような，非常にクールな，あるいはコールドな認知モデルを，次々と生み出すことにもなった。

　人間の認知に関して精密なモデル化が進めば進むほど，純粋な認知の枠組みだけでは説明できない部分が出てくる。実験条件を厳密に制御し，処理水準の深さや精緻化を統制し，それでもなお，人によって記憶量が異なるのはなぜなのか。同じ人でも時によって覚える量にばらつきがあるのはなぜか。形態的な複雑さがあまり違わないのに，覚えやすいものと覚えにくいものがあるのはなぜか。いくつかの条件に配置された被験者群の反応の代表値を比較するだけなら，当然，そのような疑問は出てこない。データのばらつきは誤差として，極端な値ははずれ値として処理される。すなわち，認知にとってそのようなばらつきやはずれ値は本質的ではないものとして無視されてきた。だが，その「ばらつき」や「はずれ値」にこそ，重大な意味が隠されているのではないか。

　感情状態の個体差もまた，被験者間でカウンターバランスすることにより無視できるものとされ，実際に無視されてきた。カウンターバランスできないもの，例えば文化や人種・民族の違いは，欧米中心主義が崩れてようやく，異文化間（cross-cultural）研究として，1つの大きな要因として扱われるようになった。感情表出の研究も，基本は欧米人（とくにEkmanにおいては北米人）の表情である。それに一致しないものは研究上問題があるとみなされたり，文化特有の表示規則によるものと

して説明がなされた（Ekman & Friesen, 1971）。なによりも、あまりに人工的な白人の表情に対する判断が異文化間で一致したとしても、自然な文脈での表情の表出と受容のあり方やそれらの持つ社会的な意味は、依然として不明なままである（Russell, 1994）。

俗にLazarus-Zajonc論争といわれる、1980年代に行われた感情における認知の役割についての議論も、認知心理学と感情心理学にとって大きなテーマの1つである。この論争の中心的な対立点は、感情の生起にとって認知的処理が必須なのかどうかというところにある。感情経験には対象の知覚とそれに対する自動的で知的でない評価が必要だというArnold（1960）や、感情の生起には認知的な状況評価が必要であると主張したLazarus et al.（1970）のような感情の認知説全般に対して、Zajoncは認知機能が十分に発達していない赤ちゃんでも感情表出を行うこと、識閾下（subliminal）で呈示された刺激にも快不快の判断が生じ得ること、呈示回数が多い刺激への好みが高まる単純接触効果（mere exposure effect）などを根拠に、感情の生起には必ずしも認知的処理が必要ではないと反論している（Zajonc, 1980, 1984）。これに対してLazarusは、感情表出がなされるということは、意識するしないにかかわらずある種の評価が先行しているのであり、そのような評価は認知的処理であるとして、Zajoncに対して再反論を行っている（Lazarus, 1982, 1984）。このような論争は、はたして感情の本質を突いた議論なのだろうか。一見そのようにも思えるが、実のところ、この論争はLazarusとZajoncの認知観・感情観の違いを反映しているにすぎない（研究者によって定義が異なるということ自体、感情の本質かもしれないが）。つまり、Lazarusは、認知をかなり広義の情報処理過程としてとらえるとともに、感情として喜怒哀楽などの複雑な感情現象を想定している。一方、Zajoncは、認知をかなり狭義の意識的過程としてとらえており、Lazarusが認知とみなす知覚を

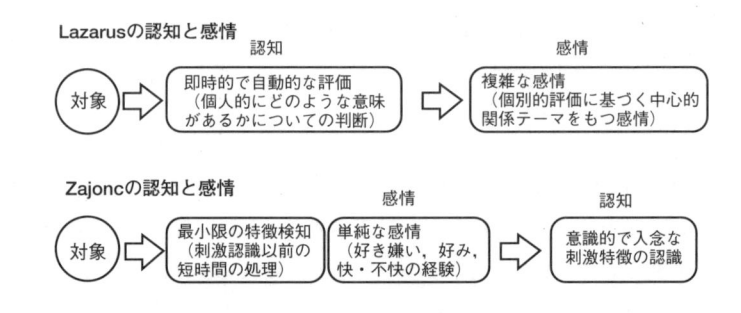

▲図12-6　LazarusとZajoncの感情観と認知観

含んだ自動的で即時的な初期の情報処理（無意識あるいは識閾下での判断など）は認知とは考えていない。さらに重要な点として，Zajoncは自分が扱う感情を，好き嫌い，好み，評価，快不快の経験と定義しており（Zajonc，1980），Lazarusとは大きく異なっているのである（図12-6）。

　結局，感情と認知を別個の系として分けて考えること自体に限界があるのではないだろうか。最終的には両者を一体のものとして，人が環境に適応し反応するための大きなシステムとして考えていかなければならないだろう。われわれは，なんとなく認知と感情を最初から異なる働きだと考えがちであるが，人間が行う有機的で複雑に関連しあった処理の，感情的色彩を濃く帯びているものを感情とよび，感情的色彩の薄いものを認知とよんでいるにすぎないのだから。

(2) 認知-感情研究の本質はどこにあるのか

　それでは，認知心理学的な立場からの感情研究についてはどうだろうか。Bowerに始まる（といってよいだろう）認知-感情研究の大きな特徴は，感情状態あるいは気分を，認知的パフォーマンスに影響を与える1つの要因と考え，独立変数として扱ったことにある。実験的に操作可能あるいは定義可能な独立変数とすることで，感情を認知心理学の枠組みのなかに位置づけることが可能になったのである。認知心理学のパラダイムに感情を取り込んだといってもよいだろう。それは約20年間にわたって認知感情研究の標準的な方法であり続けたし，おそらく今後も続いていくだろう。当然，感情の定義や働きについても，認知心理学的なモデルと同次元で考えることが必要となる。

　認知-感情研究の本質はここに存在する。すなわち，感情を認知心理学的なレベルで定義し，その働きを認知心理学的モデルのなかに記述することである。

　それは，現実の感情のあり方を文学的に記述することとは，根本的に異なる。心理学における感情の研究とは，日常的に目にする「ありのまま」の感情を散文的に表現することではない。感情の「振る舞い」をいったん抽象化し，そこから感情の機能や意味を見出していくことである。抽象化とは，必ず一定の枠組みのなかで，そこでのルールに基づいて行われるものである。だから，抽象化という作業は決して普遍的なものではないし，抽象化されたものもまた普遍的ではあり得ない。認知心理学の枠組みで抽象化された感情は，あくまでも認知心理学の目でとらえた感情でしかないのである。

　しかしその一方で，抽象化されたものも，生態学的な妥当性を持たなければならない。だからこそ，日常的視点が必要になる。感情は日常的なものであるから，日常の

なかで研究すべきである，ということではない．実験室の中での現象もまた真実であり，認知－感情モデルを作るには統制実験による純粋なデータが不可欠である．しかし，その現象が日常普遍的かどうかとは別問題である．ここで，基本表情研究の問題とつながってくる．実験的にある反応が確認されることと，それが日常的に起こっていることとは同じではないのだ．実験データに基づいて作り上げられたモデルは，（追試・確認）実験データによる吟味だけではなく，最終的に日常的観点からの吟味が必要なのである．

(3) 統合的な認知と感情の研究

そうして考えれば，感情とか，文化とか，動機づけといったものこそが，われわれの日常を大きく「支配」していることに目が向くだろう．日常的認知研究の発端の1つは，そこにあるのではないだろうか．なぜ目撃証言はしばしば正しくないのか．なぜ今やろうとしていたことを忘れてしまうのか．なぜふられたことは覚えていてもふったことは忘れてしまうのか．どうして突然キレてしまうのか．もちろん，論理的に説明できる部分も多い．しかし，最後のところで，論理的に説明することはできない．例えば，キレてしまうか踏みとどまるかのぎりぎりのところは，究極の確率論である．最終的にその確率の予測精度を高めることをめざすのならば，サンプル集団の代表値に基づく法則定立的研究から一歩踏み出すことが必要である．それはしかし，個性記述的研究であることを意味しているわけではない．サンプリング実験から導かれた一般的法則に基づきつつも，各個人によって異なる感情的反応や性格特性（行動傾向）などの個人内の法則や，時代や社会によって異なる文化的規定性という，全体からみれば「不確定」な要因を一般法則の上に位置づけることである．認知－感情研究の観点から別のいい方をすれば，外的環境（刺激）と内的環境（感情状態）の相互作用（気分一致効果など）における一般的モデルに，さらに個人的文脈や社会的文脈を組み込むということになる．

はたして，認知心理学は，そして感情心理学は，いつそこまで到達することができるのだろうか．

13章 空間認知

松井孝雄

1. はじめに

　エサをさがす，巣を作る，身づくろいをする，などのように生活のなかで動物はさまざまな行動をさまざまな場所で行っている。行うべき行動にとって適切な場所を求めて空間中を移動することは動物にとって生存のための基本的な要件である。むろん人間もその例外ではなく，通常の日常生活のなかでまったく移動をしないことなど考えられない。原始的な採集生活であれ現代の都市生活であれ，うまく移動を行えなければうまく生きていくことはできない。

　したがって当然のことながら空間認知は心の働きのなかでもきわめて基本的なものである。心理学においても空間についての関心はかなり早い段階から示されており重要な位置を占めてきている。例えば，Jamesは心理学のテキスト（1892）の中で「知覚」とは別に「空間の知覚」に1章を割いている。また，知能理論では言語的な知能に対するものとして「空間的知能」が因子としてしばしばあげられる。認知心理学の枠内においても空間に関する研究は派手ではないかもしれないが常に行われてきた分野であった。そして，生活に欠かせない要素であるという性質からして空間認知は日常認知研究においても無視できない重要な一分野であるといえるだろう。

　本章では認知心理学における空間認知の研究の流れを概観したあと，近年の，より日常認知的な空間認知研究について述べ，今後の展望について研究上の方法論的問題点を含めて検討する。

2. 空間認知の古典的研究

まず空間認知に関する古典的な研究の流れを3つあげておこう。必ずしも狭い意味での認知心理学の研究とはいえないが，しかしこれらにより与えられた概念的枠組みは現在の空間認知研究に大きな影響を与えている。

(1) 認知地図

直接的なつながりがあるとは必ずしもいえないのだが，認知心理学における空間認知研究を紹介する際にはやはり Tolman の研究（1948）の紹介から始めるのが自然であろう。空間認知の研究においてどうしても無視できない存在である認知地図（cognitive map）という概念はもともと Tolman によって提供されたものだからである。

Tolman はいくつかの実験の結果に基づいて認知地図について論じているが，空間認知研究の観点からみて最も興味深い実験は以下のようなものである（Tolman et al., 1946）。まずラットに図13-1左のような迷路を学習させる。学習が成立するとラットは出発点から出発してまっすぐ迷うことなくえさ箱へと走るようになる。その後で装置を図13-1右のように改造してラットを入れる。もともとえさ箱に通じていた正面の通路が行き止まりになっていることがわかると，ラットはまず全部の通路を少しずつ探索し，やがては最後まで進む通路を選択する。そして，最も多くのラットが最終的に選択したのはもとの迷路の目的地にまっすぐ向かう方向に近い経路6であった。

図13-1左の迷路で学習されたものが単純に刺激と反応の結びつきだけであるとすると，この結果は説明しにくい。それに対し Tolman は「環境のフィールドマップのようなもの」が獲得され，しかもその性質が局所的ではなく包括的であるために環境に変化があっても適切な行動を選択できるのだと説明した。つまり「この通路を進めばえさが得られる」ことだけではなく「部屋の中でえさのある位置はこの方向である」ことも学習されていたのでまっすぐ向かう経路が選択

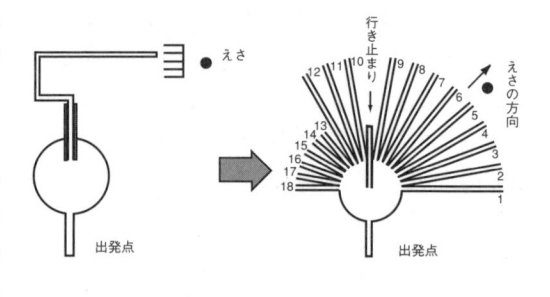

▲図13-1　ラットの認知地図の実験（Tolman, 1948）

されたというのである。このような知識を彼は認知地図とよんだ。

　注意すべきなのはTolman自身は認知地図という用語を必ずしも厳密に定義してはおらず，その対象も空間的なものばかりとは限らないことである。むしろこの用語がさしていたのは手段と目的を関連させた包括的知識すべてのことであった。つまり彼のいう認知地図は認知構造（cognitive structure）とほぼ同義の広い概念であるといえる。ところがその後の空間認知研究の流れのなかで，認知地図という語は空間に関する記憶や知識を一般的にさす用語として用いられるようになった。

　しかし，もちろんTolmanの責任ではないのだが，ここで「地図」という語が使われてしまったことが，空間認知研究によかれあしかれ大きな影響を及ぼしたことは確かであろう。「認知地図」は確かに興味を喚起する魅力的な表現である。しかし，あたかも紙の地図に似たような静的イメージが心のなかに存在するかのような印象を与えがちであることも否めない。後に述べるように認知地図の歪みを取り上げた研究が多く行われたのにはこの言葉の影響も大きいのではないだろうか。

（2）メンタルマップ

　アメリカの都市計画者Lynchは『都市のイメージ』（1960）において都市のイメージアビリティ（imagability）について検討している。イメージアビリティとは都市内の場所や全体構造のイメージの容易さのことで，これが高い都市は環境としてわかりやすいとされる。彼はいくつかの都市の住民にその都市についてインタビューしたり地図を描かせたりした結果をもとに地図を作成し，その地図が人々の都市に対して持つイメージを反映していると考えて分析した。そしてボストンなどの都市のイメージアビリティの相違をもとに，都市の重要な構成要素としてパス（道路）・エッジ（縁）・ノード（集中点）・ディストリクト（地域）・ランドマーク（目印）の5つを分類している。この要素分類はその後多くの研究で援用されるようになった。

　Lynch（1960）の研究を先駆として空間に関して人が持つイメージが重視されるようになり，Gould（1965）以降，メンタルマップ（mental map, 空間のイメージを地図的にとらえたもの）を分析する手法が人文地理学・都市論・環境心理学においてさかんに用いられるようになった（Downs & Stea, 1973；Gould & White, 1974；Canter, 1977；中村・岡本, 1993；若林, 1999）。

　分析対象としてのメンタルマップは多くの場合地図の形で外在化され分析される。地図を作成するには大きく分けて2つの手法がある。1つは被験者に実際に描かせた地図を用いる方法，もう1つは距離評定や居住地選好順位などの数値データから地図を構成する方法である。どの方法をとるにしても空間のイメージが人によって，ある

いは現実の空間とどのように異なっているのかが分析の重要な問題点となる。その際にLynch（1960）の研究のように焦点をおもに都市自体の性質の側に当てたものもあるが，しかし多くの場合主体の側の認知的要因によるイメージの違いが取り上げられている。初期の研究から例をあげると，例えばGoodchild（1974）は，同じ町の地図でも中産階級の住民が描いたものと労働階級の住民が描いたものとでは異なっており，中産階級の被験者のほうが町を大きく詳細に表現するとしている。またOrleans（1973）も住民集団によって同じ都市であっても環境認知が異なることを示している。

　認知地図とメンタルマップはどちらも空間の内的表象をとらえたものであり，類似の概念といえる。しかし前者がおもに心理学で用いられ，後者がおもに地理学で用いられてきたことから，その着眼点はやや異なっている。認知地図の研究では表象自体の性質やその処理過程が重視されるのに対し，メンタルマップの研究では表象される内容がおもな研究対象となるのである。

（3）空間認知の発達

　発達的な観点からの空間認知の研究も数多く行われてきている（詳しくは空間認知の発達研究会，1995を参照のこと）。そのなかでとくにしばしば言及されるのは「自己中心性からの脱却」という問題である。

　例えばPiagetは，「3つの山問題」（図13-2）のような課題を用いて他視点取得の問題を検討している（Piaget & Inhelder, 1948）。彼らによれば幼児の空間認知は自己中心的（ego-centric）であるが，発達的変化によりしだいに自分以外の視点からの見えについての判断を行うことができるようになる。

　また，Hart and Moore（1973）による日常生活における空間移動方法の発達についてのモデルも自己中心性からの脱却に関連している。このモデルによれば感覚運動期にある幼児は自己中心的な参照系（reference system）を利用しており，方向は自己を基準としてのみ（「自分の右」のように）表現される。自分以外の要素として環境内のランドマークを用いて位置や方位などが表現されるようになるのは前操作期になってからである。ただしこの時期には

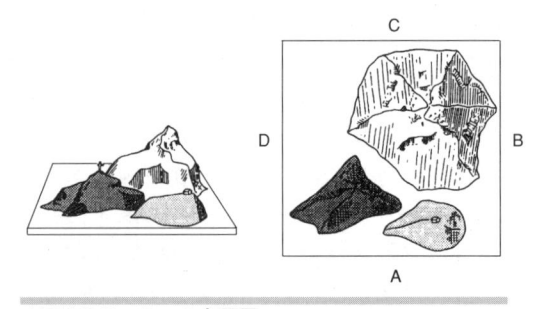

▲図13-2　3つの山問題（Piaget & Inhelder, 1948）
3つの山には異なる色がつけられている。Aの位置から観察し，ほかの位置からの見えを答えるのが課題。

個々のランドマークの周囲の空間はそれぞれ個別にとらえられるだけで，全体が統合されることはない（固定参照系）。統合がなされるのは具体的操作期の段階であり，この段階に至ると東西南北のような座標系を用いることによって空間全体を包括的に表現できるとされる（協応参照系）。

3. 認知地図の性質

　認知心理学における1980年代ごろまでの空間認知の研究は認知地図の性質を取り上げたものが多い。そして多くの研究では認知地図と現実の空間との不一致を問題としている。

(1) 認知地図の「歪み」と情報の欠如

　われわれの空間に関する判断にはしばしば誤りが生じる。認知地図という表象を中心に考えると，これは認知地図が物理的空間と正確に対応してはおらず「歪んで」いるからであると考えるのが自然である。多くの研究ではこの「歪み」の原因は記憶表象自体に情報が欠けていることにあるとしている。例えばByrne（1979）によれば，街の中心部の道や曲り角の多い道の長さは過大評価されやすく道路の交差角度は実際よりも直角に近く判断されやすい。彼によればこの結果は都市空間の記憶表象はネットワーク状あるいはトポロジー的であるからだとされる。つまり連結の状態のみが記憶され，長さや角度に関する正確な情報は記憶表象中にはないのだと考えられたのである。方向・距離・角度・面積に関する情報が不正確に（または部分的に）しか表象されていないために判断に一定の傾向を持った誤りが生じることを示した研究は他にも数多くなされている（Tversky, 1981；Thorndyke, 1981；Fryman & Wallace, 1985；Kemp, 1988など）。

　また，空間がいくつかの領域に分節化されていることを示す研究も多い。異なる領域に属する要素間の関係は表象されていないとする点で，この問題は情報の欠如とも関連している。こうした研究ではほとんどの場合，領域間と領域内では空間的判断の結果が異なることが示唆されている。例えばSadalla et al.（1980）は，参照点（reference point：他の点の位置を判断する際に基準として用いられやすい点）としてのランドマークの役割を検討している。現実の空間（大学内）中で距離評定を行わせた結果，参照点から非参照点への距離を判断するほうが逆方向の距離判断よりも反応が速く，距離も短く判断された。このような非対称性が存在するのは空間が参照点

をもとに多くの領域に分けて認知されているからであると考えられた。さらにこのことから，認知的距離は対称的でも交換的でもなく多次元尺度化やユークリッド的表現によるモデルは心理的距離の研究にふさわしくないと彼らは論じた。またMaki (1981) は，東西方向の比較判断において，同じ州の2都市では実際の距離が近いほど判断に時間がかかるのに対し，異なる州に属する場合には距離による反応時間の差がないことを示した。Allen (1981) は，ある地点から見て2地点のうちどちらが近いかという判断において2地点が異なる領域に属していると判定が歪むが同じ領域ならばかなり正確であることを示している。さらにAllen and Kirasic (1985) は，ある経路上の地点スライドを被験者に呈示してそれらを複数の領域に分けさせたあと別の被験者に距離判断を求めた。その結果，領域内では距離の比が小さいほうが正答が少なく領域間では距離の比は関係がなかったことから，分節化が距離評定の歪みの原因であるとした。

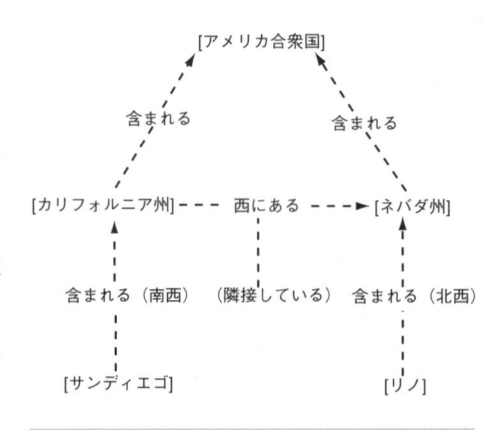

▲図13-3　空間的知識の階層構造の例
(McNamara, 1986)

　分節化の問題をさらに進めたものとして，領域への分割が階層的であるとする研究もある。Stevens and Coupe (1978) は，異なる領域に含まれる2地点の間の方向判断を行うと，上位の領域間の方向に影響されて実際の方向に比べて判断が歪むことを示している。またMcNamara (1986) は，実験室内にいくつかの領域を設定し，そのなかの地点を被験者に学習させたあと地点名の再認を求めた。このとき，ターゲットの前に別の地点名を呈示すると，距離的に近い地点間ではプライミング効果がみられたが，この効果は2地点が同じ領域に含まれる場合に限られていた。この結果からMcNamaraは，異なった領域に含まれる要素間の空間的関係は記憶中に表現されていない，すなわち空間記憶は階層構造を持っていると考えた（図13-3）。

(2) 異方性

　「歪み」以外に認知空間が物理的空間と異なる点として，すべての方向が同じ価値を持っているわけではないこと（異方性，anisotoropy）があげられる。これは日常的にもしばしば経験される性質である。例えば同じ物理的距離であっても水平方向よ

りは垂直方向のほうがかなりへだたりが大きいという印象を受ける。あるいは前後や上下は間違えなくても左と右を間違えてしまう人がいる。また，鏡に向かったとき，実際に反転しているのは前後であるにもかかわらず左右が反転しているように感じられる（高野，1997；Takano，1998）。こうした異方性についてはおもに知覚心理学において多くの研究がなされてきた。認知心理学での研究としてはとくに整列効果（alignment effect）に関する一連の研究があげられる。整列効果は日常生活のなかでもしばしば出合う現象であり，地図やカーナビゲーションシステムの利用などの応用面にも結びつくテーマである。

路上の案内図などのように現在位置の示された地図を見るとき，地図の向きによって読み取りがむずかしく感じられることがある。また，現地で地図を見ながら歩くときに現実の向きに合わせて地図を回転したくなった経験を持つ人は多いであろう。こうした現象についてLevine et al.（1984）は実際に被験者に地図を使って目的地に向かわせる実験を行って検討した。その結果，地図の上方向が前方向と一致している地図を呈示されたほうが上下の逆転した地図を呈示された場合よりも正しく目的地に着ける被験者が多かった。さらに，このような効果は実際に地図を見ている場合だけではなく，地図の記憶をもとに課題を行った場合でも生じることが示されている（Levine et al., 1982）。この実験では被験者は図13-4に示すような地図を記憶したのちに「今あなたは1にいて，2が前の方向にあります。4はどの方向にあるでしょうか？」のような方向判断課題に答える。その結果，地図上の上方向を前方向として設定した課題（整列課題。例えば「今あなたは1にいて2が前にあります」のような設定）に比べて下方向を前方向として設定した課題（反整列課題。例えば「今あなたは4にいて3が後ろにあります」）に対する誤反応が多かった。このような現象を整列効果という。

整列効果の研究ではおもにこの現象がどのような条件で生じるのかについての検討がなされている。ここで重要なのは異方性の現れ方が学習および課題遂行時の状況によって異なってくることである。

Presson and Hazelrigg（1984）は学習時の刺激に着目している。実際の移動（ナビゲーション）によって経路を記憶した条件および床に描かれた経路を観察して記憶する条件を加えて方向判断課題を行わせた結果，どちらの条件でも地図で学習した条件とは違い整列効果が生じなかった。このことから彼らは認知地図に実際の空間からの直接

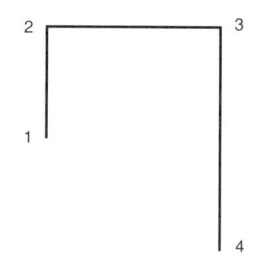

▲図13-4　方向判断課題で用いられる地図の例
（Levine et al., 1982）

学習と地図・絵などの空間的記号からの間接学習とによる2種類があると考え，直接学習による表象は等方向的だが間接学習による表象には異方性があると結論した。Presson et al. (1989)はその後，床に描かれた配置の大きさが異方性に影響する（小さな配置では整列効果が生じるが大きな配置では生じない）ことも示している。

また，天ヶ瀬 (1991) の実験では，地上に設定した空間配置を屋上から見下ろして学習する条件で整列効果が生じたのに対し，配置を同一平面から見て学習する条件では生じなかった。また地面に描かれた通路図形を見て記憶する条件では整列効果が生じたが，通過地点に棒が立てられた通路配置を見て記憶する条件では生じなかった。この結果から天ヶ瀬は位置関係が図形として知覚されるか身体を囲む環境内の配置として知覚されるかによって整列効果が生じるか否かが決まるとしている。

いっぽう松井は参照枠（frame of reference）が複数意識されることによる干渉が整列効果の要因であると論じ，誤反応における効果と反応時間における効果との相違をもとに分析を行った。例えば，単に何の設定もない地図だけを呈示する条件と，実験を行っている室内の地図であることが意識されやすいような地図を呈示した条件とを設けて方向判断課題を行った実験では，後者のほうが誤反応にみられる整列効果が大きくなったが，反応時間には差がみられなかった。この結果は，反応時間の効果は異方性を持つかどうかという表象の性質に依存しており，誤反応の効果は処理の性質に依存しているのだと説明された（松井，1997；開・松井，2001）。

4. 近年の研究

1980年代後半から1990年代にかけての認知心理学全体の動向とともに空間認知研究にもこれまでとは異なった傾向が生まれてきている。その特徴としては，①個人差要因の重視，②日常的大空間を用いた実験の増加，③「認知地図」概念の問い直し，などがあげられるであろう。具体的な研究手法としては，実験室の小空間において厳密な統制を行った研究からより現実の生活空間に関わる研究への移行が進んでいるといえる。以下では，このような点に関連した特徴的な研究をいくつか紹介する。

(1) 個人差への着目

一度目的地に行ったことがあれば容易にもう一度行くことができる人と，何度行っても道順が覚えられない人がいる。また，例えば建物の中で「駅の方向はどちらですか」という質問にすぐに答えられる人となかなか判断できない人がいる。このように

空間認知能力にかなりの大きな個人差があることは生活のなかでしばしば実感されることであり,「方向感覚」や「方向音痴」という語は日常的にもよく用いられている。

実際に空間的能力は言語的能力に比べて個人間の変動が大きいことが知られており,これまでにも多くの研究がなされている。こうした研究の多くは質問紙などの方法によって分けた被験者群に空間移動や心的回転課題などの課題を実施し,自己評定と課題遂行結果の関連について検討している（Bryant, 1982；Kato, 1987；Sholl, 1988など）。そして多くの研究で両者の関連が示されている。質問紙としてよく用いられるのは例えば竹内（1992）による「方向感覚質問紙簡易版（sense of direction questionnaire-short form：SDQ-S）」である。この質問紙は日常的な空間経験に関する20の質問項目からなっている（表13-1）。因子分析によってこれらの項目は「方位に関する意識」と「空間行動における記憶」という2つの因子に大きく分けられるとされる。空間認知はかなり非言語的な性格を持っているのに対し質問紙法が測定するのは自覚された意識的な側面であるというところに問題は残るものの,現実の空間移動能力とかなりよく対応が示されており有効な研究手法の1つである。

大空間での空間行動における個人差を扱った研究の例としては新垣（1998）があげられる。この研究では「方向音痴」とよばれるような人の認知過程の特徴が検討されている。市街地に設定した経路をビデオ呈示によって被験者に学習させたあと,まず経路を言語再生および地図描画させ,そのあと再度のビデオを呈示しながら曲がるべき交差点の位置と曲がる向き

▼表13-1　方向感覚質問紙簡易版(SDQ-S)

(竹内, 1992)

1　知らない土地へ行くと, 途端に東西南北がわからなくなる。
2*　知らないところでも東西南北をあまり間違えない。
3　道順を教えてもらうとき,「左・右」で指示してもらうとわかるが,「東西南北」で指示されるとわからない。
4　電車（列車）の進行方向を東西南北で理解することが困難である。
5　知らないところでは, 自分の歩く方向に自信が持てず不安になる。
6　ホテルや旅館の部屋にはいると, その部屋がどちら向きかわからない。
7　事前に地図で調べていても初めての場所へ行くことはかなり難しい。
8*　地図上で, 自分のいる位置をすぐに見つけることができる。
9*　頭のなかに地図のイメージをいきいきと思い浮かべることができる。
10　所々の目印を記憶する力がない。
11　目印となるものを見つけられない。
12　何度も行ったことがあるところでも目印になるものをよく憶えていない。
13　景色の違いを区別して憶えることができない。
14　特に車で右・左折をくり返して目的地についたとき, 帰り道はどこでどう曲がったらよいかわからない。
15　自分がどちらに曲がってきたかを忘れる。
16　道を曲がるところでも目印を確認したりしない。
17　人に言葉で詳しく教えてもらっても道を正しくたどれないことが多い。
18　住宅地で同じような家がならんでいると目的の家がわからなくなる。
19*　見かけのよく似た道路でも, その違いをすぐに区別することができる。
20　2人以上で歩くと人について行って疑わない。

＊は逆転項目

を指摘させる課題(ナビゲーション課題)が行われた。ナビゲーション課題の成績によって上位群と下位群を分けて分析した結果,以下のような相違がみられた。

① ナビゲーション課題の成績とSDQ-Sの方位因子には相関はみられなかったが記憶因子とは相関していた。
② 上位群のほうが学習時に移動に役立つ情報により着目していた。
③ 下位群は獲得した知識をナビゲーション場面でうまく利用できない傾向があった。
④ 上位群は曖昧な知識であってもそれを外界の情報で補ってナビゲーション場面で正しく判断する傾向があった。

「方向音痴」という言葉でくくられるような性質は複雑なものであり,空間認知能力の問題だけではなく経験や社会的役割などさまざまな要因が関係していると思われる。どの要因が空間行動にどのように影響しているのかを検討することは研究の面からも興味深いことであるが,応用の面からも求められることであろう。例えば,これまで学校教育ではあまり行われることはなかったが,空間認知を適切に行う方法は本来教育されるべきもののはずである。そのための材料を提供するためにもこのような研究は今後さらに必要となるであろう。

(2) 日常的な空間を用いた研究

上述したように,認知空間が現実の空間といろいろな点で異なっている,すなわち「認知地図が歪んで」いることはさまざまな事例によって示されている。しかし日常的な空間の認知においてそうした構造がどのような要因に基づいて成立するのかについての検討はまだ十分行われているとはいえない。例えばMcNamara(1986)の実験で設定された領域はあくまで実験者が設定した恣意的なものである。日常認知的な観点からいえば実際にわれわれがある領域を他と区別して認知する場合には,そこに主体にとってのなんらかの意味づけがある場合が多いはずである。そのような意味づけが空間表象においてどのような影響を持つのかといった問題の検討が必要である。

こうした点に着目した研究としてNaka and Minami(1991)があげられる。面積の記憶に関するKemp(1988)の研究では,地図を記憶したあと領域間の面積比の評定を行うと実際の比よりも小さく評定され,その傾向は保持期間の増大につれて著しくなることが示された。この傾向は記憶内容が減衰して情報が失なわれることによるものだとされた。しかしNaka and Minamiによれば現実の空間では想起される面積比は必ずしも現実の比より小さくはならない。この実験では中学校の校舎・校庭などの描画を屋外または屋内のクラブに所属していた在学生と卒業生に行わせてその大き

さの比を調べている。その結果，在学時に野外クラブ活動に参加していた卒業生だけは比の指数が逆に大きくなることを見出した。この現象は経験に基づくスキーマの形成によって説明された。つまり，屋外クラブ活動の参加者は校庭での活動経験が多いので屋内クラブに所属していた被験者に比べて校庭のスキーマがより詳しく体制化されている。直接的な記憶が減衰したときでもこのスキーマをもとにより多くの事物が思い出されるため，それに伴って面積が大きく評定されるのだというのである。空間認知における「歪み」が単に情報の欠落だけによって生じるのではなく日常生活がどのようなものであるかによって場所の意味づけが異なって生じるということを示している点でこの研究は注目すべきものである。

　また，異方性という性質も日常認知的な観点から問い直されている。すでに述べた整列効果（p.231）に関する研究などでは一般に地図記憶には異方性がありナビゲーション記憶に異方性がないとされてきた。しかし，日常的にわれわれがとらえている空間について考えてみると，やはりそこにはなんらかの異方性が存在すると思われる場合がある。例えば古地図は必ずしも北を上にして描かれてはいないが，ある地域についてみると特定の向きから描かれることが多い場合がある（堀，1982；川村 1994）。このことは，現実の地域についての記憶表象にもその土地に特有の優位な方向が存在することを示唆している。この場合の異方性は，その土地に住む人のイメージに共通するものといえるが，さらには人によって空間の意味が異なれば異方性もまた異なった現れ方をすることも予想される。

　このような可能性を実験的に支持するものとしては手描き地図の向きに関する研究がある。熟知した空間の地図を手描きする場合にどの方角を上にするかがその空間のとらえ方を反映していると考えられるのである。例えばTversky（1981）の実験によれば地図を描かせたときにその人の持つ視点が下側に描かれることが多い。また内藤（2000）は大学のキャンパスの地図を描画させる課題と他の課題との関連を検討した結果，現在自分がどこにいるのかという認識がある場合とない場合とで描画の際に用いられる参照系が異なることを示した。Naka and Minami（1991）でも，中学校在学時に屋外クラブ活動に参加していた大学生は他の群とは異なって特定の方向からの地図を描く傾向が強いことが示されている。

　整列効果の研究においても，これまで異方性がないと考えられることの多かったナビゲーション記憶が再検討されてきている。天ヶ瀬（1993）は大学のキャンパスの地図の描画において，現在地をとり囲むような範囲を指定したときには自分の身体の向きが描画の向きに影響することを示している。また松井（1997）は大学のキャンパス内の地点を用いた方向判断課題を行い，描画させた地図の向きをもとに被験者を分類

して分析した。その結果，地図をどの向きに描くかによって誤反応に関する整列効果が異なっていた。すなわち被験者それぞれが感じている自然な向きによって方向判断も影響をうけるのである。

(3) 静的な認知地図からの脱却

これまでの空間認知研究は，空間を客観的なものとしてとらえつつそれを反映した静的な表象としての認知地図の性質について検討しようとするものが多かった。しかし生態学的アプローチ（Gibson, 1979）や状況主義などの影響のもとにこうした見方も変わってきており，環境との相互作用として空間認知をとらえること，空間と身体との関係を重視することなど，これまでになかった特徴が多くの研究にみられるようになってきている。

日常認知との関連からすれば，このようなアプローチのなかでとくに注目されるのは，目的地を探索しつつ移動するという「ウェイファインディング（wayfinding）」とよばれるきわめて日常的な行動のなかでの動的な情報処理過程に着目した研究である。例えば加藤（1998）は，被験者が2人組になり略地図を使って経路を探索するという状況を用いた実験を行っている。この実験では被験者をSDQ-Sの高得点（H）群と低得点（L）群に分け，まずHとH，HとL，LとLの3条件の組み合わせの2人組による探索を行った。そのあと地図なしで同じ経路を単独で移動する課題を行った結果，正しく移動できた被験者はH－H群で最も高く，続いてH－L群のHの被験者，H－L群のLの被験者，L－L群の順になっていた。つまり，探索のときに同行した相手からの影響を受けて単独行動の際の成績が変化したということになる。また，新垣と野島（1988）は市街地を移動する際に移動電話によって情報が提供されるような状況を用いることで，空間移動中に外的資源がどのように用いられるかを検討している。これまでの実験研究で扱われてきたのは，学習段階で与えられた情報を固定されたまま，単独行動によって課題を遂行しなければならない事態ばかりであった。しかし現実には，空間行動はコミュニケーションなどを通じて動的な情報取得・問題解決を行いつつ遂行されているものである。それゆえ，以上のような研究は日常認知としての空間認知の研究が今後進むべき方向の1つを示唆しているものといえるだろう。

5. 方法論的問題

最後に，空間認知の問題を日常認知的な観点から実験的に扱う際にとくに注意すべ

きだと思われる問題点をいくつかあげておく（詳しくはForeman & Gillett, 1997, 1998；Kitchin & Freundshuh, 2000などを参照のこと）。

（1） 学習経験の違い

どのような経験に基づいて学習されたのかによって空間認知の性質に違いがみられることが知られている。最もよく取り上げられている区別は地図に基づく記憶と実際の移動経験（ナビゲーション）に基づく記憶の相違である。Thorndyke and Hayes-Roth（1982）は，ある建物の中の部屋の位置関係や距離についての判断を，平面図を見て記憶した被験者と，実際にそこに勤務している被験者とに求めた。その結果，被験者によって以下のような違いが示された。①地図からの学習では全体的な関係が比較的容易に学習されるが，鳥瞰的な視点から俯瞰的な視点への変換は行いにくい。②ナビゲーションによる記憶の場合，距離や方向を判断するには計算のような処理が必要になるので一般的に課題の成績は低いが，それは経験によってしだいに改善される。

また，これと似た区分としてPresson and Hazelrigg（1984）は1次的学習（primary learning）と2次的学習（secondary learning）をあげている。Presson and Hazelriggは整列効果の現れ方の違いから，現実の空間に基づく1次的学習による記憶表象はあまり正確でないが方向に依存しない性質を持つのに対し，地図などに基づく2次的学習による記憶表象は正確だが方向性を持っているとした。Presson and Hazelriggの区分は，現実の空間に基づいていれば実際の移動経験があるかどうかで差は生じないとしている点でThorndyke and Hayes-Roth（1982）のものとはやや異なっている。

ところで，われわれが空間に関する知識を獲得するやり方として基本的なのはあくまで空間内の移動を通じることによる場合であって，地図などによって間接的に知識を得るのはあくまで2次的な手段である。したがって，日常認知的な観点からいえば，空間認知の研究において実験室的な手法を取る場合であっても現実の空間の移動に基づいた記憶は比較対象として常に念頭におかれるべきである。

ただし，実際には日常的大空間を用いた実験心理学的研究が困難なことは否めない。被験者がすでに熟知している空間を対象にしようとすると統制がむずかしくなるし，厳密に統制しようとすると学習段階をかなり大規模なものにせざるを得ない。結局のところ両者の折衷案をとって，大学生を被験者としキャンパスを刺激とした限定的な実験ばかりが多くみられることになる。

こうした問題点を回避するため，模擬的な移動経験による実験も試みられている。

例えばAllenら（Allen & Kirasic 1985；Allen et al., 1978）は経路の通過地点をスライドによって呈示して記憶させる方法をとっており，この方法でも空間配置の学習はある程度なされることを示した。すでにあげた新垣（1998）などではビデオにより経路が呈示されているし，また，藤井と乾（1992）ではコンピュータグラフィックス（CG）によりルート呈示がなされている。さらに近年ではコンピュータ技術の進歩によりバーチャルリアリティーを用いた研究も多く行われるようになってきている。

　ただし，このような方法が移動経験をそのままに模倣できているかどうかは必ずしも確かでない。Gale et al.（1990）は経路を実際に歩行する条件とビデオ呈示される条件を設けていくつかの課題の成績を比較している。その結果，地点の再認成績には差はなかったが，地図描画課題や空間内を移動させる課題では歩行条件のほうが優れていた。この結果からGale et al. は，空間に関する宣言的知識はどちらの学習からでも得られるが，知識が手続き的知識として統合されるのには実際の移動経験が必要であり，このような差が生じるのは2種の学習における能動性の違いによると論じている。つまり，学習の源の相違には単なる地図／ナビゲーションの対比以外にも多くの要因が関係していることが予想されるのである。したがってシミュレーションを実験に持ち込む場合には，その状況がどのように現実と異なっているのかについてあらかじめ詳細に分析しておかねばならない。

(2) 空間の規模

　前項と関連する問題であるが，対象とする空間の大きさについても注意しなければならない。実験の対象として扱われる空間領域は，全体を見渡せるかどうか，どのような移動が可能かによっていくつかのレベルに分けることができると思われる。それぞれの大きさによって，その空間についての知識の源が違ってくる。したがって，空間認知の研究においては規模によって処理が異なることを念頭に置く必要がある。

　空間の規模についてのモデルにはさまざまなものがある（Canter, 1977；Siegel, 1981；Montello, 1993；Freundschuh & Egenhofer, 1997など）が，どれも空間における行動や観察の可能性によって分類されており，それほど大きな違いはない。空間認知の対象となる空間のうち，まず，最も小さいのは地図である。地図はふつう一目で見渡すことができるが，その中を実際に移動することはできない。したがってこのレベルは視覚経験のみによって獲得されることが多い。地図読みの熟練者などの場合，地図から現実の空間のイメージを思い浮かべ，そこでの移動を想像することもないとはいえないであろうが，多くの場合地図の記憶は形としてのそれである。次に，ほぼ見渡すことができ，実際にその中を歩いて移動することができるレベル（室内程

度）があり，視覚経験と移動経験の両方が可能である。それよりも大きく，大きな建物や町のレベルになると，歩行によって移動はできるが，一般には全体を見ることは困難になる。このレベルでは移動経験が中心になると思われるが，高所からの眺望などによる視覚経験の可能性もある。さらに広い地域では，見渡すことは不可能になり自動車や電車などによらなければ移動もできなくなる。ただし，このレベルは，移動経験をもとに表象可能な規模（大都市など）と不可能な規模（例えば大陸，世界など）に分けられる。後者の空間に関する知識は結局地図によってしか得られないということになる。

（3） 課題・測度

　空間認知の実験においては距離評定・方向判断・地図描画・実際の空間などの測度が用いられるが，その性質については十分な注意を払う必要がある。なぜならば，課題によっては一見空間課題のようにみえても必ずしも空間的知識を用いる必要がない場合があったり，同じく空間的知識を用いていても課題の要求によって結果が異なったり，同じ課題を用いていても条件差の現れが測度によって異なったりすることがしばしばみられるからである。例えばTaylor and Tversky（1992）は，地図の記憶の再生の順序から判断した体制化の現れが，文による説明と描画とでは異なる傾向を持つことを示している。また，整列効果についての実験において，エラーと反応時間とで異なる効果がみられる場合がある（松井，1997）。一見空間とは関係がないような条件が空間的課題に影響した例もある。Sadalla et al.（1979）は，実験室中に作成した経路を記憶し，その距離をあとで評定する際，経路中の地点につけられた名詞がなじみぶかいものであるかどうかが距離評定に影響する（なじみのない名詞のほうが距離が短く評定される）ことを示している。

　課題自体がどのようなものであるかが重要であることを示す例としては，McNamara（1986）の再認プライミング効果の実験があげられる。すでに述べたとおり（p.230），McNamaraは地点名の再認課題において，ターゲットに近い地点がプライムとして呈示されると反応が速くなることを示した。ところが，その後の研究により，この効果（空間的プライミング）は現実の空間についての記憶では必ずしも生じないことが示された（Clayton & Chattin, 1989；McNamara et al., 1989；Merrill & Baird, 1987）。Clayton and Chattin（1989）は，大学のキャンパスやアメリカの州についての判断を行う際，求められている判断に空間的要素が含まれている場合（例えば2地点のうちターゲットからの距離がより近いのはどちらであるかを判断する場合など）には空間的プライミングが生じるが，そうでない場合（呈示され

たターゲットが州の名前かどうか判断する場合など）ではプライミングは生じないことを示した。この結果から彼らは，空間的関係と意味的関係は別々の構造を持っていると論じた。これに類似した研究は多く，自然に学習された現実空間に関して，McNamara et al.（1989）は課題が空間的判断を要求していないとプライミングが生じないこと，Merrill and Baird（1987）は空間的近接が機能的関係と一致していないとプライミングが生じないことを示している。一方，Sherman and Lim（1991）は空間領域がどのように学習されたかによって結果が異なることを示した。彼らは，空間的近接と学習時の時間的近接が必ずしも一致しないような学習方法を用いて実験を行った。その結果，2つが一致しないようにすると空間プライミングは生じなかったが，再生順序から判断すると空間的体制化は行われているようであった。しかし，2つの近接関係が一致している場合や，一致していない場合でも空間的要素が含まれた課題に対してはプライミング効果がみられた。このことから，空間的関係は，時間的近接と空間的近接が一致していない場合でも表象されているが，課題に明示的または非明示的な空間的要素が含まれていないと情報検索に用いられないのだと考えられた。

このような現象が生じるのは，空間に関する知識が，空間関係だけではなく意味・感情・時間的近接など他の要因によっても体制化されており，場合によって異なる活性化がなされるからではないかと思われる。したがって，とくにプライミングのような間接的な課題を用いる場合には，その課題によっていったい何が測定されているのかを吟味する必要があるといえる。

(4) 継時的研究の必要性

われわれの空間記憶表象は，その空間での経験を経るにつれて変わっていく。初めて通った道はずいぶん遠く感じたのに，慣れるにしたがって短く感じられるというようなことはしばしば経験されるところである。経験によって空間記憶表象がどのように変わっていくのかという観点からの研究も重要であろう。

継時的な観点の含まれている研究としては例えばThorndyke and Hayes-Roth（1982），Evans and Pezdek（1980），Gärling et al.（1986），藤井と乾（1992）などがある。Gärling et al. は，ある町に住みはじめて1〜2か月の住民と約1年住んでいる住民とに距離判断などを行わせたが，あまり大きな差がみられなかったことから，空間をとらえるための全体的な枠組みがかなり短い期間でも形成され得ることを示している。藤井と乾（1992）はCGによる空間探索を行い，空間が把握されていく過程について調べた。その結果，①断片的な特徴点の把握，②部分的な位置関係や接続関

係の把握，③全体の位置関係の把握，④個々の接続関係の把握，⑤トポロジカルな空間の把握，⑥正確な空間の把握という6段階が示された。これらの研究はいずれも，どのようにして空間記憶表象が正確になっていくのかという観点から継時的な実験を行っているが，今後必要なのは，その空間での被験者の行動によって認知内容が具体的にどのように変わっていくのかを縦断的に調べることであろう。

6. おわりに

本章では日常認知研究との関連から空間認知研究の流れを概観してきた。空間認知研究はその性質上もともと日常的な観点を備えているべきものであったが，実験室研究の束縛から離れて本来あるべき姿に向かっているのだともいえるであろう。なお，最後に，とくに空間認知研究においては心理学以外の諸分野との連携がこの動きにつれて強く求められるようになるであろうことを強調しておきたい。最初に述べたとおり空間の中の行動は人間の行動のなかでも非常に基本的な営みであるだけに，さまざまな分野において考察がすでになされているからである。人文地理学との交流の必要性は以前から指摘されており，実際にもかなり進められている。今後は動物行動学・建築学・社会学・ロボット工学などとの共同作業が有益な成果を生みだすことが期待される。

VI部

結び

14章 日常認知研究の現状と今後の課題

森　敏昭

「もしXが記憶の興味深い，または社会的に意義のある側面であるならば，それは心理学者がほとんど研究してこなかった特性である」(Neisser, 1978, p.4)。このNeisserの言葉は，実験室的認知研究に対する痛烈な批判であると同時に，認知研究は生態学的妥当性を重視すべきであると説く檄であったともいえよう。そしてこの檄は，あたかも燎原に放たれた火のごとくに燃え広がり，生態学的妥当性（ecological validity）を基本コンセプトとする認知研究の数が，その後の十数年の間に急激に増加した。具体的には，厳密な条件統制の下でなされる実験室研究よりも，日常場面での認知機能の働きを明らかにしようとする「日常認知」の研究が盛んになり，Neisser (1982) やCohen (1989, 1996) のようなテキストの編集も可能になったほどである。

しかし，そうした急激なパラダイムの変革は，必ずしもすべての認知研究者たちに快く受け入れられたわけではないようである。そのことは，例えば，"American Psychologist"誌に掲載された「日常記憶の破綻」と題するBanaji and Crowder (1989) の論評に端的に示されている。また，この論評がきっかけになって生じた「実験室派」と「日常認知派」のいささか感情的な論争によっても，そのあたりのぎくしゃくした状況をうかがい知ることができる。もとより論争は，あらゆる学問に常につきまとうものであり，それが有効に機能するならば，研究を活性化し，新たな研究分野を切り開く原動力にもなる。では，日常認知研究の場合，この論争は正しく機能したのであろうか？

「研究を活性化する」という点に関しては，おそらく有効に機能したといえるだろう。また，「新たな研究分野を切り開く」という点に関しても，おそらく有効に機能したといえるのではないだろうか。いずれにせよ，この論争がターニング・ポイントになって，その後の10年間の日常認知研究は，それ以前の初期の研究に比較すると，

質量ともに急速な発展を遂げた。そのことは，本書の2章から13章の内容を詳細に検討すれば，おのずから明らかになるはずである。

しかしながら，日常認知研究の現状は，はたしてNeisser (1978) のいうような「興味深い，または社会的に意義のある側面」を研究しているといえるのであろうか。また，今後の日常認知研究は何をめざし，どこへ向かうべきなのであろうか。筆者に与えられた課題はこの点についての論考を加えることであるが，そのためにはまず，日常認知研究が認知心理学に何をもたらしたのかを検証することから始めなければならないであろう。

1. 日常認知研究は認知心理学に何をもたらしたのか

(1) 脱・機械論

日常認知研究が認知心理学にもたらしたものの第1は，「脱・機械論」である。科学哲学者Pepper (1942) の唱えるルート・メタファ説によれば，古今の哲学・科学の諸理論の構造や特徴を分析・吟味すると，基本的・根源的なルート・メタファにたどり着くという。このルート・メタファとは，換言すれば研究者が理論構築の暗黙の前提にしている世界観であり，Pepperはそれを次の4種類に大別している。すなわち，世界を機械ととらえる「機械論」，世界を有機体ととらえる「有機体説」，世界を存在間の類似性と差異性によってとらえる「フォーミズム」，世界をさまざまな条件（文脈）の下で同時に生起する諸事象の関係ととらえる「文脈主義」の4種類である。

さて，このPepperの分類に従えば，日常認知研究が盛んになる以前の認知研究のルート・メタファは「機械論」といえるだろう。

例えば認知心理学が成立する以前の1950年代半ばまでの認知研究は，行動主義の枠組みの下で行われていた。行動主義 (behaviorism) の時代には，心理学の研究対象は外から客観的に観察することのできる「行動」に限るべきである，と考えられており，「ある条件の下では，人（あるいは動物）はどのように行動するか」を客観的に分析・記述し，それに基づいて行動の予測と制御を行うことが心理学の目的とされていた。そして，記憶，学習，言語，思考など生体内部の認知過程も，基本的には条件づけによる刺激と反応の連合が内在化したものととらえられていた。このように，行動主義のルート・メタファは，まぎれもなく「機械論」である。そのことは，行動主義の人間観が教育心理学の分野でプログラム学習法やCAIのような教授法を生み出し，さらには「制御」「フィードバック」「バイオフィードバック」などを鍵概念とし

VI 結び

てサイバネティックス(cybernetics)の発想と通底していることからも明らかである。

こうした行動主義の「機械論」に対するアンチテーゼとして登場したのが認知心理学である。したがって初期の認知心理学のルート・メタファは，素朴な「有機体説」であった。すなわち，初期の認知心理学においては，認知過程を刺激と反応の連合のような単純な要素の集合としてとらえるのではなく，問題場面の全体的構造の洞察や理解といった主体的・能動的なプロセスとしてとらえようとしていたのである。ところが認知心理学は，そうした主体的・能動的な認知過程を記述するための言葉として情報処理モデルを採用した。実はそのことが，認知心理学のルート・メタファをしだいに変質させることになったのである。

情報処理モデルでは，人間を一種の情報処理体（いわば精巧なコンピュータ）とみなし，人間の認知過程をコンピュータの情報処理過程になぞらえて記述する。すなわち，人間の認知過程を，情報を符号化し，貯蔵し，必要に応じて検索・利用する一連の情報処理過程ととらえる。このように認知過程を情報処理過程ととらえ直すことにより，初期の素朴な「有機体説」ではきわめて曖昧にしか記述することのできなかったブラックボックスの内部の認知過程を，情報処理モデルの用語で厳密に定義することが可能になった。要するに，認知心理学は有機体説の発想を明晰に語ることのできる新しい言葉を獲得したのである。

しかしながら，明晰に語るということは，裏返せば心理現象の持つ微妙な色合いの「切り捨て」を意味している。このため，用いられる概念や用語が洗練されてくればくるほど，そこで語られる世界は豊穣さを失い，どこか無機的な架空性を帯びてくる。認知心理学は，情報処理モデルという新しい言葉を獲得したことによって行動主義の機械論から脱却したかにみえたのであるが，実は人間をコンピュータに見立てるという新たな機械論に陥る危険性を孕んでしまったのである。

いうまでもないことであるが，人間＝コンピュータ，ではない。なぜなら，人間には「感情」があるからである。これに対し，コンピュータには「感情」がない。このためコンピュータは，喜ぶことも悲しむこともない。おもしろがることも退屈することもない。要するに，人間は生き物であるのに対し，コンピュータは機械なのである。また，人間には身体が備わっている。このため人間は，空間を移動したり，さまざまな行為を遂行することによって外界に対して能動的に働きかけることができる。これに対し，身体を持たないコンピュータは，空間を移動することも，行為を遂行することもできない。コンピュータにできることは，人間に与えられた指示どおりに，ただ黙々と演算処理をこなすだけなのである。

認知心理学は人間の認知過程を研究するという学問の性質上，もっぱら認知過程の

仕組みを解明することのみに注意を向け，その認知過程が実は感情や行動と密接に関連していることを見失いがちであった。とりわけ実験室研究では，その傾向が強かった。しかし，「感情と認知」「アクションスリップ」「行為と記憶」などに関する日常認知の研究は，人間の認知過程が感情や行動のシステムと通底し，日常世界ではそれらと一体になって機能していることに気づかせてくれた。要するに，日常認知研究の進展が，いつしか「機械論」に陥っていた認知心理学の世界に，再び「感情を持ち行為する主体」としての人間観，すなわち「有機体説」のルート・メタファを蘇らせたのである。

(2) 脱・言語（＝ロゴス）中心主義

　認知心理学の機械論は，「言語（＝ロゴス）中心主義」と表裏一体である。この「言語（＝ロゴス）中心主義」の源流は，1920年代にラッセル（Russel, B.A.W.）やヴィトゲンシュタイン（Wittgenstein, L.）の強い影響の下に，カールナプ（Carnap, R.）らが興した論理実証主義の哲学である。論理実証主義の哲学者たちがめざしたのは，真の学問とは何か，真の知識とは何か，を追究することであった。そして彼らは，「科学」を哲学的探求のモデルとするべきだと考え，「言語＝論理」という信念に基づいて，次のような言語哲学を展開した。

　彼らはまず，人間の知識は例えば「動物は呼吸をする」「サメには羽がある」「魔女は嫉妬深い」「地獄は蒸し暑い」のように，必ず「命題」として言語的に表現できると考えた。そして論理実証主義では，これらの命題が「真」であるか「偽」であるかを考える前に，命題が「有意味」であるか「無意味」であるかを考える必要があると考えた。ここでの有意味な命題とは，自然科学の法則のように，事実に照らして真偽判断をすることが可能な命題をさす。例えば「動物は呼吸をする」「サメには羽がある」という命題は有意味な命題で，前者は「真」，後者は「偽」と判断することができる。これに対し「魔女は嫉妬深い」「地獄は蒸し暑い」という命題は，事実に照らして検証することのできない無意味な命題，すなわち「疑似命題」である。このように論理実証主義では，事実によって検証可能な命題である「原子命題」と，原子命題を論理的に結合して作られる「分子命題」だけを有意味な命題とし，事実に照らして検証できない無意味な命題（疑似命題）は，真の学問，真の知識の領域から排除すべきだと考えたのである。

　認知心理学の代表的な理論の1つである命題表象理論は，この論理実証主義の言語観を引き継いだものといえる。すなわち命題表象理論では，文章の意味の単位は「命題」であると考え，命題の集合として文章の意味を記述する。その際の命題とは，真

VI　結び

偽判断の可能な最小の意味の単位をさしている。例えば「隣に住んでいる幸せな少年が自転車にぶつかった」という文の意味表象は，①その少年は幸せである，②その少年は隣に住んでいる，③その少年が自転車にぶつかった，という3つの命題から構成されていると考えるのである。

しかし，文章の「意味」は，論理実証主義や命題表象理論で仮定されているように，本当に命題の集合として記述することができるのだろうか。例えば，「美女にはトゲがある」という文を取り上げてみよう。この文を論理実証主義の立場から分析すれば，「サメには羽がある」と同じ論理構造であり，「偽」と判断されることになる。ところが実際には，だれもがこれは比喩文だと判断し，即座にこの文の「真の意味」を理解するはずである。このように日常言語の世界には，論理実証主義の立場からみれば不可思議な文がしばしば登場し，しかも「真」の文として立派に通用しているのである。

もう1つ別の例文をあげてみよう。例えばある人が「私はカレーだ」と言ったとしよう。この会話文も論理実証主義の立場から分析すれば「偽」であるが，日常会話では「真」の文として立派に通用する。しかも，お客がレストランでこの文を発話したのであれば，「私はカレーライスを注文します」という意味になる。そうではなくて，「あなたの嫌いな料理は何ですか？」という問いへの答えとしてこの文を発話したのであれば，「私はカレーライスが嫌いです」という意味になる。このように，日常会話では，同じ文でも場面や状況が異なれば異なる意味になってしまうのである。

論理実証主義に強い影響を与えたWittgenstein（1953）は，後年，こうした日常言語の非論理性を詳細に分析し，言語は論理に従って配列された命題の集合ではなく，一定の「生活形式」と「規則」に従って営まれる行為であると考え，こうしたさまざまな状況や文脈，生活形式に基づく規則の体系を「言語ゲーム」と呼んだ。この「言語ゲーム」の考え方は，その後，言語行為論を唱えたイギリスの哲学者オースチン（Austin, J.L.）に影響を与え，またアメリカで起こったプラグマティズムの流れと相まって，「日常言語派」という論理実証主義とは際だった対照をなす言語理論を生み出すことになった。

日常言語の世界に目を向けることによって生じた，この「脱・言語（＝ロゴス）中心主義」の動きは，日常認知研究においても同様に生じた。なぜなら日常世界は，画像，イメージ，空間，技能（手続き的知識）など，必ずしも言語（命題）によって論理的に記述することができない（あるいはむずかしい）情報に満ちあふれているからである。つまり，人間の認知過程が日常世界ではどのように機能しているかを解明しようとすれば，必然的にそうした非言語的情報の処理過程の解明へと向かうことになるのである。

(3) 脱・要素分析主義

　一般に認知の実験室研究では，多様な認知過程全体のなかの特定の要素的過程（例えば，記憶の符号化や検索の過程）に焦点を絞り，その要素的過程のメカニズムを解明するというアプローチが採られる。その際，焦点を絞っている要素的過程のメカニズムに関わる重要な変数を実験的に操作し，その他の過程や変数が実験データに介入しないように，厳密な条件統制を行うのが通例である。このため，そのメカニズムを明らかにしようとしている，ある特定の認知過程が，他の認知過程とどのように相互作用をしているのかを見逃してしまうことになりやすい。

　例えば，人間の記憶には感覚記憶，短期記憶，エピソード記憶，意味記憶，潜在記憶，顕在記憶，作動記憶，メタ記憶等々，さまざまな過程があると考えられているが，それらは決して個々に独立して機能する要素的モジュールではなく，互いに密接に相互作用しながら全体的システムとして機能している。とくに日常場面においては，記憶過程が記憶することそれ自体を目的として機能することは通常は起こり得ない。記憶の過程は，読み，計算，推理，問題解決などの認知活動を円滑に遂行するために機能するのがふつうであり，また，そのような認知活動を通して獲得された知識が次の認知活動に役立てられる。つまり，日常の認知活動においては，記憶の過程は他の認知過程と密接不可分の関係にあるのである。

　また，前述したように，人間の認知過程は日常世界では運動・行動システムとも密接に関連し合っている。ところが実験室研究では，ある特定の認知過程をそうした生態学的現実から切り離し，非現実的な実験状況で，その認知過程のメカニズムを分析することが多い。このため，認知システムと運動・行動システムの密接不可分の関係が見落とされやすい。つまり，「木を見て森を見ず」といったことになりがちなのである。しかし，例えばイメージ・トレーニングや言語的フィードバックが運動技能の習得に有効であることからも明らかなように，運動・行動システムは認知システムから完全に独立しているわけではないし，認知システムもまた運動・行動システムの影響を受けている（例えば，人間の空間認知は感覚・運動器官の形状や身体の移動様式と無関係ではあり得ないし，人間の手の指が5本ではなく6本であったならば，おそらく10進法よりも12進法のほうが普及していたであろう）。

　同様に，人間の記憶過程は日常世界では情動システムとも密接に関連し合っている。強い感情を喚起した重要な出来事の記憶があたかも閃光で焼き付けられたかのように細部まで鮮明に脳裏に刻み込まれるフラッシュバルブ記憶や，楽しい気分のときには楽しい出来事が思い出されやすく憂うつな気分のときはその逆であるという気分一致効果が，記憶と感情の密接な関係を示す好例である。

VI 結び

　このように日常の認知活動は，さまざまな認知過程が相互に密接に関連し合い，また運動・行動システムや情動システムとも相互作用し合う，きわめてダイナミックなプロセスなのである。ところが要素分析的アプローチを採る実験室研究では，認知過程の持つこうしたダイナミックな側面を十分にとらえることができない。これに対し日常認知研究では，それほど厳密な条件統制を行わないので，種々の認知過程が相互作用し合う認知のダイナミズムをとらえることも可能である。

　前述したように，認知心理学は情報処理モデルという新しい言葉を獲得することによって，「有機体説」の発想を明晰に語ることが可能になった。しかし，明晰に語るためには明晰なデータが必要であり，それゆえ，厳密な条件統制の下での要素分析的アプローチが重視されることになる。かくして認知心理学は，当初のホリスティックな人間観を見失い，行動主義と同じく「要素分析主義」に陥りかけていたのである。その意味において，日常認知研究の進展は，認知心理学の世界に，「有機体説」が本来備えているべきホリスティックな人間観を蘇らせる働きをしたといえるだろう。

(4) 脱・閉鎖系

　学習というと，多くの人は学校での教科の学習のことを思い浮かべるであろう。しかし，決して学校の勉強だけが学習なのではない。学校を卒業した大人たちも，市民として社会生活を営み，地域社会の文化的実践に参加しながら，同時にそのために必要な知識・技能を地域社会において習得している。では，そうした地域社会の生活の現場でなされている社会・文化的学習には，どのような特徴があるのだろうか。

　Lave and Wenger（1991）は，人間が文化的共同体の実践に参加し，一人前の社会人として成長していく過程を正統的周辺参加とよんだ。つまり，Lave and Wengerは，本来の意味での学習とは，人がなんらかの文化的共同体の実践活動に参加し，新参者から古参者へと成長していく過程であるととらえるのである。例えばLave and Wengerが観察したアフリカのヴァイ族の仕立屋の事例では，新参者は最初，「ボタン付け」からスタートするが，やがて「縫い合わせ」「裁断」と段階的に重要な仕事を割り当てられ，しだいに一人前の仕立屋になるために必要な知識・技術を習得していく。

　こうした徒弟的制度のなかでの学習には，次のような特徴がある。

　第1に，徒弟的制度のなかでの学習では，直接的に「教える」という行為がなされることはあまりない。学習は文化的共同体の実践に参加することを通じて，なかば潜在的になされる。つまり，学習のカリキュラムは，共同体の実践への参加という状況に埋め込まれた「潜在的カリキュラム」なのである。

第2に，徒弟的制度のなかでの学習過程は，単なる知識・技能の習得過程ではなく，共同体の成員として「一人前になる」ための自己形成過程でもある。つまり，学習＝職業的自己形成過程という等式が成立しているのである。
　第3に，学習者と教育者の間に明確な区別はなく，新参者もやがては古参者になる。つまり，新参者が古参者になる職業的自己形成の過程は，同時に共同体の再生産（世代交代）の過程でもあるのである。
　この社会的構成主義（social constructionism）の学習観は，認知心理学の学習観と次の点で根本的に異なっている。すなわち，認知心理学では学習を含めたあらゆる認知過程は，個々人の内部で生起する事象だと考える。つまり，コンピュータの情報処理が閉ざされた電子回路で生起する事象であるのと同様に，人間の認知過程も頭蓋骨の中に閉ざされた脳の神経回路で生起する事象だと考えるのである。これに対し社会的構成主義では，学習は「状況に埋め込まれて」おり，個々人の内部に独立して存在するものではないと考える。つまり，学習とは「人と人の間」に成立する事象であり，社会的状況，すなわち，ヒト・モノ・コトとの相互関係のなかで営まれる社会的実践だと考えるのである。
　したがって，認知心理学が「対人認知」「会話の記憶」「協同想起」のような研究テーマを守備範囲に取り込もうとすれば，必然的に「脳内に閉ざされた閉鎖系モデル」を脱し，「社会的状況へ開かれた開放系モデル」の視点を取り込むことになる。このように日常認知研究の進展に伴って，認知心理学の世界にPepper（1942）のいう「文脈主義」のルート・メタファが導入されることになったのである。

2. 日常認知研究がめざすべきもの

　以上の検討で明らかなように，日常認知研究の進展は，ともすれば「機械論」一色に傾きがちであった認知心理学のルート・メタファに，「有機体説」と「文脈主義」の色合いを加える働きをしたといえるだろう。そのことによって認知心理学の研究領域が大きく拡大したことも確かであろう。しかし，日常認知研究は，はたしてNeisser（1978）のいう「興味深い，または社会的に意義のある側面」を研究しているといえるのであろうか。また，今後の日常認知研究は何を研究するべきなのであろうか。この問いに答えるためには，日常認知研究が旗印に掲げている「生態学的妥当性」の意味を再吟味しておく必要があるだろう。

Ⅵ　結　び

(1) 日常認知研究の生態学的妥当性

　そもそも認知研究の生態学的妥当性とは，いったい何を意味しているのであろうか。文章の記憶実験は無意味綴りの記憶実験よりも生態学的妥当性が高いといえるのであろうか。人物の顔写真の再認過程を明らかにすることは，ランダム図形の再認過程を明らかにすることよりも生態学的妥当性が高いといえるのであろうか。自伝的記憶の研究や目撃証言の信憑性を調べる研究は，はたして単語のリストの自由再生実験よりも生態学的妥当性が高いといえるのであろうか。確かに一般的には，日常的な状況での日常的な題材を取り扱う認知研究はすなわち生態学的妥当性が高い研究である，と理解されているフシがある。しかし，問題はそれほど単純ではない。

　例えば，Godden and Baddeley (1975) の研究を取り上げてみよう。この研究では，記銘時と再生時の環境的文脈の効果を調べるために，スキューバー・ダイビングのクラブの学生を被験者とし，水中または陸上で単語のリストの記銘および再生をさせた。その結果，記銘時と再生時の環境が一致している条件のほうが一致していない条件よりも再生成績がよいことが明らかになった。

　この研究の目的や理論的背景は別として，ここで問題にしたいのは，「水中」で記銘および再生をさせることの意味である。いうまでもなく，「水中」で単語のリストを記銘したり再生したりするという状況は「非日常的」であり，この実験の被験者になるという幸運（不運？）に恵まれた人でない限り，おそらくは一生経験することのない，きわめて特殊な状況である。ということは，この研究も日常世界から遊離した生態学的妥当性に欠ける研究として批判されるべきなのであろうか。おそらく多少とも見識のある研究者ならば，その答えは否であろう。生態学的妥当性を論じる場合，研究が日常的な状況で日常的な題材を用いてなされるかどうかということは皮相的な問題である。リビングルームでなされたテレビドラマの理解に関する研究は必ず生態学的妥当性が高くなるという保証はないし，スペースシャトルの無重力状態でなされた実験は生態学的妥当性に欠けるとは限らないのである。

　認知研究が生態学的妥当性を持つということは，要するにその研究で明らかにされた事実や法則が，認知機能が生きて働いている日常世界での認知過程の「重要で本質的な」側面をとらえているということにほかならない。したがって，日常世界での認知過程の「重要で本質的な」側面を的確に抽出し，その本質を損なわないように適切なシミュレーション（抽象化）がなされてさえいれば，実験室で明らかにされた事実や法則を日常世界にまで一般化することが可能なはずである。逆に，たとえ日常的な状況での日常的な題材を取り扱ったとしても，それが日常世界の認知過程の「重要で本質的な」側面をとらえていない限り，決して生態学的妥当性が高い研究とはみなせ

ないことになる。

　例えば，気温が文章の理解に及ぼす効果を調べる実験を行い，気温が違えば理解成績にも差違が生じることが明らかになったとしよう。もしこの研究が環境心理学の理論的枠組みの下で行われたのであれば話は別であるが，もし文章理解のメカニズムを明らかにするために行われたのであれば，やはり生態学的妥当性に欠ける研究といわざるを得ない。なぜなら，文章の理解過程においては，知識やスキーマなど被験者側の内的変数および文章の構造など刺激材料の側の変数が重要で本質的な変数であると考えられるからである。したがって，なんらかの形でこれらの重要で本質的な変数を操作する実験を行わない限り，文章理解のメカニズムの解明に役立つデータを得ることは期待できないであろう。そしてこのことは，この研究が実験室でなされるか，それとも日常的な状況で日常的な題材を用いてなされるかということとは，本来，無関係のはずである。

　ただし，この種の実験の場合，厳密な条件統制の可能な実験室でそれを行ったほうが，おそらく統計的有意差が得られやすいであろう。なぜなら，もし気温が文章理解に影響を及ぼすとしても（常温の範囲での気温の操作であれば），その影響はきわめて些少であり，厳密な条件統制の下でなされた実験によって，ようやく検出できる程度のものだと考えられるからである。したがって，もし気温の影響が実際に存在するとしても，日常世界では，ほとんど「ないに等しい」程度のものであり，その意味においても，この種の研究は生態学的妥当性に欠ける研究といわざるを得ない。逆にいえば，実験室研究では，時折こうした重箱の隅をつつくような実験でも運よく統計的有意差が得られ，論文の1編くらいなら書けてしまったりすることが問題なのである。冒頭に掲げたNeisser（1978）の批判は，こういった些末で生態学的妥当性に欠ける実験に血道を上げている「実験室オタク派」の研究者たちにこそ向けられるべきなのである。ただし，日常認知の研究者たちも，「脳天気アバウト派」の誹りを受けないように注意しなければならない。なぜなら，次に述べるように，生態学的妥当性が研究の「質の高さ」を決定する唯一の基準ではないからである。

（2）認知心理学者は何を研究するべきか

　それでは，認知研究の「質の高さ」を決定する基準とはいったい何なのであろうか。おそらく研究者の研究観によって，さまざまな基準が存在するのであろうが，ここでは研究のテーマの選択，すなわち「何を研究するべきか」という観点から，その基準について考えてみることにしよう。

　そもそも認知心理学者たちは，いったいどのような基準に従って自分の研究テーマ

VI 結 び

を選択するのであろうか。おそらく多くの認知心理学者は，前述のNeisserの言葉を借りれば，自分の選んだテーマが「興味深い，または社会的に意義のある側面」を扱っていると考えるからこそ，そのテーマを選ぶのであろう。ここで問題となるのは，何を基準にして「興味深い，または社会的に意義のある側面」であるか否かの判定を下せばよいのかという点である。このとき，「それは研究者の趣味の問題であって，私はこれが興味深い意義のある側面だと思っているのだから，そんなことは私の勝手でしょ！」などと開き直るべきではない。確かに研究テーマの選択は「学問の自由」に属する事柄なのであるから，その自由は保障されなければならないが，たとえそうだとしても，すべてを研究者の主観的判断（すなわち趣味）に委ねてしまうべきではない。なぜなら，心理学は一応「科学」を標榜している学問であり，なんらかの客観的基準に基づいて研究の質の高さを査定する営みなしには，学問としての発展や進歩を期待することはできないからである。では，何をその基準にすればよいのであろうか。ここで筆者は，次の2つの基準を提案しようと思う。

第1は，前述の「生態学的妥当性」という基準である。認知心理学の研究は生態学的妥当性を持つべきであるというGibson（1979）やNeisser（1978）の主張には筆者もまったく同感である。なぜなら，認知機能は本来それが生きて働いている生態学的現実のなかでこそ，その真の意味を見出すことができるものだからである。そのことは，例えば文章の真の意味は，それが語られた心理的・社会的文脈から切り離されてしまうと，それを読み取ることができなくなる場合があるのと同様である。しかしながら，実験室研究のすべてを生態学的妥当性に欠ける無味乾燥な研究であるとして否定し去るのであれば，それはやはり「度量が狭い」といわざるを得ないであろう。なぜなら，前述したように，日常認知の研究を行うことが生態学的妥当性の高い認知研究を行うための唯一の方法ではないし，工夫しだいでは実験室研究においても十分にそれは可能だからである。

第2に，認知研究は新しい理論的視点を提起するなり，新しい研究方法によってそれまでは知られていなかった新たな事実を発見するなり，なんらかの点で「新しさ」を含んでいるべきである。このことは，次の2つの意味で「常識を超える」といいかえてもよい。

ひとつには，認知研究の専門家の常識を超えるということである。つまり，従来の理論では説明できないような新たな事実を発見するなり，従来の理論の矛盾を暴き，新たな理論を提起することによって，認知研究のさらなる進展を刺激するインパクトをもつことが大切である。認知研究者が論文を読んで「興味深い」と感じるのは，おそらくそのような論文に出合ったときであり，そのような研究こそ，真の意味でオリ

ジナリティのある研究とよべるのである。そのことを利根川進氏（1987年度ノーベル生理学・医学賞受賞）は次のような例をあげて説明している。

> 「チョウチョウのある生理的メカニズムについてあることがわかったとする。それが別のチョウチョウではどうなっているかを調べる。これは世界中でだれも手をつけていない研究だ，私しかやっていないオリジナルな研究だ，こういうわけ。確かにその問題については他にだれも研究していないという意味ではオリジナルかもしれない。だけどチョウチョウ一般についてわかっていることを，また別のチョウチョウについて調べてみても，今までの考え方をくつがえす発見がある可能性はかなり低いわけです」

（立花・利根川，1990，Pp.90-91）

この利根川氏の言葉のなかに，科学研究において本質的で重要なテーマとは何なのかが明確に示されている。そしてこの言葉は，分子生物学の研究だけでなく心理学の研究にも当てはまるはずである。例えば，単語のリストの記憶実験で見出された法則が文章を記銘材料にした実験にも当てはまることを確かめるだけでは，オリジナリティのある研究とはいえないのである。したがって，「常識を超える」研究を行うためには，創造的思考力を最大限に発揮し，常に常識にチャレンジする精神を失わないことが大切である。また，日頃から本質的で重要な研究とそうではない研究を見きわめる的確な鑑識眼を養っておくことも大切である。その鑑識眼で自分自身の研究を見直せば，利根川氏のいう，

> 「どうでもいいことを追っかけて一生を終わってしまう，いてもいなくても関係ない研究者」（p.88）

になるのを防ぐことができるのではないだろうか。

もうひとつには，一般の人々の「常識を超える」ということである。例えば「去る者は日々に疎し」という諺が人間の心理の一面をとらえていることを実験によって確かめたとしても，そんなことは「あたりまえではないか」ということで，決してだれも驚きはしないであろう。「その程度のことなら，わざわざ時間と労力を費やして調べてみるまでもないではないか」と，一笑に付されるのがオチである。つまり心理学の研究は，一般の人々が常識と考えていることが実は間違いであることを明らかにするなり，その常識が実はどのような心理的メカニズムによって生じているのかを明らかにするなり，なんらかの点で一般の人々の常識を超えるべきなのである。日常認知の研究は実験室研究に比べて，確かに生態学的妥当性の高い研究になる可能性が高いのは事実であるが，その反面，「常識心理学」に陥りやすいという危険性を孕んでいることをしっかりと肝に銘じておくべきであろう。

(3) 役に立つ認知心理学をめざして

　最後に，認知心理学が今後さらに発展するための条件として，「社会貢献をめざすこと」をあげておこう。研究には当然のことながら資金が必要であるが，その資金の出所の大半は国民の税金である。そうであるからには，社会貢献をめざす研究のあり方が，もっと真剣に検討されてしかるべきではないだろうか。

　もちろん筆者は，基礎研究の重要性を否定するつもりは毛頭ない。生態学的妥当性の高い基礎研究であれば，たとえそれが実験室でなされた研究であっても，その研究成果を実験室の外の世界にまで一般化することが可能である。そしてなんらかの機会に，その研究成果が現実社会の問題解決に役立てられることもあるだろう。例えば，色の認知に関する実験室での基礎研究の成果が，見やすい信号機の設計に役立てられることがあるかもしれない。文字の認知に関する基礎研究の成果が，使いやすいコンピュータのキーボードの設計に役立てられるかもしれない。要するに，「役に立つ研究」の必要条件は，「その研究が生態学的妥当性をもっていること」なのである。したがって，役に立つ研究をめざすためには，研究の生態学的妥当性について，常に批判的検討を加えることが大切である。すなわち，常に自分の研究テーマが現実社会の問題の，どの点とどのように関わっているのかを慎重に検討することが大切なのである。なぜなら「役に立つ研究」は，生態学的現実のなかに問題を発掘し，それを実験室の基礎研究によって分析・吟味・理論化し，そのようにして構築された理論を再び生態学的現実に照らして検証するという，絶えざる知の往還作業のなかから立ち上がってくるものだからである。

　しかし今後は，そうした基礎研究に加えて，もう一歩大胆に社会の現実に踏み込み，現実社会の切実な問題の解決をめざす研究もなされるべきではないだろうか。日本の認知心理学は，欧米の認知心理学に比較すると，社会貢献の面で遅れを取っている観を否めない。これはいったいどういうわけなのだろうか。もしかしたら日本の認知心理学の世界には，いつしか不毛性の構図が成立してしまったのだろうか。もしそうであれば，その原因を明らかにしておく必要があるだろう。

　そこで，図14-1を見ていただきたい。この図の横軸は「理論志向」対「実践志向」の軸を示している。すなわち，実践的関与の立場を離れて観念的に物事の本質に迫ろうとする「虚学派」と，対象に対する具体的な働きかけを通して物事の本質に迫ろうとする「実学派」の対比である。一方，縦軸は学術研究としての洗練度の高さを示している（上にいくほど洗練度が高いことを示す）。

　さて，日本では，なぜか虚学派と実学派の間に反目の構図が成立してしまったようである。すなわち，虚学派はアカデミズムの高みから実学派を一段低く見下し，実学

派は虚学派の虚学性を告発するという構図である。日本では社会貢献をめざす認知研究が遅々として進まない最大の原因は，おそらく，この反目の構図のなかに潜んでいるのではないだろうか。もしそうであれば，それはなぜなのか。そのことをもう少し詳しく説明する

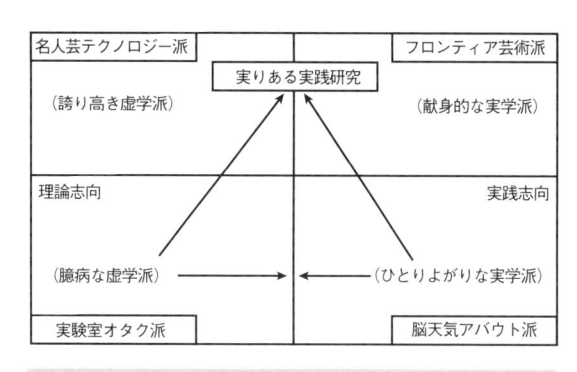

▲図14-1 認知心理学の不毛性の構図

ために，パラダイム論（Kuhn, 1970）を超える科学論として最近注目されている，Gibbons et al.（1994）の「モード論」を援用することにしよう。

Gibbons et al.（1994）は学術研究のあり方を「現実社会との関わり」という観点から分析し，これからの学術研究の様式は「モード1」から「モード2」へと脱皮すべきであると論じている。

表14-1より明らかなように，「モード1」は伝統的なアカデミズムの世界の研究様式である。すなわち「モード1」では，現実社会の問題に対する実践的関与の立場を離れて，高度に抽象化された非現実的な世界のなかだけで論議が終始する。そして，そこで構築された理論が現実世界の実践とどのような関わりを持つのかが問われることはほとんどない。要するに「モード1」は，虚学派の研究者たちの研究様式といえる。また，「モード1」の世界では，学会という階層社会の内的倫理に従って研究の内容や方向が決定される。そしてその研究成果は，同じく学会によって正統性を認定された学術雑誌に掲載され，もっぱら閉ざされたアカデミズムの世界の内部だけで流

▼表14-1 「モード1」と「モード2」の対比（Gibbons et al., 1994）

モード1：従来の研究様式	モード2：これからの研究様式
・閉ざされた個別学問分野の内的倫理に従って，研究の方向や進め方が決まる。	・社会に対して開かれており，研究の方向や進め方は社会の要請で決まる。
・研究者と市民は対立する関係。	・市民は発注者，研究者は請負者。
・階層的な組織で，その形態が持続する。	・非階層的な組織で，一時的。
・研究成果の価値は個別学問分野の知識体系の発展に寄与するかどうかで決まる。	・研究成果は個別学問分野の知識体系の発展には寄与しない。
・研究成果は学術雑誌などの制度化されたメディアを通じて普及する。	・研究成果は参加者によって体験的に学習されることによって普及する。
・研究成果の実用的な目的は，直接的には存在しない＝好奇心主導型。	・社会の具体的な問題を解決することが研究活動の目的＝問題解決型。

VI　結　び

通する。このため，賢明な虚学派の研究者たちは，手間のかかる実践研究に手を染めたりはしない。なぜなら，実践研究の現場は統制不可能な多数の要因が渦巻くカオスの世界だからである。つまり，実践研究の成果を学会誌に掲載されるような洗練度の高い論文にまとめ上げるのはきわめてむずかしい。論文を書けなければアカデミズムの世界のサバイバル・レースを勝ち抜くことはできない。有り体にいえば，実践研究ではメシが食えない。要するに，実践研究の現場に飛び込むような冒険はせずに，「モード1」の世界で手堅い研究をし，その成果をジャーゴンで塗り固めたような論文にまとめて学会誌に投稿するほうが，はるかに賢明な処世術なのである。おそらくこのことが，虚学派の研究者たちの多くが「臆病」にならざるを得ない理由なのではないだろうか。

　一方，「モード2」は実学派の研究者が採用するべき研究様式である。すなわち「モード2」は，「モード1」が社会の現実的な問題から隔絶されているのとは対照的に，現実社会に対して開かれている。また，「モード1」の世界では個々の学問領域の独自性が尊重されるのに対し，「モード2」の世界では学問領域を超えた連帯が重視される。つまり「モード2」では，現実社会の具体的な問題を解決することが研究の目的であり，その研究様式は，多様な学問領域を統合する協同的問題解決のアプローチなのである。

　Gibbons et al. は，以上のような分析に基づいて，「モード1」を否定し，これからの学術研究の様式は「モード1」から「モード2」へと脱皮すべきであると論じている。しかしながら筆者は，「モード1」の存在意義を根底から否定するつもりはない。要するに日本の認知心理学の不毛性の構図とは，「モード1」と「モード2」が断絶していることにほかならない。したがって，今後の認知心理学に求められていることは，「モード1」と「モード2」の断絶を修復し，新たに「モード3」の研究様式を成立させることである。その「モード3」とはすなわち，「モード2」の世界で問題を発掘し，それを「モード1」の世界で分析・吟味・理論化し，それを再び「モード2」の世界に還元するという絶えざる知の循環システムのことをさしている。

　そうした「モード3」のシステムを成立させるための不可欠な条件は，アカデミズムの世界に閉じこもるのではなく，社会の現実に対して開かれた研究をめざすことである。そして，アカデミズムと実践の現実とのきわどい緊張関係のなかで，情熱を燃やし，感性を研ぎ澄まし，理論を鍛え直し，言葉を磨き上げることである。また，それと同時に，人工知能（AI）研究，言語学，哲学，神経心理学，精神生理学など隣接諸科学の最新の研究成果を貪欲に吸収し，常に先端性をめざしてチャレンジする気概を持ち続けることも重要である。

引用文献

-A-

Ackil, J. K. & Zaragoza, M. S. 1998 Memorial consequences of forced confabulation : Age differences in susceptibility to false memories. *Developmental Psychology*, 34, 1358-1372.

Aldridge, M. & Wood, J. 1998 *Interviewing children : A guide for child care and forensic practitioners*. Chichester : John Wiley & Son.

Allen, G. L. 1981 A developmental perspective on the effects of "subdividing" macrospatial experience. *Journal of Experimental Psychology : Human Learning and Memory*, 7, 120-132.

Allen, G. L. & Kirasic, K. C. 1985 Effects of the cognitive organization of route knowledge on judgments of macrospatial distance. *Memory & Cognition*, 13, 218-227.

Allen, G. L., Siegel, A. W., & Rosinski, R. R. 1978 The role of perceptual context in structuring spatial knowledge. *Journal of Experimental Psychology : Human Learning and Memory*, 4, 617-630.

天ヶ瀬正博 1991 認知地図の方向性―認知地図の整列性効果に関する考察― 人文論叢（大阪市立大学大学院文学研究科）, 20, 95-115.

天ヶ瀬正博 1993 熟知した環境での定位行動 人文研究（大阪市立大学文学部紀要）, 45, 23-58.

American Psychological Association 1992 Ethical principles of psychologists and code of conduct. *American Psychologist*, 47, 1597-1611. 冨田正利・深澤道子（訳） 1996 サイコロジストのための倫理綱領および行動規範 日本心理学会

American Psychiatric Association 1994 *Diagnostic and Statistical Manual of Mental Disorders*. (4th ed.) 高橋三郎・大野 裕・染矢俊幸（訳） 1996 DSM-IV 精神疾患の診断 統計マニュアル

American Psychiatric Association 1994 *Quick reference to the diagnostic criteria from DSM-IV*. Washington D. C. : American Psychiatric Association. 高橋三郎・大野 裕・染矢俊幸（訳） 1995 DSM-IV 精神疾患の分類と診断の手引 医学書院

Anderson, J. R. 1977 Memory for information about individuals. *Memory & Cognition*, 5, 430-442.

Anderson, R. C. & Pichert, J. W. 1978 Recall of previously unrecallable information following a shift in perspective. *Journal of Verbal Learning and Verbal Behavior*, 17, 1-12.

Anderson, S. J. & Conway, M. A. 1993 Investigating the structure of autobiographical memories. *Journal of Experimental Psychology : Learning, Memory, and Cognition*, 19, 1178-1196.

Andersson, J. & Rönnberg, J. 1995 Recall suffers from collaboration : Joint recall effects of friendship and task complexity. *Applied Cognitive Psychology*, 9, 199-211.

Andersson, J. & Rönnberg, J. 1996 Collaboration and memory : Effects of dyadic retrieval on different memory tasks. *Applied Cognitive Psychology*, 10, 171-181.

青木みのり 1993 二重拘束コミュニケーションが情報処理および情動に与える影響 教育心理学研究, 41, 31-39.

Appelbaum, P. S., Uyehara, L. A., & Elin, M. R. (Eds.) 1997 *Trauma and Memory : Clinical and legal controversies*. New York : Oxford University Press.

Arar, L., Nilsson, L. -G., & Molander, B. 1993 Enacted and nonenacted encoding of social action. *Scandinavian Journal of Psychology*, 34, 39-46.

Arnold, M. B. 1960 *Emotion and personality*. Vol. 1. *Psychological aspects*. New York : Columbia University Press.

Aronson, E. & Linder, D. 1965 Gain and loss of esteem as determinants of interpersonal attractiveness. *Journal of Experimental Social Psychology*, 1, 156-171.

朝日新聞 1995年10月4日付夕刊

Asch, S. E. 1946 Forming impressions of personality. *Journal of Abnormal and Social Psychology*, 41, 258-290.

飛鳥井望 1998 外傷理論をめぐる最近の論争 「蘇った記憶」と「偽りの記憶」について 精神療法, 24, 324-331.

Austin, J. L. 1960 *How to do things with words*. Oxford University Press. 坂本百大（訳） 1978 言語と行為 大修館書店

Averill, J. R. 1980 A constructivist view of emotion. In R. Plutchik & H. Kellerman (Eds.), *Emotion : Theory, research and experience*, Vol. 1. New York : Academic Press, Pp. 305-339.

-B-

Baars, B. J. 1992 *Experimental slips and human error : Exploring the architecture of volition.* New York : Plenum Press.

Bäckman, L. 1985 Further evidence for the lack of adult age differences on free recall of subject-performed tasks : The importance of motor action. *Human Learning,* 4, 79-87.

Bäckman, L. & Nilsson, L. -G. 1984 Aging effects in free recall : An exception to the rule. *Human Learning,* 3, 53-69.

Bäckman, L. & Nilsson, L. -G. 1985 Prerequisites for lack of age differences in memory performance. *Experimental Aging Research,* 11, 67-73.

Bäckman, L. & Nilsson, L. -G. 1991 Effects of divided attention on free and cued recall of verbal events and action events. *Bulletin of the Psychonomic Society,* 29, 51-54.

Bäckman, L., Nilsson, L. -G., & Chalom, D. 1986 New evidence on the nature of the encoding of action events. *Memory & Cognition,* 14, 339-346.

Bäckman, L., Nilsson, L. -G., Herlitz, A., Nyberg, L., & Stigsdotter, A. 1991 Decomposing the encoding of action events : A dual conception. *Scandinavian Journal of Psychology,* 32, 289-299.

Bäckman, L., Nilsson, L. -G., & Kormi-Nouri, R. 1993 Attentional demands and recall of verbal and color information in action events. *Scandinavian Journal of Psychology,* 34, 246-254.

Baddeley, A. 1989 Finding the bloody horse. In L. W. Poon, D. C. Rubin, & B. A. Wilson (Eds.), *Everyday cognition in adulthood and late life.* NY : Cambridge University Press. Pp. 104-115.

Bahrick, H. P. 1984a Memory for people. In J. E. Harris & P. E. Morris (Eds.), *Everyday memory, actions, and absent-mindedness.* London : Academic Press. Pp. 19-34.

Bahrick, H. P. 1984b Semantic memory content in permastore : Fifty years of meory for Spanish learned in school. *Journal of Experimental Psychology : General,* 113, 1-29.

Bahrick, H. P. 1989 The laboratory and ecology : Supplementary sources of data for memory research. In L. W. Poon, D. C. Rubin, & B. A. Wilson (Eds.), *Everyday cognition in adulthood and late life.* NY : Cambridge University Press. Pp. 73-83.

Bahrick, H. P. 1996 Synergistic strategies for memory research. In D. J. Herrmann, C. McEvoy, C. Hertzog, P. Hertel, & M. K. Johnson (Eds.), *Basic and applied memory research.* Vol. 1. *Theory in context.* Mahwah, NJ : Lawrence Erlbaum Associates. Pp. 51-62.

Baldwin, W. 2000 Information no one else knows : The value of self-report. In A. A. Stone, J. S. Tukkan, C. A. Bachrach, J. B. Jobe, H. S. Kurtzman & V. S. Cain (Eds.), *The science of self report : Implications for research and practice.* Mahwah, NJ : Lawrence Erlbaum Associates, Pp. 3-7.

Banaji, M. R. & Crowder, R. G. 1989 The bankruptcy of everyday memory. *American Psychologist,* 44, 1185-1193.

Banaji, M. R. & Crowder, R. G. 1994 Experimentation and its discontents. In P. Morris & M. Gruneberg (Eds.), *Theoretical aspects of memory.* (2nd ed.) London : Routldge. Pp. 296-308.

Barclay, C. R. 1996 Autobiographical remembering : Narrative constraints on objectified selves. In D. C. Rubin (Ed.), *Remembering our past : Studies in autobiographical memory.* New York : Cambridge University Press. Pp. 94-125.

Barnier, A. J. & McConkey, K. M. 1992 Reports of real and false memories : The relevance of hypnosis, hypnotizability, and the context of memory test. *Journal of Abnormanl Psychology,* 101, 521-527.

Barsalou, L. W. 1988 The content and organization of autobiographical memories. In U. Neisser & E. Winograd (Eds.), *Remembering reconsidered : Ecological and traditional approaches to the study of memory.* New York : Cambridge University Press. Pp. 193-243.

Bartlett, F. C. 1932 *Remembering : A study in experimental and social psychology.* London : Cambridge University Press. 宇津木 保・辻 正三（訳）1983 想起の心理学 誠信書房

Bartlett, J. C. & Fulton, A. 1991 Familiarity and recognition of faces in old age. *Memory & Cognition,* 19, 229-238.

Bartlett, J. C., Hurry, S., & Thorley, W. 1984 Typicality and familiarity of faces. *Memory & Cognition,* 12, 219-228.

Bartlett, J. C. & Leslie, J. E. 1986 Aging and memory for faces versus single views of faces. *Memory & Cognition,* 14, 371-381.

Bartlett, J. C., Strater, L., & Fulton, A. 1991 False recency and false fame of faces in young adulthood and old age. *Memory & Cognition*, **19**, 177-188.

Basden, B. H., Basden, D. R., Bryner, S., & Thomas, R. L. III 1997 A comparison of group and individual remembering : Does collaboration disrupt retrieval strategies? *Journal of Experimental Psychology : Learning, Memory, and Cognition*, **23**, 1176-1189.

Basden, B. H., Basden, D. R., & Henry, S. 2000 Costs and benefits of collaborative remembering. *Applied Cognitive Psychology*, **14**, 497-507.

Basden, B. H., Basden, D. R., Thomas, R. L. III., & Souphasith, S. 1998 Memory distortion in group recall. *Current Psychology*, **16**, 225-246.

Bass, E. & Davis, L. 1994 *The courage to heal : A guide for women survivors of child sexual abuse*. New York : HarperCollins. 原　美奈子・二見れい子（訳）　1997　生きる勇気と癒す力―性暴力の時代を生きる女性のためのガイドブック―　三一書房

Beales, S. A. & Parkin, A. J. 1984 Context and facial memory : The influence of different processing strategies. *Human Learning*, **3**, 257-264.

Beck, A. T. 1967 *Depression : Clinical, experimental and theoretical aspects*. New York : Holber.

Bellezza, F. S. 1981 Mnemonic devices : Classification, characteristics, and criteria. *Review of Educational Research*, **51**, 247-275.

Belli, R. F., Schuman, H., & Jackson, B. 1997 Autobiographical misremembering : John Dean is not alone. *Applied Cognitive Psychology*, **11**, 187-209.

Bergman, E. T. & Roediger, H. L. III. 1999 Can Bartlett's repeated reproduction experiments be replicated? *Memory & Cognition*, **27**, 937-947.

Berkowitz, L. & Donnerstein, E. 1982 External validity is more than skin deep : Some answers to criticisms of laboratory experiments. *American Psychologist*, **37**, 245-257.

Berntsen, D. 1996 Involuntary autobiographical memories. *Applied Cognitive Psychology*, **10**, 435-454.

Berntsen, D. 1998 Voluntary and involuntary access to autobiographical memory. *Memory*, **6**, 113-141.

Berry, D. C. 1993 Slips and errors in learning complex tasks. In G. M. Davies & R. H. Logie (Eds.), *Memory in everyday life : Advances in psychology*, Vol. 100. Amsterdam : North Holland. Pp.137-171.

Bersoff, D. M. & Bersoff, D. N. 2000 Ethical issues in the collection of self-report data. In A. A. Stone, J. S. Tukkan, C. A. Bachrach, J. B. Jobe, H. S. Kurtzman & V. S. Cain (Eds.), *The science of self report : Implications for research and practice*. Mahwah, NJ : Lawrence Erlbaum Associates, Pp. 9-24.

Berzonsky, M. D. 1988 Self-theorists, identity status, and social cognition. In D. K. Lapslay & F. C. Power (Eds.), *Self, ego, and identity : Integrative approaches*. New York : Springer-Verlag. Pp. 243-262.

Berzonsky, M. D. 1989 The self as a theorist : Individual differences in identity formation. *International Journal of Personal Construct Psychology*, **2**, 363-376.

Berzonsky, M. D. 1990 Self-construction over the life-span : A process perspective on identity formation. *Advances in Personal Construct Psychology*, **1**, 155-186.

Bodenhausen, G. V., Macrae, C. N., & Sherman, J. W. 1999 On the dialectics of discrimination : Dual processes in social stereotyping. In S. Chaiken & Y. Trope (Eds.), *Dual-process theories in social psychology*. New York : Guilford Press. Pp. 271-290.

Bodenhausen, G. V. & Wyer, R. S. Jr. 1985 Effects of stereotypes on decision making and information-processing strategies. *Journal of Personality and Social Psychology*, **48**, 267-282.

Bower, G. H. 1967 A multicomponent theory of the memory trace. In K. W. Spence & J. T. Spence (Eds.), *The psychology of learning and motivation*. Vol. 1. Academic Press. Pp. 230-325.

Bower, G. H. 1970 Analysis of a mnemonic device. *American Scientist*, **58**, 496-510.

Bower, G. H. 1981 Mood and memory. *American Psychologist*, **36**, 129-148.

Bower, G. H. 1991 Mood congruity of social judgments. In J. P. Forgas (Ed.), *Emotion and social judgments*. Oxford : Pergamon Press. Pp. 31-53.

Bower, G. H., Gilligan, S. G., & Monteiro, K. P. 1981 Selectivity of learning caused by affective states. *Journal of Experimental Psychology : General*, **110**, 451-473.

Bower, G. H. & Karlin, M. B. 1974 Depth of processing pictures of faces and recognition memory. *Journal of Experimental Psychology*, **103**, 751-757.

Bower, G. H., Monteiro, K. P., & Gilligan, S. G. 1978 Emotional mood as a context for learning and recall. *Journal of Verbal Learning and Verbal Behavior*, **17**, 573-585.

Bradley, B. & Mathews, A. 1983 Negative self-schemata in clinical depression. *British Journal of Clinical Psychology*, **22**, 173-181.

Brandimonte, M. A., Einstein, G. O., & McDaniel, M. A. (Eds.) 1996 *Prospective Memory : Theory and applications.* Mahwah, NJ : Lawrence Erlbaum Associates.

Brandimonte, M. A. & Passolunghi, M. C. 1994 The Effect of cue-familiarity, cue-distinctiveness, and retention interval on prospective remembering. *The Quarterly Journal of Experimental Psychology*, **47A**, 565-587.

Bransford, J. D. & Franks, J. J. 1971 The abstraciton of linguistic ideas. *Cognitive Psychology*, **2**, 331-351.

Breen, N., Caine, D., & Coltheart, M. 2000 Models of face recognition and delusional misidentification : A critical review. *Cognitive Neuropsychology*, **17**, 55-71.

Brewer, M. B. 1988 A dual process model of impression formation. In T. K. Srull & R. S. Wyer (Eds.), *Advances in social cognition.* Vol. 1. Hillsdale, NJ : Lawrence Erlbaum Associates. Pp. 173-183.

Brewer, M. B. & Feinstein, A. M. H. 1999 Dual processes in the cognitive representation of persons and social categories. In S. Chaiken & Y. Trope (Eds.), *Dual-process theories in social psychology.* New York : Guilford Press. Pp. 255-270.

Brewer, W. F. 1986 What is autobiographical memory? In D. C. Rubin (Ed.), *Autobiographical memory.* New York : Cambridge University Press. Pp. 25-49.

Brewer, W. F. 1996 What is recollective memory? In D. C. Rubin (Ed.), *Remembering our past : Studies in autobiographical memory.* New York : Cambridge University Press. Pp. 19-66.

Brewer, W. F. & Treyens, J. C. 1981 Role of schemata in memory for places. *Cognitive Psychology*, **13**, 207-230.

Brewin, C. R. 1998 Intrusive autobiographical memories in depression and post-traumatic stress disorder. *Applied Cognitive Psychology*, **12**, 359-370.

Brewin, C. R., Chrintodoulides, J., & Hutchinson, G. 1996 Intrusive thoughts and intrusive memories in a nonclinical sample. *Cognition and Emotion*, **10**, 107-112.

BrewinC. R., Reynolds, M., & Tata, P. 1999 Autobiographical memory processes and the course of depression. *Journal of Abnormal Psychology*, **108**, 511-517.

Brewin, C. R., Watson, M., McCarthy, S., Hyman, P., & Dayson, D. 1998 Intrusive memories and depression in cancer patients. *Behaviour Research and Therapy*, **36**, 1131-1142.

Briere, J. & Conte, J. 1993 Self-reported amnesia for abuse in adults molested as children. *Journal of Traumatic Stress*, **6**, 21-31.

Broadbent, D. E., Cooper, P. F., Fitzgerald, P., & Parkes, K. R. 1982 The cognitive failures questionnaire (CFQ) and its correlates. *British Journal of Clinical Psychology*, **21**, 1-16.

Brown, A. L. 1987 Metacognition, executive control, self-regulation, and other more mysterious mechanisms. In F. E. Weinert & R. H. Kluwe (Eds.), *Metacognition, motivation, and understanding.* Hillsdale, NJ : Lawrence Erlbaum Associates. Pp. 65-116.

Brown, E., Deffenbacher, K., & Stergil, W. 1977 Memory for faces and the circumstances of encounter. *Journal of Applied Psychology*, **62**, 311-318. 富田達彦（訳） 1988 顔の記憶と遭遇状況の記憶 ナイサー, U.（編） 観察された記憶（上） 誠信書房 Pp. 155-164.

Brown, N. R. & Schopflocher, D. 1998a Event clusters : An organization of personal events in autobiographical memory. *Psychological Science*, **9**, 470-475.

Brown, N. R. & Schopflocher, D. 1998b Event cueing, event clusters, and the temporal distribution of autobiographical memories. *Applied Cognitive Psychology*, **12**, 305-319.

Brown, R. & Kulik, J. 1977 Flashbulb memories. *Cognition*, **5**, 73-99.

Brown, R. D., Goldstein, E., & Bjorklund, D. F. 2000 The history and zeitgaist of the repressed-false-memory debate : Scientific and sociological perspectives on suggestibility and childhood memory. In D. F. Bjorklund, (Ed.), *False-memory creation in children and adults : Theory, research, and implications.* Mahwah, NJ : Lawrence Erlbaum Associates. Pp. 1-30.

Bruce, D. 1985 The how and why of ecological memory. *Journal of Experimental Psychology : General*, **114**, 78-90.

Bruce, D. 1989 Functional explanations of memory. In L. W. Poon, D. C. Rubin, & B. A. Wilson (Eds.), *Everyday cognition in adulthood and late life.* New York : Cambridge University Press. Pp. 44-58.

Bruce, V. 1982 Changing faces : Visual and nonvisual coding processes in face recognition. *British Journal of Psychology*, **73**, 105-116.

引用文献

Bruce, V. 1988 *Recognising faces.* London : Lawrence Erlbaum Associates. 吉川左紀子（訳）1990 顔の認知と情報処理 サイエンス社
Bruce, V. & Young, A. W. 1986 Understanding face recognition. *British Journal of Psychology,* **77**, 305-327.
Bruner, J. 1987 Life as narrative. *Social Research,* **54**, 11-32.
Bruner, J. & Feldman, C. F. 1996 Group narratives as a cultural context of autobiography. In D. C. Rubin (Ed.), *Remembering our past : Studies in autobiographical memory.* New York : Cambridge University Press. Pp. 291-317.
Bruner, J. S. & Tagiuri, R. 1954 The perception of people. In G. Lindzey (Ed.), *Handbook of social psychology.* Addison-Wesley. Pp. 634-654.
Bryant, K. J. 1982 Personality correlates of sense of direction and geographical orientation. *Jouranl of Personality and Social Psychology,* **43**, 1318-1324.
Bryant, R. A. & Harvey, A. G. 1998 Traumatic memories and pseudomemories in posttraumatic stress disorder. *Applied Cognitive Psychology,* **12**, 81-88.
Buckner, J. P. & Fivush, R. 1998 Gender and self in children's autobiographical narratives. *Applied Cognitive Psychology,* **12**, 407-429.
Bull, R. & Rumsey, N. 1988 *The social psychology of facial appearance.* New York : Springer-Verlag. 仁平義明（監訳）1995 人間にとって顔とは何か―心理学からみた容貌の影響― 講談社
Burgess, P. W., Quayle, A., & Frith, C. D. 2001 Brain regions involved in prospective memory as determined by positron emission tomography. *Neuropsychologia,* **39**, 545-555.
Burke, D. M., MacKay, D. G., Worthley, J. S., & Wade, E. 1991 On the tip of the tongue : What causes word finding failures in young and older adults? *Journal of Memory and Language,* **30**, 542-579.
Burton, A. M., Wilson, S., Cowan, M., & Bruce, V. 1999 Face recognition in poor-quality video : Evidence from security surveillance. *Psychological Science,* **10**, 243-248.
Busey, T. A. & Tunnicliff, J. L. 1999 Accounts of blending, distinctiveness, and typicality in the false recognition of faces. *Journal of Experimental Psychology : Learning Memory and Cognition,* **25**, 1210-1235.
Butler, R. N. 1963 The life review : An interpretation of reminiscence in the aged. *Psychiatry,* **26**, 65-76.
Byrne, R. W. 1979 Memory for urban geography. *The Quarterly Journal of Experimental Psychology,* **31**, 147-154.

-C-

Campbell, D. T. 1957 Factors relevant to the validity of experiments in social settings. *Psychological Bulletin,* **54**, 297-312.
Campbell, D. T. & Stanley, J. C. 1963 *Experimental and quasi-experimental designs for research.* Chicago : Rand McNally College Publishing Company.
Canter, D. 1977 *The psychology of place.* London : The Architectural Press. 宮田紀元・内田 茂（訳）1982 場所の心理学 彰国社
Carey, S. 1981 The development of face perception. In G. M. Davies, H. D. Ellis, & J. Shepherd (Eds.), *Perceiving and remembering faces.* London : Academic Press.
Cavanaugh, J. C. & Perlmutter, M. 1982 Metamemory : A critical examination. *Child Development,* **53**, 11-28.
Ceci, S. J. & Bronfenbrenner, U. 1985 "Don't forget to take the cupcakes out of the oven" : Prospective memory, strategic time monitoring, and context. *Child Development,* **56**, 152-164.
Ceci, S. J., Huffman, M. L. C., Smith, E., & Loftus, E. F. 1994 Repeatedly thinking about a non-event : Source misattributions among preschoolers. *Consciousness and Cognition,* **3**, 388-407.
Ceci, S. J., Leichtman, M. D., & Gordon, B. N. 1995 The suggestibility of children's eyewitness reports : Methodological issues. In F. E. Weinert & W. Schneider (Eds.), *Memory performance and competencies : Issues in growth and development.* New Jersey : Lawrence Erlbaum Associates. Pp. 323-347.
Ceci, S. J., Loftus, E. F., Leichtman, M. D., & Bruck, M. 1994 The possible role of source misattributions in the creation of false beliefs among preschoolers. *International Journal of Clinical and Experimental Hypnosis,* **42**, 304-320.
Chaffin, R. & Herrmann, D. J. 1983 Self reports of memory abilities by old and young adults. *Human Learning,* **2**, 17-28.
Chance, J. E. & Goldstein, A. G. 1984 Face-recognition memory : Implications for children's eyewitness

testimony. *Journal of Social Issues*, **40**, 69-85.
Cherry, K. E. & LeCompte, D. M. 1999 Age and individual differences influence prospective memory. *Psychology and Aging*, **14**, 60-76.
Chiroro, P. & Valentine, T. 1995 An investigation of the contact hypothesis of the own-race bias in face recognition. *The Quarterly Journal of Experimental Psychology*, **48**A, 879-894.
Christianson, S-Å. & Engelberg, E. 1999 Organization of emotional memories. In T. Dalgleish & M. J. Power (Eds.), *Handbook of cognition and emotion*. Chichester : John Wiley & Sons. Pp. 211-227.
Christianson, S-Å. & Safer, M. A. 1996 Emotional events and emotions in autobiographical memories. In D. C. Rubin (Ed.), *Remembering our past : Studies in autobiographical memory*. New York : Cambridge University Press. Pp. 218-243.
Clark, H. H. 1979 Responding to indirect speech acts. *Cognitive Psychology*, **11**, 430-477.
Clark, M. S. & Isen, A. M. 1982 Toward understanding the relationship between feeling states and social behavior. In A. H. Hastorf & A. M. Isen (Eds.), *Cognitive social psychology*. New York : Elsevier/North-Holland. Pp. 73-108.
Clark, N. K. & Stephenson, G. M. 1989 Group remembering. In. P. B. Pauls (Ed.), *Psychology of group influence*. (2nd ed.), Hillsdale, NJ : Lawrence Erlbaum Associates. Pp. 357-391.
Clayton, K. & Chattin, D. 1989 Spatial and semantic priming effects in tests of spatial knowledge. *Journal of Experimental Psychology : Learning, Memory, and Cognition*, **15**, 495-506.
Cohen, G. 1989 *Memory in the real world*. London : Lawrence Earlbaum Associates. 川口　潤（訳者代表）浮田　潤・井上　毅・清水寛之・山 祐嗣（共訳）1992 日常記憶の心理学 サイエンス社
Cohen, G. 1993 Memory and ageing. In G. M. Davies & R. H. Logie (Eds.), *Memory in everyday life*. Amsterdam : Elsevier Science. Pp. 419-438.
Cohen, G. 1996 *Memory in the real world* (2nd ed.) Hove, East Sussex : Psychology Press.
Cohen, G. & Faulkner, D. 1986 Memory for proper names : Age differences in retrieval. *British Journal of Developmental Psychology*, **4**, 187-197.
Cohen, R. L 1981 On the generality of some memory laws. *Scandinavian Journal of Psychology*, **22**, 267-281.
Cohen, R. L. 1983 The effect of encoding variables on the free recall of words and action events. *Memory & Cognition*, **11**, 575-582.
Cohen, R. L. 1984 Individual differences in event memory : A case for nonstrategic factors. *Memory & Cognition*, **12**, 633-641.
Cohen, R. L. 1985 On the generality of the laws of memory. In L.-G. Nilsson & T. Archer (Eds.), *Perspectives on learning and memory*. Hillsdale, NJ : Lawrence Erlbaum Associates. Pp. 247-277.
Cohen, R. L. 1988 Metamemory for words and enacted instructions : Predicting which items be recalled. *Memory & Cognition*, **16**, 452-460.
Cohen, R. L. 1989a Memory for action events : The power of enactment. *Educational Psychology Review*, **1**, 57-80.
Cohen, R. L. 1989b The effects of interference tasks on recency in the free recall of action events. *Psychological Research*, **51**, 176-180.
Cohen, R. L. & Bean, G. 1983 Memory in educable mentally retarded adults : Deficit in subject or experimenter? *Intelligence*, **7**, 287-298.
Cohen, R. L. & Bryant, S. 1991 The role of duration in memory and metamemory of enacted instructions (SPTs). *Psychological Research*, **53**, 183-187.
Cohen, R. L. & Heath, M. 1988 Recall probabilities for enacted instructions. In M. M. Gruneberg, P. E. Morris, & R. N. Sykes (Eds.), *Practical aspects of memory : Current research and issues*. Vol. 1. Chichester : John Wiley & Son. Pp. 421-426.
Cohen, R. L., Peterson, M., & Mantini-Atkinson, T. 1987 Interevent differences in event memory : Why are some events more recallable than others ? *Memory & Cognition*, **15**, 109-118.
Cohen, R. L., Sandler, S. P., & Keglevich, L. 1991 The failure of memory monitoring in a free recall task. *Canadian Journal of Psychology*, **45**, 523-538.
Cohen, R. L. & Stewart, M. 1982 How to avoid developmental effects in free recall. *Scandinavian Journal of Psychology*, **23**, 9-16.
Conway, M. & Ross, M. 1984 Getting what you want by revising what you had. *Journal of Personality and Social Psychology*, **47**, 738-748.

Conway, M. A. 1990 *Autobiographical memory : An introduction*. Buckingham : Open University Press.
Conway, M. A. 1991 In defense of everyday memory. *American Psychologist*, **46**, 19-26.
Conway, M. A. 1992 A structural model of autobiographical memory. In M. A. Conway, D. C. Rubin, H. Spinnler, & W. A. Wagenaar (Eds.), *Theoretical perspectives on autobiographical memory*. Dordrecht : Kluwer Academic Publishers. Pp. 167-193.
Conway, M. A. 1995 *Flashbulb memories*. Hove, East Sussex : Lawrence Erlbaum Associates.
Conway, M. A. 1996a Autobiographical knowledge and autobiographical memories. In D. C. Rubin (Ed.), *Remembering our past : Studies in autobiographical memory*. New York : Cambridge University Press. Pp. 67-93.
Conway, M. A. 1996b Autobiographical memory. In E. L. Bjork & R. A. Bjork (Eds.), *Memory*. San Diego : Academic Press. Pp. 165-194.
Conway, M. A. (Ed.) 1997 *Recovered memories and false memories*. New York : Oxford University Press.
Conway, M. A., Anderson, S. J., Larsen, S. F., Donnelly, C. M., McDaniel, M. A., McClelland, A. G. R., Rawles, R. E., & Logie, R. H. 1994 The formation of flashbulb memories. *Memory & Cognition*, **22**, 326-343.
Conway, M. A. & Bekerian, D. A. 1987 Organization in autobiographical memory. *Memory & Cognition*, **15**, 119-132.
Conway, M. A., Cohen, G., & Stanhope, N. 1991 On the very long-term retention of knowledge acquired through formal education : Twelve years of cognitive psychology. *Journal of Experimental Psychology : General*, **120**, 395-409.
Conway, M. A. & Pleydell-Pearce, C. W. 2000 The construction of autobiographical memories in the self-memory system. *Psychological Review*, **107**, 261-288.
Conway, M. A. & Rubin, D. C. 1993 The structure of autobiographical memory. In A. F. Collins, S. E. Gathercole, M. A. Conway, & P. E. Morris (Eds.), *Theories of memory*. Hove, East Sussex : Lawrence Erlbaum Associates. Pp. 103-137.
Conway, M. A., Turk, D. J., Miller, S. L., Logan, J., Nebes, R. D., Meltzer, C. C., & Becker, J. T. 1999 A positron emission tomography (PET) study of autobiographical memory retrieval. *Memory*, **7**, 679-702.
Cornelius, R. R. 1996 *The science of emotion : Research and tradition in the psychology of emotions*. Prentice-Hall. 齊藤 勇（監訳） 1999 感情の科学―心理学は感情をどこまで理解できたか― 誠信書房
Craik, F. I. M. 1986 A functional account of age differences in memory. In F. Klix & H. Hagendorf (Eds.), *Human memory and cognitive capabilities : Mechanisms and performances*. Amsterdam : Elsevier Science. Pp. 409-422.
Craik, F. I. M. & Hay, J. F. 1999 Aging and judgments of duration : Effects of task complexity and method of estimation. *Perception and Psychophysics*, **61**, 549-560.
Craik, F. I. M. & Tulving, E. 1975 Depth of processing and the retention of words in episodic memory. *Journal of Experimental Psychology : General*, **104**, 268-294.
Crawley, R. A. & Eacott, M. J. 1999 Memory for early life events : Consistency of retrieval of memories over a one-year interval. *Memory*, **7**, 439-460.
Croizet, J. C. & Fiske, S. T. 2000 Moderation of priming by goals : Feeling entitled to judge increases judged usability of evaluative primes. *Journal of Experimental Social Psychology*, **36**, 155-181.
Cross, J. F., Cross, J. & Daly, J. 1971 Sex, race, age and beauty as factors in recognition of faces. *Perception and Psychophysics*, **10**, 393-396.
Crovitz, H. F. & Schiffman, H. 1974 Frequency of episodic memories as a function of their age. *Bulletin of the Psychonomic Society*, **4**, 517-518.
Csikszentmihalyi, M. & Beattie, O. V. 1979 Life themes : A theoretical and empirical exploration of their origins and effects. *Journal of Humanistic Psychology*, **19**, 45-63.

-D-

Dalgleish, T. & Cox, S. G. 2000 Mood and memory. In G. E. Berrios & J. R. Hodges (Eds.), *Memory disorders in psychiatric practice*. New York : Cambridge University Press. Pp. 34-46.
Dalton, P. 1993 The role of stimulus familiarity in context-dependent recognition. *Memory & Cognition*, **21**, 223-234.
Damasio, A. R. Damasio, H., & VanHoesen, G. W. 1982 Prosopagnosia : anatomic basis and behavioral mechanisms. *Neurology*. **32**, 331-41.

Darley, J. M. & Gross, P. H. 1983 A hypothesis-confirming bias in labeling effects. *Journal of Personality and Social Psychology*, **44**, 20-33.

Darwin, C. R. 1872 *The expression of the emotions in man and animals*. Chicago : University of Chicago Press.

Davies, G. M. & Dalgleish, T. 2001 *Recovered memories : Seeking the middle ground*. Chichester : John Wiley & Son.

Davis, F. 1979 *Yearning for yesterday : A sociology of nostalgia*. New York : The Free Press. 間場寿一・荻野美穂・細辻恵子（訳）1990 ノスタルジアの社会学 世界思想社

Davis, P. J. 1999 Gender differences in autobiographical memory for childhood emotional experiences. *Journal of Personality and Social Psychology*, **76**, 498-510.

Daw, P. S. & Parkin, A. J. 1981 Observations on the efficiency of two different processing strategies for remembering faces. *Canadian Journal of Psychology*, **35**, 351-355.

De Renzi, E. & di Pellegrino, G. 1998 Prosopagnosia and alexia without object agnosia. *Cortex*, **34**, 403-15.

Deese, J. 1959 On the prediction of occurrence of particular verbal intrusions in immediate recall. *Journal of Experimental Psychology*, **58**, 17-22.

Deffenbacher, K. A. 1980 Eyewitness accuracy and confidence. *Law and Human Behavior*, **4**, 243-260.

Deffenbacher, K. A. 1991 A maturing of research on the behaviour of eyewitnesses. *Applied Cognitive Psychology*, **5**, 377-402.

Downs, R. M. & Stea, D. (Eds.) 1973 *Image and Environment : Cognitive mapping and spatial behavior*. Chicago : Aldine. 曾田忠宏・林　章・布野修司・岡　房信（訳）1976 環境の空間的イメージ 鹿島出版会

Duggal, S. & Sroufe, L. A. 1998 Recovered memory of childhood sexual trauma : A documented case from a longitudinal study. *Journal of Traumatic Stress*, **11**, 301-321.

-E-

Eacott, M. J. & Crawley, R. A. 1998 The offset of childhood amnesia : Memory for events that occurred before age 3. *Journal of Experimental Psychology : General*, **127**, 22-33.

Eacott, M. J. & Crawley, R. A. 1999 Childhood amnesia : On answering questions about very early life events. *Memory*, **7**, 279-292.

Ebbinghaus, H. 1885 *Über das Gedächtnis : Untersuchungen zur experimentellen Psychologie*. Leipzig : Duncker and Humblot.（Translation by H. A. Ruger & C. E. Bussenius 1913/1964 *Memory : A contribution to experimental psychology*. Dover.）宇都木保（訳）1978 記憶について—実験心理学への貢献— 誠信書房

Edwards, D. & Middleton, D. 1986 Joint remembering : Constructing an account of shared experience through conversational discourse. *Discourse Processes*, **9**, 423-459.

Edwards, D. & Middleton, D. 1988 Conversational remembering and family relationships : How children learn to remember. *Journal of Social and Personality Relatioships*, **5**, 3-26.

Einstein, G. O., Holland, L. J., McDaniel, M. A. & Guynn, M. J. 1992 Age-related deficits in prospective memory : The influence of task complexity. *Psychology and Aging*, **7**, 471-478.

Einstein, G. O. & McDaniel, M. A. 1990 Normal aging and prospective memory. *Journal of Experimental Psychology : Learning, Memory and Cognition*, **16**, 717-726.

Einstein, G. O. & McDaniel, M. A. 1996 Remembering to do things : Remembering a forgotten topic. In D. Herrmann, C. McEvoy, C. Hertzog, P. Hertel, & M. K. Johnson (Eds.), *Basic and applied memory research*. Vol. 2. *Practical applications*. Mahwah, NJ : Lawrence Erlbaum Associates. Pp. 79-94.

Einstein, G. O. & McDaniel, M. A. 1997 Aging and mind wandering : Reduced inhibition in older adults? *Experimental Aging Research*, **23**, 343-354.

Einstein, G. O., McDaniel, M. A., Richardson, S. L., Guynn, M. J., & Cunfer, A. R. 1995 Aging and prospective memory : Examining the influences of self-initiated retrieval processes. *Journal of Experimental Psychology : Learning, Memory and Cognition*, **21**, 996-1007.

Einstein, G. O., McDaniel, M. A., Smith, R. E., & Shaw, P. 1998 Habitual prospective memory and aging : Remembering intentions and forgetting actions. *Psychological Science*, **9**, 284-288.

Einstein, G. O., Smith, R. E., McDaniel, M. A. & Shaw, P. 1997 Aging and prospective memory : The influence of increased task demands at encoding and retrieval. *Psychology and Aging*, **12**, 479-488.

Ekman, P. & Friesen, W. V. 1971 Constants across cultures in the face and emotion. *Journal of Personality and Social Psychology*, **17**, 124-129.

Ekman, P. & Friesen, W. V. 1975 *Unmasking the face : A guide to recognising emotions from facial clues*. Englewood Cliffs, NJ : Prentice-Hall. 工藤 力（訳編） 1987 表情分析入門—表情に隠された意味をさぐる— 誠信書房

Ellis, H. D. & Lewis, M. B. 2001 Capgras delusion : a window on face recognition. *Trends in Cognitive Sciences*, **5**, 149-156.

Ellis, H. D., Shepherd, J. W., & Davies, G. M. 1979 Identification of familiar and unfamiliar faces from internal and external features : Some implications for theories of face recognition. *Perception*, **8**, 431-439.

Ellis, H. D., Young, A. W., Quayle, A. H., & dePauw, K. W. 1997 Reduced autonomic responses to faces in Capgras delusion. *Proceedings of the Royal Society of London(B)*, **264**, 1085-1092.

Ellis, J. & Milne, A. 1996 Retrieval cue specificity and the realization of delayed intentions. *Quarterly Journal of Experimental Psychology*, **49**A, 862-887.

Engelkamp, J. 1986 Nouns and verbs in paired-associate learning : Instructional effects. *Psychological Research*, **48**, 153-159.

Engelkamp, J. 1988 Modality-specific encoding and class in verbal learning. In M. M. Gruneberg, P. E. Morris, & R. N. Sykes (Eds.), *Practical aspects of memory : Current research and issues*. Vol. 1. Chichester : John Wiley & Son. Pp. 415-420.

Engelkamp, J. 1990 Memory of action events : Some implications for memory theory and for imagery. In C. Cornoldi & M. McDaniel (Eds.), *Imagery and Cognition*. New York : Springer. Pp. 183-219.

Engelkamp, J. & Cohen, R. L. 1991 Current issues in memory of action events. *Psychological Research*, **53**, 175-182.

Engelkamp, J., Mohr, G., & Zimmer, H. 1991 Pair-relational encoding of performed nouns and verbs. *Psychological Research*, **53**, 232-239.

Engelkamp, J., Zimmer, H. D., & Kurbjuweit, A. 1995 Verb frequency and enactment in implicit and explicit memory. *Psychological Research*, **57**, 242-249.

Engelkamp, J., Zimmer, H. D., & Mohr, G. 1989 Paired associate learning of action verbs with visual or motor imaginal encoding instructions. *Psychological Research*, **50**, 257-263.

Engelkamp, J., Zimmer, H. D., Mohr, G., & Sellen, O. 1994 Memory of self-performed tasks : Self-performing during recognition. *Memory & Cognition*, **22**, 34-39.

榎本博明 1999 ＜私＞の心理学的探求―物語としての自己の視点から― 有斐閣

Epston, D., White, M., & Murrey, K. 1992 A proposal for a re-authoring therapy : Rose's revisioning of her life and a commentary. In S. McNamee & K. Gergen (Eds.), *Therapy as social construction*. London : Sage. Pp. 96-115.

Erdelyi, M. H. 1996 *The recovery of unconscious memories : Hypermnesia and reminiscence*. Chicago : The University of Chicago Press.

Ericsson, K. A. & Simon, H. 1993 *Protocol analysis : Verbal reports as data*. (Revised ed.) Cambridge, MA : The MIT Press.

Erikson, E. H. 1982 *The life cycle completed*. New York : W. W. Norton & Company. 村瀬孝雄・近藤邦夫（訳） 1989 ライフサイクル, その完結 みすず書房

Erikson, E. H., Erikson, J. M., & Kivnick, H. Q. 1986 *Vital involvement in old age*. New York : W. W. Norton & Company. 朝長正徳・朝長梨枝子（訳） 1990 老年期―生き生きしたかかわりあい— みすず書房

Ernest, C. H. 1977 Imagery ablility and cognition : A critical review. *Journal of Mental Imagery*, **1**, 181-215.

Evans, G. W. & Pezdek, K. 1980 Cognitive mapping : Knowledge of real-world distance and location information. *Journal of Experimental Psychology : Human Learning and Memory*, **6**, 13-24.

Evans, J., Williams, J. M. G., O'Loughlin, S., & Howells, K. 1992 Autobiographical memory and problem-solving strategies of parasuicide patients. *Psychological Medicine*, **22**, 399-405.

-F-

Finlay, F., Hitch, G. J., & Meudell, P. R. 2000 Mutual inhibition in collaborative recall : Evidence for a retrieval-based account. *Journal of Experimental Psychology : Learning, Memory, & Cognition*, **26**, 1556-1567.

Fisher, R. P. & Geiselman, R. E. 1992 *Memory-enhancing techniques for investigative interviewing : The Cognitive Interview*. Springfield : Charles Thomas.

Fisher, R. P., Geiselman, R. E., Raymond, D. S., Jurkevich, L. M., & Warhaftig, M. L. 1987 Enhancing enhanced eyewitness memory : Refining the cognitive interview. *Journal of Police Science and Administration*, **15**, 291-297.

Fiske, S. T. & Deprét, E. 1996 Control, interdependence and power : Understanding social cognition in its social context. In W. Stroebe & M. Hewstone (Eds.), *European review of social psychology*. Vol. 7. New York : John Wiley & Son. Pp. 31-61.

Fiske, S. T., Lin, M., & Neuberg, S. L. 1999 The continuum model : Ten years later. In S. Chaiken & Y. Trope (Eds.), *Dual-process theories in social psychology*. New York : Guilford Press. Pp. 231-254.

Fiske, S. T. & Morling, B. 1996 Stereotyping as a function of personal control motives and capacity constraints : The odd couple of power and anxiety. In R. M. Sorrentino & E. T. Higgins (Eds.), *Handbook of motivation and cognition*. Vol. 3. New York : Guilford Press. Pp. 322-346.

Fiske, S. T. & Neuberg, S. L. 1990 A continuum of impression formation, from category-based to individuating processes : Influences of information and motivation on attention and interpretation. In M. P. Zanna (Ed.), *Advances in experimental social psychology*. Vol. 23. New York : Academic Press. Pp. 1-74.

Fitzgerald, J. M. 1980 Sampling autobiographical memory reports in adolescents. *Developmental Psychology*, **16**, 675-676.

Fitzgerald, J. M. 1981 Autobiographical memory : Reports in adolescence. *Canadian Journal of Psychology*, **35**, 69-73.

Fitzgerald, J. M. 1988 Vivid memories and the reminiscence phenomenon : The role of a self narrative. *Human Development*, **31**, 261-273.

Fitzgerald, J. M. 1996 The distribution of self-narrative memories in younger and older adults : Elaborating the self-narrative hypothesis. *Aging, Neuropsychology, and Cognition*, **3**, 229-236.

Fivush, R. 1991 The social construction of personal narratives. *Merrill-Palmer Quarterly*, **37**, 59-82.

Fivush, R. 1994 Constructing narrative, emotion, and self in parent-child conversations about the past. In U. Neisser & R. Fivush (Eds.), *The remembering self : Construction and accuracy in the self-narrative*. New York : Cambridge University Press. Pp. 136-157.

Fivush, R. 1998 Gendered narratives : Elaboration, structure, and emotion in parent-child reminiscing across the preschool years. In C. P. Thompson, D. J. Herrmann, D. Bruce, J. D. Read, D. G. Payne, & M. P. Toglia (Eds.), *Autobiographical memory : Theoretical and applied perspective*. Mahwah, NJ : Lawrence Erlbaum Associates. Pp. 79-103.

Fivush, R. & Fromhoff, F. A. 1988 Style and structure in mother-child conversations about the past. *Discourse Processes*, **11**, 337-355.

Fivush, R., Gray, J. T., & Fromhoff, F. A. 1987 Two-years olds talk about the past. *Cognitive Development*, **2**, 393-409.

Fivush, R., Haden, C., & Reese, E. 1996 Remembering, recounting, and reminiscing : The development of autobiographical memory in social context. In D. C. Rubin (Ed.), *Remembering our past : Studies in autobiographical memory*. New York : Cambridge University Press. Pp. 341-359.

Fivush, R. & Hamond, N. R. 1990 Autobiographical memory across the preschool years : Toward reconceptualizing childhood amnesia. In R. Fivush & J. A. Hudson (Eds.), *Knowing and remembering in young children*. New York : Cambridge University Press. Pp. 223-248.

Fivush, R., Hamond, N. R., Harsch, N., Singer, N., & Wolf, A. 1991 Content and consistency of young children's autobiographical recall. *Discourse Processes*, **14**, 373-388.

Flavell, J. H. 1970 Developmental studies of mediated memory. In H. W. Reese & L. P. Lipsitt (Eds.), *Advances in Child Development and Behavior*. Vol. 5. New York : Academic Press.

Flavell, J. H. 1971 First discussant's comments : What is memory development the development of ? *Human Development*, **14**, 272-278.

Flavell, J. H. & Wellman, H. M. 1977 Metamemory. In R. V. Kail, Jr., & J. W. Hagan (Eds.), *Perspectives on the development of memory and cognition*. Hillsdale, NJ : Lawrence Erlbaum Associates. Pp. 3-33.

Flexser, A. & Tulving, E. 1978 Retrieval independence in recognition and recall. *Psychological Review*, **85**, 153-171.

Flin, R. 1980 Age effects in children's memory for unfamiliar faces. *Developmental Psychology*, **16**, 373-374.

Foreman, N. & Gillett, R. (Eds.) 1997 *A handbook of spatial research paradigms and methodologies*. Vol. 1. *Spatial cognition in the child and adult*. Hove : Psychology Press.

引用文献

Foreman, N. & Gillett, R. (Eds.) 1998 *A handbook of spatial research paradigms and methodologies.* Vol. 2. *Clinical and comparative studies.* Hove : Psychology Press.

Forgas, J. P. 1995 Mood and judgment : The affect infusion model (AIM). *Psychological Bulletin*, **117**, 39-66.

Forgas, J. P. & Bower, G. H. 1987 Mood effects on person perception Judgments. *Journal of Personality and Social Psychology*, **53**, 53-60.

Forgas, J. P., Bower, G. H., & Krantz, S. E. 1984 The influence of mood on perceptions of social interactions. *Journal of Experimental Social Psychology*, **20**, 497-513.

Freud, S. 1914 Zur Geschichte der psychoanalytischen Bewegung. 野田 倬（訳） 1983 精神分析運動史 高橋義孝・生松敬三（他訳） フロイト著作集 10 文学・思想篇 I 人文書院 Pp. 255-310.

Freud, S. 1915 Verdrängung. In Sigmund Freud Gesammelte Werke Bd. XIV. Frankfurt am Mein : S. Fischer Verlag GmbH. 井村恒郎・小此木啓吾（他訳） 1970 フロイト著作集 6 自我論・不安本能論 人文書院 Pp. 78-86.

Freundschuh, S. M. & Egenhofer, M. 1997 Human conception of spaces : Implications for GIS. *Transactions in GIS*, **2**, 361-375.

Freyd, J. J. 1996 *Betrayal trauma : The logic of forgetting childhood abuse.* Cambridge : Harvard University Press.

Freyd, J. J. & Gleaves, D. H. 1996 "Remembering" words not presented in lists : Relevance to the current recovered/false memory controversy. *Journal of Experimental Psychology : Learning, Memory, & Cognition*, **22**, 811-813.

Fromholt, P. & Larsen, S. F. 1991 Autobiographical memory in normal aging and primary degenerative dementia (dementia of Alzheimer type). *Journal of Gerontology : Psychological Sciences*, **46**, P85-91.

Fryman, J. F. & Wallace, J. 1985 Distorted cognitive maps : College students' misperceptions of nation size. *Peceptual and Motor Skills*, **60**, 419-423.

藤井秀孝・乾 敏郎 1992 空間のイメージ 箱田裕司（編） 認知科学のフロンティア II サイエンス社 Pp. 9-38.

藤永 保・柏木惠子 1999 エッセンシャル心理学 ミネルヴァ書房

藤崎春代 1982 幼児の報告場面における計画的構成の発達的研究 教育心理学研究, **30**, 54-63.

藤崎春代・無藤 隆 1985 会話能力の獲得への援助―幼児教育場面での分析― 昭和57・58・59年度科学研究費補助金特定研究1「言語の標準化」研究成果報告書, 157-176.

藤田哲也 1994 被験者実演課題（SPTs）の再生における注意分割の影響 日本教育心理学会第36回総会発表論文集, 416.

藤田哲也 1995 被験者実演課題（SPTs）の再生における体制化方略と年齢の効果 心理学研究, **66**, 219-224.

藤田哲也 1996 行為の記憶の意図的利用と自動的利用―過程分離手続を用いたSPT効果の検討― 日本教育心理学会第38回総会発表論文集, 406.

藤田哲也 1997 行為の再認は記憶の意図的利用に依存するか―過程分離手続を用いたSPT効果の検討 II― 日本心理学会第61回大会発表論文集, 811.

藤田哲也 1998a 再認記憶における行為の実演の優位性―rememberとknowを指標にした検討― 日本教育心理学会第40回総会発表論文集, 304.

藤田哲也 1998b 行為事象の記憶における諸属性の影響―SPTsパラダイムに用いる記銘材料の基礎的知見― 日本心理学会第62回大会発表論文集, 837.

藤田哲也 1999a 行為事象の記憶における諸属性の影響 II―行為文を言語呈示した場合と実演を観察した場合（EPTs）の比較― 日本心理学会第63回大会発表論文集, 609.

藤田哲也 1999b 再認記憶における行為の実演の優位性 II―SPTs条件と文条件を被験者内で操作した場合― 日本基礎心理学会第18回大会プログラム・要旨集, 51.

藤田哲也 2000 行為事象の記憶における諸属性の影響 III―行為文の再認記憶に対する，評定方法の異なる熟知価・学習容易性・イメージ価の影響の検討― 日本心理学会第64回大会発表論文集, 698.

藤田哲也 2001 潜在記憶と行為の記憶に関する研究 風間書房

福島瑞穂 1997 裁判の女性学―女性の裁かれかた― 有斐閣

-G-

Gale, N., Golledge, R. G., Pellegrino, J. W., & Doherty, S. 1990 The acquisition and integration of route knowledge in an unfamiliar neighborhood. *Journal of Environmental Psychology*, **10**, 3-25.

Galton, F. 1883 *Inquiries into human faculty and its development*. London : Macmillan.

Gardiner, J. M. 1988 Functional aspects of recollective experience. *Memory & Cognition*, **16**, 309-313.

Gärling, T., Linberg, E., Garreiras, M., & Böök, A. 1986 Reference systems in cognitive maps. *Journal of Environmental Psychology*, **6**, 1-18.

Garry, M., Manning, C. G., Loftus, E. F., & Sherman, S. J. 1996 Imagination inflation : Imagining a childhood event inflates confidence that it occured. *Psychonomic Bulletin & Review*, **3**, 208-214.

Geiselman, R. E., Fisher, R. P., Firstenberg, I., Hutton, L. A., Sullivan, S., Avetissian, I., & Prosk, A. 1984 Enhancement of eyewitness mamory : An empirical evaluation of the cognitive interview. *Journal of Police Science and Administration*, **12**, 74-80.

Geiselman, R. E., Fisher, R. P., MacKinnon, D. P., & Holland, H. L. 1985 Eyewitness memory enhancement in the police interview : Cognitive retrieval mnemonics versus hypnosis. *Journal of Applied Psychology*, **70**, 401-412.

Geiselman, R. E., Fisher, R. P., MacKinnon, D. P., & Holland, H. L. 1986 Enhancement of eyewitness memory with the cognitive interview. *American Journal of Psychology*, **99**, 385-401.

Gergen, K. J. & Gergen, M. M. 1988 Narrative and the self as relationship. In L. Berkowitz (Ed.), *Advances in experimental social psychology*. Vol. 21. San Diego : Academic Press. Pp. 17-56.

Gibbons, M. et al. 1994 *The dynamic production of knowledge : The dynamics of science and research in contemporary societies*. Stockholm : FRN.

Gibbs, R. W. 1986 What makes some indirect speech acts conventional? *Journal of Memory and Language*, **25**, 181-196.

Gibson, J. J. 1979 The echological approach to visual perception. Boston : Houghton Miffin.　古崎　敬・古崎愛子・辻敬一郎・村瀬　旻（訳）　1985　生態学的視覚論—ヒトの知覚世界を探る—　サイエンス社

Gigone, D. & Hastie, R. 1993 The common knowledge effect : Information sharing and group judgment. *Journal of Personality and Social Psychology*, **65**, 959-974.

Goddard, L., Dritschel, B., & Burton, A. 1996 Role of autobiographical memory in social problem solving and depression. *Journal of Abnormal Psychology*, **105**, 609-616.

Goddard, L., Dritschel, B., & Burton, A. 1997 Social problem solving and autobiographical memory in non-clinical depression. *British Journal of Clinical Psychology*, **36**, 449-451.

Godden, D. & Baddeley, A. D. 1975 Context-dependent memory in two natural environments : On land and under water. *British Journal of Psychology*, **66**, 325-331.

Goff, L. M. & Roediger, H. L. 1998 Imagination inflation for action events : Repeated imaginings lead to illusory recollections. *Memory & Cognition*, **26**, 20-33.

Goodchild, B. 1974 Class differences in environmental perception : An exploratory study. *Urban Studies*, **11**, 157-169.

Goodman, G. S. & Read, R. S. 1986 Age differences in eyewitness testimony. *Law and Human Behavior*, **10**, 317-332.

Goodwin, S. A., Gubin, A., Fiske, S. T., & Yzerbyt, V. 2000 Power can bias impression formation : Stereotyping subordinates by default and by design. *Group Processes and Intergroup Relations*, **3**, 227-256.

Goschke, T. & Kuhl, J. 1993 Representation of intentions : Persisting activation in memory. *Journal of Experimental Psychology : Learning, Memory, and Cognition*, **19**, 1211-1226.

Goschke, T. & Kuhl, J. 1996 Remembering what to do : Explicit and implicit memory for intentions. In M. A. Brandimonte, G. O. Einstein, & M. A. McDaniel (Eds.), *Prospective Memory : Theory and applications*. Mahwah, NJ : Lawrence Erlbaum Associates. Pp. 53-91.

Gould, O., Kurzman, D., & Dixon, R. A. 1994 Communication during prose recall conversations by young and old dyads. *Discourse Processes*, **17**, 149-165.

Gould, O. N. & Dixon, R. A. 1993 How we spent our vacation : Collaborative storytelling by young and old adults. *Psychology and Aging*, **8**, 10-17.

Gould, P. 1965 *On mental maps*. Discussion Paper 9, Michigan Inter-University Comminity of Mathematical Geographers, Ann Arbor.

Gould, P. & White, R. 1974 *Mental maps*. Harmondsworth : Penguin Books.　山本正三・奥野隆史（訳）　1981　頭の中の地図—メンタルマップ—　朝倉書店

Greenwald, A. G., Pratkanis, A. R., Leippe, M. R., & Baumgardner, M. H. 1986 Under what conditions does theory obstruct research progress? *Psychological Review*, **93**, 216-229.

Grice, H. P. 1975 Logic and conversation. In P. Cole & J. L. Morgan (Eds.), *Syntax and Semantics*. Vol. 3. *Speech Acts*. New York : Academic Press. Pp. 41-58.

Gruneberg, M. M., Morris, P. E., & Sykes, R. N., 1988 *Practical aspects of memory : Current research and issues*. Vol. 1. *Memory in everyday life*. Chichester : John Wiley & Son.

Gruneberg, M. M., Morris, P. E., Sykes, R. N., & Herrmann, D. J. 1996 The practical application of memory research : Practical problems in the relationship between theory and practice. In D. J. Herrmann, C. McEvoy, C. Hertzog, P. Hertel, & M. K. Johnson (Eds.), *Basic and applied memory research*. Vol. 1. *Theory in context*. Mahwah, NJ : Lawrence Erlbaum Associates. Pp. 63-82.

Guajardo, N. R. & Best, D. L. 2000 Do preschoolers remember what to do? Incentive and external cues in prospective memory. *Cognitive Development*, **15**, 75-97.

Gudjonsson, G. H. 1984a Interrogative suggestibility : Comparison between 'false confessors' and 'deniers' criminal trials. *Medicine, Science and the Law*, **24**, 56-60.

Gudjonsson, G. H. 1984b A new scale of interrogative suggestibility. *Personality and Individual Differences*, **5**, 303-314.

Gudjonsson, G. H. 1987 A parallel form of the Gudjonsson suggestibility scale. *British Journal of Criminal Psychology*, **26**, 215-221.

Gudjonsson, G. H. 1997 Accusations by adults of childhood sexual abuse : A survey of the members of the British False Memory Society (BFMS). *Applied Cognitive Psychology*, **11**, 3-18.

-H-

Hamond, N. R. & Fivush, R. 1991 Memories of Mickey Mouse : Young children recount their trip to Disneyworld. *Cognitive Development*, **6**, 433-448.

Han, J. J., Leichtman, M. D., & Wang, Q. 1998 Autobiographical memory in Korean, Chinese, and American children. *Developmental Psychology*, **34**, 701-713.

Hancock, P. J. B., Bruce, V., & Burton, A. M. 2000 Recognition of unfamiliar faces. *Trends in Cognitive Sciences*, **4**, 330-337.

Harley, K. & Reese, E. 1999 Origins of autobiographical memory. *Developmental Psychology*, **35**, 1338-1348.

Harris, J. E. 1980 Memory aids people use : Two interview studies. *Memory & Cognition*, **8**, 31-38.

Harris, L. M. & Menzies, R. G. 1999 Mood and prospective memory. *Memory*, **7**, 117-127.

Harris, M., Barrett, M., Jones, D., & Brookes, S. 1988 Linguistic input and early word meaning. *Journal of Child Language*, **15**, 77-94.

Hart, J. T. 1965 Memory and the feeling-of-knowing experience. *Journal of Educational Psychology*, **56**, 208-216.

Hart, J. T. 1967 Memory and the memory-monitoring process. *Journal of Verbal Learning and Verbal Behavior*, **6**, 685-691.

Hart, R. A. & Moore, G. T. 1973 The development of spatial cognition : A review. In R. M. Downs & D. Stea (Eds.), *Image and environment*. Chicago : Aldine. Pp. 246-288.

Hartwick, J., Sheppard, B. H., & Davis, J. H. 1982 Group remembering : Research and implications. In R. A. Guzzo (Ed.), *Improving group decision making in organizations*. New York : Academic Press. Pp. 41-72.

Hasher, L. & Zacks, R. T. 1979 Automatic and effortful processes in memory. *Journal of Experimental Psychology : General*, **108**, 356-388.

Hasher, L. & Zacks, R. T. 1988 Working memory, comprehension, and aging : A review of a new review. In G. Bower (Ed.), *The psychology of learning and motivation : Advances in research and theory*. Vol. 22. San Diego : Academic Press. Pp. 193-225.

Heaps, C. & Nash, M. 1999 Individual difference in imagination inflation. *Psychonomic Bulletin & Review*, **6**, 313-318.

Heaps, C. & Nash, M. 2001 Comparing recollective experience in true and false autobiographical memories. *Journal of Experimental Psychology : Learning, Memory, & Cognition*, **27**, 920-930.

Heckhausen, H. & Beckman, J 1990 Intentional action and action slips. *Psychological Review*, **97**, 36-48.

Helstrup, T. 1986 Separate memory laws for recall of performed acts? *Scandinavian Journal of Psychology*, **27**, 1-29.

Helstrup, T. 1987 One, two, or three memories? A problem-solving approach to memory for performed acts. *Acta Psychologica*, **66**, 37-68.

Herlitz, A., Adolfsson, R., Bäckman, L., & Nilsson, L. -G. 1991 Cue utilization following different forms of encoding in mildly, moderately, and severely demented patients with Alzheimer's Disease. *Brain and Cognition*, **15**, 119-130.

Herman, J. L. 1992 *Trauma and recovery : The aftermath of violence-from domestic abuse to political terror*. New York : Basic Books. 中井久夫（訳）1996 心的外傷と回復 みすず書房

Herman, J. L. & Schatzow, E. 1987 Recovery and verification of memories of childhood sexual trauma. *Psychoanalytic Psychology*, **4**, 1-14. 穂積由利子（訳）1997 児童期性的トラウマに関する記憶の回復と検証 斎藤 学（編） 現代のエスプリ トラウマとアダルト・チルドレン 至文堂 Pp. 83-98.

Herrmann, D. & Gruneberg, M. 1993 The need to expand the horizons of the practical aspects of memory movement. *Applied Cognitive Psychology*, **7**, 553-565.

Hewstone, M. 1990 The 'ultmiate attribution error' ? A review of the literature on intergroup causal attribution. *European Journal of Social Psychology*, **20**, 1990, 311-335.

Hicks, J. L., Marsh, R. L., & Russel, E. J. 2000 The properties of retention intervals and their affect on retaining prospective memories. *Journal of Experimental Psychology : Learning, Memory, & Cognition*, **26**, 1160-1269.

Hintzman, D. L. 1993 Twenty-five years of learning and memory : Was the cognitive revolution a mistake? In D. E. Meyer & S. Kornblum (Eds.), *Attention and Performance XIV*. Cambridge, MA : The MIT Press. Pp. 359-391.

開 一夫・松井孝雄 2001 空間認知と参照枠 乾 敏郎・安西祐一郎（編） イメージと認知（認知科学の新展開4） 岩波書店 Pp. 61-90.

平嶋慶子 1985 幼児の言語能力の予測の一試み 日本教育心理学会第27回総会発表論文集, 138-139.

Hirst, W. & Manier, D. 1996 Remembering as a communication : A family recounts its past. In D. C. Rubin (Ed.), *Remembering our past : Studies in autobiographical memory*. New York : Cambridge University Press. Pp. 271-290.

Hirtle, S. C. & Jonides, J. 1985 Evidence of hierarchies in cognitive maps. *Memory & Cognition*, **13**, 208-217.

久留一郎 1996 PTSD：心的外傷後ストレス障害 日本児童研究所（編） 児童心理学の進歩 1996年版（Vol. 35） 金子書房 Pp. 27-56.

菱谷晋介 1993 イメージの個人差について—何が鮮明度を決定するか— 日本認知科学会（編） 認知科学の発展 第6巻 講談社 Pp. 81-116.

Hitch, G. J. & Ferguson, J. 1991 Prospective memory for future intentions : Some comparisons with memory for past events. *European Journal of Cognitive Psychology*, **3**, 285-295.

Hofstadter, D. R. 1979 *Gödel, Escher, Bach : An eternal golden braid*. New York : Basic Books. 野崎昭弘・はやしはじめ・柳瀬尚紀（訳）1985 ゲーデル，エッシャー，バッハ 白揚社

Holmes, A. & Conway, M. A. 1999 Generation identity and the reminiscence bump : Memory for public and private events. *Journal of Adult Development*, **6**, 21-34.

Holmes, D. S. 1990 The evidence for repression : An examination of sixty years of research. In J. L. Singer(Ed.), *Repression and dissociation : Implications for personality theory, psychopathology and health*. Chicago : University of Chicago Press. Pp. 85-102.

Holmes, J. B., Waters, H. S., & Rajaram, S. 1998 The phenomenology of false memories : Episodic content and confidence. *Journal of Experimental Psychology : Learning, Memory, & Cognition*, **24**, 1026-1040.

Home Office 1992 *Memorandum of Good Practice : On video recorded interviews with child witnesses for criminal proceedings*. London : Her Majesty's Stationery Office.

堀 淳一 1982 地図—［遊び］からの発想— 講談社

堀内靖雄・中野有紀子・小磯花絵・石崎雅人・鈴木浩之・岡田美智男・仲真紀子・土屋 俊・市川 熹 1999 日本地図課題対話コーパスの設計と特徴 人工知能学会誌, **14**, 261-271.

Horn, M. 1993 Memories lost and found. *U. S. News & World Report*, November, **29**, 52-63.

Houston, J. P. 1983 Psychology : A closed system of self-evident information? *Psychological Reports*, **52**, 203-208.

Houston, J. P. 1985 Untutored lay knowledge of the principles of psychology : Do we know anything they don't? *Psychological Reports*, **57**, 567-570.

Howe, M. L. & Courage, M. L. 1993 On resolving the enigma of infantile amnesia. *Psychological Bulletin*, **113**, 305-326.

Howe, M. L. & Courage, M. L. 1997 The emergence and early development of autobiographical memory.

引用文献

Psychological Review, **104**, 499-523.
Hudson, J. A. 1990 The remergence of autobiographical memory in mother-child conversation. In R. Fivush & J. A. Hudson (Eds.), *Knowing and remembering in young children*. New York : Cambridge University Press. Pp. 166-196.
Hudson, J. A. 1993 Reminiscing with mothers and others : Autobiographical memory in young two-year-olds. *Journal of Narrative and Life History*, **3**, 1-32.
Hunter, I. M. L. 1977 Imagery, comprehension, and menmonics. *Journal of Mental Imagery*, **1**, 65-72.
Hyland, D. T. & Ackerman, A. M. 1988 Reminiscence and autobiographical memory in the study of the personal past. *Journal of Gerontology : Psychological Sciences*, **43**, P35-39.
Hyman, I. E. Jr. 1999 Creating false autobiographical memories : Why people believe their memory errors. In E. Winograd, R. Fivush, & W. Hirst (Eds.), *Ecological approaches to cognition : Essays in honor of Ulric Neisser*. Mahwah, NJ : Lawrence Erlbaum Associates. Pp. 229-252.
Hyman, I. E. Jr. & Billings, F. J. 1998 Individual differences and the creation of false childhood memories. *Memory*, **6**, 1-20.
Hyman, I. E. Jr. & Faries, J. M. 1992 The functions of autobiographical memory. In M. A. Conway, D. C. Rubin, H. Spinnler, & W. A. Wagenaar (Eds.), *Theoretical perspectives on autobiographical memory*. Dordrecht : Kluwer Academic Publishers. Pp. 207-221.
Hyman, I. E. Jr., Husband, T. H., & Billings, F. J. 1995 False memories of childhood experiences. *Applied Cognitive Psychology*, **9**, 181-197.
Hyman, I. E. Jr. & Kleinknecht, E. E. 1999 False childhood memories : Research, theory, and applications. In L. M. Williams & V. L. Banyard (Eds.), *Trauma and memory*. Newsburry Park, CA : Sage. Pp. 175-188.
Hyman, I. E. Jr. & Loftus, E. F. 1997 Some people recover memories of childhood trauma that never really happened. In P. S. Appelbaum, L. A. Uyehara, & M. R. Elin (Eds.), *Trauma and memory : Clinical and legal controversies*. New York : Oxford University Press. Pp. 3-24.
Hyman, I. E. Jr. & Loftus, E. F. 1998 Errors in autobiographical memory. *Clinical Psychology Review*, **18**, 933-947.
Hyman, I. E. Jr. & Pentland, J. 1996 The role of mental imagery in the creation of false childhood memories. *Journal of Memory and Language*, **35**, 101-117.

-I-

池田進一　1991　間接的発話行為　教育心理学研究, **39**, 228-238.
Ikegami, T. 1993 Negative affect and social cognition : The differential effects of self-referent vs. other-referent emotional priming on impression formation. *The Japanese Journal of Experimental Social Psychology*, **32**, 214-222.
池上知子　1997　社会的判断と感情　海保博之（編）「温かい認知」の心理学　金子書房　Pp. 99-119.
池上知子　1998　感情　池上知子・遠藤由美（編）グラフィック社会心理学　サイエンス社　Pp. 77-96.
池上知子　2001a　対人認知の基礎理論　高木　修（監）土田昭司（編）対人行動の社会心理学（シリーズ21世紀の社会心理学1）北大路書房　Pp. 18-31.
池上知子　2001b　対人認知の心理機構―情報処理アプローチは何を明らかにしたのか―　唐沢　穣・池上知子・唐沢かおり・大平英樹（共著）社会的認知の心理学―社会を描く心のはたらき―　ナカニシヤ出版　Pp. 4-35.
Ikegami, T. (In press) The role of state self-esteem in positive mood effects : When does a positive mood lead to a favorable view of others? *Japanese Psychological Research*.
池上知子・大塚友加里　1997　自己スキーマの望ましさの相違が印象形成過程に及ぼす影響　社会心理学研究, **12**, 172-182.
池上知子・斎藤照代　1999　学歴ステレオタイプの構造とその影響に関する一考察　愛知教育大学研究報告（教育科学）, **48**, 81-88.
井上　毅　1999　大学生にみられるアクション・スリップの検討　日本基礎心理学会第18回大会プログラム・要旨集, 52.
Intons-Peterson, M. J. 1996 Memory aids. In D. Herrmann, C. McEvoy, C. Hertzog, P. Hertel, & M. K. Johnson (Eds.), *Basic and applied memory research*. Vol. 2. *Practical applications*. Mahwah, NJ : Lawrence Erlbaum Associates. Pp. 317-331.
Intons-Peterson, M. J. & Fournier, J. 1986 External and internal memory aids : When and how often do we

use them? *Journal of Experimental Psychology : General*, **115**, 267-280.
Isen, A. M. 1985 Asymmetry of happiness and sadness in effects on memory in normal college students : Comment on Hasher, Rose, Zacks, Sanft, and Doren. *Journal of Experimental Psychology : General*, **114**, 388-391.
石川義之 1992a インセストと性的虐待―アメリカおよびわが国の実状― 島根大学法文学部文学科紀要, 17, Ⅰ, 55-81.
石川義之 1992b インセスト的虐待の実相―現代アメリカに関する一断面― 島根大学法文学部文学科紀要, 18, Ⅰ, 67-104.
石崎理恵 1984 絵本場面における母親と子供の対話分析 日本教育心理学会第26回総会発表論文集, 74-75.
石崎理恵 1996 絵本場面における母親と子どもの対話分析：フォーマットの獲得と個人差 発達心理学研究, 7, 1-11.
石崎理恵・岩田純一 1985 絵本場面における母親と子どもの対話分析2―W児の縦断研究1― 日本教育心理学会第27回総会発表論文集, 264-265.
Istomina, Z. M. 1975 The development of voluntary memory in preschool-age children. *Soviet Psychology*, **13**, 5-64.
伊東裕司 1994 日常の事物の記憶における言語的記憶と非言語的記憶 文部省科学研究費 重点領域研究「認知, 言語の成立」報告書（1）, 125-126.
伊東裕司 1996 目撃者による人物特徴の言語記述と人物同定 認知科学, 3 (1), 19-28.
Itoh, Y. (in preparation) Facilitation effect of verbal description before face recognition tasks.
厳島行雄 1996 誤情報効果の展望―Loftus paradigm以降の発展― 認知科学, 3, 5-18.
厳島行雄 2000 目撃証言 太田信夫・多鹿秀継（編著）記憶研究の最前線 北大路書房 Pp. 170-194.
厳島行雄・伊東裕司・仲 真紀子・浜田寿美男 1994 目撃証言の信用性に関する鑑定書―フィールド実験を中心に― 東京高等裁判所へ提出の鑑定書
岩月さなえ 2001 親和欲求が対人認知に及ぼす影響について 愛知教育大学平成12年度卒業論文（未公刊）

-J-

Jacoby, L. L. 1991 A process dissociation framework : Separating automatic from intentional use of memory. *Journal of Memory and Language*, **30**, 513-541.
Jacoby, L. L., Kelley, C., Brown, J., & Jasechko, J. 1989 Becoming famous overnight : Limits on the ability to avoid unconscious influences of the past. *Journal of Personality and Social Psychology*, **56**, 326-338.
James, L. E. & Burke, D. M. 2000 Phonological priming effects on word retrieval and tip-of-the-tongue experiences in young and older adults. *Journal of Experimental Psychology : Learning, Memory, & Cognition*, **26**, 1378-1391.
James, W. 1884 What is an emotion? *Mind*, **4**, 188-204.
James, W. 1890 *The principles of psychology*. New York : Holt.
James, W. 1892 *Psychology : A briefer course*. New York : Holt. 今田 恵（訳）1993 心理学 岩波書店
Jansari, A. & Parkin, A. J. 1996 Things that go bump in your life : Explaining the reminiscence bump in autobiographical memory. *Psychology and Aging*, **11**, 85-91.
Jobe, J. B. & Mingay, D. J. 1991 Cognition and survey measurement : History and overview. *Applied Cognitive Psychology*, **5**, 175-192.
Jobe, J. B., Tourangeau, R., & Smith, A. F. 1993 Contributions of survey research to the understanding of memory. *Applied Cognitive Psychology*, **7**, 567-584.
Johnson, M. K. 1983 A multiple-entry, modular memory system. In G. H. Bower (Ed.), *The psychology of learning and motivation*. Vol. 17. New York : Academic Press. Pp. 81-123.
Johnson, M. K. 1985 The origin of memories. In. P. C. Kendall (Ed.), *Advances in cognitive-behavioral research and therapy*. Vol. 4. New York : Academic Press. Pp. 1-27.
Johnson, M. K. 1988 Reality monitoring : An experimental phenomenological approach. *Journal of Experimental Psychology : General*, **117**, 390-394.
Johnson, M. K., Foley, M. A., Suengas, A. G., & Raye, C. L. 1988 Phenomenal characteristics of memories for perceived and imagined autobiographical events. *Journal of Experimental Psychology : General* , **117**, 371-376.
Johnson, M. K., Hashtroudi, S., & Lindsay, D. S. 1993 Source monitoring. *Psychological Bulletin*, **114**, 3-28.

Johnson, M. K. & Raye, C. L. 1981 Reality monitoring. *Psychological Review*, **88**, 67-85.
Johnston, R. A., Milne, A. B., Williams, C., & Hosie, J. 1997 Do distinctive faces come from outer space? An investigation of the status of a multidimensional face-space. *Visual Cognition*, **4**, 59-67.
Jones, E. E. & Davis, K. E. 1965 From acts to dispositions : The attribution processes in person perception. In Berkowitz (Ed.), *Advances in experimental social psychology*. Vol. 2. New York : Academic Press. Pp. 219-266.

-K-

海保博之　1997　プロローグ―今なぜ「温かい認知」か―　海保博之（編）　「温かい認知」の心理学　金子書房　Pp. 1-8.
海保博之・原田悦子（編）　1993　プロトコル分析入門―発話データから何を読むか―　新曜社
海保博之・田辺文也　1996　ヒューマン・エラー　新曜社
神谷俊次　1998　会話内容の記憶に及ぼす感情喚起の効果　心理学研究, **69**, 376-383.
金敷大之　2000　行為事象の記憶における被験者の運動行為と言語的処理の効果　心理学研究, **71**, 89-95.
兼松　仁・守　一雄・守　秀子　1996　異なる事態を目撃した2人の目撃者の話し合いによる記憶の変容　認知科学, **3**(1), 29-40.
唐沢　穣　2001　集団の認知とステレオタイプ　唐沢　穣・池上知子・唐沢かおり・大平英樹（共著）　社会的認知の心理学―社会を描く心のはたらき―　ナカニシヤ出版　Pp. 61-83.
Karlsson, T., Bäckman, L., Herlitz, A., Nilsson, L. -G., Winblad, B., & Osterlind, P. -O. 1989 Memory improvement at different stages of Alzheimer's disease. *Neuropsychologia*, **27**, 737-742.
Karney, B. R. & Coombs, R. H. 2000 Memory bias in long-term close relationships : Consistency or improvement? *Personality and Social Psychology Bulletin*, **26**, 959-970.
Kato, Y. 1987 Micro genese de la carte cognitive et sens de l'orientation. *Revue de Psychologie Applique*, **37**, 261-282.
加藤義信　1998　ペアでの経路探索が後の単独移動時のパフォーマンスに及ぼす影響―移動時のコミュニケーションに注目して―　認知科学, **5** (3), 36-48.
川口　潤　1993　スリップと意識　箱田裕司（編）　認知科学のフロンティアⅢ　サイエンス社　Pp.9-37.
川口　潤　1995　注意　高野陽太郎（編）　認知心理学講座2　記憶　東京大学出版会　Pp.49-69.
川口　潤　1999　「スリップ」,「し忘れ」　中島義明・安藤清志・子安増生・坂野雄二・繁桝算男・立花政夫・箱田裕司（編）　心理学辞典　有斐閣
川口　潤・清水寛之　1992a　一般的知識に関する質問群を用いた既知感の測定　心理学研究, **63**, 209-213.
川口　潤・清水寛之　1992b　一般的知識に関する質問項目の難易度および既知感基準表　日本認知科学会テクニカルレポート, No. 21, 1-16.
川村博忠　1994　近世の地図にみる方位　山田安彦（編著）　方位と風土　古今書院　Pp. 75-86.
Kelley, C., Amodio, D., & Lindsay, D. S. 1996 *The effects of 'diagnosis' and memory work on memories of handedness shaping*. Paper presented at the 2nd. International Conference on Memory, Padua, Italy.
Kelley, C. M. & Jacoby, L. L. 1996 Adult egocentrism : Subjective experience versus analytic bases for judgment. *Journal of Memory and Language*, **35**, 157-175.
Kelly, G. A. 1955 *Psychology of personal constructs*. Norton.
Kemp, S. 1988 Memorial psychophysics for visual area : The effect of retention interval. *Memory & Cognition*, **16**, 431-436.
Kidder, D. P., Park, D., Hertzog, C., & Morrell, R. W. 1997 Prospective memory and aging : The effects of working memory and prospective memory task load. *Aging, Neuropsychology, and Cognition*, **4**, 93-112.
木原香代子・吉川左紀子　2001　顔の再認記憶におけるイメージ操作方略と示差特徴発見方略の比較　心理学研究, **72**, 234-239.
Kihlstrom, J. 1996a Memory research : The convergence of theory and practice. In D. J. Herrmann, C. McEvoy, C. Hertzog, P. Hertel, & M. K. Johnson (Eds.), *Basic and applied memory research*. Vol. 1. *Theory in context*. Mahwah, NJ : Lawrence Erlbaum Associates. Pp. 5-25.
Kihlstrom, J. F. 1996b The trauma-memory argument and recovered memory therapy. In K. Pezdek & W. P. Banks (Eds.), *The recovered memory/false memory debate*. San Diego : Academic Press. Pp. 297-311.
Kihlstrom, J. F. 1997 Suffering from reminiscences : Exhumed memory, implicit memory, and the return of the repressed. In M. A. Conway (Ed.), *Recovered memories and false memories*. New York : Oxford

University Press. Pp. 100-117.
菊野春雄　1993　子どもの視覚記憶に及ぼす言語的質問の効果　教育心理学研究, 41, 99-105.
菊野春雄　1995　目撃証言における被暗示性効果に関する研究―統合仮説と共存仮説をめぐって―　心理学研究, 66, 116-120.
King, J. F., Zechmeister, F. G., & Shaughnessy, J. J.　1980　The influence of retrieval practice. *American Journal of Psychology*, 93, 329-343.
北村英哉　1991　特性概念の可得性と自己スキーマが対人記憶に及ぼす効果　心理学研究, 62, 221-228.
北村英哉　1998　自己の長所, 短所は他者認知によく用いられるか　教育心理学研究, 46, 403-412.
Kitchin, R. & Freundshuh, S. (Eds.)　2000　*Cognitive mapping : Past, present and future*. London : Routledge.
Klatzky, R. L.　1991　Let's be friends. *American Psychologist*, 46, 43-45.
Klatzky, R. L., Martin, G. L., & Kane, R. A.　1982　Semantic interpretation effects on memory for faces. *Memory & Cognition*, 10, 195-206.
Klatzky, R. L., Pellegrino, J. W., McCloskey, B. P., & Doherty, S.　1989　Can you squeeze a tomato ? The role of motor representations in semantic sensibility judgments. *Journal of Memory and Language*, 28, 56-77.
Kluft, R. P.　1997　The argument for the reality of delayed recall of trauma. In P. S. Appelbaum, L. A. Uyehara, & M. R. Elin (Eds.), *Trauma and Memory : Clinical and legal controversies*. New York : Oxford University Press. Pp. 25-57.
小林敬一・丸野俊一　1994　展望的記憶における他者の役割―他者への依存が課題の想起・実行を抑制する場合―　心理学研究, 64, 482-487.
小林多寿子　1987　<都市化>とノスタルジー―都市における奄美出身者の心性―　年報人間科学（大阪大学人間科学部）, 8, 23-40.
小林多寿子　1992　<親密さ>と<深さ>―コミュニケーション論から見たライフヒストリー―　社会学評論, 42, 419-434.
小林多寿子　1995　インタビューからライフヒストリーへ　中野　卓・桜井　厚（編）　ライフヒストリーの社会学　弘文堂　Pp. 43-70.
小林多寿子　1998　戦争体験と自分史―「記憶の共同体」を求めて―　日本女子大学紀要　人間社会学部, 8, 127-140.
Koehnken, G., Milne, R., Memon, A., & Bull, R.　1999　The cognitive interview : A meta-analysis. *Psychology, Crime and Law*, 5, 3-27.
小森康永・野口裕二・野村直樹（編著）　1999　ナラティヴ・セラピーの世界　日本評論社
Koriat, A.　1993　How do we know that we know? The accessibility model of the feeling of knowing. *Psychological Review*, 100, 609-639.
Koriat, A.　2000　The feeling of knowing : Some metatheoretical implications for consciousness and control. *Consciousness and Cognition*, 9, 149-171.
Koriat, A., Ben-Zur, H., & Nussbaum, A.　1990　Encoding information for future action : Memory for to-be-performed tasks versus memory for to-be-recalled tasks. *Memory & Cognition*, 18, 568-578.
Kormi-Nouri, R. & Nilsson, L. -G.　1998　The role of integration in recognition failure and action memory. *Memory & Cognition*, 26, 681-691.
Kormi-Nouri, R., Nilsson, L. -G., & Bäckman, L.　1994　The dual-conception view reexamined : Attentional demands and the encoding of verbal and physical information in action events. *Psychological Research*, 57, 42-46.
Kormi-Nouri, R., Nyberg, L., & Nilsson, L. -G.　1994　The effect of retrieval enactment on recall of subject-performed tasks and verbal tasks. *Memory & Cognition*, 22, 723-728.
小谷津孝明・鈴木栄幸・大村賢悟　1992　無意図的想起と行為のしわすれ現象　安西祐一郎・石崎　俊・大津由紀雄・波多野誼余夫・溝口文雄（編）　認知科学ハンドブック　共立出版　Pp. 225-237.
Kuhn, T. S.　1970　*The structure of scientific revolutions*. (2nd ed.) Chicago : University of Chicago Press.
空間認知の発達研究会（編）　1995　空間に生きる―空間認知の発達的研究―　北大路書房
楠見　孝　1991　"心の理論" としてのメタ記憶の構造―自由記述, 記憶のメタファに基づく検討―　日本教育心理学会第33回総会発表論文集, 705-706.
楠見　孝・高橋秀明　1992　メタ記憶　安西祐一郎・石崎　俊・大津由紀雄・波多野誼余夫・溝口文雄（編）　認知科学ハンドブック　共立出版　Pp. 238-250.
Kvavilashvili, L.　1987　Remembering intention as a distinct form of memory. *British Journal of Psychology*, 78,

507-518.

Kvavilashvili, L. 1992 Remembering intention : A critical review of existing experimental paradigms. *Applied Cognitive Psychology*, **6**, 507-524.

-L-

Laabs, G. J. & Simmons, R. W. 1981 Motor memory. In D. Holding (Ed.), *Human skills*. New York : John Wiley & Son. Pp. 119-151.

Lampinen, J. M., Copeland, S. M., & Neuschatz, J. S. 2001 Recollections of things schematic : Room shemas revisited. *Journal of Experimental Psychology : Learning, Memory, and Cognition*, **27**, 1211-1222.

Lancaster, J. S. & Barsalou, L. W. 1997 Multiple organizations of events in memory. *Memory*, **5**, 569-599.

Landauer, T. K. 1989 Some bad and some good reasons for studying memory and cognition in the wild. In L. W. Poon, D. C. Rubin, & B. A. Wilson (Eds.) *Everyday cognition in adulthood and late life*. New York : Cambridge University Press. Pp. 116-125.

Langness, L. L. & Frank, G. 1981 *Lives : An anthropological approach to biography*. Novato, CA : Chandler & Sharp. 米山俊直・小林多寿子（訳） 1993 ライフヒストリー研究入門―伝記への人類学的アプローチ― ミネルヴァ書房

Larsen, S. F., Thompson, C. P., & Hansen, T. 1996 Time in autobiographical memory. In D. C. Rubin (Ed.), *Remembering our past : Studies in autobiographical memory*. New York : Cambridge University Press. Pp. 129-156.

Latané, B., Williams, K., & Harkins, S. 1979 Many hands make light the work : The causes and consequences of social loafing. *Journal of Personality and Social Psychology*, **37**, 822-832.

Lave, J. & Wenger, E. 1991 *Situated learning : Legitimate peripheral participation*. New York : Cambridge University Press.

Lazarus, R. S. 1982 Thoughts on the relations between emotion and cognition. *American Psychologist*, **46**, 819-834.

Lazarus, R . S. 1984 On the Primacy of Cognition. *American Psychologist*, **39**, 124-129.

Lazarus, R. S., Averill, J. R., & Opton, E. M., Jr. 1970 Toward a cognitive theory of emotions. In M. B. Arnold (Ed.), *Feelings and emotions*. New York : Academic Press. Pp. 207-232.

Lee, K., Graham, B., & Rhodes, G. 2000 Caricature effects, distinctiveness, and identification : Testing the face-space framework. *Psychological Science*, **11**, 379-385.

Levine, M., Jankovic, I. N., & Palij, M. 1982 Principles of spatial problem solving. *Journal of Experimental Psychology : General*, **111**, 157-175.

Levine, M., Marchon, I., & Hanley, G. 1984 The placement and misplacement of you-are-here maps. *Environment and Behavior*, **16**, 139-157.

Levy, R. L. & Loftus, G. R. 1984 Compliance and memory. In J. E. Harris & P. E. Morris (Eds.), *Everyday memory, actions, and absentmindedness*. New York : Academic Press. Pp. 93-112.

Lewinsohn, P. M. & Rosenbaum, M. 1987 Recall of parental behavior by acute depressives, remitted depressives, and nondepressives. *Journal of Personality and Social Psychology*, **52**, 611-619.

Leyens, J-P. & Fiske, S. T. 1994 Impression formation : From recitals to symphonie fantastique. In P. G. Devine, D. L. Hamilton, & T. M. Ostrom (Eds.), *Social cognition : Impact on social psychology*. San Diego : Academic Press. Pp. 39-75.

Leyens, J-P., Yzerbyt, V. Y., & Schadron, G. 1992 The social judgeability approach to stereotypes. In W. Strobe & M. Hewstone (Eds.), *European review of social psychology*. Vol. 3. New York : John Wiley & Son. Pp. 91-120.

Lichty, W., Bressie, S., & Krell, R. 1988 When a fork is not a fork : Recall of performed activities as a function of age, generation, and bizarreness. In M. M. Gruneberg, P. E. Morris, & R. N. Sykes (Eds.), *Practical aspects of memory : Current research and issues*. Vol. 2. Chichester : John Wiley & Son. Pp. 506-511.

Lichty, W., Kausler, D. H., & Martinez, D. R. 1986 Adult age differences in memory for motor versus cognitive activities. *Experimental Aging Research*, **12**, 227-230.

Light, L. L., Kayra-Stuart, F., & Hollander, S. 1979 Recognition memory for typical and unusual faces. *Journal of Experimental Psychology : Human Learning and Memory*, **5**, 212-228.

Lindsay, D. S. 1997 Increasing sensitivity. In J. D. Read & D. S. Lindsay (Eds.), *Recollections of trauma : Scientific evidence and clinical practice*. New York : Plenum. Pp. 1-16.

Lindsay, D. S. & Briere, J. 1997 The controversy regarding recovered memories of childhood sexual abuse : Pitfalls, bridges, and future directions. *Journal of Interpersonal Violence*, **12**, 631-647.

Lindsay, D. S. & Read, J. D. 1994 Psychotherapy and memories of childhood sexual abuse : A cognitive perspective. *Applied Cognitive Psychology*, **8**, 281-338.

Lindsay, D. S., Read, D., & Sharma, K. 1998 Accuracy and confidence in person identification : The relationship is strong when witnessing conditions vary widely. *Pshchological Science*, **9**, 215-218.

Linton, M. 1986 Ways of searching and the contents of memory. In D. C. Rubin (Ed.), *Autobiographical Memory*. Cambridge : Cambridge Uiversity Press. Pp. 50-67.

Loftus, E. 1971 Memory for intentions : The effect of presence of a cue and interpolated activity. *Psychonomic Science*, **23**, 315-316.

Loftus, E. F. 1979 *Eyewitness Testimony*. Cambridge : Harvard University Press. 西本武彦（訳）1987 目撃者の証言　誠信書房

Loftus, E. F. 1991 The glitter of everyday memory …and the gold. *American Psychologist*, **46**, 16-18.

Loftus, E. F. 1993 The reality of repressed memories. *American Psychologist*, **48**, 518-537.

Lofuts, E. F. 1997a Creating childhood memories. *Applied Cognitive Psychology*, **11**, S75-S86.

Loftus, E. F. 1997b Creating false memories. *Scientific American, September*, 50-55. 仲真紀子（訳）1997 偽りの記憶を作る　日経サイエンス　12月号, Pp. 18-25.

Loftus, E. F. 1997c Dispatch from the (un)civil memory wars. In J. D. Read & D. S. Lindsay (Eds.), *Recollections of trauma : Scientific evidence and clinical practice*. New York : Plenum. Pp. 171-194.

Lofuts, E. F. 1997d Repressed memory accusations : Devastated families and devastated patients. *Applied Cognitive Psychology*, **11**, 25-30.

Loftus, E. F., Coan, J. A., & Pickrell, J. E. 1996 Manufacturing false memories using bits of reality. In L. Reder (Ed.), *Implicit memory and metacognition*. Hillsdale, NJ : Erlbaum. Pp. 195-220.

Loftus, E. F. & Ketcham, K. 1991 *Witness for the defense : The accused, the eyewitness, and the expert who puts memory on trial.* New York : St. Martin's Press. 厳島行雄（訳）2000 目撃証言　岩波書店

Loftus, E. F. & Ketcham, K. 1994 *The myth of repressed memory.* New York : St. Martin's Griffin. 仲真紀子（訳）2000 抑圧された記憶の神話─偽りの性的虐待の記憶をめぐって─　誠信書房

Loftus, E. F., Miller, D. G., & Burns, H. J. 1978 Semantic integration of verbal information into a visual memory. *Journal of Experimental Psychology : Human Learning and Memory*, **4**, 19-31.

Loftus, E. F. & Pickrell, J. E. 1995 The formation of false memories. *Psychiatric Annals*, **25**, 720-725.

Lorge, I. & Solomon, H. 1955 Two models of group behavior in the solution of eureka-type problems. *Psychometrika*, **20**, 139-148.

Lovelace, E. A. & Twohig, P. T. 1990 Healthy older adults' perceptions of their memory functioning and use of mnemonics. *Bulletin of the Psychonomic Society*, **28**, 115-118.

Lovibond, S. H. & Lovibond, P. F. 1995 The structure of negative emotional states; Comparison of the depression anxiety stress scales (DASS) with the Beck depression and anxiety inventories. *Behavior, Research, and Therapy*, **3**, 335-343.

Lucchelli, F. & De Renzi, E. 1992 Proper name anomia. *Cortex*, **28**, 221-230.

Luchins, A. S. 1958 Definitiveness of impression and primacy-recency in communications. *Journal of Social Psychology*, **48**, 275-290.

Lynch, K. 1960 *The image of the city*. Cambridge : M. I. T. Press. 丹下健三・富田玲子（訳）1968 都市のイメージ　岩波書店

Lynn, S. J., Lock, T. G., Myers, B., & Payne, D. G. 1997 Recalling the unrecallable : Should hypnosis be used to recover memories in psychotherapy? *Current Directions in Psychological Science*, **6**, 79-83.

Lynn, S. J., Milano, M., & Weekes, J. R. 1991 Hypnosis and pseudomemories : The effects of prehypnotic expectancies. *Journal of Personality and Social Psychology*, **60**, 318-326.

Lynn, S. J. & Nash, M. R. 1994 Truth in memory : Ramifications for psychotherapy and hypnotherapy. *American Journal of Hypnosis*, **36**, 194-208.

-M-

Maass, A. 1999 Linguistic intergroup bias : Stereotype perpetuation through language. In M. P. Zanna (Ed.), *Advances in experimental social psychology*. Vol. 31. San Diego : Academic Press. Pp. 79-121.

Maass, A., Ceccarelli, R., & Rudin, S. 1996 The linguistic intergroup bias : Evidence for ingroup-protective motivation. *Journal of Personality and Social Psychology*, **71**, 512-526.

Maass, A., Salvi, D., Arcuri, L., & Semin, G. R. 1989 Language use in intergroup contexts : The linguistic intergroup bias. *Journal of Personality and Social Psychology*, **57**, 981-993.

Mackavey, W. R., Malley, J. E., & Stewart, A. J. 1991 Remembering autobiographically consequential experiences : Content analysis of psychologists' accounts of their lives. *Psychology and Aging*, **6**, 50-59.

MacWhinney, B. 2000a *The CHILDES project : Tools for analyzing talk.* Vol. 1. *Transcription format and programs.* (3rd ed.) Mahwah, NJ : Lawrence Erlbaum Associates.

MacWhinney, B. 2000b *The CHILDES project : Tools for analyzing talk.* Vol. 2. *The database.* (3rd ed.) Mahwah, NJ : Lawrence Erlbaum Associates.

Maki, R. H. 1981 Categorization and distance effects with spatial linear orders. *Journal of Experimental Psychology : Human Learning and Memory*, **7**, 15-32.

Malpass, R. S. 1981 Training in face recognition, In G. Davies, H. Ellis, & J. Shepherd (Eds.), *Perceiving and remembering faces.* London : Academic Press.

Mäntylä, T. 1994 Remembering to remember : Adult age differences in prospective memory. *Journal of Gerontology : Psychological Sciences*, **49**, 276-282.

Mäntylä, T. 1996 Activating actions and interrupting intentions : Mechanisms of retrieval sensitization in prospective memory. In M. A. Brandimonte, G. O. Einstein, & M. A. McDaniel (Eds.), *Prospective Memory : Theory and applications.* Mahwah, NJ : Lawrence Erlbaum Associates. Pp. 93-113.

Mäntylä, T. & Sgaramella, T. 1997 Interrupting intentions : Zeigarnik-like effects in prospective memory. *Psychological Research*, **60**, 192-199.

Marcia, J. E. 1966 Development and validation of ego-identity status. *Journal of Personality and Social Psychology*, **3**, 551-558.

Markowitsch, H. J. 2000 Repressed memories. In E. Tulving (Ed.), *Memory, consciousness, and the brain : The Tallinn conference.* Philadelphia, PA : Psychology Press. Pp. 319-330.

Markus, H. & Smith, J. 1981 The influence of self-schemata and the perception of others. In N. Cantor & J. F. Kihlstorm (Eds.), *Personality, cognition, and social interaction.* Hillsdale, NJ : Lawrence Erlbaum Associates. Pp. 233-262.

Marsh, R. L. & Hicks, J. L. 1998 Event-based prospective memory and executive control of working memory. *Journal of Experimental Psychology : Learning, Memory, and Cognition*, **24**, 336-349.

Marsh, R. L., Hicks, J. L., & Bink, M. L. 1998 Activation of completed, uncompleted, and partially completed intentions. *Journal of Experimental Psychology : Learning, Memory, and Cognition*, **24**, 350-361.

Marsh, R. L., Hicks, J. L., & Bryan, E. S. 1999 The activation of unrelated and canceled intentions. *Memory & Cognition*, **27**, 320-327.

Marsh, R. L., Hicks, J. L., & Landau, J. D. 1998 An investigation of everyday prospective memory. *Memory & Cognition*, **26**, 633-643.

Martin, M. 1986 Ageing and patterns of change in everyday memory and cognition. *Human Learning*, **5**, 63-74.

Martin, M. & Jones, G. V. 1984 Cognitive failures in everyday life. In J. E. Harris & E. Morris (Eds.), *Everyday memory, actions and absentmindedness.* London: Academic Press. Pp.173-190.

丸野俊一 1993 心の中のスーパービジョン 丸野俊一（編）現代のエスプリ314 自己モニタリング 至文堂 Pp. 9-46.

Marx, E. M., Williams, J. M. G., & Claridge, G. C. 1992 Depression and social problem solving. *Journal of Abnormal Psychology*, **101**, 78-86.

松井孝雄 1997 空間認知における異方性の研究 慶應義塾大学社会学研究科博士論文（未公刊）

松島恵介 1996 共同想起研究としての目撃証言研究—記憶研究への新たな視座— 認知科学, 3(1), 41-50.

Maylor, E. A. 1996 Age-related impairment in an event-based prospective-memory task. *Psychology and Aging*, **11**, 74-78.

McAdams, D. P. 1982 Experiencing of intimacy and power : Relationships between social motives and autobiographical memory. *Journal of Personality and Social Psychology*, **42**, 292-302.

McAdams, D. P. & de St. Aubin, E. 1992 A theory of generativity and its assessment through self-report, behavioral acts, and narrative themes in autobiography. *Journal of Personality and Social Psychology*, **62**, 1003-1015.

McAdams, D. P., de St. Aubin, E., & Logan, R. L. 1993 Generativity among young, midlife, and older adults. *Psychology and Aging*, **8**, 221-230.

McAdams, D. P., de St. Aubin, E., & Mansfield, E. 1997 Stories of commitment : The psychosocial construction of generative lives. *Journal of Personality and Social Psychology*, **72**, 678-694.

McAdams, D. P., Hart, H. M., & Maruna, S. 1998 The anatomy of generativity. In D. P. McAdams & de St. Aubin (Eds.), *Generativity and adult development : How and why we care for the next generation*. Washington, DC : American Psychological Association. Pp. 7-43.

McBrien, C. M. & Dagenbach, D. 1998 The contributions of source misattributions, acquiescence, and response bias to children's false memories. *American Journal of Psychology*, **111**, 509-528.

McDaniel, M. A. & Einstein, G. O. 1993 The importance of cue familiarity and cue distinctiveness in prospective memory. *Memory*, **1**, 23-41.

McDaniel, M. A., Robinson-Riegler, B., & Einstein, G. O. 1998 Prospective remembering : Perceptually driven or conceptually driven processes? *Memory & Cognition*, **26**, 121-134.

McFarland, C. & Ross, M. 1987 The relation between current impressions and memories of self and dating partners. *Personality and Social Psychology Bulletin*, **13**, 228-238.

McFarland, C., Ross, M., & DeCourville, N. 1989 Women's theories of menstruation and biases in recall of menstrual symptoms. *Journal of Personality and Social Psychology*, **57**, 522-531.

McFarland, C., Ross, M., & Giltrow, M. 1992 Biased recollections in older adults : The role of implicit theories of aging. *Journal of Personality and Social Psychology*, **62**, 837-850.

McNamara, T. P. 1986 Mental representations of special relations. *Cognitive Psychology*, **18**, 87-121.

McNamara, T. P., Altarriba, J., Bendele, M., Johnson, S. C., & Clayton, K. N. 1989 Constraints on priming in spatial memory : Naturally learned versus experimentally learned environment. *Memory & Cognition*, **17**, 444-453.

McWeeny, K. H., Young, A. W., Hay, D. C., & Ellis, A. W. 1987 Putting names to faces. *British Journal of Psychology*, **78**, 143-149.

Meacham, J. A. 1977 A transactional model of remembering. In N. Datan & H. W. Reese (Eds.), *Life-span developmental psychology : Dialectical perspectives on experimental research*. New York : Academic Press. Pp. 261-283.

Meacham, J. A. & Kushner, S. 1980 Anxiety, prospective remembering, and performance of planned actions. *Journal of General Psychology*, **103**, 203-209.

Meacham, J. A. & Leiman, B. 1982 Remembering to perform future actions. In U. Neisser (Ed.), *Memory observed : Remembering in natural contexts*. San Francisco : Freeman. Pp. 327-336. 富田達彦（訳）1989 将来の行為を行なうための想起　ナイサー U.（編）　観察された記憶（下）　誠信書房　Pp. 383-392.

Melcher, J. M. & Schooler, J. W. 1996 The misremembrance of wines past : Verbal and perceptual expertise defferentially mediate verbal overshadowing of taste memory. *Journal of Memory and Language*, **35**, 231-245.

Meltzer, M. L. 1983 Poor memory : A case report. *Journal of Clinical Psychology*, **39**, 3-10.

Memon, A. & Bruce, V. 1983 The effects of encoding strategy and context change on face recognition. *Human Learning*, **2**, 313-326.

Merrill, A. A. & Baird, J. C. 1987 Semantic and spatial factors in environmental memory. *Memory & Cognition*, **15**, 101-108.

Metcalfe, J., Schwartz, B. L., & Joaquim, S. G. 1993 The cue-familiarity heuristic in metacognition. *Journal of Experimental Psychology : Learning, Memory, and Cognition*, **19**, 851-861.

Meudell, P. R., Hitch, G. J., & Boyle, M. M 1995 Collaboration in recall : Do pairs of people cross-cue each other to produce new memories? *Quarterly Journal of Experimental Psychology*, **48A**, 141-152.

Meudell, P. R., Hitch, G. J., & Kirby, P. 1992 Are two heads better than one? Experimental investigations of the social facilitation of memory. *Applied Cognitive Psychology*, **6**, 525-543.

Milne, R. & Bull, R. 1999 *Investigative interviewing : Psychology and practice*. Chichester : John Wiley & Son.

Minsky, M. M. 1985 *The society of mind*. New York : A Touchstone Book. 安西祐一郎（訳）1990 心の社会　産業図書

Mitchell, K. J. & Johnson, M. K. 2000 Source monitoring : Attributing mental experiences. In E. Tulving & F. I. M. Craik (Eds.), *The Oxford handbook of memory*. New York : Oxford University Press. Pp. 179-195.

Miyake, A. & Shah, P. 1999 *Models of working memory : Mechanisms of active maintenance and executive control.* New York : Cambridge University Press.
Mohr, G., Engelkamp, J., & Zimmer, H. D. 1989 Recall and recognition of self-performed acts. *Psychological Research,* 51, 181-187.
Montello, D. 1993 Scale and multiple psychologies of space. In A. Frank & I. Campari(Eds.), *Spatial information theory : A Theoretical Basis for GIS.* New York : Springer, Pp. 312-321.
森　直久　1995　共同想起事態における想起の機能と集団の性格　心理学評論, 38, 107-136.
Mori, T., Sugimura, T., & Minami, M. 1996 Effects of prior knowledge and response bias upon recognition memory for a story : Implications for children's eyewitness testimony. *Japanese Psychological Research,* 38, 39-46.
森本修充・前田徳子　1989　「幼い頃の思い出を語ること」の治療的意義──長期入院分裂病者の治療経験から──　精神科治療学, 4, 1541-1552.
森岡正芳　1994　緊張と物語──聴覚的統合による出来事の変形──　心理学評論, 37, 494-521.
森田泰介　1998　展望的記憶課題におけるタイムモニタリングの規定因　心理学研究, 69, 137-142.
森田泰介　2000　展望的記憶課題における外的記憶補助の研究　心理学研究, 71, 308-316.
Morris, P. E. 1984 The validity of subjective reports on memory. In J. E. Harris & P. E. Morris (Eds.), *Everyday memory : Actions and absent-mindedness.* London : Academic Press. Pp. 153-172.
Moscovitch, M. 1982 A neuropsychological approach to perception and memory in normal and pathological aging. In F. I. M. Craik & S. Trehub (Eds.), *Aging and cognitive processes.* New York : Plenum. Pp. 55-78.
Mullen, M. K. 1994 Earliest recollections of childhood : A demographic analysis. *Cognition,* 52, 55-79.
Mullen, M. K. & Yi, S. 1995 The cultural context of talk about the past : Implications for the development of autobiographical memory. *Cognitive Development,* 10, 407-419.
Munsat, S. 1966 *The concept of memory.* New York : Random House.
村井潤一郎　1998　情報操作理論に基づく発言内容の欺瞞性の分析　心理学研究, 69, 401-407.
村瀬俊樹・マユーあき・小椋たみ子・山下由紀恵・Dale, P. S.　1998　絵本場面における母子会話──ラベリングに関する発話連鎖の分析──　発達心理学研究, 9, 142-154.

-N-

内藤健一　2000　スケッチマップの向きの規定因──自己中心的・慣習的参照系の利用に関する検討──　心理学研究, 71, 219-226.
仲　真紀子　1986　拒否表現における文脈的情報の利用とその発達　教育心理学研究, 34, 111-119.
Naka, M. 1989 Memory of a conversation. *Japanese Journal of Discourse Processes,* 1, 79-84.
仲　真紀子　1998　偽りの記憶と諸尺度──被暗示性尺度（GSS, CIS）と解離体験尺度（DES）──　千葉大学教育学部研究紀要（教育科学編）, 46, 1-18.
仲　真紀子　1999　対話における助動詞の獲得：語彙獲得における認知的要因と言語的環境要因　桐谷　滋（編）ことばの獲得　ミネルヴァ書房　Pp. 117-142.
Naka, M. 1999 The acquisition of Japanese numerical classifiers by 2-4 -year-old children : The role of caretakers' linguistic inputs. *Japanese Psychological Research,* 41, 70-78.
仲　真紀子　2000a　調査的面接法による研究の実際(2)　目撃証言　保坂　亨・中澤　潤・大野木裕明（編）心理学マニュアル面接法　北大路書房　Pp. 172-176.
仲　真紀子　2000b　出来事の想起とコミュニケーション　日本児童研究所（編）　児童心理学の進歩　2000年版（Vol. 39）金子書房　Pp. 79-101.
仲　真紀子　2000c　顔の記憶──顔の記憶に及ぼす繰り返し再認の効果──　脳の科学, 22, 165-169.
仲　真紀子　2001a　母親と子、大人他者と子、大人同士、および子ども同士の対話──資料の収集と予備分析──　日本教育心理学会　第43回総会発表論文集, 21.
仲　真紀子　2001b　会話の理解　森　敏昭（編）　認知心理学を語る　3　おもしろ言語のラボラトリー　北大路書房　Pp. 135-154.
仲　真紀子　2001c　子どもの面接──法廷における「法律家言葉」の分析──　法と心理, 1, 80-92.
仲　真紀子　2001d　子どもの面接法　季刊刑事弁護, 26, 186-191.
仲　真紀子　印刷中　子どもの証言　日経サイエンス
仲　真紀子・伊東裕司・厳島行雄　1997　裁判と心理学──シミュレーション実験によるアプローチ──　季刊刑事

弁護, 11, 55-64.
Naka, M., Itsukushima, Y., & Itoh, Y. 1996 Eyewitness testimony after three months : A field study on memory for an incident in everyday life. *Japanese Psychological Research*, 38, 14-24.
Naka, M. & Minami, K. 1991 Memory psychophysics for areas : Distortion in natural memory of a school campus. *Perceptual and Mortor Skills*, 73, 995-1003.
仲　真紀子・無藤　隆　1983　間接的要求の理解における文脈の効果　教育心理学研究, 31, 195-202.
中村　豊・岡本耕平　1993　メンタルマップ入門　古今書院
Neimeyer, G. J. & Metzler, A. E. 1994 Personal identity and autobiographical recall. In U. Neisser & R. Fivush (Eds.), *The remembering self : Construction and accuracy in the self-narrative*. New York : Cambridge University Press. Pp. 105-135.
Neisser, U. 1978 Memory : What are the important questions? In M. M. Gruneberg, P. E. Morris, & R. N. Sykes(Eds.), *Practical aspects of memory*. New York : Academic Press. Pp. 3-24.
Neisser, U. (Ed.) 1982 *Memory observed : Remembering in natural contexts*. SanFrancisco : Freeman. 富田達彦 (訳) 1988/1989　観察された記憶―自然文脈での想起―　誠信書房
Neisser, U. 1988 Time present and time past. In M. M. Gruneberg, P. E. Morris, & R. N. Sykes (Eds.), *Practical aspects of memory : Current research and issues. Vol. 2. Clinical and educational implications*. Chichester : John Wiley & Sons. Pp. 545-560.
Neisser, U. 1991 A case of misplaced nostalgia. *American Psychologist*, 46, 34-36.
Neisser, U. & Winograd, E. (Eds.) 1988 *Remembering reconsidered : Ecological and traditional approaches to the study of memory*. New York : Cambridge University Press.
Nelson, K. 1993a Explaining the emergence of autobiographical memory in early childhood. In A. F. Collins, S. E. Gathercole, M. A. Conway, & P. E. Morris (Eds.), *Theories of memory*. Hove, East Sussex : Lawrence Erlbaum Associates. Pp. 355-385.
Nelson, K. 1993b The psychological and social origins of autobiographical memory. *Psychological Science*, 4, 7-14.
Nelson, K. & Gruendel, J. 1981 Generalized event representations : Basic building blocks of cognitive development. In M. Lamb & A. Brown (Eds.), *Advances in developmental psychology. Vol. 1*. Hillsdale, NJ : Lawrence Erlbaum Associates. Pp. 131-158.
Nelson, T. O. 1996 Consciousness and metacognition. *American Psychologist*, 51, 102-116.
Nelson, T. O. & Dunlosky, J. 1991 When delaying your judgments of learning can improve the accuracy of your metacognitive monitoring : The delayed-JOL effects. *Psychological Science*, 2, 267-270.
Nelson, T. O., Kruglanski, A. W., & Jost, J. T. 1998 Knowing thyself and others : Progress in metacognitive social psychology. In V. Y. Yzerbyt, G. Lories, & B. Dardenne (Eds.), *Metacognition : Cognitive and social dimensions*. London : Sage Publications.
Nelson, T. O. & Leonesio, R. J. 1988 Allocation of self-paced study time and the "labor-in-vain effect." *Journal of Experimental Psychology : Learning, Memory, and Cognition*, 14, 676-686.
Nelson, T. O. & Narens, L. 1980 Norms of 300 general-information questions : Accuracy of recall, latence of recall, and feeling-of-knowing ratings. *Journal of Varbal Learning and Verbal Behavior*, 19, 338-368.
Nelson, T. O. & Narens, L. 1990 Metamemory : A theoretical framework and new findings. In G. H. Bower (Ed.), *The psychology of learning and motivation : Advances in research and theory. Vol. 26*. San Diego : Academic Press. Pp. 125-173.
Neuburg, S. L. 1989 The goal of forming accurate impressions during social interactions : Attenuating the impact of negative expectancies. *Journal of Personality and Social Psychology*, 56, 374-386.
Neuburg, S. L. & Fiske, S. T. 1987 Motivational influences on impression formation : Outcome dependency, accuracy-driven attention, and individuating processes. *Journal of Personality and Social Psychology*, 53, 431-444.
Newell, F. N., Chiroro, P., & Valentine, T. 1999 Recognizing unfamiliar faces : The effects of distinctiveness and view. *The Quarterly Journal of Experimental Psychology*, 52A, 509-534.
Newman, L. S. & Hedberg, D. A. 1999 Repressive coping and the inaccessibility of negative autobiographical memories : Converging evidence. *Personality and Individual Differences*, 27, 45-53.
Nickerson, R. S. 1984 Retrieval inhibition from part-set cuing : A persisting enigma in memory research. *Memory & Cognition*, 12, 531-552.
Nier, J. A., Mottola, G. R., & Gaertner, S. L. 2000 The O. J. Simpson criminal verdict as a racially symbolic

event : A longitudinal analysis of racial attitude change. *Personality and Social Psychology Bulletin*, **26**, 507-516.

仁平義明　1984　書字スリップの実験的誘導―書字運動プログラムの pre-activation の効果―　日本心理学会第48回大会発表論文集, 278.

仁平義明　1990　からだと意図が乖離するとき―スリップの心理学的理論―　佐伯　胖・佐々木正人（編）　アクティブ・マインド　東京大学出版会　Pp.55-86.

仁平義明　1991　急速反復書字によるスリップの発生メカニズム　東北大学教養部紀要, 人文・社会編, 45, No.3, 190-172.

仁平義明　1999　ダイアリー法　海保博之・加藤　隆（編著）　認知研究の技法　福村出版　Pp. 138-142.

日本発達心理学会　2000　心理学・倫理ガイドブック―リサーチと臨床―　有斐閣

Nilsson, L. -G.　2000　Remembering actions and words. In E. Tulving & F. I. M. Craik (Eds.), *The Oxford handbook of memory*. New York : Oxford University Press. Pp. 137-148.

Nilsson, L. -G. & Bäckman, L.　1989　Implicit memory and the enactment of verbal instructions. In S. Lewandowsky, J. C. Dunn, & K. Kirsner (Eds.), *Implicit memory : Theoretical issues*. Hillsdale, NJ : Lawrence Erlbaum Associates. Pp. 173-183.

Nilsson, L. -G. & Bäckman, L.　1991　Encoding dimensions of subject-performed tasks. *Psychological Research*, **53**, 212-218.

Nilsson, L. -G. & Cohen, R. L.　1988　Enrichment and generation in the recall of enacted and non-enacted instructions. In M. M. Gruneberg, P. E. Morris, & R. N. Sykes (Eds.), *Practical aspects of memory : Current research and issues*. Vol. 1. Chichester : John Wiley & Son. Pp. 427-432.

Nilsson, L. -G., Cohen, R. L., & Nyberg, L.　1989　Recall of enacted and nonenacted instructions compared : Forgetting functions. *Psychological Research*, **51**, 188-193.

Nilsson, L. -G. & Craik, F. I. M.　1990　Additive and interactive effects in memory for subject-performed tasks. *European Journal of Cognitive Psychology*, **2**, 305-324.

Nilsson, L. -G., Nyberg, L., Kormi-Nouri, R., & Ronnlund, M.　1995　Dissociative effects of elaboration on memory of enacted and non-enacted events : A case of a negative effect. *Scandinavian Journal of Psychology*, **36**, 225-231.

Ninio, A.　1983　Joint book reading as a multiple vocabulary acquisition device. *Developmental Psychology*, **19**, 445-451.

Nisbett, R. E. & Wilson, T. D.　1977　Telling more than we can know : Verbal reports on mental processes. *Psychological Review*, **84**, 231-259.

野村豊子　1998　回想法とライフレヴュー　中央法規

Norman, D. A.　1981　Categorization of action slips. *Psychological Review*, **88**, 1-15.

Norman, D. A.　1988　*The psychology of everyday things*. New York : Basic Books.　野島久雄（訳）1990　誰のためのデザイン？　新曜社

Norman, D. A. & Shallice, T.　1986　Attention to action : Willed and automatic control of behavior. In R. J. Davidson, G. E. Schwarts, & D. Shapiro (Eds.), *Consciousness and self-regulation : Advances in research and theory*, Vol. 4. New York : Plenum Press. Pp.1-18.

Nyberg, L. & Nilsson, L. -G.　1995　The role of enactment in implicit and explicit memory. *Psychological Research*, **57**, 215-219.

Nyberg, L., Nilsson, L. -G., & Bäckman, L.　1991　A component analysis of action events. *Psychological Research*, **53**, 219-225.

Nyberg, L., Nilsson, L. -G., & Bäckman, L.　1992　Recall of actions, sentences, and nouns : Influences of adult age and passage of time. *Acta Psychologica*, **79**, 245-254.

-O-

Oatley, K.　1992　*Best laid schemes : The psychology of emotions*. New York : Cambridge University Press.

Oatley, K. & Johnson-Laird, P. N.　1987　Towards a cognitive theory of emotions. *Cognition & Emotion*, **1**, 29-50.

越智啓太　1998　目撃者に対するインタビュー手法―認知インタビュー研究の動向―　犯罪心理学研究, **36**, 49-66.

越智啓太　1999　目撃証言における確信度と正確性の相関―最適性仮説の検討―　犯罪心理学研究, **37**, 36-54.

尾原裕美・小谷津孝明　1994　幼児期健忘に関する理論と今後の展望　哲学（三田哲学会）, **97**, 155-172.

太田　誠・越智啓太　1999　抑圧的コーピングスタイルが自伝的記憶想起パタンに及ぼす効果　大阪青山短期大学研究紀要, 25, 47-58.

太田信夫　1988　長期記憶におけるプライミング―驚くべき潜在記憶 (implicit memory)―　心理学評論, 31, 305-322.

太田信夫　1992　手続記憶　箱田裕司（編）　認知科学のフロンティアⅡ　サイエンス社　Pp. 92-119.

太田信夫　1993　動作記憶に関する研究(1)―異なる条件間の比較，及び言語干渉について―　日本心理学会第57回大会発表論文集, 762.

岡本春一　1987　フランシス・ゴールトンの研究　ナカニシヤ出版

大久保　愛　1987　子育ての言語学　三省堂選書

Okuda, J., Fujii, T., Yamadori, A., Kawashima, R., Tsukiura, T., Fukatsu, R., Suzuki, K., Ito, M., & Fukuda, H. 1998 Participation of the prefrontal cortices in prospective remembering : Evidence from a PET study in humans. *Neuroscience Letters*, 253, 127-130.

Olio, K. 1994 Truth in memory. *American Psychologist*, 49, 442-443.

Orleans, P. 1973 Differential cognition of urban residents : effects of social scale on mapping. In R. M. Downs & D. Stea (Eds.), *Image and environment : Cognitive mapping and spatial behavior*. Chicago : Aldine.

Orne, M. T. 1970 Hypnosis, motivation, and the ecological validity of the psychological experiment. In W. J. Arnold & M. M. Page (Eds.), *Nebraska symposium on motivation*. Vol. 18. Lincoln, NE : University of Nebraska Press. Pp. 187-265.

苧阪直行　1994　注意と意識の心理学　安西祐一郎他（編）　岩波講座　認知科学9　注意と意識　岩波書店　Pp. 1-52.

苧阪直行　2000　意識のワーキングメモリ仮説　苧阪直行（編）　認知科学の探究　意識の認知科学―心の神経基盤―　共立出版　Pp. 1-23.

Otani, H., Landau, J. D., Libkuman, T. M., St. Louis, J. P., Kazen, J. K., & Throne, G. W. 1997 Prospective memory and divided attention. *Memory*, 5, 343-360.

-P-

Paddock, J. R., Joseph, A. L., Chan, F. M., Terranova, S., Manning, C., & Loftus, E. F. 1998 When guided visualization procedures may backfire : Imagination inflation and predicting individual differences in suggestibility. *Applied Cognitive Psychology*, 12, S63-S75.

Park, D. C., Hertzog, C., Kidder, D. P., Morrell, R. W., & Mayhorn, C. B. 1997 Effect of age on event-based and time-based prospective memory. *Psychology and aging*, 12, 314-327.

Park, D. C. & Kidder, D. P. 1996 Prospective memory and medication adherence. In M. A. Brandimonte, G. O. Einstein, & M. A. McDaniel (Eds.), *Prospective Memory : Theory and applications*. Mahwah, NJ : Lawrence Erlbaum Associates. Pp. 369-390.

Park, D. C. & Mayhorn, C. B. 1996 Remembering to take medications : The importance of nonmemory variables. In D. Herrmann, C. McEvoy, C. Hertzog, P. Hertel, & M. K. Johnson (Eds.), *Basic and applied memory research*. Vol. 2. Practical applications. Mahwah, NJ : Lawrence Erlbaum Associates. Pp. 95-110.

Patterson, K. & Baddeley, A. D. 1977 When face recognition fails. *Journal of Experimental Psychology : Human Learning and Memory*, 3, 406-417.

Payne, D. G., Conrad, F. G., & Hager, D. R. 1997 Basic and applied memory research : Empirical, theoretical, and metatheoretical issues. In D. G. Payne & F. G. Conrad (Eds.), *Intersections in basic and applied memory research*. Mahwah, NJ : Lawrence Erlbaum Associates. Pp. 45-68.

Pendergrast, M. 1996 *Victims of memory : Sex abuse accusations and shattered lives*. (2nd ed.), Hinesburg, VT : Upper Access.

Pepitone, A. 1950 Motivational effects in social perception. *Human Relations*, 3, 57-78.

Pepper, S. C. 1942 *World hypothesis : A study in evidence*. Berkeley, CA : University of California Press.

Perfect, T. J., Watson, E. L., & Wagstaff, G. F. 1993 Accuracy of confidence ratings associated with general knowledge and eyewitness memory. *Jounal of Applied Psychology*, 78, 144-147.

Petrinovich, L. 1989 Representative design and the quality of generalization. In L. W. Poon, D. C. Rubin, & B. A. Wilson (Eds.), *Everyday cognition in adulthood and late life*. New York : Cambridge University Press. Pp. 11-24.

Pezdek, K. 1994 The illusion of illusory memory. *Applied Cognitive Psychology*, 8, 339-350.

Pezdek, K., Finger, K., & Hodge, D. 1997 Planting false childhood memories : The role of event plausibility.

Psychological Science, **8**, 437-441.
Pezdek, K. & Hodge, D. 1999 Planting false childhood memories in children : The role of event plausibility. *Child Development*, **70**, 887-895.
Pezdek, K., Whetstone, T., Reynolds, K., Askari, N., & Dougherty, T. 1989 Memory for real-world scenes : The role of consistency with schema expectation. *Journal of Experimental Psychology : Learning, Memory, & Cognition*, **15**, 587-595.
Piaget, J. & Inhelder , B. 1948 La representation de l'espace chez l'enfant. Paris : Presses Universitairs de France. In F. J. Langdon & J. L. Lunzer (Trans.), 1956 *The child's conception of space*. London : Routledge and Kegan Paul.
Pillemer, D. B. 1992 Remembering personal circumstances : A functional analysis. In E. Winograd & U. Neisser (Eds.), *Affect and accuracy in recall*. New York : Cambridge University Press. Pp. 236-264.
Pillemer, D. B. 1998a *Momentous events, vivid memories*. Cambridge, MA : Harvard University Press.
Pillemer, D. B. 1998b What is remembered about early childhood events? *Clinical Psychological Review*, **18**, 895-913.
Pillemer, D. B, Goldsmith, L. R., Panter, A. T., & White, S. H. 1988 Very long-term memories of the first year in college. *Journal of Experimental Psychology : Learning, Memory, and Cognition*, **14**, 709-715.
Pillemer, D. B., Koff, E., Rhinehart, E. D., & Rierdan, J. 1987 Flashbulb memories of menarche and adult menstrual distress. *Journal of Adolescence*, **10**, 187-199.
Pillemer, D. B., Krensky, L., Kleinman, S. N., Goldsmith, L. R., & White, S. H. 1991 Chapters in narratives : Evidence from oral histories of the first year in college. *Journal of Narrative and Life History*, **1**, 3-14.
Pillemer, D. B., Picariello, M. L., Law, A. B., & Reichman, J. S. 1996 Memories of college : the importance of specific educational episodes. In D. C. Rubin (Ed.), *Remembering our past : Studies in autobiographical memory*. New York : Cambridge University Press. Pp. 318-337.
Pillemer, D. B., Picariello, M. L., & Pruett, J. C. 1994 Very long-term memory of a salient preschool event. *Applied Cognitive Psychology*, **8**, 95-106.
Pillemer, D. B., Rhinehart, E. D., & White, S. H. 1986 Memories of life transitions : The first year in college. *Human Learning*, **5**, 109-123.
Platt, R. D., Lacey, S. C., Iobst, A. D., & Finkelman, D. 1998 Absorption, dissociation, and fantasy-proneness as predictors of memory distortion in autobiographical and laboratory-generated memories. *Applied Cognitive Psychology*, **12**, S77-S89.
Poole, D. A. & Lamb, M. E. 1998 *Investigative interviews of children : Aguide for helping professionals*. Washington, D. C. : American Psychological Association.
Poole, D. A., Lindsay, D. S., Memon, A., & Bull, R. 1995 Psychotherapy and the recovery of memories of childhood sexual abuse : U. S. and British practitioners' opinions, practices, and experiences. *Journal of Consulting and Clinical Psychology*, **63**, 426-437.
Poon, L. W., Rubin, D. C., & Wilson, B. A. (Eds.) 1989 *Everyday cognition in adulthood and late life*. New York : Cambridge University Press.
Poon, L. W., Welke, D. J., & Dudley, W. N. 1993 What is everyday cognition? In J. M. Puckett & H. W. Reese (Eds.), *Mechanisms of everyday cognition*. Hillsdale, NJ : Lawrence Erlbaum Associates. Pp. 19-32.
Pope, K. S. 1996 Memory, abuse, and science : Questioning claims about the false memory syndrome epidemic. *American Psychologist*, **51**, 957-974.
Pope, K. S. & Brown, L. S. 1996 *Recovered memories of abuse : Assessment, therapy, forensics*. Washington, DC : American Psychological Association.
Porter, S., Birt, A. R., Yuille, J. C., & Lehman, D. R. 2000 Negotiating false memories : Interviewer and rememberer characteristics relate to memory distortion. *Psychological Science*, **11**, 507-510.
Porter, S., Yuille, J. C., & Lehman, D. R. 1999 The nature of real, implanted, and fabricated memories for emotional childhood events : Implications for the recovered memory debate. *Law and Human Behavior*, **23**, 517-537.
Pressley, M. 1996 Personal reflections on the study of practical memory in the mid-1990s : The complete cognitive researcher. In D. J. Herrmann, C. McEvoy, C. Hertzog, P. Hertel, & M. K. Johnson (Eds.), *Basic and applied memory research*. Vol. 2. *Practical applications*. Mahwah, NJ : Lawrence Erlbaum Associates. Pp. 19-33.
Pressley, M., Levin, J. R., & Ghatala, E. S. 1984 Memory-strategy monitoring in adults and children. *Journal of*

Verbal Learning and Verbal Behavior, 23, 270-288.
Presson, C. C., DeLange, N., & Hazelrigg, M. D. 1989 Orientation specificity in spatial memory : What makes a path differrent from a map of the path? *Journal of Experimental Psychology : Learning, Memory, and Cognition*, 15, 887-897.
Presson, C. C. & Hazelrigg, M. D. 1984 Building spatial representations through primary and secondary learning. *Journal of Experimental Psychology : Learning, Memory, and Cognition*, 10, 716-722.

-R-

Rabbitt, P., Maylor, E., McInnes, L., Bent, N., & Moore, B. 1995 What goods can self-assessment qustionnaires deliver for cognitive gerontology? *Applied Cognitive Psychology*, 9, S127-S152.
Ramachandran, V. S. & Blakeslee, S. 1998 *Phantoms in the brain. Probing the mysteries of the human mind*. NY : William Morrow & Company. 山下篤子（訳）1999 脳の中の幽霊　角川書店
Read, J. D. & Bruce, D. 1982 Longitudinal tracking of difficult memory retrievals. *Cognitive Psychology*, 14, 280-300.
Reason, J. 1979 Action not as planned : The price of automatization. In G. Underwood & R. Stevens (Eds.), *Aspects of consciousness*, Vol.1. London : Academic Press. Pp.67-89.
Reason, J. 1984 Absentmindedness and cognitive control. In J. E. Harris & E. Morris (Eds.), *Everyday memory, actions and absentmindedness*. London : Academic Press. Pp.113-132.
Reason, J. 1990 *Human error*. Cambridge : Cambridge University Press.
Reder, L. M. & Ritter, F. E. 1992 What determines initial feeling of knowing? Familiarity with question terms, not with the answer. *Journal of Experimental Psychology : Learning, Memory, and Cognition*, 18, 435-451.
Reese, E. & Fivush, R. 1993 Parental styles of talking about the past. *Developmental Psychology*, 29, 596-606.
Reese, E., Haden, C. A., & Fivush, R. 1993 Mother-child conversations about the past : Relationships of style and memory over time. *Cognitive Development*, 8, 403-430.
Reiser, B. J, Black, J. B., & Abelson, R. P. 1985 Knowledge structure in the organization and retrieval of autobiographical memories. *Cognitive Psychology*, 17, 89-137.
Rendell, P. G. & Thomson, D. M. 1999 Aging and prospective memory : Differences between naturalistic and laboratory tasks. *Journal of Gerontology : Psychological Sciences*, 54B, 256-269.
Reviere, S. L. 1996 *Memory of childhood trauma : A clinician's guide to the literature*. New York : The Guilford Press.
Rhodes, G., Brennan, S., & Carey, S. 1987 Identification and ratings of caricatures : Implications for mental representations of faces. *Cognitive Psychology*, 19, 473-497.
Robinson, J. A. 1986 Autobiographical memory : A historical prologue. In D. C. Rubin (Ed.), *Autobiographical memory*. New York : Cambridge University Press. Pp. 19-24.
Robinson, J. A. 1992a Autobiographical memory. In M. Gruneberg & P. Morris (Eds.), *Aspects of memory*. (2nd ed.). Vol. 1. *The practical aspects*. London : Routledge. Pp. 223-251.
Robinson, J. A. 1992b First experience memories : Contexts and functions in personal histories. In M. A. Conway, D. C. Rubin, H. Spinnler, & W. A. Wagenaar (Eds.), *Theoretical perspectives on autobiographical memory*. Dordrecht : Kluwer Academic Publishers. Pp. 223-239.
Robinson, J. A. & Swanson, K. L. 1990 Autobiographical memory : The next phase. *Applied Cognitive Psychology*, 4, 321-335.
Roediger, H. L. III 1991 They read an article? A commentary on the everyday memory controversy. *American Psychologist*, 46, 37-40.
Roediger, H. L. III & McDermott, K. B. 1995 Creating false memories : Remembering words not presented in lists. *Journal of Experimental Psychology : Learning, Memory, and Cognition*, 21, 803-814.
Roediger, H. L. III., McDermott, K. B., & Robinson, K. J. 1998 The role of associative processes in creating false memories. In M. A. Conway, S. E. Gathercole, & C. Cornoldi (Eds.), *Theories of memory*. Vol. 2. Hove, East Susses : Psychology Press. Pp. 187-245.
Roediger, H. L. III., Wheeler, M. A., & Rajaram, S. 1993 Remembering, knowing, and reconstructing the past. In D. L. Medin (Ed.), *The psychology of learning and motivation*. Vol. 30. New York : Academic Press. Pp. 97-134.
Ross, M. 1989 Relation of implicit theories to the construction of personal histories. *Psychological Review*, 96,

341-357.

Ross, M. 1997 Validating memories. In N. L. Stein, P. A. Ornstein, B. Tversky, & C. Brainerd (Eds.), *Memory for everyday and emotional events*. Mahwah, NJ : Lawrence Erlbaum Associates. Pp. 49-81.

Ross, M. & Buehler, R. 1994a Creative remembering. In U. Neisser & R. Fivush (Eds.), *The remembering self : Construction and accuracy in the self-narrative*. New York : Cambridge University Press. Pp. 205-235.

Ross, M & Buehler, R. 1994b On authenticating and using personal recollections. In N. Schwarz & S. Sudman (Eds.), *Autobiographical memory and the validity of retrospective reports*. New York : Springer Publishing Company. Pp. 55-69.

Ross, M., Buehler, R., & Karr, J. W. 1998 Assessing the accuracy of conflicting autobiographical memories. *Memory & Cognition*, **26**, 1233-1244.

Ross, M. & Conway, M. 1986 Remembering one's own past : The construction of personal histories. In R. M. Sorrentino & E. T. Higgins (Eds.), *Handbook of motivation and cognition*. New York : Guilford Press. Pp. 122-144.

Ross, M. & Holmberg, D. 1990 Recounting the past : Gender differences in the recall of events in the history of a close relationship. In J. M. Olson & M. P. Zanna (Eds.), *The Ontario symposium*. Vol. 6. *Self-inference processes : The Ontario symposium*, Vol. 6. Hillsdale, NJ : Lawrence Erlbaum Associates. Pp. 135-152.

Ross, M. & Holmberg, D. 1992 Are wives' memories for events in relationships more vivid than their husbands' memoris? *Journal of Social and Personal Relationship*, **9**, 585-604.

Ross, M., McFarland, C., Conway, M., & Zanna, M. P. 1983 Reciprocal relation between attitudes and behavior recall : Committing people to newly formed attitudes. *Journal of Personality and Social Psychology*, **45**, 257-267.

Ross, M., McFarland, C., & Fletcher, G. J. O. 1981 The effect of attitude on the recall of personal histories. *Journal of Personality and Social Psychology*, **40**, 627-634.

Rubin, D. C. 1989 Issues of regularity and control : Confessions of a regularity freak. In L. W. Poon, D. C. Rubin, & B. A. Wilson (Eds.), *Everyday cognition in adulthood and late life*. New York : Cambridge University Press. Pp. 84-103.

Rubin, D. C. (Ed.) 1996 Remembering our past : Studies in autobiographical memory. New York : Cambridge University Press.

Rubin, D. C. 2000 Autobiographical memory and aging. In D. C. Park & N. Schwarz (Eds.), *Cognitive aging : A primer*. Hove, East Sussex : Psychology Press. Pp. 131-149.

Rubin, D. C., Rahhal, T. A., & Poon, L. W. 1998 Things learned in early adulthood are remembered best. *Memory & Cognition*, **26**, 3-19.

Rubin, D. C. & Schulkind, M. D. 1997a The distribution of autobiographical memories across the lifespan. *Memory & Cognition*, **25**, 859-866.

Rubin, D. C. & Schulkind, M. D. 1997b Distribution of important and word-cued autobiographical memories in 20-, 35-, and 70-year-old adults. *Psychology and Aging*, **12**, 524-535.

Rubin, D. C., Wetzler, S. E., & Nebes, R. D. 1986 Autobiographical memory across the lifespan. In D. C. Rubin (Ed.), *Autobiographical memory*. New York : Cambridge University Press. Pp. 202-221.

Rudman, L. A. & Borgida, E. 1995 The afterglow of construct accessibility : The behavioral consequences of priming men to view women as sexual objects. *Journal of Experimental Social Psychology*, **31**, 493-517.

Ruscher, J. B. 1998 Prejudice and stereotyping in everyday communication. In M. P. Zanna (Ed.), *Advances in experimental social psychology*. Vol. 30. San Diego : Academic Press. Pp. 241-307.

Ruscher, J. B. & Duval, L. L. 1998 Multiple communicators with unique target information transmit less stereotypical impressions. *Journal of Personality and Social Psychology*, **74**, 329-344.

Ruscher, J. B. & Hammer, E. D. 1994 Revisiting disrupted impressions through conversation. *Journal of Personality and Social Psychology*, **66**, 530-541.

Ruscher, J. B., Hammer, E. Y., & Hammer, E. D. 1996 Forming shared impressions through conversation : An adaptation of the continuum model. *Personality and Social Psychology Bulletin*, **22**, 705-720.

Russell, J. A. 1994 Is there universal recognition of emotion from facial expression? : A review of the cross-cultural studies. *Psychological Bulletin*, **115**, 102-141.

Russo, R., Ward, G., Geurts, H., & Scheres, A. 1999 When unfamiliarity matters : Changing environmental context between study and test affects recognition memory for unfamiliar stimuli. *Journal of Experimental Psychology : Learning , Memory and Cognition.*, **25**, 488-499.

Ruth, J-E. & Kenyon, G. M. 1996 Biography in adult development and aging. In J. E. Birren, G. M. Kenyon, J-E. Ruth, J. J. F. Schroots, & T. Svensson (Eds.), *Aging and biography : Explorations in adult development*. New York : Springer Publishing Company. Pp. 1-20.

-S-

Sadalla, E. K., Burroughs, W. J., & Staplin, L. J. 1980 Reference points in spatial cognition. *Journal of Experimental Psychology : Human Learning and Memory*, **6**, 516-528.

Sadalla, E. K., Staplin, L. J., & Burroughs, W. J. 1979 Retrieval processes in distance cognition. *Memory & Cognition*, **7**, 291-296.

相良陽一郎　2000　日常記憶　太田信夫・多鹿秀継（編著）　記憶研究の最前線　北大路書房　Pp. 151-169.

斎藤　学　1999　封印された叫び─心的外傷と記憶─　講談社

Saltz, E. 1988 The role of motoric enactment (M-processing) in memory for words and sentences. In M. M. Gruneberg, P. E. Morris, & R. N. Sykes (Eds.), *Practical aspects of memory : Current research and issues*. Vol. 1. Chichester : John Wiley & Son. Pp. 409-414.

Saltz, E. & Dixon, D. 1982 Let's pretend : The role of motoric imagery in memory for sentences and words. *Journal of Experimental Child Psychology*, **34**, 77-92.

Saltz, E. & Donnenwerth-Nolan, S. 1981 Does motoric imagery facilitate memory for sentences ? A selective interference test. *Journal of Verbal Learning and Verbal Behavior*, **20**, 322-332.

Sandler, J. & Fonagy, P. (Eds.) 1997 *Recovered memories of abuse : True or false?* Madison, CT : International University Press.

Sanitioso, R., Kunda, Z., & Fong, G. T. 1990 Motivated recruitment of autobiographical memories. *Journal of Personality and Social Psychology*, **59**, 229-241.

三宮真智子　1996　思考におけるメタ認知と注意　市川伸一（編）　認知心理学4　思考　東京大学出版会　Pp. 157-180.

佐々木美加　1997　学歴が人物評価に与える影響　産業・組織心理学研究, **10**, 145-154.

佐藤浩一　1998　「自伝的記憶」研究に求められる視点　群馬大学教育学部紀要　人文・社会科学編, **47**, 599-618.

佐藤浩一　2000　思い出の中の教師─自伝的記憶の機能分析─　群馬大学教育学部紀要　人文・社会科学編, **49**, 357-378.

Sauer, J. 2000 Prospective memory : A secondary task with promise. *Applied Ergonomics*, **31**, 131-137.

Sauer, J., Wastell, D. G., & Hockey, G. R. J. 1999 Multiple-task performance on a computer-simulated life support system during a space mission simulation. *Acta Astronautica*, **44**, 43-52.

Schacter, D. L. 1995 Memory distortion : History and current status. In D. L. Schacter (Ed.), *Memory distortion : How minds, brains, and societies reconstruct the past*. Cambridge, MA : Harvard University Press. Pp. 1-43.

Schaefer, E. G., Kozak, M. V., & Sagness, K. 1998 The role of enactment in prospective remembering. *Memory & Cognition*, **26**, 644-650.

Schmidt, R. A. 1975 A schema theory of discrete motor skill learning. *Psychological Review*, **82**, 225-260.

Schooler, J. W. & Engstler-Schooler, T. Y. 1990 Verbal overshadowing of visual memories : Some things are better left unsaid. *Cognitive Psychology*, **22**, 36-71.

Schrauf, R. W. & Rubin, D. C. 1998 Bilingual autobiographical memory in older adult immigrants : A test of cognitive explanations of the reminiscence bump and the linguistic encoding of memories. *Journal of Memory and Language*, **39**, 437-457.

Schuman, H., Akiyama, H., & Knauper, B. 1998 Collective memories of German and Japanese about the past half-century. *Memory*, **6**, 427-454.

Schuman, H., Belli, R. F., & Bischoping, K. 1997 The generation basis of historical knowledge. In J. W. Pennebaker, D. Paez, & B. Rime (Eds.), *Collective memory of political events*. Mahwah, NJ:Lawrence Erlbaum Associates. Pp. 47-77.

Schuman, H. & Rieger, C. 1992 Collective memory and collective memories. In M. A. Conway, D. C. Rubin, H. Spinnler, & W. A. Wagenaar (Eds.), *Theoretical perspectives on autobiographical memory*. Dordrecht : Kluwer Academic Publishers. Pp. 323-336.

Schuman, H., Rieger, C., & Gaidys, V. 1994 Collective memories in the United States and Lithuania. In N. Schwarz & S. Sudman (Eds.), *Autobiographical memory and the validity of retrospective reports*. New York : Springer-Verlag. Pp. 313-333.

Schuman, H. & Scott, J. 1989 Generation and collective memories. *American Sociological Review*, **54**, 359-381.
Schwartz, N. 1990 Feelings as information : Informational and motivational functions of affective states. In E. T. Higgins & R. M. Sorrentino (Eds.), *Handbook of motivation and cognition : Foundations of social behavior*. Vol. 2. New York : Guilford Press. Pp. 527-561.
Schwarz, N. 1999 Self-reports : How the questions shape the answers. *American Psychologist*, **54**, 93-105.
Schwarz, N., Hippler, H- J, Deutsch, B., & Strack, F. 1985 Response scales : Effects of category range on reported behavior and comparative judgments. *Public Opinion Quarterly*, **49**, 388-395.
Schwarz, N., & Sudman, S. 1994 *Autobiographical memory and the validity of retrospective reports*. New York : Springer-Verlag.
Searle, J. R. 1975 Indirect speech acts. In P. Cole & J. L. Morgan (Eds.), *Syntax and semantics*. Vol. 3. *Speech acts*. New York : Academic Press. Pp. 59-82.
Searle, J. R. 1980 The intentionality of intention and action. *Cognitive Science*, **4**, 47-70.
Sedikides, C. 1992a Changes in the valence of the self as a function of mood. In M. S. Clark (Ed.), *Emotion and social behavior*. Thousand Oaks, CA : Sage. Pp. 271-311.
Sedikides, C. 1992b Mood as a determinant of attentional focus. *Cognition and Emotion*, **6**, 129-148.
Sehulster, J. R. 1981 Structure and pragmatics of a self-theory of memory. *Memory & Cognition*, **8**, 263-276.
Seidlitz, L. & Diener, E. 1998 Sex differences in the recall of affective experiences. *Journal of Personality and Social Psychology*, **74**, 262-271.
Semin, G. R. & Fiedler, K. 1988 The cognitive function of linguistic categories in describing persons : Social cognition and language. *Journal of Personality and Social Psychology*, **54**, 558-568.
Shallice, T. & Burgess, P. 1993 Supervisory control of action and thought selection. In A. Baddeley & L. Weiskrantz (Eds.), *Attention : Selection, awareness, and control*. New York : Oxford University Press. Pp.171-187.
Shaughnessy, J. J. 1981 Memory monitoring accuracy and modification of rehearsal strategies. *Journal of Verbal Learning and Verbal Behavior*, **20**, 216-230.
Shaughnessy, J. J. & Zechmeister, E. G. 1992 Memory-monitoring accuracy as influenced by the distribution of retrieval practice. *Bulletin of Psychonomic Society*, **30**, 125-128.
Sheler, J. L. 1993 *Trials that test faith*. U. S. News & World Report, November, 29, p. 64.
Shepherd, J. W., Gibling, F., & Ellis, H. D. 1991 The effects of distinctiveness, presentation time and delay on face recognition. *The European Journal of Cognitive Psychology*, **3**, 137-145.
Sherif, M. 1956 Experiments in group conflict. *Scientific American*, **193** (11), 54-58.
Sherman, R. C. & Lim, K. M. 1991 Determinants of spatial priming in environmental memory. *Memory & Cognition*, **19**, 283-292.
Shiffrin, R.M. & Schneider, W. 1977 Controlled and automatic human information processing : Ⅱ. Perceptual learning, automatic attending, and a general theory. *Psychological Review*, **84**, 127-190.
Shimamura, A. P. 1996 The role of the prefrontal cortex in controlling and monitoring memory processes. In L. M. Reder (Ed.), *Implicit memory and metacognititon*. Mehwah, NJ : Lawrence Erlbaum Associates.
Shimizu, H. 1996 Rehearsal strategies, test expectancy, and memory monitoring in free recall. *Memory*, **4**, 265-287.
Shimizu, H. & Kawaguchi, J. 1993 The accuracy of feeling-of-knowing judgments for general-information questions using the recall retest method. *Japanese Psychological Research*, **35**, 215-220.
Sholl, M. J. 1988 The relation between sense of direction and mental geographics updating. *Intelligence*, **12**, 299-314.
新垣紀子 1998 なぜ人は道に迷うのか?――一度訪れた目的地に再度訪れる場面での認知プロセスの特徴― 認知科学, **5** (4), 108-121.
新垣紀子・野島久雄 1998 人はいつ道を尋ねるのか―ナビゲーションにおける外的資源としての他者― 認知科学, **5** (3), 49-58.
Shrauger, J. S. & Patterson, M. B. 1974 Self-evaluation and the selection of dimensions for evaluating others. *Journal of Personality*, **42**, 569-585.
Shum, M. S. 1998 The role of temporal landmarks in autobiographical memory processes. *Psychological Bulletin*, **124**, 423-442.
Sidley, G. L., Whitaker, K., Calam, R. M., & Wells, A. 1997 The relationship between problem-solving and auto-

biographical memory in parasuicide patients. *Behavioural and Cognitive Psychotherapy*, **25**, 195-202.
Siegel, A. W. 1981 The extenalization of cognitive maps by children and adults : In search of ways to ask better questions. In L. S. Liben, A. H. Patterson, & N. Newcombe (Eds.), *Spatial representation and behavior across the life span : Theory and application*. New York : Academic Press, Pp. 167-194.
Sinclair, L. & Kunda, Z. 1999 Reactions to a Black professional : Motivational inhibition and activation of conflicting stereotypes. *Journal of Personality and Social Psychology*, **77**, 885-904.
Sinclair, L. & Kunda, Z. 2000 Motivated stereotyping of women : She's fine if she praised me but incompetent if she criticized me. *Personality and Social Psychology Bulletin*, **26**, 1329-1342.
Singer, J. A. & Salovey, P. 1988 Mood and memory : Evaluating the network theory of affect. *Clinical Psychology Review*, **8**, 211-251.
Singer, J. A. & Salovey, P. 1993 *The remembered self : Emotion and memory in personality*. New York : The Free Press.
Sinnott, J. D. 1989 Prospective/Intentional memory and aging : Memory as adaptive action. In L. W. Poon, D. C. Rubin, & B. A. Wilson (Eds.), *Everyday Cognition in Adulthood and Late life*. New York : Cambridge University Press. Pp. 352-369.
Slamecka, N. J. 1968 An examination of trace storage in free recall. *Journal of Experimental Psychology*, **76**, 504-513.
Smolak, L. & Weinraub, M. 1983 Maternal speech : Strategy or response? *Journal of Child Language*, **10**, 57-64.
Smullyan, R. M. 1992 *Gödel's incompleteness theorems*. New York : Oxford University Press. 高橋昌一郎（訳） 1996 ゲーデルの不完全性定理　丸善
Snow, C. E. 1979 The role of social interaction in language acquisition. In W. A. Collins (Ed.), *Children's language and communication*. Hillsdale, NJ : Lawrence Erlbaum Associates. Pp. 157-182.
Somerville, S. C., Wellman, H. M., & Cultice, J. C. 1984 Young children's deliberate reminding. *Journal of Genetic Psychology*, **143**, 87-96.
Son, L. K. & Metcalfe, J. 2000 Metacognitive and control strategies in study-time allocation. *Journal of Experimental Psychology : Learning, Memory, and Cognition*, **26**, 204-221.
Squire, L. R. 1987 *Memory and Brain*. New York : Oxford University Press.
Stasser, G. & Titus, W. 1985 Pooling of unshared information in group decision making : Biased information sampling during discussion. *Journal of Personality and Social Psychology*, **48**, 1467-1478.
Stephenson, G. M., Abrams, D., Wagner, W., & Wade, G. 1986 Partners in recall : Collaborative order in the recall of a police interrogation. *British Journal of Social Psychology*, **25**, 341-343.
Stephenson, G. M., Brandstätter, H., & Wagner, W. 1983 An experimental study of social performance and delay on the testimonial validity of story recall. *European Journal of Social Psychology*, **13**, 175-191.
Stephenson, G. M. & Wagner, W. 1989 Origins of the misplaced confidence effect in collaborative recall. *Applied Cognitive Psychology*, **3**, 227-236.
Stevens, A. & Coupe, P. 1978 Distortions in judged spatial relations. *Cognitive Psychology*, **10**, 422-437.
Stevens, L. E. & Fiske, S. T. 2000 Motivated impressions of a powerholder : Accuarcy under task dependency and misperception under evaluative dependency. *Personality and Social Psychology Bulletin*, **26**, 907-922.
Stewart, J. 1980 Defendant's attractiveness as a factor in the outcome of criminal trial : An observational study. *Journal of Applied Social Psychology*, **10**, 348-361.
Stone, A. A., Tukkan, J. S., Bachrach, C. A., Jobe, J. B., Kurtzman, H. S., & Cain, V. S. (Eds.) 2000 *The science of self report : Implications for research and practice*. Mahwah, NJ : Lawrence Erlbaum Associates.
Sulin, R. A. & Dooling, D. J. 1974 Intrusion of a thematic idea in retention of prose. *Jouranl of Experimental Psychology*, **103**, 255-262.
Sunderland, A., Harris, J. E., & Baddeley, A. D. 1983 Do laboratorytests predict everyday memory. *Journal of Verbal Learning and Verbal Behavior*, **22**, 341-357.
Svensson, T. & Nilsson, L. -G. 1989 The relationship between recognition and cued recall in memory of enacted and nonenacted information. *Psychological Research*, **51**, 194-200.

-T-

立花　隆・利根川　進　1990　精神と物質　文藝春秋
Taft, R.　1955　The ability to judge people. *Psychological Bulletin*, **52**, 1-21.
Tajfel, H.　1978　Social categorization, social identity and social comparison. In H. Tajfel (Ed.), *Differentiation between social groups : Studies in the social psychology of intergroup relations*. London : Academic Press. Pp. 61-76.
Tajfel, H. & Turner, J. C.　1986　The social identity theory and intergroup behavior. In S. Worchel & W. G. Austin (Eds.), *Psychology of intergroup relations*. Chicago : Nelson-Hall. Pp. 7-24.
多鹿秀継・濱島秀樹　1999　実験室で作り出された虚偽の記憶研究Ⅰ　愛知教育大学研究報告（教育科学），**48**, 73-79.
高橋雅延　1990　日常場面における展望的記憶の基礎的研究—自由記述法による行為のし忘れの分析—　時－空間の体験とその認識に関する心理学的研究　平成元年度特定研究研究成果報告書　Pp. 81-100.
高橋雅延　1996　記憶現象に関する素人理論—質問紙法による基礎的データの収集—　聖心女子大学論叢，**87**, 93-121.
高橋雅延　1997a　偽りの性的虐待の記憶をめぐって　聖心女子大学論叢，**89**, 89-114.
高橋雅延　1997b　記憶における符号化方略の研究　北大路書房
高橋雅延　1999a　「回復された記憶・偽りの記憶」をめぐる論争の再検討　聖心女子大学論叢，**92**, 81-112.
高橋雅延　1999b　記憶の社会的側面—協同想起をめぐって—　梅本堯夫（監修）川口　潤（編）現代の認知研究—21世紀へ向けて—　培風館　Pp. 17-28.
高橋雅延　2000　記憶と自己　太田信夫・多鹿秀継（編）記憶研究の最前線　北大路書房　Pp. 229-246.
Takahashi, M.　2001　*False memories in collaborative remembering*. Paper presented at the 3rd. International Conference on Memory : Valencia, Spain.
高橋雅延　2002a　DRMパラダイムを使ったフォールスメモリ研究の現状と展望Ⅰ—符号化変数を操作した研究—　聖心女子大学論叢，**98**, 134-172.
高橋雅延　2002b　フォールスメモリ研究の最前線　基礎心理学研究，**20**
Takahashi, M. & Saito, S.　(in preparation) Collaborative inhibition and collaborative facilitation : Differential effects of test delay.
高橋昌一郎　1999　ゲーデルの哲学—不完全性定理と神の存在論—　講談社
高野陽太郎　1997　鏡の中のミステリー　岩波書店
Takano, Y.　1998　Why does a mirror image look left-right reversed? : A hypothesis of multiple processes. *Psychonomic Bulletin & Review*, **5**, 37-55.
高取憲一郎　1980　記憶過程におけるコミュニケーションの役割—個人再生と共同再生の比較研究—　教育心理学研究，**28**, 108-113.
竹内謙彰　1992　方向感覚と方位評定，人格特性及び知的能力との関連　教育心理学研究，**40**, 47-53.
谷上亜紀・阿部純一　1997　漢字想起の自己評価—失語症患者と健常者の比較—　心理学研究，**68**, 17-24.
谷口高士　1995　音楽の感情価と聴取者の感情反応に関する認知心理学的研究　未公刊博士論文，谷口（1998）に収録
谷口高士　1997　記憶・学習と感情　海保博之（編）「温かい認知」の心理学　金子書房　Pp. 53-75.
谷口高士　1998　音楽と感情　北大路書房
谷口高士　2000　記憶と感情　太田信夫・多鹿秀継（編著）記憶研究の最前線　北大路書房　Pp. 211-228.
谷口高士　2001　記憶と感情　森　敏昭（編著）認知心理学を語る2　おもしろ記憶のラボラトリー　北大路書房　Pp. 57-76.
Taub, S. (Ed.)　1999　*Recovered memories of child sexual abuse : Psychological, social, and legal perspectives on a contemporary mental health controvrersy*. Springfield, IL : Charles C. Thomas.
Taylor, D. M. & Jaggi, V.　1974　Ethnocentrism and causal attribution in a South Indian context. *Journal of Cross-Cultural Psycology*, **5**, 162-171.
Taylor, H. A. & Tversky, B.　1992　Descriptions and depictions of environments. *Memory & Cognition*, **20**, 483-496.
Taylor, H. A. & Tversky, B.　1997　Indexing events in memory : Evidence for index dominance. *Memory*, **5**, 509-542.
Terr, L. C.　1994　*Unchained memories : True stories of traumatic memories, lost and found*. New York : Basic Books. 吉田利子（訳）1995　記憶を消す子供たち　草思社

Tesser, A. 1986 Some effects of self-evaluation maintenance on cognition and action. In R. M. Sorrentino & E. T. Higgins (Eds.), *The handbook of motivation and cognition : Foundations of social behavior*. New York : Guilford Press. Pp. 435-464.

Tesser, A. 1988 Toward a self-evaluation maintenance model of social behavior. In L. Berkovitz (Ed.), *Advances in experimental social psychology*. Vol. 21. New York : Academic Press. Pp. 181-227.

Tesser, A. & Cambell, J. 1982 Self-evaluation maintenance and the perception of friends and strangers. *Journal of Personality*, **59**, 261-279.

Thompson, C. P., Skowronski, J. J., Larsen, S. F., & Betz, A. L. 1996 *Autobiographical memory : Remembering what and remembering when*. Mahwah, NJ : Lawrence Erlbaum Associates.

Thorndyke, P. W. 1981 Distance estimation from cognitive maps. *Cognitive Psychology*, **13**, 526-550.

Thorndyke, P. W. & Hayes-Roth, B. 1982 Differences in spatial knowledge acquired from maps and navigation. *Cognitive Psychology*, **14**, 560-589.

Tolman, E. C. 1948 Cognitive maps in rats and men. *Psychological Review*, **55**, 189-209.

Tolman, E. C., Ritchie, B. F., & Kalish, D. 1946 Studies in spatial learning. I. Orientation and the short-cut. *Journal of Experimental Psychology*, **36**, 13-24.

外山紀子 1989 絵本場面における母親の発話 教育心理学研究, **37**, 151-157.

Tranel, D. & Damasio, A. R. 1985 Knowledge without awareness : an autonomic index of facial recognition by prosopagnosics. *Science*, **228**, 1453-1454.

Tranel, D. & Damasio, A. R. 1988 Non-conscious face recognition in patients with face agnosia. *Behavioral Brain Research*, **30**, 235-249.

Tranel, D., Damasio, H., & Damasio, A. R. 1995 Double dissociation between overt and covert face recognition. *Journal of Cognitive Neuroscience*, **7**, 425-432.

Trouvé, R. J. & Libkuman, T. M. 1992 Eyewitness performance of personality types as function of induced arousal. *American Journal of Psychology*, **105**, 417-433.

筒井美加 1997 自己関連語における気分一致効果 心理学研究, **68**, 25-32.

Tulving, E. 1972 Episodic and semantic memory. In E. Tulving & W. Donaldson (Eds.), *Organization of memory*. New York : Academic Press. Pp. 381-403.

Tulving, E. 1983 *Elements of episodic memory*. London : Oxford University Press. 太田信夫（訳）1985 タルヴィングの記憶理論 教育出版

Tulving, E. & Thomson, D. M. 1973 Encoding specificity and retrieval processes in episodic memory. *Psychological Review*, **80**, 352-373.

Turner, J. C. 1978 Social comparison, similarity and ingroup favoritism. In H. Tajfel (Ed.), *Differentiation between social groups : Studies in the social psychology of intergroup relations*. London : Academic Press. Pp. 235-250.

Tversky, B. 1981 Distortions in memory for maps. *Cognitive Psychology*, **13**, 407-433.

-U-

上野加代子 1996 児童虐待の社会学 世界思想社

梅田 聡 1999 記憶 日本児童研究所（編） 児童心理学の進歩 1999年版（Vol. 38） 金子書房 Pp. 55-80.

梅田 聡 2001 展望的記憶における想起形態に関する研究 慶應義塾大学社会学研究科博士論文（未公刊）

梅田 聡・加藤元一郎・三村 將・鹿島晴雄・小谷津孝明 2000 コルサコフ症候群における展望的記憶 神経心理学, **16**, 193-199.

梅田 聡・小谷津孝明 1998 展望の記憶研究の理論的考察 心理学研究, **69**, 317-333.

Umeda, S. & Koyazu, T. 2002 *Hour-based prospective remembering : Why do people forget to do intended actions?* Manuscript submitted for publication.

梅本堯夫 1987 認知とパフォーマンス 東京大学出版会

Underwood, B. J. 1966 Individual and group predictions of item difficulty for free learning. *Journal of Experimental Psychology*, **71**, 673-679.

U. S. Department of Justice 1999 *Eyewitness Evidence : A Guide for Law Enforcement*. Washington, D. C. : U. S. Department of Justice, Office of Justice Programs, National Institute of Justice.

-V-

Valentine, T. 1991 A unified account of the effects of distinctiveness, inversion and race on face recognition. *The Quarterly Journal of Experimental Psychology*, **43A**, 161-204.

Valentine, T. 2001 Face-space models of face recognition. In M. J. Wenger & J. T. Townsend (Eds.), *Computational, geometric, and process perspectives on facial cognition : Contexts and challenges*. Mahwah, NJ : Lawrence Erlbaum Associates. Pp. 83-113.

Valentine, T. & Endo, M. 1992 Towards and exemplar model of face processing : The effects of race and distinctiveness. *The Quarterly Journal of Experimental Psychology*, **44A**, 671-703.

Velten, E. 1968 A laboratory task for induction of mood states. *Behavior Research and Therapy*, **6**, 473-482.

Vortac, O. U., Barile, A. L., Albright, C. A., Truitt, T. R., Manning, C. A., & Bain, D. 1996 Automation of flight data in air traffic control. In D. Herrmann, C. McEvoy, C. Hertzog, P. Hertel, & M. K. Johnson (Eds.), *Basic and applied memory research*. Vol. 2. *Practical applications*. Mahwah, NJ : Lawrence Erlbaum Associates. Pp. 353-366.

Vortac, O. U., Edwards, M. B., Fuller, D. K., & Manning, C. A. 1993 Automation and cognition in air traffic control : An empirical investigation. *Applied Cognitive Psychology*, **7**, 631-651.

Vortac, O. U., Edwards, M. B., & Manning, C. A. 1995 Functions of external cues in prospective memory. *Memory*, **3**, 201-219.

-W-

Wagenaar, W. A. 1986 My memory : A study of autobiographical memory over six years. *Cognitive Psychology*, **18**, 225-252.

若林芳樹 1999 認知地図の空間分析 地人書房

Walbaum, S. D. 1997 Marking time : The effect of timing on appointment keeping. *Applied Cognitive Psychology*, **11**, 361-368.

Walster, E. 1965 The effect of self-esteem on romatic liking. *Journal of Experimental Social Psychology*, **1**, 184-197.

Warnick, D. H & Sanders, G. S. 1980 The effects of group discussion on eyewitness accuracy. *Journal of Applied Social Psychology*, **10**, 249-259.

渡邉はま・川口 潤 2000 予定の記憶における時間的特性 心理学研究, **71**, 113-121.

渡部保夫（監修） 一ノ瀬敬一郎・厳島行雄・仲 真紀子・浜田寿美男（編） 2001 目撃証言の研究—法と心理学の架け橋をもとめて— 北大路書房

Webster, J. D. 1993 Construction and validation of the reminiscence function scale. *Journal of Gerontology : Psychological Sciences*, **48**, P256-262.

Webster, J. D. 1997 The reminiscence functions scale : A replication. *International Journal of Aging and Human Development*, **44**, 137-148.

Webster, J. D. & Cappeliez, P. 1993 Reminiscence and autobiographical memory : Complementary contexts for cognitive aging research. *Developmental Review*, **13**, 54-91.

Welch-Ross, M. K. 1995 An integrative model of the development of autobiographical memory. *Developmental Review*, **15**, 338-365.

Welch-Ross, M. K. 1997 Mother-child participation in conversation about the past : Relationship to preschoolers' theory of mind. *Developmental Psychology*, **33**, 618-629.

Weldon, M. S. & Bellinger, K. D. 1997 Collective memory : Collaborative and individual processes in remembering. *Journal of Experimental Psychology : Learning, Memory, and Cognition*, **23**, 1160-1175.

Weldon, M. S., Blair, C., & Huebsch, P. D. 2000 Group remembering : Does social loafing underlie collaborative inhibition? *Journal of Experimental Psychology : Learning, Memory, and Cognition*, **26**, 1568-1577.

Wellman, H. M. 1990 *The child's theory of mind*. Cambridge, MA : The MIT Book

Wells, G. L. 1978 Applied eyewitness testimony research : System variables and estimator variables. *Journal of Personality and Social Psychology*, **36**, 1546-1557.

Wells, G. L. 1985 Verbal description of faces from memory : Are they diagnostic of identification accuracy? *Journal of Applied Psychology*, **70**, 619-626.

West, R. & Craik, F. I. M. 1999 Age-related decline in prospective memory : The roles of cue accessibility and cue sensitivity. *Psychology and Aging*, **14**, 264-272.

West, R. L. & Sinnott, J. D. 1992 *Everyday memory and aging : Current research and methodology.* New York : Springer-Verlag.

Wetzler, S. & Sweeney, J. A. 1986 Childhood amnesia : An empirical demonstration. In D. C. Rubin (Ed.), *Autobiographical memory.* New York : Cambridge University Press. Pp. 191-201.

Whittlesea, B. W. A. & Williams, L. D. 2000 The source of feelings of familiarity : The discrepancy-attribution hypothesis. *Journal of Experimental Psychology : Learning, Memory, & Cognition,* **26**, 547-565.

Wigboldus, D. H., Semin, G. R., & Spears, R. 2000 How do we communicate stereotypes? : Linguistic bases and inferential consequences. *Journal of Personality and Social Psychology,* **78**, 5-18.

Wilding, J. & Valentine, E. 1997 *Superior memory.* Hove East Sussex : Psychology Press.

Wilkins, A. J. & Baddeley, A. D. 1978 Remembering to recall in everyday life : An approach to absent-mindedness. In M. M. Gruneberg, P. E. Morris, & R. N. Sykes (Eds.), *Practical aspects of memory.* New York : Academic Press. Pp. 27-34.

Wilkinson, C. & Hyman, I. E. Jr. 1998 Individual differences related to two types of memory errors : Word lists may not generalize to autobiographical memory. *Applied Cognitive Psychology,* **12**, S29-S46.

Williams, J. M. G. 1996 Depression and the specificity of autobiographical memory. In D. C. Rubin (Ed.), *Remembering our past : Studies in autobiographical memory.* New York : Cambridge University Press. Pp. 244-267.

Williams, J. M. G., Teasdale, J. D., Segal, Z. V., & Soulsby, J. 2000 Mindfulness-based cognitive therapy reduces overgeneral autobiographical memory in formerly depressed patients. *Journal of Abnormal Psychology,* **109**, 150-155.

Williams, L. M. 1994 Recall of childhood trauma : A prospective study of women's memories of child sexual abuse. *Journal of Consulting and Clinical Psychology,* **62**, 1167-1176.

Williams, M. D. & Hollan, J. D. 1981 The process of retrieval from very long-term memory. *Cognitive Science,* **5**, 87-119.

Willis, G. B., Royston, P., & Bercini, D. 1991 The use of verbal report methods in the development and testing of survey questionnaires. *Applied Cognitive Psychology,* **5**, 251-267.

Willis, S. L. & Schaie, K. W. 1993 Everyday cognition : Taxonomic and methodological considerations. In J. M. Puckett & H. W. Reese (Eds.), *Mechanisms of everyday cognition.* Hillsdale, NJ : Lawrence Erlbaum Associates. Pp. 33-53.

Winograd, E. 1981 Elaboration and distinctiveness in memory for faces. *Journal of Experimental Psychology : Learning, Memory and Cognition,* **7**, 181-190.

Winograd, E. 1988 Some observations on prospective remembering. In M. M. Gruneberg, P. E. Morris, & R. N. Sykes (Eds.), *Practical aspects of memory : Current research and issues.* Vol. 1. *Memory in everyday life.* Chichester : John wiley & son. Pp. 348-353.

Winograd, E. 1993 Memory in the laboratory and everyday memory : The case for both. In J. M. Puckett & H. W. Reese (Eds.), *Mechanisms of everyday cognition.* Hillsdale, NJ : Lawrence Erlbaum Associates. Pp. 55-70.

Winograd, E. & Neisser, U. (Eds.) 1992 *Affect and accuracy in recall : Studies of "flashbulb" memories.* New York : Cambridge University Press.

Winograd, E., Peluso, J. P., & Glover, T. A. 1998 Individual differences in susceptibility to memory illusions. *Applied Cognitive Psychology,* **12**, S5-S27.

Wittgenstein, L. 1953 *Philosophical investigations.* Oxford : Blackwell.

Woike, B., Gershkovich, I., Piorkowski, R., & Polo, M. 1999 The role of motives in the content and structure of autobiographical memory. *Journal of Personality and Social Psychology,* **76**, 600-612.

Woll, S. 2002 *Everyday thinking : Memory, reasoning, and judgment in the real world.* Mahwah, NJ : Lawrence Erlbaum Associates.

Woodhead, M. M., Baddeley, A. D., & Simmonds, D. C. V. 1979 On training people to recognize faces. *Ergonomics,* **22**, 333-343.

Woodward, K. L. 1994 Was it real or memories? *Newsweek,* March, **14**, 58-59.

Worthen, J. B. & Wood, V. V. 2001 Memory discrimination for self-performed and imagined acts : Bizarreness effects in false recognition. *The Quarterly Journal of Experimental Psychology,* **54A**, 49-67.

Wright, D. B. 1997 Methodological issues for naturalistic event memory research. In D. G. Payne & F. G. Conrad (Eds.), *Intersections in basic and applied memory research.* Mahwah, NJ : Lawrence Erlbaum

Associates. Pp. 69-86.
Wright, D. B. & Gaskell, G. D. 1995 Flashbulb memories : Conceptual and methodological issues. *Memory*, 3, 67-80.
Wright, D. B., Gaskell, G. D., & O'Muircheartaigh, C. A. 1997 The reliability of the subjective reports of memories. *European Journal of Cognitive Psychology*, 9, 313-323.
Wright, D. B., Gaskell, G. D., & O'Muircheartaigh, C. A. 1998 Flashbulb memory assumptions : Using national surveys to explore cognitive phenomena. *British Journal of Psychology*, 89, 103-121.
Wright, D. B. & Loftus, E. F. 1998 How memory research can benefit from CASM. *Memory*, 6, 467-474.
Wright, L. 1994 *Remembering Satan*. New York : Knopf. 稲生平太郎・吉永進一（訳） 1999 悪魔を思い出す娘たち―よみがえる性的虐待の「記憶」― 柏書房

-Y-

山田尚子 1999 失敗傾向質問紙の作成及び信頼性・妥当性の検討 教育心理学研究, 47, 501-510.
やまだようこ 2000 人生を物語ることの意味―なぜライフストーリー研究か？― 教育心理学年報, 39, 146-161.
山梨正明 1986 発話行為 大修館書店
Yarmey, A. D. & Morris, S. 1998 The effects of discussion on eyewitness memory. *Journal of Applied Social Psychology*, 28, 1637-1648.
Yates, F. A. 1966 *The art of memory*. Chicago : University of Chicago Press. 玉泉八州男（監訳） 青木信義・井出 新・篠崎 実・野崎睦美（訳） 1993 記憶術 水声社
吉川左紀子 1991 人種の異なる顔の形態記述の分析―日英被験者による記述資料の比較 追手門学院大学文学部紀要, 25, 83-95.
吉川左紀子 1997 顔の再認記憶課題における既知情報との連合方略の有効性. 日本心理学会第61回大会発表論文集, 795.
吉川左紀子 1999 顔の再認記憶に関する実証的研究 風間書房
吉村浩一 1998 心のことば―心理学の言語・会話データ― 培風館
Young A. W., Ellis, A. W., & Flude, B. M. 1988 Accessing stored information about familiar people. *Psychological Research*, 50, 111-115.
Young, A. W., Hay, D. C., & Ellis, A. W. 1985 The faces that launched a thousand slips : Everyday difficulties and errors in recognizing people. *British Journal of Psychology*, 76, 495-523.
Young, A. W., McWeenyk K. H., Hay, D. C., & Ellis, A. W. 1986 Access to identity specific semantic codes from familiar faces. *The Quarterly Journal of Experimental Psychology*, 38A, 271-295.
Yuker, H. E. 1955 Group atmosphere and memory. *Journal of Abnormal and Social Psychology*, 51, 17-23.
Yzebyt, V. Y., Schadron, G., Leyens, J-P., & Rocher, S. 1994 Social judgeability : The impact of meta-functional cues on the use of stereotyping. *Journal of Personality and Social Psychology*, 66, 48-55.

-Z-

Zajonc, R. B. 1980 Feeling and Thinking : Preferences need no inferences. *American Psychologist*, 35, 151-175.
Zajonc, R. B. 1984 On the Primacy of Affect. *American Psychologist*, 39, 117-123.
Zimmer, H. D. & Engelkamp, J. 1985 An attempt to distinguish between kinematic and motor memory components. *Acta Psychologica*, 58, 81-106.
Zimmer, H. D. & Engelkamp, J. 1989 Does motor encoding enhance relational information? *Psychological Research*, 51, 158-167.
Zimmer, H. D. & Engelkamp, J. 1999 Levels-of-processing effects in subject-performed tasks. *Memory & Cognition*, 27, 907-914.

人名索引（アルファベット順）

●A

阿部純一　206
Ackerman, A. M.　71
Ackil, J. K.　118
Aldridge, M.　165
Allen, G. L.　230, 238
天ヶ瀬正博　232, 235
Anderson, R. C.　101
Anderson, S. J.　76
Andersson, J.　119
青木みのり　152
Appelbaum, P. S.　109
Arar, L.　56, 61, 63
Arnold, M. B.　211, 222
Aronson, E.　184
Asch, S. E.　169
飛鳥井望　109
de St. Aubin, E.　85
Austin, J. L.　148, 151, 248
Averill, J. R.　211

●B

Baars, B. J.　47
Bäckman, L.　54, 58, 60, 62, 63, 67, 68
Baddeley, A.　9
Baddeley, A. D.　19, 21, 137, 252
Bahrick, H. P.　6, 8-10, 140
Baird, J. C.　239, 240
Baldwin, W.　12
Banaji, M. R.　4, 13, 14, 244
Barclay, C. R.　76
Barnier, A. J　118
Barsalou, L. W.　74, 76
Bartlett, F. C.　4, 113
Bartlett, J. C.　134, 138
Basden, B. H.　119, 120
Bass, E.　107-109
Beales, S. A.　137
Bean, G.　58, 61, 62
Beattie, O. V.　78
Beck, A. T.　216
Beckman, J.　48, 49
Bekerian, D. A.　74
Bellezza, F. S.　115
Belli, R. F.　71
Bellinger, K. D.　119
Bergman, E. T.　113

Berkowitz, L.　14
Berntsen, D.　75
Berry, D. C.　49
Bersoff, D. M.　13
Bersoff, D. N.　13
Berzonsky, M. D.　84
Best, D. L.　31
Billings, F. J.　111, 114, 116
Blakeslee, S.　132
Bodenhausen, G. V.　173, 179
Borgida, E.　177, 178
Bower, G. H.　100, 115, 137, 216-220, 223
Bradley, B.　220
Brandimonte, M. A.　18, 25
Bransford, J. D.　113
Breen, N.　132, 133
Brewer, M. B.　171, 172
Brewer, W. F.　70, 117
Brewin, C. R.　79, 86
Briere, J.　107, 109
Broadbent, D. E.　10, 45, 46, 202
Bronfenbrenner, U.　21, 30
Brown, A. L.　201
Brown, E.　141
Brown, L. S.　108
Brown, N. R.　76
Brown, R.　16
Brown, R. D.　109
Bruce, D.　77, 143
Bruce, V.　129, 131, 136-138, 145
Bruner, J.　76, 86
Bruner, J. S.　169
Bryant, K. J.　233
Bryant, R. A.　86
Bryant, S.　58
Buckner, J. P.　73
Buehler, R.　81, 83, 117
Bull, R.　164, 165, 178
Burgess, P.　40
Burgess, P. W.　34
Burke, D. M.　143, 206
Burton, A. M.　128, 136
Busey, T. A.　134
Butler, R. N.　80
Byrne, R. W.　229

● C

Cambell, J. 185
Campbell, D. T. 13
Cannon, W. B. 211
Canter, D. 227, 238
Cappeliez, P. 87
Carey, S. 138
Carnap, R. 247
Cavanaugh, J. C. 201
Ceci, S. J. 21, 30, 110-112, 114, 163
Chaffin, R. 10, 15
Chance, J. E. 138
Chattin, D. 239
Cherry, K. E. 33
Chiroro, P. 136
Christianson, S-. Å 86
Clark, H. H. 150
Clark, M. S. 219, 220
Clark, N. K. 118
Clayton, K. 239
Cohen, G. 2, 4, 5, 24, 44, 48, 70, 142-145, 244
Cohen, R. L 54-65, 68
Conte, J. 107
Conway, M. 81, 82, 117
Conway, M. A 4, 6, 10, 71, 73-76, 86, 109
Coombs, R. H. 81
Cornelius, R. R. 211, 213
Coupe, P. 230
Courage, M. L. 73
Cox, S. G. 86
Craik, F. I. M. 27, 32, 55-57
Crawley, R. A. 74
Croizet, J. C. 176
Cross, J. F. 135
Crovitz, H. F. 70
Crowder, R. G. 4, 13, 14, 244
Csikszentmihalyi, M. 78

● D

Dagenbach, D. 111, 112
Dalgleish, T. 86, 109
Dalton, P. 142
Damasio, A. R. 131, 133
Darley, J. M. 175
Darwin, C. R. 211, 212
Davies, G. M. 109
Davis, F. 72
Davis, K. E. 169
Davis, L. 107-109
Davis, P. J. 73

Daw, P. S. 138, 139
De Renzi, E. 131, 143
Deese, J. 113
Deffenbacher, K. A. 98, 99, 138
Deprét, E. 174
Diener, E. 73
Dixon, D. 58, 64, 67
Dixon, R. A. 121, 122
Donnenwerth-Nolan, S. 61, 64
Donnerstein, E. 14
Dooling, D. J. 113
Downs, R. M. 227
Duggal, S. 107, 108
Dunlosky, J. 204
Duval, L. L. 181

● E

Eacott, M. J. 74
Ebbinghaus, H. 2, 6
Edwards, D. 120, 121, 124
Egenhofer, M. 238
Einstein, G. O. 24-27, 31, 34
Ekman, P. 212, 213, 221, 222
Ellis, H. D. 132, 137
Ellis, J. 25
Endo, M. 134
Engelberg, E. 86
Engelkamp, J. 54-56, 58-61, 63-65, 67, 68
Engstler-Schooler, T. Y. 104, 105
榎本博明 82
Epston, D. 125
Erdelyi, M. H. 114
Ericsson, K. A. 3, 198
Erikson, E. H. 81, 85
Ernest, C. H. 116
Evans, G. W. 240
Evans, J. 79

● F

Faries, J. M. 77
Faulkner, D. 142-144
Feinstein, A. M. H. 171
Feldman, C. F. 86
Ferguson, J. 23
Fiedler, K. 188
Finlay, F. 119
Fisher, R. P. 100, 101, 103, 163
Fiske, S. T. 170, 171, 173, 174-176, 183
Fitzgerald, J. M. 71, 72, 75
Fivush, R. 73, 74, 122, 124, 157-159
Flavell, J. H. 200
Flexser, A. 100

297

Flin, R. 138
Fonagy, P. 109
Foreman, N. 237
Forgas, J. P. 216, 219, 220
Fournier, J. 21, 202
Frank, G. 82
Franks, J. J. 113
Freud, S. 70, 107, 211
Freundshuh, S. 237
Freundschuh, S. M. 238
Freyd, J. J. 109
Friesen, W. V. 212, 213, 222
Fromhoff, F. A. 122, 157, 158
Fromholt, P. 71
Fryman, J. F. 229
藤井秀夫 238, 240
藤永　保 8
藤田哲也 58, 59, 62, 67, 68
藤崎春代 159
福島瑞穂 178
Fulton, A. 138

● G ● ● ● ● ● ● ● ● ● ● ● ● ● ● ● ● ● ● ●

Gale, N. 238
Galton, F. 70
Gardiner, J. M. 68
Gärling, T. 240
Garry, M. 115
Gaskell, G. D. 16
Geiselman, R. E. 100-103, 163
Gergen, K. J. 76
Gergen, M. M. 76
Gibbons, M. 257, 258
Gibbs, R. W. 150
Gibson, J. J. 236, 254
Gigone, D. 181
Gillett, R. 237
Gleaves, D. H. 109
Goddard, L. 79
Godden, D. 252
Goff, L. M. 116
Goldstein, A. G. 138
Goodchild, B. 228
Goodman, G. S. 138
Goodwin, S. A. 176
Goschke, T. 21, 33
Gould, O. 122
Gould, O. N. 121, 122
Gould, P. 227
Greenwald, A. G. 14
Grice, H. P. 149, 151, 153
Gross, P. H. 175

Gruendel, J. 73
Gruneberg, M. 6, 9
Gruneberg, M. M. 7
Guajardo, N. R. 31
Gudjonsson, G. H. 108, 161, 162

● H ● ● ● ● ● ● ● ● ● ● ● ● ● ● ● ● ● ● ●

濱島秀樹 113
Hammer, E. D. 189
Hamond, N. R. 74, 124
Han, J. J. 73
Hancock, P. J. B. 133
原田悦子 198
Harley, K. 74
Harris, J. E. 20, 21, 202
Harris, L. M. 20
Harris, M. 155
Hart, J. T. 205, 206
Hart, R. A. 228
Hartwick, J. 118
Harvey, A. G. 86
Hasher, L. 26
Hastie, R. 181
Hay, J. F. 27
Hayes-Roth, B. 237, 240
Hazelrigg, M. D. 231, 237
Heaps, C. 111, 115
Heath, M. 64
Heckhausen, H. 48, 49
Hedberg, D. A. 86
Helstrup, T. 57, 62, 64, 65
Herlitz, A. 63
Herman, J. L. 107
Herrmann, D. 6
Herrmann, D. J. 10, 15
Hewstone, M. 187
Hicks, J. L. 21, 25, 33
Hintzman, D. L. 10
開　一夫 232
平嶋慶子 155
Hirst, W. 86
久留一郎 107
菱谷晋介 116
Hitch, G. J. 23
Hodge, D. 111, 112, 116
Hofstadter, D. R. 195-197
Hollan, J. D. 114
Holmberg, D. 73, 122
Holmes, A. 73
Holmes, D. S. 107
Holmes, J. B. 113
堀　淳一 235

人名索引

堀内靖雄　　167
Horn, M.　　108
Houston, J. P.　　201
Howe, M. L.　　73
Hudson, J. A.　　73, 122, 124
Hunter, I. M. L.　　115
Hyland, D. T.　　71
Hyman, I. E. Jr.　　77, 86, 110-112, 114-116, 124

● I ●

池田進一　　148
Ikegami, T.　　186, 220
池上知子　　171, 174, 182, 186, 215, 216, 220
Inhelder, B.　　228
井上　毅　　43-45
Intons-Peterson, M. J.　　21, 202
乾　敏郎　　238, 240
Isen, A. M.　　219, 220
石川義之　　107
石崎理恵　　154, 155, 160
Istomina, Z. M.　　30
Itoh, Y.　　105
伊東裕司　　104, 105
厳島行雄　　91, 97, 110
岩田純一　　154
岩月さなえ　　186

● J ●

Jacoby, L. L.　　68, 118
Jaggi, V.　　187
James, L. E.　　206
James, W.　　2, 195, 211, 225
Jansari, A.　　71
Jobe, J. B.　　12
Johnson, M. K.　　117
Johnson-Laird, P. N.　　213
Johnston, R. A.　　134, 136
Jones, E. E.　　169
Jones, G. V.　　45

● K ●

海保博之　　39, 198, 221
神谷俊次　　151
兼松　仁　　119, 163
金敷大之　　61
唐沢　穣　　189
Karlin, M. B.　　287
Karlsson, T.　　63
Karney, B. R.　　81
柏木惠子　　8
Kato, Y.　　233

加藤義信　　236
Kawaguchi, J.　　205
川口　潤　　34, 38, 40, 41, 205
川村博忠　　235
Kelley, C.　　112
Kelley, C. M.　　118
Kelly, G. A.　　169, 182
Kemp, S.　　229, 234
Kenyon, G. M.　　86
Ketcham, K.　　108-110
Kidder, D. P.　　33, 35
木原香代子　　139
Kihlstrom, J.　　6
Kihlstrom, J. F.　　107, 109
菊野春雄　　161
King, J. F.　　204
Kirasic, K. C.　　230, 238
北村英哉　　185
Kitchin, R.　　237
Klatzky, R. L.　　9, 54, 137
Kleinknecht, E. E.　　110, 124
Kluft, R. P.　　109
小林敬一　　20
小林多寿子　　78, 82
Koehnken, G.　　103
小森康永　　82
Koriat, A.　　32, 206
Kormi-Nouri, R.　　65-67
Koyazu, T.　　21, 29
小谷津孝明　　20, 22, 73, 74
Kuhl, J.　　21, 33
Kuhn, T. S.　　257
Kulik, J.　　16
Kunda, Z.　　184
Kushner, S.　　20
楠見　孝　　202
Kvavilashvili, L.　　24

● L ●

Laabs, G. J.　　54
Lamb, M. E.　　164, 165
Lampinen, J. M.　　117
Lancaster, J. S.　　76
Landauer, T. K.　　6
Langness, L. L.　　82
Larsen, S. F.　　71, 86
Latané, B.　　119
Lave, J.　　250
Lazarus, R. S.　　222, 223
LeCompte, D. M.　　33
Lee, K.　　135
Leiman, B.　　21

299

Leonesio, R. J.　204
Leslie, J. E.　138
Levine, M.　231
Levy, R. L.　19-21
Lewinsohn, P. M.　82, 117
Lewis, M. B.　132
Leyens, J-P.　170, 176
Libkuman, T. M.　96, 97
Lichty, W.　55, 56, 58
Light, L. L.　134
Lim, K. M.　240
Linder, D.　184
Lindsay, D. S.　98, 99, 109, 112, 124
Linton, M.　10, 75
Loftus, E.　22, 23
Loftus, E. F.　4, 12, 86, 97, 108-112, 124, 161
Loftus, G. R.　19-21
Lorge, I.　119
Lovelace, E. A.　21
Lovibond, P. F.　20
Lovibond, S. H.　20
Lucchelli, F.　143
Luchins, A. S.　169
Lynch, K.　227, 228
Lynn, S. J.　118

●M ● ● ● ● ● ● ● ● ● ● ● ● ● ● ● ● ●

Maass, A.　188
Mackavey, W. R.　71
MacWhinney, B.　167
前田徳子　124
Maki, R. H.　230
Malpass, R. S.　138
Manier, D.　86
Mäntylä, T.　19, 25, 32
Marcia, J. E.　83
Markowitsch, H. J.　107
Markus, H.　185
Marsh, R. L.　21, 33
Martin, M.　15, 45
丸野俊一　20, 194
Marx, E. M.　79
Mathews, A.　220
松井孝雄　232, 235, 239
松島恵介　163
Mayhorn, C. B.　35
Maylor, E. A.　26
McAdams, D. P.　85, 86
McBrien, C. M.　111, 112
McConkey, K. M.　118
McDaniel, M. A.　24-27, 31, 33, 34

McDermott, K. B.　113
McFarland, C.　82, 117
McNamara, T. P.　230, 234, 239, 240
McWeeny, K. H.　144
Meacham, J. A.　20, 21, 30
Melcher, J. M.　105
Meltzer, M. L.　77
Memon, A.　137
Menzies, R. G.　20
Merrill, A. A.　239, 240
Metcalfe, J.　204, 206
Metzler, A. E.　84
Meudell, P. R.　119
Middleton, D.　120, 121, 124
Milne, R.　25
Milne, R.　165
Minami, K.　234, 235
Mingay, D. J.　12
Minsky, M. M.　198, 199
Mitchell, K. J.　117
Miyake, A.　33
Mohr, G.　61, 64
Montello, D.　238
Moore, G. T.　228
森　直久　118, 120, 125
Mori, T.　161
森本修充　124
森岡正芳　82, 124
森田泰介　21
Morling, B.　175, 183
Morris, P. E.　12
Morris, S.　119
Moscovitch, M.　21
Mullen, M. K.　124
Munsat, S.　18
村井潤一郎　151, 155
無藤　隆　150, 159

●N ● ● ● ● ● ● ● ● ● ● ● ● ● ● ● ● ●

内藤健一　235
Naka, M.　91, 141, 153, 155, 156, 234, 235
仲真紀子　91, 95, 141, 142, 150, 153-157, 169-162, 164
中村　豊　227
Narens, L.　202-205
Nash, M.　111, 115
Nash, M. R.　118
Neimeyer, G. J.　84
Neisser, U.　3, 4, 23, 77, 86, 244, 245, 251, 253, 254
Nelson, C.　70, 73, 124
Nelson, T. O.　196, 202-205, 207

Neuburg, S. L.   171, 173, 174
Newell, F. N.   134
Newman, L. S.   86
Nickerson, R. S.   119
Nier, J. A.   180
仁平義明   11, 47, 48
Nilsson, L. -G.   54-60, 62, 63, 65, 68
Ninio, A.   154
Nisbett, R. E.   198
野島久雄   236
野村豊子   80
Norman, D. A.   19, 37-40, 48
Nyberg, L.   59, 60, 63, 65, 68

● O ● ● ● ● ● ● ● ● ● ● ● ● ● ● ● ● ●

Oatley, K.   213
越智啓太   86, 98, 99, 164
尾原裕美   73, 74
岡本春一   70
岡本耕平   227
大久保　愛   155
Okuda, J.   34
Olio, K.   109, 110
Orleans, P.   228
Orne, M. T.   20
苧阪直行   198, 199, 208
太田　誠   86
太田信夫   52-54, 67, 68
Otani, H.   26
大塚友加里   186

● P ● ● ● ● ● ● ● ● ● ● ● ● ● ● ● ● ●

Paddock, J. R.   115
Park, D. C.   26, 27, 35
Parkin, A. J.   71, 138, 139
Passolunghi, M. C.   25
Patterson, K.   137
Patterson, M. B.   185
Payne, D. G.   6
di Pellegrino, G.   131
Pendergrast, M.   108
Pentland, J.   111, 114, 115
Pepitone, A.   182
Pepper, S. C.   245, 251
Perfect, T. J.   97
Perlmutter, M.   201
Petrinovich, L.   10
Pezdek, K.   110-112, 116, 117, 240
Piaget, J.   201, 228
Pichert, J. W.   101
Pickrell, J. E.   111
Pillemer, D. B.   73, 74, 78-80

Platt, R. D.   113
Pleydell-Pearce, C. W.   75
Poole, D. A.   125, 164, 165
Poon, L. W.   7, 8, 15
Pope, K. S.   108, 109
Porter, S.   111
Pressley, M.   6, 205
Presson, C. C.   231, 232, 237

● R ● ● ● ● ● ● ● ● ● ● ● ● ● ● ● ● ●

Rabbitt, P.   12
Ramachandran, V. S.   132
Raye, C. L.   117
Read, J. D.   109, 124, 143
Read, R. S.   138
Reason, J.   37-42, 44, 48, 49
Reder, L. M.   206
Reese, E.   73, 74, 122, 123
Reiser, B. J.   74
Rendell, P. G.   35
Reviere, S. L.   108
Rhodes, G.   134
Rieger, C.   72
Ritter, F. E.   206
Robinson, J. A.   70, 71, 76, 77
Roediger, H. L.   113, 116, 118
Roediger, H. L. III   9, 113
Rönnberg, J.   119
Rosenbaum, M.   82, 117
Ross, M.   73, 81-83, 117, 122
Rubin, D. C.   14, 70-72, 75
Rudman, L. A.   177, 178
Rumsey, N.   178
Ruscher, J. B.   181, 189
Russel, B. A. W.   247
Russell, J. A.   213, 222
Russo, R.   142
Ruth, J-E.   86

● S ● ● ● ● ● ● ● ● ● ● ● ● ● ● ● ● ●

Sadalla, E. K.   229, 239
Safer, M. A.   86
相良陽一郎   87
斎藤　学   108, 109
Saito, S.   119
斎藤照代   174
Salovey, P.   78, 80, 219
Saltz, E.   58, 61, 64, 67
Sanders, G. S.   119
Sandler, J.   109
Sanitioso, R.   80, 81
三宮真智子   201, 207

301

佐々木美加　174
佐藤浩一　70，78，86
Sauer, J.　35
Schacter, D. L.　71
Schaefer, E. G.　32
Schaie, K. W　15
Schatzow, E.　107
Schiffman, H.　70
Schmidt, R. A.　54
Schneider, W.　40，43
Schooler, J. W.　104，105
Schopflocher, D.　76
Schrauf, R. W　72
Schulkind, M. D.　71
Schuman, H.　71，72
Schwarz, N.　11，12，216，220
Scott, J.　72
Searle, J. R.　38，148-151，153
Sedikides, C.　220
Sehulster, J. R.　202
Seidlitz, L.　73
Semin, G. R.　188
Sgaramella, T.　32
Shah, P.　33
Shallice, T.　40
Shaughnessy, J. J.　204，205
Sheler, J. L.　108
Shepherd, J. W.　134
Sherif, M.　187
Sherman, R. C.　240
Shiffrin, R. M.　40，43
Shimamura, A. P.　208
Shimizu, H.　205
清水寛之　205
Sholl, M. J.　233
Shrauger, J. S.　185
Shum, M. S.　86
Sidley, G. L.　79
Siegel, A. W.　238
Simmons, R. W.　54
Simon, H.　3，198
Sinclair, L.　184
新垣紀子　233，236，238
Singer, J. A.　78，80，219
Sinnott, J. D.　15，20
Slamecka, N. J.　119
Smith, J.　185
Smolak, L.　160
Smullyan, R. M.　196
Snow, C. E.　155
Solomon, H.　119
Somerville, S. C.　30
Son, L. K.　204

Squire, L. R.　52
Sroufe, L. A.　107，108
Stanley, J. C.　13
Stasser, G.　181
Stea, D.　227
Stephenson, G. M.　118，119
Stevens, A.　230
Stevens, L. E.　183
Stewart, J.　178
Stewart, M.　58，62
Stone, A. A.　11
Sudman, S.　11
Sulin, R. A.　113
Sunderland, A.　202
Svensson, T.　59
Swanson, K. L.　70
Sweeney, J. A.　73

●T ●●●●●●●●●●●●●●●●
立花　隆　255
Taft, R.　189
Tagiuri, R.　169
Tajfel, H.　187
多鹿秀継　113
Takahashi, M.　119，120
高橋雅延　20，64，86，109，113，117-119，124，201
高橋昌一郎　196
Takano, Y.　231
高野陽太郎　231
高取憲一郎　163
竹内謙彰　233
田辺文也　39
谷上亜紀　206
谷口高士　215-217，219
Taub, S.　109
Taylor, D. M.　187
Taylor, H. A.　77，239
Terr, L. C.　107
Tesser, A.　185
Thompson, C. P.　86
Thomson, D. M.　35，59，67
Thorndyke, P. W.　229，237，240
Titus, W.　181
Tolman, E. C.　226，227
利根川　進　255
外山紀子　154
Tranel, D.　133
Treyens, J. C.　117
Trouvé, R. J.　96，97
Tulving, E.　52，54，56，57，59，67，70，100

Tunnicliff, J. L.　　134
Turner, J. C.　　187
筒井美加　　219，220
Tversky, B.　　77，229，235，239
Twohig, P. T.　　21

● U

上野加代子　　107
Umeda, S.　　21，29
梅田　聡　　22，28，29，34
梅本堯夫　　194
Underwood, B. J.　　204

● V

Valentine, E.　　198
Valentine, T.　　133，134，136
Velten, E.　　219
Vortac, O. U.　　35
Vygotsky, L. S.　　201

● W

Wagenaar, W. A.　　10
Wagner, W.　　119
若林芳樹　　227
Walbaum, S. D.　　21
Wallace, J.　　229
Walster, E.　　184
Warnick, D. H　　119
渡邉はま　　34
渡部保夫　　133
Webster, J. D.　　80，87
Weinraub, M.　　160
Welch-Ross, M. K.　　74
Weldon, M. S.　　119
Wellman, H. M.　　200，207
Wells, G. L.　　89，90，99，104，106
Wenger, E.　　250
West, R.　　32
West, R. L.　　15
Wetzler, S.　　73
White, R.　　227
Whittlesea, B. W. A.　　118
Wigboldus, D. H.　　189
Wilding, J.　　198
Wilkins, A. J.　　19-21
Wilkinson, C.　　114
Williams, J. M. G.　　79
Williams, L. D.　　118
Williams, L. M.　　107
Williams, M. D.　　114
Willis, G. B.　　12
Willis, S. L.　　15

Wilson, T. D.　　198
Winograd, E.　　4，8，9，27，30，86，116，134，137，138
Wittgenstein, L．　　247，248
Woike, B.　　84，85
Woll, S.　　2，6，15
Wood, J.　　165
Wood, V. V.　　116
Woodhead, M. M.　　138
Woodward, K. L.　　108
Worthen, J. B.　　116
Wright, D. B.　　9，10，12，16
Wright, L.　　108
Wundt, W.　　197，198，211
Wyer, R. S. Jr.　　179

● Y

山田尚子　　45-47
やまだようこ　　86
山梨正明　　148
Yarmey, A. D.　　119
Yates, F. A.　　114
Yi, S.　　124
吉川左紀子　　135，139
吉村浩一　　198
Young, A. W.　　129-131，143，145
Yuker, H. E.　　119
Yzebyt, V. Y.　　176

● Z

Zacks, R. T.　　26
Zajonc, R. B.　　222，223
Zaragoza, M. S.　　118
Zechmeister, E. G.　　204
Zimmer, H. D.　　55，61，64

事項索引 (50音順)

ア行

アインシュタイン型パラダイム　25
アウェアネス　199
アクションスリップ　9, 19, 42, 247
アクションユニット　212
暗黙裡の人格観　169
EPTs　61
意識　3
意識的処理　26, 41
一般化可能性　4
偽りの記憶　70, 108
偽りの出来事　111
偽りのフィードバック　112
意図　37
意図的行動　37
意図優位性効果　21
異方性　230
意味記憶　52
意味的統合　65
イメージ　3, 109
イメージアビリティ　227
イメージ膨張　115
ウェイファインディング　236
うそつきのパラドックス　195
A脳　199
SDQ-S　233
SPTs　54
SPT効果　55
エピソード記憶　52, 70
エピソード的統合　66
エピソード的統合説　65
エピメニデスのパラドックス　195
エラー　37
Austinの発話行為論　148
オープンクエスチョン　165

カ行

外集団　186
回想的記憶　18, 202
回想法　80
外的妥当性　13
概念駆動型処理　31
回復された記憶　108
回復された記憶・偽りの記憶をめぐる論争　109
解離　107
会話のフォーマット　154
顔空間モデル　134

顔認識モデル　129
顔認識ユニット　129
顔の記憶方略　138
顔の再認記憶　133
顔の認識　129
学習容易性判断　203
確信度　89
覚醒　199
拡張最適性仮説　98
確認　120
過去の語り　157
課題適切処理説　26
カプグラ妄想　132
加齢　25, 138
含意　150
関係処理　64
感受性　200
感情　151, 215
感情価　218
感情混入モデル　216
感情スキーマ理論　216
感情ネットワーク理論　216
感情の情報処理方略決定理論　216
感情のモジュール説　213
間接的発話行為　150
間接的要求　150
記憶術　114
記憶の社会性　109
記憶の変容性　109
記憶方略　200
記憶補助　20
既学習判断　204
既知感判断　204
気分　216
気分一致効果　215, 249
気分障害　213
気分状態依存効果　215
基本感情　212
客体としての自己　195
急速反復書字　47
協同想起　110, 163, 207
共同想起　163
拒否表現　151
グドジョンソン被暗示性尺度　161
Griceの会話の公準　149
クリティカル語　113
グループ・セラピー　109
クローズドクエスチョン　165
経験に基づくメタ認知的判断　206

系列位置曲線　59
言語学習　3
言語記述　103
言語ゲーム　248
言語行為論　248
言語的隠蔽　105
言語的課題　55
言語的集団間バイアス　188
顕在記憶　34, 68, 207
検索された答えの確信　204
現実性識別　117
語彙習得　155
行為イメージ　60
行為事象　54
行為の記憶　51
構音の類似性　59
恒常性　14
向精神薬　214
行動　37
行動主義　2, 245
行動スキーマ　48
行動のスリップ　42
項目特定処理　64
項目特定処理説　64
項目の検索可能性　206
項目の利用可能性　206
心の理論　207
誤情報効果　96
個人想起　118
個人的構成体システム　169
語用論　148
コントロール　200
コントロールの様式　43
コントロール処理　40

サ行

再構成的想起　116
最適性仮説　98
再認失敗現象　59
サイバネティックス　246
催眠　118
再枠づけ　120
作動記憶　26, 41
参照系　228
参照点　229
参照枠　232
サンプリング　15
時間知覚　27
時間ベースの展望的記憶　27
識閾下　222
自己　70
自己意識　199
時刻ベースの展望的記憶　28

自己言及問題　195
自己知識　116
自己中心性　228
自己評価維持モデル　185
自己評価質問紙　10
自己報告　8
自己物語　72
自己を定義づける記憶　78
事後誤情報効果　161
事後情報　110
事後情報効果　96
示差性　133
事象ベースの展望的記憶　25
システム変数　90
自然主義的実験　8
実験者実演課題　61
実行　37
実行の失敗　39
失敗傾向質問紙　45
質問紙法　24
自伝的記憶　10, 70, 124, 252
自動的過程　43
自動化　26, 40
自発的想起　21
し間違い現象　19
社会的アイデンティティ理論　187
社会的圧力　111
社会的構成主義　251
社会的手抜き　119
社会的問題解決課題　79
社会的構築主義　211
自由記述法　20
集団エゴイズム　189
主体としての自己　195
出力モニタリング　32
受容　116
状況認知　207
情動　215
情報源識別　117
情報処理モデル　246
情報に基づくメタ認知的判断　206
情報の共有化効果　181
書字スリップ　47
助数詞の獲得　155
初頭効果　59, 169
処理水準　55
し忘れ　21, 38
親近感　118
新近効果　59, 169
神経伝達物質　214
人生回顧　80
侵入的記憶　86
シンプソン事件　179

人物同定手続き　90
人物同定判断　93
人物認識エラー　129
信頼性　16
心理療法　107
推定変数　89
数量化Ⅱ類　93
スキーマ　40, 235
スキーマの活性化　41
スクリプト　73, 101
ステップワイズ面接　164
ステレオタイプ　170
スリップ　11, 38
Searleの適切性条件　148
正確率　103
生活発表　159
生殖性　85
生成効果　55
生態学的アプローチ　236
生態学的妥当性　2, 216, 244
精緻化　56, 122
性的虐待　107
正統的周辺参加　250
整列効果　231
セクシュアル・ハラスメント　177
摂食障害　107
宣言的記憶　52
潜在記憶　34, 68, 207
潜在的カリキュラム　250
潜在理論　81
前頭葉損傷　34
想起スタイル　119
想起の反復　114
相貌失認　131
素朴心理学　9
存在想起　22

タ行

対応推論モデル　169
対応づけ　120
対象レベル　196
体制化　74, 200
タイミング　18
対話　154
対話コーパス　167
対話スタイル　159
多次元尺度法　134
多重痕跡説　100
他人種効果　135
妥当性　10
多変量解析　10
単純接触効果　222

知覚駆動型処理　31
知識ベース　41
注意　39
注意資源　40
注意的過程　43
超概括性　79
調整変数　98
ツァイガルニーク効果　32
DRMパラダイム　113
TOT　144, 205
手がかり　31, 100
手がかり語法　70
手描き地図　235
出来事の起こりやすさ　116
手続き記憶　52
手続き的知識　248
展望的記憶　18, 202
展望的記憶の獲得　30
展望的想起　19
同一性　72
同一性地位　83
動機　83
動機づけ　119
統合された全体　169
統制　3
統制欲求　183
トラウマ体験　107

ナ行

内観　2, 197
内集団　186
内集団ひいき　187
内集団防衛的帰属　187
内的妥当性　13
内容想起　22
ナビゲーション　231
名前の想起困難　143
名前の認識　142
ナラティブ　86
似顔絵　134
2過程モデル　171
二重概念説　63
日常記憶　4
日常認知　2
日誌　10
日誌法　20, 42, 75
認知　215
認知インタビュー　163
認知心理学　3
認知スタイル　29
認知地図　226
認知的インタビュー　163

認知的インタビュー法　89
認知的失敗　202
認知的失敗質問紙（CFQ）　45
認知面接　163
脳機能画像研究　34
のどまで出かかっている　205
のどまで出かかっている現象　14

ハ行

バイアス　11
背景課題　25
ハイブリッド方法論　5
発話行為　148
発話思考　12, 198
発話内行為　148
発話の欺瞞性　151
発話媒介行為　148, 151
パフォーマンス・ロス　119
パラダイム論　257
バンプ　14, 71
非意図的行動　38
PNA現象　215
PTSD　107
B脳　199
被験者実演課題　54
非方略説　62
ヒューマンエラー　36
ヒューリスティックス　11
評価　37
評価的依存性　184
表示規則　213
不安　213
フィールド　9
フィールド実験　91
VTs　55
フェーズドアプローチ　166
不完全性定理　196
複数モダリティ符号化説　62
符号化特定性原理　100
符号化変数　55
部分手がかり　119
プライミング効果　34, 230
フラッシュバルブ記憶　10, 86, 249
プランニングの失敗　39
プロトコル　3
分散効果　6
文脈　100
変数　200
忘却曲線　6
方向音痴　233
方向感覚質問紙簡易版　233
方向づけ　120

方向づけ機能　78
母子対話　154
ポップアウト　6
骨折り損効果　204

マ行

ミステイク　38
3つの山問題　228
無意識的処理　41
命題の記憶　52
命題表象理論　247
メタ記憶　58, 200
メタ認知　20, 200
メタ認知的経験　200
メタ認知的コントロール　201
メタ認知的知識　200
メタ認知的モニタリング　201
メタ分析　103
メタレベル　196
面接法　163
メンタルマップ　227
目撃記憶　110
目撃証言　9, 252
目標　37
モニタリング　21, 200

ヤ行

幼児期健忘　73, 113
抑圧　107
抑圧された記憶　107
抑圧的コーピング・スタイル　86
抑うつ　79, 107, 213

ラ行

ライフテーマ　78
ラインアップ　103
Lazarus-Zajonc論争　222
ラップス　38
ラポール　164
ランドマーク　227
リハーサル　200
連続体モデル　171
論理実証主義　247

ワ行

枠づけ　120

● 執筆者一覧

井上　毅	編者　1章1節, 3章	
	滋賀大学教育学部教授　博士（教育学）	
佐藤　浩一	編者　1章2節・3節, 5章	
	群馬大学教育学部助教授	
梅田　聡	2章	
	慶應義塾大学文学部助教授　博士（心理学）	
藤田　哲也	4章	
	法政大学文学部助教授　博士（教育学）	
伊東　裕司	6章	
	慶應義塾大学文学部教授	
高橋　雅延	7章	
	聖心女子大学文学部教授　博士（教育学）	
吉川　左紀子	8章	
	京都大学大学院教育学研究科教授　博士（教育学）	
仲　真紀子	9章	
	北海道大学大学院文学研究科教授　学術博士	
池上　知子	10章	
	大阪市立大学大学院文学研究科教授　博士（教育学）	
清水　寛之	11章	
	神戸学院大学人文学部教授　博士（文学）	
谷口　高士	12章	
	大阪学院大学情報学部教授　博士（教育学）	
松井　孝雄	13章	
	中部大学人文学部助教授　博士（心理学）	
森　敏昭	14章	
	広島大学大学院教育学研究科教授　文学博士	

● 編者紹介

井上　毅（いのうえ　たけし）
1983年　京都大学教育学部教育心理学科卒業
1989年　京都大学大学院教育学研究科博士後期課程学修認定退学
現在　滋賀大学教育学部教授　博士（教育学）
専門　認知心理学（知識・記憶）

主要著書・訳書
『現代の認知研究―21世紀に向けて』（分担執筆）培風館
『グラフィック認知心理学』（共著）サイエンス社
『日常記憶の心理学』（Cohen, G. 著）（共訳）サイエンス社

佐藤浩一（さとう　こういち）
1984年　新潟大学人文学部行動科学課程卒業
1990年　大阪大学大学院人間科学研究科博士後期課程単位取得退学
現在　群馬大学教育学部助教授
専門　認知心理学（記憶），教育心理学

主要著書・訳書
『実験心理学への招待―実験によりこころを科学する』（分担執筆）
　　サイエンス社
『認知心理学を語る①おもしろ記憶のラボラトリー』（分担執筆）
　　北大路書房
『認知神経心理学』（McCarthy, R. A. & Warrington, E. K. 著）（分担訳）医学書院

日常認知の心理学

| 2002年3月10日 | 初版第1刷発行 | 定価はカバーに表示 |
| 2006年5月20日 | 初版第3刷発行 | してあります。 |

編　者　井　上　　　毅
　　　　佐　藤　浩　一
発　行　所　㈱北大路書房
　　〒603-8303　京都市北区紫野十二坊町12-8
　　　　　　　電　話　(075) 431-0361㈹
　　　　　　　ＦＡＸ　(075) 431-9393
　　　　　　　振　替　01050-4-2083

© 2002　制作／T.M.H.　印刷・製本／亜細亜印刷㈱
検印省略　落丁・乱丁本はお取り替えいたします。
ISBN4-7628-2242-6　　　　　　Printed in Japan